Marcel-Stelian Zăvoiu

DESPRE

Calea Spirituală
și
Cunoașterea de Sine

Volumul 1

Galați, 2020

Cuprins

Volumul 1

Volumul 2

0 – Introducere

Cuprins

0.1 – Mesajul lucrării

Mesajul acestei lucrări este următorul: Fericirea Perfectă există, iar experimentarea efectivă a acestei Fericiri Perfecte este nu numai ținta tuturor eforturilor spirituale, ci și unicul scop al existenței noastre ca ființe umane. Prezenta lucrare conține **Teoria Fericirii**, adică **răspunde** clar și precis **la două întrebări**:

1. Ce este Fericirea? (Scopul Spiritual) Fericirea este însușirea principală a unei Realități care este denumită în diverse moduri: Ain Soph, Pomul Vieții, Dumnezeu Tatăl, Împărăția Cerurilor, Absolutul, Allah, Brahman, Shiva, Vidul iluminator, Iehova, Binele, Adevărul, Inima spirituală etc. Eu O voi numi, în cele mai multe cazuri, Sinele (cu majusculă) Impersonal. De remarcat este că, deși există nenumărate denumiri, Realitatea la care fac ele trimitere este Una singură. Sinele Impersonal mai are și alte însușiri: fiind Fericire Perfectă, nu conține nicio urmă de suferință; nu are nici început, nici sfârșit (adică este necreat și etern); este mereu același, adică nu are fluctuații (este neschimbător); este unic. Scopul Spiritual este cunoașterea acestui Sine Impersonal prin experimentare nemijlocită, adică **"Cunoașterea de Sine"**. Când acest lucru se întâmplă, spunem că se naște un Sine Personal, care se identifică complet cu Sinele Impersonal, cei doi Sine fiind astfel identici. Singurele diferențe dintre Sinele Impersonal și Sinele Personal sunt următoarele: a) Sinele Impersonal nu are început, în timp ce Sinele Personal are un început; b) Sinele Impersonal este Unul singur, în timp ce Sinele Personale pot fi în număr oricât de mare. În rest, cei doi sunt identici. Sinele Personal este denumit, la fel, în diverse moduri: Kether, Eul Superior, Atman, Viața veșnică etc. Identitatea dintre Sinele Personal și Sinele Impersonal este exprimată în variate modalități: "Atman = Brahman", "Eu și Tatăl una suntem" etc.

2. Cum poate fi obținută Fericirea? (**Calea Spirituală**, care se parcurge prin Acțiunea Spirituală) Vom vedea că există o singură modalitate în care poate fi obținută Fericirea, adică o singură Cale/Acțiune Spirituală (simbolizată pe coperta față prin săgeata care țintește centrul celor 5 cercuri concentrice unde se află Sinele Impersonal), care **este** (<u>cu condiția să fie corect înțeleasă și corect practicată</u>):

- **100% sigură** din punct de vedere al sănătății fizice și psihice
- **100% eficientă** din punct de vedere al atingerii Scopului Spiritual
- **unică**, adică este singura Cale/Acțiune 100% sigură și 100% eficientă

La fel ca mai sus, și Calea/Acțiunea Spirituală Unică are diverse denumiri: întoarcerea la Dumnezeu, pocăirea, coborârea minții în Inimă (Sine), Calea cea dreaptă ("ortodoxă"), concentrare (<u>centrarea</u> în centrul celor 5 cercuri <u>concentrice</u>), meditație, Calea cea strâmtă care duce la Viață (Fericire), Calea fără de cale etc. Și tot ca mai sus, nu trebuie să fim derutați de această multitudine de cuvinte/expresii lingvistice, ci să ținem minte că Realitatea la care fac ele trimitere, adică Realitatea simbolizată, este una singură.

Pentru a experimenta <u>efectiv</u> Fericirea, trebuie să fie parcurse următoarele etape:

1) **"Să știi"** (Scopul teoretic și Calea teoretică) = **parcurgerea și înțelegerea prezentei lucrări**
2) **"Să crezi"** (că există Scopul practic și Calea practică)
3) **"Să dorești"** (Scopul practic)
4) **"Să vrei"** (să parcurgi Calea practică)
5) **"Să poți"** (să faci primul pas pe Calea practică)

Dacă aceste etape sunt parcurse în mod corect, urmează ultima etapă, care nu este făcută de practicantul spiritual, ci de către Sinele Impersonal (supranumit din acest motiv și "Mântuitorul"):

6) **"Să obții"** (Scopul practic = Finalizarea Căii Practice = Cunoașterea de Sine = experimentarea Fericirii).

Apariția unui Sine Personal (adică nașterea unui Sine Personal) se mai numește "nașterea din nou" sau "a doua naștere" (vezi pagina 154; prima naștere este cea a corpului fizic) și **are loc, deci, în 2 etape:**

I) Pasul 5 de mai sus, care se mai numește: botezul cu apă, nașterea din apă, inițierea pe Calea Spirituală, întoarcerea fiului risipitor (<u>Luca 15:11–32</u>), spargerea (fisurarea) ego-ului etc. și este făcut de către practicantul spiritual (nu întâmplător Evanghelia începe cu botezul lui Isus).

De ce **"botez cu apă"**? "Botez" semnifică "scufundare" şi simbolizează scufundarea înspre Centrul Fiinţei, unde locuieşte Sinele Impersonal = Fericirea (simbolizat prin centrul celor 5 cercuri concentrice), iar "apa" (sau "nisipul" – vezi Matei 7:26) simbolizează fluiditatea şi instabilitatea psihicului uman în starea sa netransformată, adică a sine-lui cu s mic, în contrast cu Stabilitatea Perfectă a Sine-lui Superior, simbolizată printr-o stâncă pe care înţeleptul îşi întemeiază viaţa (vezi Luca 6:46–49). Deci, în final, botezul cu apă semnifică primul pas efectiv făcut pe Calea Spirituală. Trebuie să remarcăm că botezul concret cu apă nu este decât un simbol pentru adevăratul Botez, cel "interior", invizibil. Pasul 5 reprezintă începutul efectiv al vieţii spirituale pentru oricine reuşeşte să îl facă. Acesta este motivul pentru care în creştinismul ortodox nou-născuţii se botează cu apă = H_2O: pentru a simboliza faptul că, aşa cum viaţa corpului fizic începe prin botezul cu apă concretă, tot aşa adevărata viaţă spirituală începe doar după Botezul "interior", veritabil, invizibil = pasul 5 de mai sus = "scufundarea" în "apa" stărilor psihice ale sine-lui inferior înspre Centrul Fiinţei, pentru a găsi "stânca" Sine-lui Superior. Deci botezul nou-născuţilor cu apă concretă = H_2O are un rol pur simbolic, de transmitere a mesajului mai sus menţionat - bineînţeles, doar pentru cei care îl înţeleg. De altfel, orice botez cu apă = H_2O, indiferent de vârsta la care este făcut, are un rol pur simbolic.

Chiar şi botezul lui Isus cu apă = H_2O, care reprezintă începutul Evangheliei, tot un rol pur simbolic a avut. În Matei 3:15 Isus îi spune lui Ioan Botezătorul: "... aşa se cade să împlinim tot ce trebuie împlinit" – adică simbolismul botezului să fie corect realizat: prima etapă este botezul cu apă (realizat de Ioan Botezătorul) = simbol al pasului 5, iar etapa nr. 2, care apare imediat după etapa nr. 1, este pogorârea porumbelului = simbol al (începutului) pasului 6 (botezul cu foc) [Matei 3:16: "De îndată ce a fost botezat, Isus a ieşit afară din apă. Şi în clipa aceea cerurile s-au deschis, şi a văzut pe Duhul lui Dumnezeu pogorându-Se în chip de porumbel şi venind peste El." – adică după pasul 5, "de îndată" se deschid cerurile conştiinţei, iar pacea (simbolizată printr-un porumbel) "coboară" dinspre Sinele Impersonal].

Corespondenţa simbolică este următoarea: Ioan Botezătorul = practicantul spiritual (conştiinţa personală neiluminată); apa (H_2O) = stările de conştiinţă ale sine-lui inferior (fluide şi instabile); botezul cu apă = pasul 5 (făcut de practicantul spiritual); Isus = conştiinţa personală iluminată (parţial) care apare imediat după pasul 5; deschiderea cerurilor = "lărgirea conştiinţei" = creşterea gradului de conştienţă; Duhul lui Dumnezeu (Duhul Sfânt) este "extensia" Sinelui Impersonal (Dumnezeu Tatăl) în Realitatea Obiectivă. Faptul că Duhul lui Dumnezeu se "pogoară" asupra lui Isus simbolizează în mod vizibil faptul invizibil că Sinele Impersonal preia, după pasul 5 reuşit de practicantul spiritual, responsabilitatea finalizării Acţiunii Spirituale prin pasul 6; porumbelul = pacea (fericirea) parţială care "coboară" asupra practicantului spiritual care reuşeşte pasul 5.

În concluzie, toată această scenă de debut a Evangheliei prezintă pentru noi, astăzi, în anul 2019, interes doar din punct de vedere simbolic, deoarece ne transmite ("cifrat", bineînţeles) informaţii despre paşii 5 şi 6 ai vieţii spirituale. Acesta este, deci, motivul pentru care Isus a insistat să fie botezat de Ioan Botezătorul (deşi, probabil, nu avea nevoie de acest lucru): pentru ca informaţia transmisă prin acest act pur simbolic să fie corectă şi să fie de ajutor tuturor celor care aveau să citească Evanghelia de atunci încolo. Putem presupune că, simultan cu actul "exterior" al botezului cu apă al lui Isus, a avut loc şi Botezul veritabil al lui Isus, ca o sincronicitate, dar acest lucru nu-l putea şti decât Isus, şi oricum, nu putea avea relevanţă pentru ceilalţi oameni decât dacă era transmis, simbolic, printr-un act "exterior", cum a şi fost făcut de altfel.

Un alt simbolism al apei este următorul: la fel cum prin cufundarea în apă = H_2O te cureţi de murdăria corporală, la fel prin "cufundarea" în "apa" sinelui te "cureţi" de "murdăria" stărilor de conştiinţă ale sinelui inferior, adică de "păcate".

De ce **"întoarcerea fiului risipitor"**? Fiul risipitor este conştiinţa umană în starea sa de Ignoranţă de Sine, care îşi risipeşte şansa de iluminare spirituală "într-o ţară îndepărtată", adică în Realitatea Obiectivă, şi mai precis în Universul Fizic (se observă pe coperta faţă că corpul fizic, ca parte din Universul Fizic, se află la distanţa maximă faţă de Centrul unde locuieşte Sinele Impersonal, adică "tatăl"). Atunci când, forţat de suferinţele generate de o viaţă trăită în absenţa Cunoaşterii de Sine, cineva (oricine) îşi schimbă sensul de curgere al conştiinţei cu 180 de grade (adică îşi orientează fluxul conştiinţei spre Centrul Spiritual), adică face pasul 5 de mai sus – lucru simbolizat de "întoarcerea fiului risipitor" ("şi-a venit în fire"), imediat "tatăl" (Sinele Impersonal) îi iese în întâmpinare "când era încă departe" – adică când Cunoaşterea de Sine deplină este încă departe, şi îl răsplăteşte cu hainele şi mâncărurile cele mai bune – adică îi oferă Fericirea care apare prin efectuarea pasului 6.

II) **Pasul 6** de mai sus, care se mai numește: botezul cu foc, nașterea din Duh (Duh = Sinele Impersonal), ieșirea în întâmpinarea fiului risipitor de către tatăl acestuia etc. și este făcut de către Sinele Impersonal.

Același mesaj despre cele 2 etape de naștere ale Sinelui Personal: prima făcută de tine, a doua făcută de Sinele Impersonal = Dumnezeu (Tatăl), <u>este transmis și</u> (mai concentrat) <u>prin următoarele aforisme</u>: "Dacă tu faci 1 pas înspre Dumnezeu (pasul 5), Dumnezeu va face 10 pași înspre tine (pasul 6)." și "Ajută-te (reușește pasul 5) și Eu te voi ajuta (va urma pasul 6)." <u>Observăm</u> că aceleași realități spirituale sunt simbolizate prin diverse simboluri, aparent fără nicio legătură între ele, în realitate făcând trimitere la exact același lucru (pasul 5 este simbolizat și prin botezul cu apă, și prin întoarcerea fiului risipitor).

<u>**În acest context, voi analiza 2 (seturi de) afirmații făcute de Isus**</u> care nu au fost niciodată explicate în mod corect (cel puțin din câte știu eu), de aici rezultând neînțelegerea sau greșita lor înțelegere (de fapt, întregul mesaj al lui Isus din Evanghelie este neînțeles sau greșit înțeles):

1) "Cine va crede și se va boteza, va fi mântuit; dar cine nu va crede, va fi osândit." (<u>Marcu 16:16</u>) Dacă "traducem" <u>prima parte a acestei afirmații</u> a lui Isus, obținem: "va crede" = pasul 2 de mai sus (vezi pagina 5); "se va boteza" = pasul 5 de mai sus; "va fi mântuit" = pasul 6 de mai sus, adică (în versetul anterior Isus îi îndemna pe apostoli să propovăduiască Evanghelia, adică echivalentul pasului 1 de mai sus): "Cine va parcurge pașii 2 și 5 (și implicit pașii intermediari 3 și 4), va parcurge și pasul 6". Observăm că pașii 2 și 5 trebuie să fie făcuți de tine ("va crede și se va boteza"), în timp ce pasul 6 <u>ți</u> se face (de către Sinele Impersonal) ("va fi mântuit"). Referitor la <u>partea a doua a afirmației</u>: (de cine, din ce cauză și la ce) cine nu crede este osândit? Cine nu crede se împotmolește la pasul 2, deci nu are cum să parcurgă pașii 5 și 6; ca urmare este condamnat la Ignoranța de Sine și la suferința generată de aceasta. Altfel spus, dacă cineva (oricine), după ce primește învățătura teoretică despre Scopul Spiritual și Calea Spirituală (= pasul 1), nu crede că acestea două există în Realitate, nu va face niciun efort pentru a obține Scopul Spiritual, deoarece <u>de ce să te străduiești să obții ceva care în opinia ta nici măcar nu există?</u> Adică în ultimă instanță propria ta incapacitate/necredință spirituală te va "osândi" la nefericire, pentru că dacă nu obții Cunoașterea de Sine = Fericirea Perfectă, rămâi automat la stadiul de Ignoranță de Sine = nefericire/suferință/durere (nu sunt posibile decât 2 situații care se exclud reciproc: ori Cunoaștere de Sine, ori Ignoranță de Sine; chiar dacă nu te preocupi de Calea Spirituală pentru că nu te interesează, tot eșec se numește).

2) "... dacă un om nu se naște din nou, nu poate vedea Împărăția lui Dumnezeu" (<u>Ioan 3:3</u>) și **"... dacă nu se naște cineva din apă și din Duh, nu poate să intre în Împărăția lui Dumnezeu"** (<u>Ioan 3:5</u>). Aici este vorba în mod clar (pentru cine înțelege) despre <u>nașterea (apariția) unui Sine Personal</u> (în cazul general) <u>în prima frază</u>: "a vedea/a intra în Împărăția lui Dumnezeu" = a obține Cunoașterea de Sine (adică a experimenta Fericirea Perfectă) se obține doar prin (este echivalentă cu) apariția (nașterea) unui Sine Personal = "nașterea din nou" ("a doua naștere") și <u>cele 2 etape de naștere a Sinelui Personal în a doua frază</u>: "nașterea din apă" = pasul 5 și "nașterea din Duh" = pasul 6 ("Duh" = Sinele Impersonal). <u>Cele 2 fraze ar putea fi deci traduse așa</u>: "Ca să experimentezi Fericirea Perfectă, este obligatoriu să parcurgi pașii 5 (făcut de tine) și 6 (făcut de Sinele Impersonal)". <u>Prima naștere</u> (care a avut loc deja pentru toți oamenii) <u>este nașterea corpului fizic</u> ("Ce este născut din carne, este carne ..." – <u>Ioan 3:6</u>). <u>A doua naștere</u> (sau nașterea din nou, vezi și pagina 154) <u>este nașterea unui nou Sine Personal</u>, care trebuie să apară din Unicul Sine Impersonal ["... ce este născut din Duh (Sinele Impersonal) este duh (Sinele Personal)" – <u>Ioan 3:6</u>] și nu este deloc sigură (de fapt, pentru majoritatea covârșitoare a oamenilor ea nu a avut încă loc). Faptul că Nicodim, care era un fariseu și fruntaș al iudeilor, nu putea pricepe aceste lucruri, ne arată superficialitatea înțelegerii învățăturii spirituale din acele timpuri (și astăzi, în anul 2019, situația este neschimbată din acest punct de vedere). Faptul că vine noaptea să discute aceste lucruri cu Isus ne mai arată frica de a fi văzut în compania lui Isus, care putea duce la compromiterea respectabilității sale de lider religios, iar noaptea este și un simbol al "întunericului" Ignoranței de Sine în general, și a lui Nicodim în particular.

<u>**După ce reușești pasul 5, și viața materială începe să ți se îmbunătățească**</u>. Putem împărți aspectele materiale, adică cele care țin de Realitatea Obiectivă (RO), în 2 mari categorii: 1) "<u>Sănătate</u>" – pentru cele care țin de corpul material. Are 2 componente: a) sănătatea fizică și mentală (sănătatea propriu-zisă) și b) abilitățile fizice și mentale; 2) "<u>Bani</u>" – pentru cele care țin de exteriorul corpului material. Are 3 componente: a) banii propriu-ziși (hrană, îmbrăcăminte, locuință etc.); b) relațiile interumane (familiale, sociale, internaționale); c) mediul înconjurător. Am denumit în mod generic prima categorie "Sănătate", iar cea de-a

doua "Bani", deoarece sănătatea, respectiv banii sunt cele mai importante componente din prima, respectiv a doua categorie. Aşadar, după pasul 5 se vor optimiza, treptat, aspectele "Sănătate" şi "Bani", ca nişte efecte secundare – dar pozitive – ale faptului că eşti pe Cale să găseşti Fericirea: "Căutaţi mai întâi Împărăţia lui Dumnezeu, şi toate aceste lucruri vi se vor da pe deasupra."(Luca 12:31) – adică "Căutaţi mai întâi Fericirea, iar "Sănătatea" şi "Banii" le veţi primi drept bonus". Acelaşi mesaj este transmis şi prin Pilda potolirii furtunii (Matei 8:23–27): în timp ce Isus doarme în corabie, se stârneşte o furtună care riscă să scufunde ambarcaţiunea. Discipolii se sperie, îl trezesc pe Isus, care linişteşte vânturile şi valurile. Simbolistica este următoarea: Isus care doarme în corabie semnifică propria noastră Conştiinţă care este adormită. Cât timp Conştiinţa este adormită, corabia vieţii noastre riscă să se scufunde, adică noi riscăm să ne "înecăm" în noianul de probleme, griji, necazuri, suferinţe. Însă de îndată ce ne trezim Conştiinţa (Sinele Personal), Aceasta "ceartă vânturile şi marea", adică "linişteşte" problemele materiale prin optimizarea RO (apariţia Sinelui Personal se mai numeşte şi "Trezirea Conştiinţei"). Iată că succesul pe Calea Spirituală se răsfrânge pozitiv şi asupra aspectelor materiale. Fericirea este însă aspectul esenţial, deoarece este Aceeaşi pentru toţi şi, odată obţinută, nu poate fi "stricată" de nimic din RO. Adică **vei fi fericit indiferent de ceea ce se întâmplă sau nu se întâmplă în Realitatea Obiectivă.** Deviza mea în viaţă este : "Decât sărac, bolnav şi nefericit, mai bine Bogat, Sănătos şi Fericit". Adică decât să trăiesc în Ignoranţă de Sine, mai bine obţin Cunoaşterea de Sine. Putem vedea acum cât de benefic este succesul în spiritualitate şi de ce merită să faci orice efort pentru a-l obţine.

    Esenţial este să reuşeşti pasul 5; după aceea, succesul vine treptat. La început vor avea loc nişte "zguduiri" la nivel personal, care vor fi poate dificil de îndurat, dar dacă ai răbdare, vei vedea cum încet-încet lucrurile se vor reaşeza, iar în final viaţa ta va fi complet transformată în Bine, la toate nivelurile: spiritual (Fericire) şi material ("Sănătate" şi "Bani"). Cartea pe care o citiţi acum pune bazele acestui succes, la care **oricine** poate avea acces, indiferent de studii, pregătire profesională, convingeri religioase, vârstă, sex, naţionalitate, domiciliu etc.

    Responsabilitatea parcurgerii primelor 5 etape este însă 100% personală: nimeni nu poate face acest lucru în locul tău, după cum nici tu nu poţi face acest lucru în locul altuia. **Dacă reuşeşti, succesul îţi aparţine în întregime; dacă eşuezi, eşecul îţi aparţine, de asemenea, în întregime** (chiar dacă nu te preocupi de Calea Spirituală şi de Cunoaşterea de Sine pentru că nu te interesează, tot eşec se numeşte; adică dacă nu obţii Cunoaşterea de Sine, indiferent dacă ai încercat sau nu, înseamnă că ai eşuat).

0.2 – Despre autor

    Autorul acestei cărţi s-a născut pe 16 august 1967 în Municipiul Brăila, este absolvent al Institutului Politehnic Bucureşti, Facultatea de Automatică în anul 1991, iar în prezent locuieşte în Municipiul Galaţi.

    După ani mulţi de căutări şi nenumărate suferinţe îndurate, în după-amiaza zilei de 10 decembrie 2008 reuşeşte să facă Pasul 5 descris mai sus, adică declanşează procesul ireversibil al propriei iluminări spirituale. Acest eveniment marchează începutul efectiv al vieţii spirituale şi se mai numeşte şi: spargerea (fisurarea) egoului, iniţierea pe Calea Spirituală, botezul cu apă veritabil (pentru care botezul cu apă = H2O nu este decât un simbol), începutul Cunoaşterii de Sine, întoarcerea fiului risipitor etc. Toate aceste denumiri nu sunt decât simboluri lingvistice pentru acelaşi eveniment "interior" – adică un eveniment care are loc la nivelul Realităţii Subiective a fericitului practicant spiritual care reuşeşte să îi determine apariţia.

    Începând din acea zi, încet dar sigur, starea de iluminare a propriei conştiinţe a început să se aprofundeze şi să se stabilizeze, fără însă ca eu să mai fac ceva în acest sens, deoarece, după cum am spus mai sus, următoarea etapă, care este şi ultima, adică Pasul 6, este responsabilitatea exclusivă a Sinelui Impersonal (denumit din acest motiv şi "Mântuitorul"). Tot din acea zi, sănătatea fizică şi psihică a început să se amelioreze în mod treptat, dar evident, şi tot fără a mai face ceva special în acest sens. Astfel, au dispărut dureri de cap şi spate (care persistau de ani de zile), greutatea corporală s-a autoreglat la valoarea optimă (au dispărut şi depunerile nedorite de grăsime din diverse părţi ale corpului), s-a optimizat funcţionarea aparatului digestiv, s-a întărit sistemul imunitar (nu de la început, însă, ci după o perioadă în care părea mai slăbit, o dovadă fiind apariţia unor stări gripale mai rele şi mai extinse în timp decât de obicei), au apărut o claritate, o pace şi o intuiţie la nivel mental necunoscute până atunci, plus multe alte efecte benefice care trebuie descoperite de fiecare "pe propria piele". Altfel spus, ansamblul celor 5 corpuri materiale a început să se optimizeze la nivel anatomic şi funcţional. În plus, s-a produs o întinerire generală a organismului, ceea ce conduce automat la ideea că durata de viață va creşte. În concluzie, în timp ce Ignoranța de Sine îți scurtează viața şi îi strică şi calitatea, Cunoaşterea de Sine îți lungeşte viața şi ți-o face mai bună; adică Cunoaşterea de Sine îți îmbunătățeşte viața atât calitativ, cât şi cantitativ.

Tot ce mai are de făcut cel ce reuşeşte Pasul 5 este să facă față tuturor "perturbațiilor" care vor apărea după aceea (aşa-numitele "descărcări karmice"), acestea fiind uneori greu de suportat şi chiar dureroase; având însă multă răbdare şi credința că în final vor trece, totul va fi bine în cele din urmă. Este ca atunci când, înainte de a te vindeca de o boală, poți trece prin suferințe mult mai mari decât cele cauzate de boala propriu-zisă. În cazul de față este vorba de cea mai gravă boală: boala existențială, adică Ignoranța de Sine = absența Cunoaşterii de Sine, care generează nefericire, boli (fizice şi psihice), sărăcie.

Esența Ignoranței de Sine este eu-l inferior, adică ego-ul, denumit şi diavol, satana, fiară, zmeu, balaur etc. din cauza tripletei malefice nefericire-boli-sărăcie pe care o generează atât pentru "posesorul" său, cât şi pentru cei din jur. Din acest motiv, Cunoaşterea de Sine se mai numeşte şi "dizolvarea ego-ului" sau "uciderea fiarei/balaurului/zmeului".

În aceeaşi perioadă, mai exact cu 7 zile înainte, adică pe <u>3 decembrie 2008</u>, am început şi munca la această lucrare, fără însă ca scrierea ei să fi fost planificată în vreun fel; a fost ceva spontan, ca urmare a faptului că am început să înțeleg la nivel intelectual esența spiritualității, care este şi esența tuturor religiilor, a ezoterismului, a practicii yoga etc. Scopul pentru care am scris această carte a fost de a pune la îndemâna celor interesați un material clar, precis şi concis care să înglobeze toate elementele teoretice necesare parcurgerii cu succes a Căii Spirituale, adică pentru a pune bazele <u>Pasului 1</u> de mai sus (vezi pagina 5) = cunoaşterea teoretică a Scopului Spiritual şi a Căii Spirituale.

În ceea ce mă priveşte, acum, când scriu aceste rânduri, în luna decembrie 2019, adică la 11 ani de la declanşarea procesului de trezire a propriei conştiințe, este doar o problemă de timp până când voi obține Cunoaşterea de Sine efectivă (practică), completă (totală) şi definitivă (permanentă), adică experimentarea Fericirii Perfecte, realizare pe care o doresc în mod sincer tuturor!!!

<u>0.3 – Structura lucrării</u>

Voi defini Realitatea ca fiind Tot ceea ce există: Realitatea = Tot ce Există. Scopul acestei lucrări este de a dezvolta o Teorie a Fericirii, Fericirea fiind o componentă a Realității, adică o Teorie a Scopului Spiritual (care este Fericirea = Cunoaşterea de Sine) şi o Teorie a Căii Spirituale (adică a modului în care poate fi obținută Fericirea). În Anexa 1 din Volumul 2 prezint pe scurt o <u>Teorie a Tot ce Există (TTE)</u>, adică o Teorie a Realității (dezvoltată axiomatic), pentru a avea o vedere de ansamblu care să ne permită să vedem locul pe care îl ocupă Scopul Spiritual şi Calea Spirituală în Realitate. Am încadrat TTE într-o Anexă pentru a arăta că importantă pentru mine nu este TTE, ci Teoria Fericirii, care tocmai din acest motiv este prezentată în primele 5 capitole, şi aceasta pentru că Fericirea este cel mai important aspect al Realității, iar Acțiunea Spirituală (care înseamnă parcurgerea Căii Spirituale) este cea mai importantă acțiune. Rezultă, deci, că parcurgerea Anexei 1 nu este obligatorie pentru cei care nu iubesc prea mult teoria, pentru practicarea cu succes a Acțiunii Spirituale fiind suficiente parcurgerea şi înțelegerea celor 9 capitole şi în special a primelor 5 capitole. Totuşi, cei care sunt mai riguroşi pot parcurge şi Anexa 1 pentru a-şi lămuri anumite aspecte teoretice mai subtile. Prezenta lucrare este, deci, în ansamblul ei, o TTE, adică o Teorie a Realității, al cărei scop declarat este însă obținerea unei Teorii a Fericirii.

<u>**Această TTE este formată din 6 componente. Primele 3 componente**</u> reprezintă "Limbajul Realității", adică baza pe care se construieşte TTE, prin analogie cu Limba Română:

<u>**000 – Alfabetul Realității**</u> (αβR) – <u>**Anexa 1**</u>. αβR este constituit (vezi şi 3.4 – pagina 68) din (26 + 5) = 31 de Concepte Fundamentale [(10 Energii şi 16 Procese energetice) + (3 Spații şi 2 Timpuri)], similare celor (26 + 5) = 31 de litere ale Alfabetului românesc (26 de litere ale Alfabetului latin + 5 diacritice).

În Anexa 1 se construieşte axiomatic αβR, apoi, plecând de la αβR, se dezvoltă pe scurt TTE, urmând ca de-a lungul celor 9 capitole să se detalieze fiecare aspect al TTE.

<u>**00 – Limba Română şi Matematica**</u> (Limbajul literal şi Limbajul matematic) – se presupun în mod implicit ca fiind cunoscute. Limba Română şi Matematica sunt analoge semnelor de punctuație.

<u>**0 – Teoria simbolurilor şi a Modelelor simbolice**</u> (TSb) – <u>**Capitolul 7**</u>. TSb este similară Gramaticii, deoarece prezintă regulile de bază ale alcătuirii Modelelor simbolice (Teoriilor) pe baza celor 31 de Concepte

Fundamentale şi a Limbajelor literal şi matematic. TSb mai poate fi numită şi "Teoria alcătuirii teoriilor" şi se bazează pe 3 concepte fundamentale: a) Realitatea simbolizată (RSb) = orice aspect al Realităţii; b) Simbolul (Sb) – care este de natură fizică (materială); c) Corespondenţa biunivocă (bijectivă) dintre Simbol şi Realitatea simbolizată (Sb ↔ RSb). O concluzie importantă din TSb este că Simbolul <u>nu</u> este identic cu Realitatea Simbolizată (Sb ≠ RSb). Cele 4 calităţi ale unui Model simbolic sunt "CPRS", adică: C = Claritate; P = Precizie; R = Relevanţă; S = Simplitate.

Următoarele 3 componente sunt cele care compun efectiv TTE (Teoria a Tot ce Există), adică formează "Teoria Realităţii" propriu-zisă:

1 – Teoria Generală a Realităţii Subiective (TGRS = "Teoria Generală a Absolutului") – **Capitolul 6**

2 – Teoria Generală a Realităţii Obiective (TGRO = "Teoria Generală a Relativului") – **Capitolul 2**
Se pleacă de la Ecuaţia LUN (Legea Universală a Naturii – vezi 2.1) şi se arată cum: a) se deduc toate modelele matematice fundamentale din Fizica actuală (anul 2019); b) se obţin rezultate noi calitative şi cantitative (printre altele se explică toate neînţelegerile şi contradicţiile din Fizica actuală).

Observaţie importantă pentru cei care nu înţeleg sau nu agreează dezvoltările matematice: pentru practicarea cu succes a Acţiunii Spirituale, <u>din Capitolul 2 trebuie reţinute</u> doar următoarele 3 aspecte: a) Realitatea Obiectivă (RO) este compusă 100% din materie, adică din energie măsurabilă (care este una din cele 4 Energii Fundamentale ale Realităţii – vezi 2.0 şi 3.4); b) <u>RO este structurată în 5 Universuri Materiale Paralele</u> (5UMP), care diferă prin gradul de subtilitate: Universul Fizic este cel mai grosier, iar Universul Cauzal cel mai subtil; c) <u>orice fiinţă umană are 5 corpuri materiale</u>, fiecare din ele făcând parte din unul (şi corespunzând unuia) din cele 5UMP. Cine înţelege aceste 3 aspecte nu mai trebuie să parcurgă Capitolul 2, aceste 3 aspecte teoretice fiind suficiente pentru practicarea cu succes a Acţiunii Spirituale şi implicit obţinerea Cunoaşterii de Sine.

3 – Teoria Acţiunii şi a Cunoaşterii (TAC) – **Capitolul 8**. Prezintă tipurile principale de acţiuni şi cunoaşteri şi are ca principală componentă **Teoria Fericirii**, care este alcătuită din Teoria Scopului Spiritual (<u>Teoria Cunoaşterii</u> de Sine) şi Teoria Căii Spirituale (<u>Teoria Acţiunii</u> Spirituale). <u>Teoria Fericirii</u> poate fi considerată în acelaşi timp şi "Regină a tuturor teoriilor" şi <u>este expusă în primele 5 capitole</u>: se pleacă în **Capitolul 1** de la Teoria Scopului Spiritual şi se ajunge în **Capitolul 5** la Teoria Căii Spirituale.

În **Capitolul 9** se arată cum prin înţelegerea prezentei lucrări se poate înţelege orice învăţătură spirituală.

<u>**Ţinând cont de cele de mai sus**</u>, putem scrie simbolic că:
TTE = {αβR, TSb, TGRS, TGRO, TAC} ≈ {TGRS, TGRO, TAC}, unde
■ **TTE** = Teoria a Tot ce Există (o Teorie a Realităţii, adică prezenta lucrare)
■ **αβR** = Alfabetul Realităţii (format din cele 31 de Concepte Fundamentale – vezi 3.4 şi Anexa 1)
■ **TSb** = Teoria simbolurilor şi a Modelelor simbolice (vezi Capitolul 7)
■ **TGRS** = Teoria Generală a Realităţii Subiective (vezi Capitolul 6)
■ **TGRO** = Teoria Generală a Realităţii Obiective (vezi Capitolul 2)
■ **TAC** = Teoria Acţiunii şi a Cunoaşterii (vezi Capitolul 8)
TTE are practic 3 componente, αβR şi TSb putându-le considera ca fiind componentele pregătitoare. La fel, putem considera că TGRS şi TGRO sunt baza pe care se construieşte TAC, iar <u>Teoria Fericirii</u> este cea mai importantă parte din TAC, adică <u>este "fructul" TAC şi al întregii TTE</u>. De altfel, însăşi <u>numele lucrării este o altă denumire a Teoriei Fericirii</u>: "Despre Cunoaşterea de Sine" = Teoria Scopului Spiritual şi "Despre Calea Spirituală" = Teoria Căii Spirituale, <u>iar pe cele 2 coperţi exterioare este redată</u> sintetic <u>tot Teoria Fericirii</u>: <u>vizual (geometric) pe coperta faţă</u>: Sine-le Impersonal din Centru este Fericirea, iar experimentarea Fericirii = Cunoaşterea Sine-lui Impersonal se face prin parcurgerea Căii Spirituale simbolizate prin săgeata care pleacă de la periferie şi ajunge în Centru; <u>lingvistic (literal) pe coperta spate</u>.

De ce spun că Teoria Fericirii este Regină a tuturor teoriilor? Deoarece tratează problematica Fericirii (ce este şi cum poate fi obţinută), iar Fericirea este cel mai important aspect al Realităţii.

Lucrarea are 2 volume: Volumul 1 este esenţial şi cuprinde primele 6 capitole, iar Volumul 2, care este secundar ca importanţă şi vine în sprijinul primului volum, cuprinde ultimele 3 capitole şi cele 3 anexe.

<u>Şi acum, să pornim la Drum!</u>

Capitolul 1 – Diagrama celor 4 stări de conştiinţă ale omului

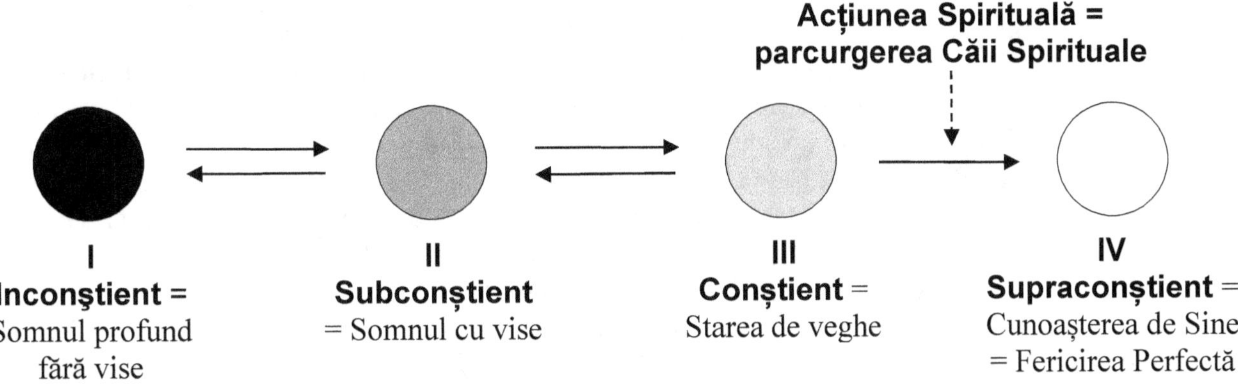

În timpul vieţii sale, un om obişnuit (ignorant de Sine) experimentează 3 stări ale conştiinţei:

I – Starea de somn fără vise (SFV): o vom numi **"inconştient"**, deoarece avem 0% conştienţă în somnul fără vise (prefixul **"in"** din "inconştient" este o negaţie, adică nu avem deloc conştienţă în SFV);

II – Starea de somn cu vise (SCV): o vom numi **"subconştient"**, deoarece gradul de conştienţă este mai mic decât în starea de veghe (vezi prefixul **"sub"**);

III – Starea de veghe (VGH): o vom numi **"conştient"**, deoarece se ia drept referinţă din punct de vedere al gradului de conştienţă pentru stările de conştiinţă, şi aceasta pentru că un om obişnuit rămâne cel mai mult timp în această stare (aproximativ 16 ore pe zi);

IV – A patra stare de conştiinţă nu este experimentată deloc de un om obişnuit, dar noi o vom postula prin generalizare, fiind ajutaţi de următoarea simbolistică a stărilor de conştiinţă: <u>inconştientul</u> îl vom simboliza prin culoarea <u>neagră</u>; <u>subconştientul</u> îl vom simboliza prin culoarea <u>gri</u>; <u>conştientul</u> îl vom simboliza tot prin culoarea gri, dar un <u>gri mai deschis</u> decât gri-ul subconştientului (deoarece în VGH gradul de conştienţă este mai mare decât în SCV). Acum este uşor să stabilim culoarea simbolică a celei de-<u>a patra stări de conştiinţă</u>: <u>albul</u>, iar denumirea va fi **"supraconştient"**, deoarece gradul de conştienţă este peste cel al VGH = "conştient" – vezi prefixul **"supra"**. Supraconştientul reprezintă experimentarea Fericirii Perfecte şi se mai numeşte (alături de multe alte denumiri) şi "Cunoaşterea de Sine".

Primele 3 stări formează "regimul" de Ignoranţă de Sine sau **Conştiinţa Personală Neiluminată** (CPN = {SFV, SCV, VGH}), **iar a 4-a stare** (care vom vedea în Capitolul 3 că se "despică" în alte 3 substări) **formează** "regimul" de Cunoaştere de Sine sau **Conştiinţa Personală Iluminată** (CPI). Cele 3 substări ale CPI sunt identice din punct de vedere al stării de conştiinţă (a 4-a stare a conştiinţei) de la nivelul Spaţiului Realităţii Subiective (SRS – vezi 2.4 şi 3.4; interiorul cercului în care sunt reprezentate cele 4 stări de conştiinţă prin cele 4 culori simbolizează SRS); ele diferă doar din punct de vedere al exteriorului cercului, adică din punct de vedere al Spaţiului Realităţii Obiective (SRO = Spaţiul tridimensional). Trecerea de la CPN la CPI se face prin Acţiunea Spirituală care înseamnă parcurgerea Căii Spirituale.

Stările de conştiinţă mai pot fi numite şi: stări psihice sau stări psihologice, stări de spirit, stări sufleteşti. Aceste stări de conştiinţă au diverse grade de conştienţă, adică <u>gradul de conştienţă este o măsură a stărilor de conştiinţă</u>. Deşi stările de conştiinţă nu sunt măsurabile în sens obişnuit, adică nu li se pot asocia nişte numere reale (ca în cazul mărimilor fizice), le putem totuşi asocia o măsură, chiar dacă aceasta nu se exprimă prin numere reale (vezi 3.4): **măsura (SFV) = ∞i; măsura (SCV) = FN < măsura (VGH) = FN; măsura (CPI) = ∞S, unde: ∞i = Infinitul inconştient, FN = Finitul Nemăsurabil, ∞S = Infinitul Supraconştient.**

<u>Din punct de vedere al gradului de conştienţă</u>, putem scrie: **SFV(∞i) < SCV(FN) < VGH(FN) < CPI(∞S)** adică: inconştientul (SFV) are gradul de conştienţă minim (zero), supraconştientul (CPI) are gradul de conştienţă maxim, iar subconştientul (SCV) şi conştientul (VGH) au grade de conştienţă intermediare (se spune uneori că starea de veghe este tot un fel de vis, dar puţin mai lung). Faptul că celor 4 stări de conştiinţă le-am asociat alte simboluri decât numerele reale înseamnă că nu sunt măsurabile în sens obişnuit; totuşi, "măsura" lor se poate exprima prin următoarele 3 "numere" (detalii în Capitolul 6):

∞i = **non-R non-B** (nici Răul, nici Binele); **FN = R = b + r** (Răul = binele + răul); ∞S = **B** (Binele).

La punctele 1 şi 3 avem ca "măsură" Infinitul, cu cele 2 aspecte: inconştient şi Supraconştient, iar la punctul 2 avem FN (Finitul Nemăsurabil): faptul că este Finit înseamnă că este diferit de Infinit (∞i şi ∞S); faptul că este Nemăsurabil înseamnă că este diferit de **Finitul Măsurabil (FM)**, <u>care este</u> **Materia = Energia măsurabilă** (proprietatea de măsurabilitate înseamnă că FM i se pot asocia numere reale).

    Realitatea (adică Tot ce Există) **este compusă din 4 Energii** (componente) **Fundamentale** (vezi 3.4): ∞**i**, ∞**S, FN şi FM,** cele 4 componente fiind disjuncte 2 câte 2 (intersecţia oricăror 2 componente din cele 4 este mulţimea vidă). <u>Primele 3 componente formează Realitatea Subiectivă (RS)</u> <u>sau Nemăsurabilul</u>, iar <u>al patrulea component</u> (adică materia) <u>formează Realitatea Obiectivă</u> (RO) <u>sau Măsurabilul</u>. În cadrul RS, cei doi Infiniţi – ∞i şi ∞S – se pot defini 100% clar şi precis din punct de vedere "energetic" chiar dacă nu sunt măsurabili în sens obişnuit, deoarece sunt unici (fiecare în parte).

    În schimb, FN defineşte o mulţime continuă (adică nenumărabilă, vezi 6.2) de stări de conştiinţă, a căror caracteristică comună este faptul că sunt Finite şi Nemăsurabile, şi constiuie Răul cu majusculă (R), format la rândul său din bine (cu b mic) şi rău (cu r mic): <u>FN = R = b + r</u>. Astfel, putem defini 100% clar şi precis "energiile" (stările de conştiinţă) de tip FN doar pe ansamblu, ca fiind mulţimea energiilor de tip FN, adică mulţimea energiilor finite diferite de FM sau mulţimea energiilor nemăsurabile diferite de ∞i şi ∞S. Altfel spus, nu putem defini clar şi precis o anume stare de conştiinţă (energie) în interiorul mulţimii de tip FN, dar putem defini clar şi precis întreaga mulţime a stărilor de conştiinţă care sunt FN.

    Aceste considerente despre stările de conştiinţă ("energiile") de tip FN prezintă relevanţă pentru noi deoarece în practica spirituală se urmăreşte eliminarea (dispariţia) completă a Răului (cu majusculă), adică a întregii mulţimi a stărilor de conştiinţă de tip FN, fără a ne mai interesa diferenţierea uneia sau alteia dintre stările de conştiinţă individuale. Adică faptul că nu putem identifica clar o anume stare de conştiinţă de tip FN nu ne încurcă deloc în practica spirituală, deoarece noi oricum vrem să scăpăm de tot Răul şi nu să-l analizăm pentru a vedea din ce este compus, sau după cum se exprima foarte sugestiv un mare înţelept: "Cel care vrea să arunce gunoiul nu stă să îl analizeze în prealabil pentru a vedea din ce este compus".

    În cazul unei fiinţe umane obişnuite (ignorante de Sine), mulţimea stărilor de conştiinţă de tip FN este compusă din 2 submulţimi: submulţimea stărilor de conştiinţă din SCV şi submulţimea stărilor de conştiinţă din VGH. Altfel spus, <u>stările de conştiinţă II (SCV) şi III (VGH) sunt de fapt mulţimi de stări de conştiinţă</u>, în timp ce <u>stările I (∞i) şi IV(∞S) sunt stări unice de conştiinţă</u>. După cum am spus, însă, acest lucru nu ne deranjează, deoarece scopul nostru este obţinerea stării de conştiinţă numărul IV, care este perfect definibilă, fiind unică; această a 4-a stare a conştiinţei odată obţinută, ne garantează automat dispariţia completă a primelor 3 stări de conştiinţă.

<u>Concluzii despre simbolizarea celor 4 stări de conştiinţă</u>

    Simbolismul vizual <u>(prin culori)</u> Simbolizarea stărilor de conştiinţă prin culorile negru/gri/alb este cea mai sugestivă: 1) aşa cum negrul este absenţa oricărei culori = intensitatea luminoasă zero, la fel şi inconştientul este absenţa oricărei conştienţe = 0% conştienţă; 3) aşa cum albul este prezenţa tuturor culorilor = luminozitate maximă, tot aşa supraconştientul înseamnă conştienţă maximă = 100% conştienţă; 2a) la fel cum griul este între negru şi alb, la fel SCV şi VGH sunt între ∞i şi ∞S; 2b) la fel cum nu putem măsura nuanţa de gri, dar ştim cu siguranţă că este între negru şi alb, la fel nu putem măsura FN (după cum îi spune şi numele), dar ştim cu siguranţă că este între ∞i şi ∞S. Deşi nu putem măsura nuanţele de gri, ştim totuşi cu siguranţă că gradul de conştienţă al SCV este mai mic decât cel al VGH, ceea ce conduce la faptul că nuanţa de gri pentru SCV va fi mai închisă decât în cazul VGH.

    Simbolismul numeric Stările de conştiinţă se pot grupa în 3 clase din punct de vedere numeric: ∞i, FN, ∞S. Legătura cu cele 4 stări de conştiinţă ale omului este următoarea (după cum am spus şi puţin mai sus): SFV = ∞i; SCV = FN; VGH = FN (VGH > SCV din punct de vedere al gradului de conştienţă); CPI = ∞S.

    Simbolismul lingvistic <u>(prin litere)</u> constă în atribuirea de cuvinte sau expresii fiecăreia din cele 4 stări de conştiinţă: I = inconştient = SFV = nici Răul, nici Binele; II = subconştient = SCV = Răul; III = conştient = VGH = Răul; IV = supraconştient = CPI = Binele = Fericirea = etc.

    <u>Simbolismele vizual şi numeric</u> sunt simbolisme matematice (Matematica este formată din Geometrie şi Matematica numerelor) şi sunt (fiecare în parte) unice. Ele sunt 100% clare (C), precise (P), relevante (R) şi Simple (S), adică satisfac complet cei 4 parametri de calitate ai unui model simbolic "CPRS": C = Claritate: nu există niciun dubiu referitor la simbolurile folosite; P = Precizie: corespondenţa dintre simboluri şi

realităţile simbolizate este riguros biunivocă/bijectivă; R = Relevanţă: simbolizarea celor 4 stări de conştiinţă este utilă, pentru că o folosim la dezvoltarea Teoriei Fericirii; S = Simplitate: simbolismele folosite sunt extrem de simple.

Simbolismul lingvistic nu este unic (pentru fiecare din cele 4 stări de conştiinţă există mai multe simboluri lingvistice) şi îndeplineşte cei 4 parametri CPRS doar dacă este pus în corespondenţă cu unul din simbolismele vizual sau numeric (SFV = negru/∞i; SCV şi VGH = gri/FN; CPI = alb/∞S).

Detalii despre cele 4 stări de conştiinţă ale omului (vezi Cap. 3, diagrama de la pagina 61)

Starea I-a a conştiinţei: este o stare în care nu există suferinţă (deci lipsită de ego; ego = FN = Finitul Nemăsurabil = prezenţa suferinţei), dar nici Fericire (∞i = non-R non-B). Conştiinţa individuală nu se identifică cu niciunul din cele 5 corpuri materiale (fizic, eteric, astral, mental, cauzal; detalii despre cele 5 corpuri umane în Capitolul 2), adică este retrasă în SRS (Spaţiul Realităţii Subiective: este simbolizat prin interiorul cercului în care sunt reprezentate cele 4 stări de conştiinţă prin cele 4 culori; SRS este "locuinţa" Unicului Sine Impersonal), dar în stare de inconştienţă. Se atinge în timpul somnului profund fără vise (SFV). Este starea în care toate cele 5 corpuri materiale se refac în mod pasiv, datorită faptului că funcţionarea lor nu mai este perturbată de CPN (Conştiinţa Personală Neiluminată), deoarece CPN nu se identifică cu niciunul din cele 5 corpuri. Astfel, adevărata odihnă a omului ignorant de Sine are loc doar în această stare. Este simbolizată prin culoarea neagră, simbol al inconştientului.

Starea a II-a a conştiinţei: este o stare care apare când conştiinţa individuală iese din SRS şi se identifică cu corpurile cauzal, mental şi astral. Se atinge în timpul somnului cu vise (SCV) şi are un grad de conştienţă mai mare decât starea I-a a conştiinţei (SFV). Există ego, deci există şi suferinţă. Se explică de ce unii oameni, în timpul viselor, se întâlnesc cu cei "decedaţi": pentru că atât aşa-zişii decedaţi, cât şi cei care visează se află în Universul ("Planul") Astral. În timp ce oamenii care visează sunt legaţi de corpurile eteric şi fizic prin cordonul de argint, la cei care au decedat cordonul de argint a fost rupt definitiv şi urmează să fie refăcut la următoarea încorporare (naştere) în Universul Fizic, când va fi legat de un anume embrion uman care se formează într-o viitoare mamă. Din acelaşi motiv, cei decedaţi se mai numesc uneori (în limbaj bisericesc) "adormiţi".

Starea a III-a a conştiinţei: este starea de veghe (VGH), adică starea pe care o are un om obişnuit (ignorant de Sine) de când se trezeşte (dimineaţa) şi până se culcă (seara). Există ego, deci există şi suferinţă. În această stare, conştiinţa individuală se identifică cu toate cele 5 corpuri materiale: fizic, eteric, astral, mental şi cauzal, pe care le perturbă în mod constant din punct de vedere anatomic şi funcţional, generând astfel boli şi sărăcie la nivelul Realităţii Obiective (RO), pe lângă suferinţa intrinsecă de la nivelul Realităţii Subiective (RS). Are un grad de conştienţă mai mare decât starea a II-a (SCV). Este unica stare în care este posibilă munca spirituală pentru a accede în starea a IV-a a conştiinţei.

Starea a IV-a a conştiinţei ("Turiya"= "a patra" în sanscrită): se mai numeşte şi: Supraconştient = Eu-l Superior Personal = Sine-le Personal = Cunoaşterea Unicului Sine Impersonal (Cunoaşterea de Sine) = Cunoaşterea lui Dumnezeu = Cunoaşterea Adevărului (care te eliberează de orice suferinţă) = Iluminare = Samadhi = Bine-le = Fericirea Perfectă = Beatitudine = Pacea (care întrece orice închipuire) = Nirvana = Aurul alchimic = Eliberare = Mântuire = Starea de yoga = Paradisul = Viaţa (Fericirea) Veşnică = Împărăţia Cerurilor = Tinereţe fără bătrâneţe şi Viaţă fără de moarte = Nemurirea = Trezirea Conştiinţei = Perfecţiunea = etc. Este Starea Perfectă (∞S = Binele), adică cea mai valoroasă stare a conştiinţei: o stare fără ego (ego = FN), deci fără suferinţă, dar superioară stării I-a, deoarece conţine Fericirea (Binele), care lipseşte în starea I-a. Această stare nu este experimentată deloc de omul obişnuit (ignorant de Sine) şi se obţine prin parcurgerea Unicei Căi Spirituale (vezi Capitolul 5).

În această stare, Conştiinţa individuală, care este complet trezită, se poate identifica sau nu cu cele 5 corpuri materiale. Dacă există identificare cu corpurile materiale, are loc o refacere activă a acestora, calitativ superioară refacerii pasive (care pentru omul ignorant de Sine este singura refacere a celor 5 corpuri şi are loc în somnul fără vise), iar dacă nu există identificare, are loc o refacere pasivă similară cu cea din somnul fără vise. Astfel, a IV-a stare a conştiinţei generează Sănătate şi Bani la nivelul Realităţii Obiective (RO), care se adaugă la Fericirea intrinsecă de la nivelul Realităţii Subiective (RS). Indiferent dacă se identifică sau nu cu corpurile, cel care a obţinut Eliberarea trăieşte constant starea de Fericire, atât ziua cât şi noaptea, chiar dacă stă sau acţionează, indiferent de circumstanţele exterioare, oricât de dificilă ar fi situaţia în care se află. El îşi poate folosi şi mintea şi corpul (adică toate cele 5 corpuri), şi chiar mai bine decât înainte. Teama de moarte a dispărut definitiv, împreună cu orice teamă şi suferinţă fizică sau mentală. Chiar dacă un astfel de om este tăiat în bucăţi la propriu, nu poate fi clintit din starea sa interioară de Preafericire. El este ceea ce orientalii numesc "eliberat în viaţă" sau "jivan mukta", iar în Noul Testament această stare se numeşte "Dumnezeu Fiul" (pentru detalii, vezi Capitolul 3); eu o voi denumi Conştiinţa Personală Iluminată (CPI).

Starea a IV-a a Conştiinţei este simbolizată prin culoarea albă din punct de vedere vizual şi prin "∞S" (Infinitul Supraconştient) din punct de vedere "numeric". Este starea în care Conştiinţa Personală revine în SRS (Spaţiul Realităţii Subiective), la fel ca în starea I-a, dar în deplină Cunoaştere de Sine, adică fiul risipitor se întoarce Acasă, dar altfel decât atunci când a plecat. Fiul care rămâne acasă, adică în starea I-a de conştiinţă, nu este apreciat la fel de bine de tatăl său, un simbol al faptului că, deşi nu există suferinţă nici în starea I-a, nici în starea a IV-a, starea a IV-a este superioară stării I-a deoarece conţine Fericirea. Pentru a ajunge în starea a IV-a este nevoie să pleci de Acasă, adică să ieşi din SRS, adică să te identifici cu corpuri materiale, ceea ce cauzează apariţia egoului (FN), deci a suferinţei, dar miza este obţinerea Fericirii Veşnice. Cel care nu părăseşte stadiul I nu suferă, într-adevăr (nimeni nu suferă în timpul somnului fără vise), dar nici nu are şansa de a găsi adevărata Fericire, deoarece nu a gustat încă din pomul cunoştinţei binelui şi răului (nu a apărut încă ego-ul = FN = Răul = binele + răul), adică se află încă în "grădina raiului" (SRS), dar în stare de inconştienţă (∞i). Cel care obţine stadiul IV definitiv se întoarce în Rai (SRS), dar altfel decât a plecat: acum are Binele (∞S = Binele), în timp ce în stadiul I nu avem Răul, dar nici Binele (∞i = nici Răul, nici Binele).

Ramana Maharshi spune că această a 4-a stare este "subiacentă celor 3 stări de veghe, vis şi somn profund" şi că "nu este ceva nou de obţinut". Aceste 2 afirmaţii trebuie înţelese astfel: ceea ce este subiacent celor 3 stări este Sinele Impersonal, care este identic cu a 4-a stare (adică este de tip ∞S) şi care există fără început şi fără sfârşit, ca un "fundal" constant. Din acest punct de vedere al Sinelui Impersonal într-adevăr nu se obţine nimic nou, însă din punctul de vedere personal al practicantului spiritual acest lucru nu mai e valabil, deoarece în urma succesului pe Calea Spirituală se obţine Sinele Personal (care este tot de tip ∞S, fiind identic cu Sinele Impersonal) care este complet nou pentru practicant, chiar dacă din punct de vedere al Sinelui Impersonal nu e nimic nou. Acesta este sensul celor spuse de Ramana, altfel afirmaţiile lui nu pot fi înţelese în mod corect şi pot genera confuzie sau chiar înţelegeri greşite.

Înţelepţii spun că adevărata naştere este naşterea egoului (ego = FN = Finitul Nemăsurabil), iar adevărata moarte este moartea egoului (dispariţia FN care are loc în urma parcurgerii complete a Căii Spirituale). La moartea obişnuită, omul pierde cele 2 corpuri cele mai grosiere: corpul fizic care este cadavrul şi corpul eteric care se descompune lent (în aproximativ 40 de zile după moartea corpului fizic: de aici şi obiceiurile pentru morţi; ne amintim că şi Isus a mai stat cu discipolii tot 40 de zile după crucificare, adică exact atât timp cât a mai avut corp eteric) şi care poate fi văzut uneori sub formă de fantomă. Apoi, rămân celelalte 3 învelişuri ale fiinţei: astral, mental şi cauzal, iar aşa-zisul decedat îşi continuă existenţa în Universul (Planul) Astral, de unde va reveni în Universul Fizic printr-o nouă naştere (o nouă încarnare) pentru a avea o nouă şansă să obţină Fericirea (Cunoaşterea de Sine) în cazul în care nu a reuşit acest lucru în ultima sa viaţă terestră (în Universul Astral este foarte greu sau imposibil să obţii Cunoaşterea de Sine deoarece lipseşte stabilitatea oferită de corpul fizic, corpul astral fiind mai subtil şi deci mai "fluid" – iată de unde rezultă necesitatea reîncarnărilor).

Concluzii pentru Capitolul 1

Plecând de la experienţa zilnică a fiecărui om obişnuit, şi anume cele 3 stări de conştiinţă: somn fără vise, somn cu vise şi veghe, am reuşit să postulăm existenţa unei a 4-a stări – complet necunoscută pentru omul obişnuit, dar care poate fi atinsă de oricine prin practicarea Acţiunii Spirituale, după cum vom vedea în capitolele următoare. Astfel, am reuşit să rezolvăm prima parte a Teoriei Fericirii, adică Scopul Spiritual teoretic = a 4-a stare a conştiinţei, simbolizată lingvistic prin Bine, numeric prin ∞S şi vizual prin culoarea albă. Urmează ca în următoarele 4 capitole, plecând de la Scopul Spiritual teoretic, să obţinem şi partea a doua a Teoriei Fericirii, adică Calea Spirituală teoretică. Rezultatul Capitolului 1 este, deci, diagrama celor 4 stări de conştiinţă, simbolizate prin culorile negru, gri (cu 2 nuanţe) şi alb. Această diagramă este baza de plecare pentru Capitolul 3, unde vom suprapune simbolic peste această diagramă cele 5 corpuri ale omului.

Capitolul 2 – Despre Realitatea Obiectivă

2.0 – Introducere

Din punct de vedere al Teoriei Fericirii, scopul Capitolului 2 este obţinerea modelului matematic al celor 5 corpuri ale omului, varianta vizuală a acestui model fiind folosită în Capitolul 3 împreună cu diagrama celor 4 stări de conştiinţă din Capitolul 1. Capitolul 2 este deci pregătitor pentru Capitolul 3.

Precizare importantă: cei care nu înţeleg sau nu agreează matematica şi fizica pot sări direct la sub-capitolul 2.6 şi să reţină doar concluziile acestui Capitol 2, concluzii utile în teoria şi practica spirituală.

Cele 5 corpuri sunt constituite 100% din materie = energie măsurabilă şi sunt reprezentate prin 5 cercuri concentrice cu raza invers proporţională cu gradul de subtilitate al corpului corespunzător (vezi 2.5). Ele există "întrepătrunse" în acelaşi spaţiu tridimensional, adică ocupă aproximativ acelaşi volum spaţial care poate fi considerat într-o primă aproximare ca fiind spaţiul ocupat de corpul fizic. Cum este posibil ca 5 corpuri materiale să ocupe acelaşi spaţiu fără să se "deranjeze" unul pe altul şi de ce cele 4 corpuri subtile (eteric, astral, mental şi cauzal) nu sunt nici vizibile (cu ochii fizici) şi nici detectabile cu vreunul din aparatele (medicale) folosite în investigarea corpului fizic, fiind în consecinţă nerecunoscute de ştiinţa oficială actuală (anul 2019) ? Răspunsurile la aceste întrebări, dar şi la altele, sunt oferite în Capitolul 2.

Realitatea Obiectivă (RO) sau Cosmosul este formată 100% din materie, care este una din cele 4 Energii Fundamentale ale Realităţii (Realitatea = Tot ce există) şi se defineşte ca fiind aspectul Realităţii ("Energia") care este Finit şi Măsurabil (FM) sau, în mod echivalent, Finit şi inconştient (Fi, vezi 3.4).

Celelalte 3 Energii Fundamentale ale Realităţii sunt din Realitatea Subiectivă (RS): Infinitul inconştient (∞i), Infinitul Supraconştient (∞S) şi Finitul Nemăsurabil (FN) = Finitul conştient (Fc, vezi 3.4).

Materia sau energia măsurabilă, fiind deci 100% Finită şi Măsurabilă (FM), este şi 100% continuă, deoarece orice discontinuitate <u>reală</u> presupune prezenţa Infinitului şi am văzut că Infinitul nu se găseşte în RO, ci în RS. Am subliniat caracterul <u>real</u> al discontinuităţii deoarece în RO există discontinuităţi <u>aparente</u>, adică continuităţi foarte "abrupte" şi care la o privire superficială pot <u>părea</u> discontinuităţi reale.

Deoarece materia = energia măsurabilă este finită, măsurabilă şi continuă, putem scrie $E = (0, +\infty)$, unde E este energia materială, măsurabilă în Jouli (J), iar $+\infty$ este infinitul potenţial, adică un finit care poate fi oricât de mare, dar rămâne finit. Rezultă că simbolul infinitului folosit în definirea energiei materiale este înşelător, deoarece am văzut că adevăraţii Infiniţi (∞i şi ∞S) fac parte din RS.

∞i şi ∞S formează aşa-zisul "Infinit Actual", prin contrast cu "infinitul potenţial" care poate fi de tip "infinit mic" sau "infinit mare" (vezi Capitolul 7). În cazul energiei materiale, pe care o voi numi de aici încolo în Capitolul 2 "energie" şi o voi simboliza prin litera E (cu majusculă), avem deci de-a face cu infinitul potenţial de tip "infinit mare" al energiei E.

<u>Relaţia $E = (0, +\infty)$</u> ne transmite deci următoarele informaţii: E este măsurabilă, adică îi pot fi asociate numere reale pozitive; E este continuă; E poate fi oricât de mare, dar rămâne finită. $E = (0, +\infty)$ este echivalentă deci cu $E = \mathbb{R}^+$, adică E poate fi identificată cu mulţimea numerelor reale pozitive. Ca unitate de măsură a energiei E voi folosi "Joule" (J). Energia E este deci unica componentă a Cosmosului (RO) şi poate fi considerată unica mărime fundamentală din RO.

Pentru a uşura modelarea matematică a RO mai introduc 2 mărimi pseudo-fundamentale (2 mărimi ajutătoare): Spaţiul tridimensional = Spaţiul Realităţii Obiective (SRO) = $S = \mathbb{R}^3$ şi Timpul unidimensional = Timpul Realităţii Obiective (TRO) = $T = \mathbb{R}$, unde $\mathbb{R}$ este mulţimea numerelor reale, $\mathbb{R} = (-\infty, +\infty)$. Deşi SRO şi TRO (numite mai departe S şi T) nu sunt riguros mărimi fundamentale, le voi considera fundamentale pentru simplificare. Unitatea de măsură pentru Spaţiu este "metrul" (m), iar pentru Timp este "secunda" (s).

Sunt deci 3 mărimi fundamentale care vor fi folosite în modelarea matematică a RO = Cosmosul: $\mathbf{E} = \mathbb{R}^+$, $\mathbf{S} = \mathbb{R}^3$ **şi** $\mathbf{T} = \mathbb{R}$, măsurabile în J, m, respectiv s. Voi arăta că tot ce există în RO este alcătuit din energie (E) care evoluează în spaţiu (S) şi timp (T). E, S şi T sunt finite, măsurabile şi continue, deci Cosmosul (RO) este limitat din punct de vedere energetic, spaţial şi temporal: E totală din Cosmos este limitată, S ocupat de Cosmos este limitat şi T de viaţă al Cosmosului este limitat (Cosmosul a avut un început şi va avea un sfârşit).

Deoarece materia (energia E) **este inconştientă** (materie = E = FM = Fi), deci inertă, nu poate nici să apară de la sine, nici să "acţioneze" prin sine, adică trebuie să fie "Cineva" care o "generează" şi o "pune în mişcare". Acest "Cineva" este Conştiinţa Cosmică Impersonală (Dumnezeul Feminin = Dumnezeul Mamă, numită "Duhul Sfânt" în Noul Testament – detalii în Capitolul 3), care este extensia în SRO a Unicului Sine Impersonal (Dumnezeul Masculin, numit "Dumnezeu Tatăl" în Noul Testament), şi care creează la începutul Zilei Cosmice Cosmosul, apoi îl "menţine în funcţie" conform Legii Universale a Naturii (LUN – vezi 2.1). Cosmosul, alcătuit din materie = energie (E), este structurat în 5 Universuri Materiale Paralele (5UMP), care există în acelaşi spaţiu tridimensional $S = \mathbb{R}^3$. <u>Aceste informaţii ne sunt transmise şi de prima propoziţie din Biblie</u>: "La început, Dumnezeu a făcut cerurile şi pământul." "La început" înseamnă la începutul Zilei Cosmice – actuala Zi Cosmică sau oricare dintre Zilele Cosmice trecute sau viitoare, deoarece de fiecare dată este la fel; "Dumnezeu" înseamnă <u>Conştiinţa Impersonală Iluminată</u> (CII), formată din Unicul Sine Impersonal şi extensia Sa în spaţiul tridimensional ($S = \mathbb{R}^3$) care este Conştiinţa Cosmică Impersonală; "cerurile" înseamnă cele 4 Universuri Materiale subtile (Cauzal, Mental, Astral şi Eteric), iar "pământul" înseamnă Universul Fizic, ordinea creaţiei celor 5UMP fiind exact aceasta: se începe cu cel mai subtil UMP = Universul Cauzal şi se finalizează cu cel mai grosier Univers = Universul Fizic.

CII materializează energia E (generează materie "din nimic"), o structurează în cele 5UMP ţinând cont şi de LUN, apoi menţine în funcţie Cosmosul (= RO = 5UMP) nou creat prin intermediul LUN. LUN este o ecuaţie cu derivate parţiale de ordinul 2 care conţine setul de constante universale fundamentale (g, c): g este constanta gravitaţională şi c este viteza luminii în vid. Practic, g este o constantă spaţială, iar c este o constantă temporală, adică g şi c stabilesc scara "spaţială", respectiv "temporală" pentru un anume UMP din cele 5.

Ecuaţia LUN este aceeaşi pentru fiecare UMP din cele 5, ceea ce diferă sunt valorile concrete pentru setul (g, c), adică fiecare Univers are un set specific (g, c). Ceea ce diferenţiază cele 5UMP între ele este deci setul (g, c), deoarece ecuaţia LUN este comună. Pentru Universul Fizic (UF), $g = k/c^4$, unde k este constanta din formula lui Newton a Legii atracţiei gravitaţionale [$k \approx 6{,}7 \cdot 10^{-11}$ m³/(kg·s²)], iar c este viteza luminii în vid ($c \approx 3 \cdot 10^8$ m/s). Făcând calculul, obţinem $g \approx 8{,}3 \cdot 10^{-45}$ m/J.

Observăm că unităţile de măsură pentru g şi c sunt doar J, m şi s, adică doar unităţile de măsură pentru E, S şi T, ceea ce este în concordanţă cu ceea ce am spus mai sus – şi anume că singurele mărimi fundamentale în RO, deci şi în UF, sunt E, S şi T. g şi c sunt singurele constante universale fundamentale riguroase.

Mai există o constantă universală pseudo-fundamentală, şi anume constanta lui Planck h; pentru UF, $h \approx 6{,}6 \cdot 10^{-34}$ J·s. h nu este fundamentală, deoarece rezultă din setul (g, c) + ecuaţia LUN (vezi 2.2.5), adică h este o constantă universală care se poate deduce din rezolvarea LUN cu setul de valori concrete pentru (g, c). Totuşi, pentru simplificare, voi considera că şi h este o constantă universală fundamentală.

Avem deci **tripleta de constante universale fundamentale (g, c, h)**, care pentru UF are valorile: $g \approx 8{,}3 \cdot 10^{-45}$ m/J, $c \approx 3 \cdot 10^8$ m/s şi $h \approx 6{,}6 \cdot 10^{-34}$ J·s. Se observă că în toate cele 3 constante nu avem ca unităţi de măsură decât J, m, s, adică unităţile de măsură pentru E, S, T. <u>În UF, dar şi în celelalte 4UMP, avem deci 3 mărimi fundamentale (E, S, T) şi 3 constante fundamentale (g, c, h)</u>.

La acestea se adaugă **3 constante matematice fundamentale**, adică 3 numere iraţionale fundamentale, din care 2 intervin în ecuaţia LUN (i şi π), iar al treilea (e) intervine în modelul matematic al Punctului Material Energetic (PME), PME fiind conceptul fundamental din Teoria Particulelor Elementare (TPE).

Fiecare din cele 3 numere provine din câte o ramură de bază a Matematicii: i din Algebră – deoarece este soluţia ecuaţiei algebrice $x^2 + 1 = 0$, e din Analiza Matematică – deoarece este limita unui şir infinit, iar π din Geometrie (cea euclidiană) – deoarece reprezintă raportul dintre circumferinţa şi diametrul unui cerc oarecare (e şi π sunt transcendente). Între cele 3 numere există relaţia $\mathbf{e^{i \cdot \pi} = -1}$. Există şi alte relaţii între cele 3 numere; de exemplu, între e şi π există relaţia (vezi şi pagina 22) $\mathbf{\int x/(e^x - 1)\,dx}$ **pentru x în intervalul (0, $+\infty$) = $\pi^2/6$**.

Constante matematice fundamentale	Mărimi (fizice) fundamentale	Constante universale fundamentale (valori pentru UF)
i = soluția ecuației ($x^2+1=0$); $i = \sqrt{-1}$ (**Algebră**)	**Energie** (J) ($E = \mathbb{R}^+$)	$\mathbf{g} = k/c^4 \approx 8{,}3 \cdot 10^{-45}$ m/J ($\mathbf{g = S / E}$) [k = constanta gravitațională din Legea atracției universale a lui Newton; $k \approx 6{,}7 \cdot 10^{-11}$ m^3/(kg·s^2)]
$e = \lim\limits_{n \to \infty} \left(1 + \dfrac{1}{n}\right)^n$; $e \approx 2{,}718$ (**Analiză Matematică**)	**Spațiu** (m) ($S = \mathbb{R}^3$)	$\mathbf{c}$ = viteza luminii în vid $\approx$ $3 \cdot 10^8$ m/s ($\mathbf{c = S / T}$)
π = (circumferința/diametrul unui cerc oarecare); $\pi \approx 3{,}141$ (**Geometrie**)	**Timp** (s) ($T = \mathbb{R}$)	$\mathbf{h}$ = constanta lui Planck $\approx$ $6{,}6 \cdot 10^{-34}$ J·s ($\mathbf{h = E \cdot T}$)

Pentru început, vom studia Universul Fizic (UF) în 2.1, 2.2 și 2.3, apoi în 2.4 vom extinde studiul prin generalizare și la celelalte 4 Universuri Materiale Paralele. Iată mai jos un tabel cu Modelele matematice fundamentale ale UF, care cuprinde și 2 modele noi propuse în prezenta lucrare (LUN și TPE). Se observă că în primele 3 modele (M1, M2, M3) intervin pe rând cele 3 constante universale fundamentale.

Modele matematice fundamentale ale Universului Fizic (UF)	Concepte folosite						
	Energie (E)	Spațiu (S)	Timp (T)	Punct material (PM)	Substanță (s)	Electricitate (q)	Lumină (f)
M0 = Matematica		Geo-metria		Punctul geometric (Pgm)			
M1 = Mecanica Clasică Newtoniană (MCN – Newton - secolul 17) $k \approx 6{,}7 \cdot 10^{-11}$ m^3/(kg·s^2)	DA	DA	DA	PM de substanță (PMs)	DA		
M2 = Modelul Maxwell-Lorentz al electrodinamicii (MML – secolul 19) $c = (\varepsilon_0 \cdot \mu_0)^{-1/2} \approx 3 \cdot 10^8$ m/s	DA	DA	DA	PM de electricitate (PMq)		DA	
M3 = Modelul Planck al radiației termice a corpului negru (MP – 1900) $h \approx 6{,}6 \cdot 10^{-34}$ J·s	DA	DA	DA	PM de lumină sau fotonul (PMf)			DA
M4 = Teoria Relativității (Einstein) Teoria Restrânsă a Relativității – 1905 Teoria Generală a Relativității – 1916	DA	DA	DA				
M5 = Mecanica Cuantică (MC) MC Ondulatorie – Schrödinger - 1926 MC Matriceală – Heisenberg - 1927 MC Relativistă – Dirac - 1928	DA	DA	DA				
M6 = Teoria Particulelor Elementare (TPE – 2019)	DA	DA	DA	PM energetic (PME)	NU	NU	NU
M7 = Legea Universală a Naturii (LUN – 2019)	DA	DA	DA	NU	NU	NU	NU

O greșeală fundamentală care se face în Fizica actuală (anul 2019) este că se consideră că energia (E) este asociată obligatoriu cu mișcarea. În Realitate nu numai că nu este așa, dar este aproape invers: doar $\approx 5\%$ din energia din UF este asociată cu mișcarea (în materia obișnuită), în timp ce restul de $\approx 95\%$ (adică majoritatea) este energie "statică" și formează Materia întunecată ($\approx 25\%$) și Energia întunecată ($\approx 70\%$). Din punctul meu de vedere, energia E (măsurabilă în J) nu trebuie definită ca fiind asociată cu mișcarea (de fapt în știința actuală nici nu există o definiție riguroasă a energiei), ci trebuie definită ca fiind aspectul Realității care este Finit și Măsurabil (FM). Definiția "energie = FM" este 100% riguroasă, adică este 100% clară și precisă; în plus, este și relevantă și simplă, adică îndeplinește cei 4 parametri de calitate ai unui model simbolic (CPRS = Claritate, Precizie, Relevanță și Simplitate). Am putut defini CPRS energia (materia) care formează RO deoarece am pus-o în legătură cu celelalte 3 aspecte ("energii") fundamentale din RS: ∞i, ∞S și FN. Un alt avantaj al acestei definiții a materiei este că am putut stabili de la bun început că RO este 100% continuă, adică am clarificat de la început că în RO nu există niciun infinit. Astfel, am eliminat din start toate dificultățile matematice care apar în modelele RO care acceptă "singularități", adică locuri unde anumite mărimi fizice ar avea valori "infinite".

2.1 – Legea Universală a Naturii (LUN) sau așa-zisa "Teorie a Gravitației Cuantice"

2.1.1 – Modelul energetic continuu de stare al Universului Fizic (UF)

Spațiul este un continuu tridimensional ($S = \mathbb{R}^3$), iar Timpul este un continuu unidimensional ($T = \mathbb{R}$). Pentru a identifica spațio-temporal un eveniment din UF vor fi necesare 4 coordonate: 3 coordonate spațiale (x, y, z) și o coordonată temporală (t). Un <u>Sistem de Referință</u> (SR) este alcătuit dintr-un <u>Sistem de Coordonate</u> (SC) tridimensional Oxyz și <u>câte un ceasornic</u> în fiecare punct (x, y, z) care să măsoare timpul (t).

Orice SR poate fi echivalat cu un SC cu 4 dimensiuni (cvadridimensional) (x, y, z, ict), adică Spațiul (sau continuul) cvadridimensional al lui Minkowski ($i = \sqrt{-1}$ este unul din cele 3 numere fundamentale, iar c este viteza luminii în vid – vezi 2.0). Un SR în cazul cel mai general (adică o "moluscă de referință" în limbajul lui Einstein din Teoria Generală a Relativității TGR) se transformă astfel într-un SC Gaussian (neeuclidian) în 4 dimensiuni. Am simplificat astfel studiul UF prin transformarea unei situații dinamice tridimensionale într-o situație statică cvadridimensională (prin considerarea timpului ca fiind a 4-a dimensiune), prețul plătit pentru această simplificare fiind creșterea numărului de dimensiuni de la 3 la 4.

Un "eveniment" din UF într-un punct (x, y, z) la un moment (t) = "ceea ce se întâmplă" într-un punct din spațiul cvadridimensional (x, y, z, ict) = starea UF în punctul (x, y, z, ict) este <u>complet</u> definit(ă) prin 2 mărimi fizice, una scalară și una vectorială: **densitatea de energie** ρ**(x, y, z, ict)** = <u>mărime scalară</u> și **densitatea de putere** (densitatea de flux sau de curent energetic) **j(x, y, z, ict)** = <u>mărime vectorială</u>. Cele 2 mărimi se definesc similar cu definirea densității de masă sau de sarcină electrică, respectiv densității de curent masic sau de curent electric din fizica mediilor continue: <u>ρ(x, y, z, t) = limita lui E/V</u> când V tinde spre zero, unde V este un volum compact ce conține punctul (x, y, z), iar E este energia conținută de V la momentul t; <u>j(x, y, z, t) = limita I/Sp</u> când Sp tinde spre zero, unde Sp = suprafața exterioară a volumului V de mai sus, suprafață prin care trece fluxul (curentul) energetic I. Densitatea de energie ρ se măsoară în J/m^3, iar densitatea de putere j se măsoară în W/m^2, unde W (Watt) = J/s. Fiind o mărime vectorială, j are 3 componente scalare: $j = (j_X, j_Y, j_Z)$. <u>Între j si ρ există relația</u> **j = $\rho \cdot$ v**, unde $v = (v_X, v_Y, v_Z)$ este viteza locală instantanee a energiei. ρ și j vor fi definite deci pe (x, y, z, ict) și vor lua valori în intervalul $[0, +\infty)$.

Starea întregului UF la un moment dat (t) va fi dată deci de 2 câmpuri: câmpul scalar ρ(x, y, z, t) și câmpul vectorial j(x, y, z, t), unde (x, y, z) "baleiază" întregul spațiu $S = \mathbb{R}^3$. Acesta este Modelul energetic continuu de stare al UF și este <u>100% clar</u> (C), deoarece este perfect inteligibil din punct de vedere matematic și <u>100% precis</u> (P), deoarece corespunde exact cu realitatea obiectivă a UF, indiferent de: momentul de timp, dacă UF este observat/măsurat sau nu și de acțiunile diverselor tipuri de conștiințe ("energii" din Realitatea Subiectivă RS). Acest model este și <u>relevant</u> (R), deoarece ne ajută în modelarea matematică a UF și RO (Realității Obiective), iar aceasta este de ajutor inclusiv în teoria spirituală. În ceea ce privește <u>simplitatea</u> (S), acest model energetic continuu de stare al UF (și al întregii RO) este destul de complicat din punct de vedere matematic. Din acest motiv, el va fi înlocuit în 2.2.2 cu un model discontinuu (în care UF este alcătuit dintr-o mulțime finită de Puncte Materiale Energetice PME identificabile prin energia conținută, poziție și viteză), care, cu prețul unei scăderi nesemnificative a preciziei (P), aduce o simplificare (S) majoră din punct de vedere matematic (practic).

2.1.2 – Modelul energetic continuu de proces al UF sau Legea Universală a Naturii

Un proces din UF este o succesiune de stări ale UF și constă din anumite ecuații care modelează matematic evoluția în timp a (stării) UF, ecuații care trebuie să aibă aceeași formă matematică în orice Sistem de Referință (SR) conform Principiului General al Relativității (PGR) enunțat de Einstein în Teoria Generală a Relativității (TGR).

Vom defini următorii cvadrivectori (vectori cu 4 componente scalare) și operatori matematici:
- X = cvadrivectorul "Poziție" = (x, y, z, ict) = (x1, x2, x3, x4)
- J = cvadrivectorul "Densitate" = (j_X, j_Y, j_Z, $ic\rho$) = (J1, J2, J3, J4); J = J(X)
- A = cvadrivectorul "Potențial" = (Ax, Ay, Az, $i\varphi/c$) = (A1, A2, A3, A4); A = A(X)
- $\Box = \partial^2/\partial x_1^2 + \partial^2/\partial x_2^2 + \partial^2/\partial x_3^2 + \partial^2/\partial x_4^2 = \sum \partial^2/\partial x_i^2$ = operatorul lui D'Alambert sau d'alembertianul; este un operator diferențial parțial de ordinul 2 și este generalizarea laplacianului (Δ) pentru 4 dimensiuni
- $Div = \partial/\partial x_1 + \partial/\partial x_2 + \partial/\partial x_3 + \partial/\partial x_4 = \sum \partial/\partial x_i$ = divergența în 4 dimensiuni; este un operator diferențial parțial de ordinul 1 și este generalizarea divergenței în 3 dimensiuni pentru 4 dimensiuni
- $K = 4\pi g/c^2$; $\pi \approx 3,14$; $g \approx 8,3 \cdot 10^{-45}$ m/J, $c \approx 3 \cdot 10^8$ m/s. <u>Observație</u>: a nu se confunda constanta k mic cu constanta K mare: k mic este constanta din Legea atracției gravitaționale newtoniene, iar K mare este constanta din formula LUN ($K = 4\pi g/c^2$). Relația dintre K mare și k mic este: $K = 4\pi g/c^2 = 4\pi k/c^6$.

<u>Conform celor de mai sus</u>, **Ecuația LUN este următoarea** (în paranteză este <u>Legea Conservării Energiei</u>):

$$\Box A = - K \cdot J \quad (Div\ J = 0)$$

Ecuația LUN (Legea Universală a Naturii) este o ecuație cvadrivectorială în spațiul cvadridimensional al lui Minkowski (x, y, z, ict) și se descompune în 4 ecuații scalare diferențiale parțiale de ordinul 2 care au aceeași formă matematică: 3 ecuații de forma $\Box Ai = -K \cdot Ji$ (i = 1, 2, 3) și 1 ecuație de forma $\Box \varphi = -4\pi g \cdot \rho$.

Dacă notăm **K = μ_0, (1/4πg) = ε_0** și înlocuim $\Box = \Delta - (1/c^2) \cdot \partial^2/\partial t^2$, obținem 4 ecuații scalare perfect similare ca formă matematică cu Ecuațiile lui Maxwell din electromagnetism în varianta potențialelor electrodinamice (potențialul vector A și potențialul scalar φ). Cvadrivectorul potențial A nu are o semnificație fizică, ci are doar un rol de calcul, ajutător; doar cvadrivectorii X și J au semnificații fizice.

Putem introduce un alt cvadrivector, și anume cvadrivectorul "Viteză" V = dX/dt, adică generalizarea în 4 dimensiuni a definiției din $\mathbb{R}^3$ v = dr/dt. Vom avea V = d/dt (x, y, z, ict) = (v_X, v_Y, v_Z, ic). Se observă că avem relația J = $\rho \cdot$V, adică generalizarea 4-dimensională a relației tridimensionale j = $\rho \cdot$v.

Div J = 0 reprezintă **Legea Conservării Energiei (LCE)** și este trecută în paranteză deoarece <u>se deduce din</u> (este o consecință a) <u>LUN</u>. Înlocuind x4 = ict, obținem LCE în varianta tridimensională, care este ecuația de continuitate din fizica mediilor continue scrisă pentru energia E: $\partial \rho/\partial t + div\ j = 0$, unde div j este divergența tridimensională ($\partial j_X/\partial x + \partial j_Y/\partial y + \partial j_Z/\partial z$).

Conform Teoremei lui Noether, orice simetrie generează o lege de conservare. LCE este o consecință a faptului că Timpul este omogen din punct de vedere al LUN, adică toate momentele de timp (t) sunt echivalente. Spațiul S este și omogen și izotrop, ceea ce conduce la alte 2 legi de conservare (vectoriale), și anume la Legea de conservare a impulsului (energetic), respectiv la Legea de conservare a momentului cinetic (energetic). Timpul (T) nu este izotrop, deoarece trecutul și viitorul nu sunt echivalente, adică axa timpului nu este reversibilă ca în cazul celor 3 axe spațiale. Tocmai din acest motiv în Spațiul lui Minkowski Timpul (t) se înmulțește cu numărul (imaginar) i – pentru a deosebi axa temporală de cele 3 axe spațiale (înmulțirea cu viteza luminii c transformă timpul t în distanță ct). Ca o regulă mnemotehnică, numărul i din (ict) înseamnă că axa timpului este ireversibilă, adică nu este izotropă (este doar omogenă).

Invarianța numerică a LUN și LCE la schimbarea Sistemului de Referință (SR) Avantajul scrierii LUN și LCE în varianta cvadridimensională (x, y, z, ict) = (x1, x2, x3, x4) este că permite: a) sesizarea faptului că cele 3 axe spațiale și axa temporală joacă același rol (sunt echivalente) din punct de vedere matematic și b) demonstrarea invarianței lor numerice la schimbarea SR.

În cazul LCE, invarianța numerică la schimbarea SR este mai ușor de înțeles. Pentru aceasta, vom folosi varianta tridimensională a LCE: dacă avem în $\mathbb{R}^3$ un volum tridimensional compact oarecare V mărginit de suprafața Sp, atunci cantitatea de energie care intră în/iese din V este egală cu creșterea/scăderea cantității de energie din V, sau, în mod echivalent, fluxul de energie care intră/iese prin Sp este egal cu viteza de creștere/scădere a energiei din V. Dacă LCE este valabilă într-un SR oarecare, ea va fi valabilă în orice SR, deoarece schimbarea SR nu face decât să deformeze fundalul spațio-temporal fără a afecta însă raționamentul de mai sus. Ecuația Div J = 0 va fi deci valabilă în orice SR, adică își păstrează forma matematică (numerică) în orice SR. În cazul LUN, vedem că cele 4 dimensiuni (x1, x2, x3, x4) sunt perfect echivalente din punct de vedere matematic. În ceea ce privește invarianța numerică la schimbarea SR, putem doar să intuim acest lucru din forma LUN, mai departe fiind nevoie de o demonstrație riguroasă.

Interpretarea geometrică a LUN și LCE. Invarianța geometrică a LUN și LCE la schimbarea SR

Vom începe cu LCE. În $\mathbb{R}^3$, un câmp vectorial care are divergența zero este solenoidal, adică liniile sale de câmp sunt curbe închise (un exemplu este câmpul magnetic B pentru care div B = 0 conform unei ecuații a lui Maxwell). Generalizând în 4 dimensiuni, vom spune că câmpul vectorial cvadridimensional J = J(X) este solenoidal, adică liniile de câmp sunt curbe închise în Spațiul lui Minkowski (x, y, z, ict).

Schimbarea SR = schimbarea Sistemului de Coordonate (SC) în 4 dimensiuni deformează liniile de câmp, dar acestea rămân tot închise, adică topologia rămâne aceeași. Interpretările geometrică și numerică ale ecuației LCE sunt la fel de puternice deoarece sunt echivalente și sunt valabile deci în orice SR.

În cazul LUN, vom avea în loc de curbe (varietăți continue unidimensionale) în 4 dimensiuni, suprafețe (varietăți continue bidimensionale) în 4 dimensiuni. Pornim de la cazul tridimensional care este cazul Punctului Energetic (PME – vezi 2.2.1): mulțimea punctelor care au același potențial (echipotențiale) și aceeași densitate ρ formează suprafețe închise concentrice (care sunt sferice în SC euclidiene). Schimbarea SC tridimensionale deformează suprafețele echipotențiale, dar acestea rămân tot închise și concentrice.

Extinzând acest raționament în cazul 4-dimensional al LUN, suprafețele echipotențiale vor fi închise și concentrice, iar în SC euclidiene (corespunzând unor SR Perfecte, vezi pagina 37) vor fi sferice. Schimbarea SR = schimbarea SC în 4 dimensiuni deformează suprafețele echipotențiale, dar acestea rămân tot închise și concentrice, adică topologia rămâne aceeași, deci interpretarea geometrică a LUN este valabilă în orice SR. Interpretarea geometrică a LUN este mai "slabă" decât interpretarea numerică (sub forma ecuației diferențiale), deoarece din ecuația LUN se pot calcula și valorile concrete (numerice) ale potențialului (Ax, Ay, Az sau φ) pe fiecare suprafață echipotențială, dar ambele interpretări sunt invariante la schimbarea SR.

Ca în electromagnetism, vom face schimbarea de variabile $\mathbf{E_E} = - \mathbf{grad}\ \varphi - \partial\mathbf{A}/\partial t$ și $\mathbf{H_E} = (1/\mu_0)\cdot\mathbf{rot\ A}$, unde E_E este intensitatea câmpului energo-electric, H_E este intensitatea câmpului energo-magnetic, grad este operatorul "gradient", rot este operatorul "rotor" iar μ_0 este coeficientul de permeabilitate energo-magnetic $= K = 4\pi g/c^2$. Dacă ε_0 este coeficientul de permitivitate energo-electric, avem $\varepsilon_0 = 1/(4\pi g)$, deci $\varepsilon_0\cdot\mu_0 = 1/c^2$. În urma acestor schimbări de variabile, din cele 4 ecuații scalare ale LUN vom obține 4 ecuații vectoriale similare cu cele 4 ecuații ale lui Maxwell din electromagnetism, în care rolul sarcinii electrice este jucat (preluat) de energia E. Avantajul acestor 4 ecuații LUN în varianta (E_E, H_E) este că sunt ecuații diferențiale (parțiale) de ordinul 1, în timp ce ecuațiile LUN sunt ecuații diferențiale (parțiale) de ordinul 2. Vom folosi varianta (E_E, H_E) a LUN în Teoria Particulelor Elementare (TPE) din 2.2.

Analiza dimensională a mărimilor și constantelor fizice din LUN Vom nota unitățile de măsură prin încadrarea între paranteze pătrate: $[\rho] = J/m^3 = \mathbf{Jm^{-3}}$; $[j] = W/m^2 = \mathbf{Jm^{-2}s^{-1}}$; $[Ax] = [Ay] = [Az] = \mathbf{m^{-1}s}$; $[\varphi]$ **nu există**, adică φ este adimensional; $[K] = [\mu_0] = \mathbf{J^{-1}m^{-1}s^2}$; $[\varepsilon_0] = \mathbf{Jm^{-1}}$; $[E_E] = \mathbf{m^{-1}}$; $[H_E] = \mathbf{Jm^{-1}s^{-1}}$. Se observă că nu intervin decât unitățile de măsură pentru Energie E (J), Spațiu S (m) și Timp T (s).

Despre Principiul General al Relativității (PGR) Einstein enunță în TGR Principiul sau Postulatul (deoarece îl postulează, nu îl demonstrează) General al Relativității, care spune că Legile generale ale Naturii (Realității Obiective RO) trebuie să fie complet independente de alegerea Sistemelor de Referință (SR), adică trebuie să aibă aceeași formă matematică în orice SR ("moluscă" de referință). Plecând de la PGR, Einstein obține Legea generală a gravitației (LGG), care generalizează Legea gravitației (LG) obținută de Newton. LG este valabilă în cazul static, în timp ce LGG este valabilă în cazul dinamic. LGG a fost verificată experimental în cel puțin 3 cazuri: orbita planetei Mercur, curbarea razelor de lumină de către câmpul gravitațional al Soarelui și deplasarea gravitațională a spectrului luminii primite de la stelele uriașe în raport cu cea produsă pe Pământ de același tip de molecule. Deși din punct de vedere cantitativ LGG nu aduce practic nicio modificare față de LG, din punct de vedere calitativ LGG este importantă deoarece este un argument puternic în favoarea PGR, iar PGR este un criteriu pentru descoperirea Legilor generale ale Naturii. Einstein a încercat până la sfârșitul vieții să descopere aceste Legi generale ale Naturii, fără succes însă.

Din punctul meu de vedere, aceste Legi generale ale Naturii pe care Einstein n-a reușit să le descopere constau tocmai în Ecuația LUN. Există 2 argumente principale pentru care LUN poate fi considerată că este ceea ce a căutat Einstein: 1) folosește o singură mărime fizică (pe lângă Spațiu și Timp care se consideră implicite) – energia E; 2) ecuația LUN satisface PGR, adică are aceeași formă matematică în orice SR general, echivalabil cu un Sistem de Coordonate Gaussian. Ecuația LUN, deci, poate fi considerată ca fiind ceea ce unii fizicieni au numit, înainte de a o descoperi, "Gravitația cuantică" (Quantum gravity), deoarece "unifică" TGR și Mecanica Cuantică. LUN nu unifică doar TGR și Mecanica Cuantică, ci toate Modelele matematice fundamentale ale UF prezentate în tabelul de la pagina 17, în sensul că din LUN se pot deduce ca niște cazuri particulare (vezi 2.3.2) toate aceste Modele matematice.

Tipuri de procese (acțiuni) în UF Există 4 tipuri fundamentale de procese (acțiuni) în UF: **A0** = LUN, **A1** = materializare = (Div J > 0), **A2** = dematerializare = (Div J < 0) și **A3** = încălcarea LUN fără a se încălca LCE = (Non LUN, Div J = 0). Toate cele 4 tipuri de procese sunt definite prin ecuații matematice invariante la o schimbare oarecare (generală) a SR, adică au aceeași formă matematică în orice SR (satisfac PGR enunțat de Einstein). Am denumit procesele din UF "acțiuni" deoarece orice proces din LUN este "generat" de o conștiință, adică de o "energie" din Realitatea Subiectivă (RS), și asta deoarece materia este inconștientă și nu poate acționa "de la sine". Astfel, A0 este realizată (susținută) de Conștiința Impersonală Iluminată (CII, formată din Sinele Impersonal și Conștiința Cosmică Impersonală), A1 și A2 sunt specifice Conștiinței Personale Neiluminate (CPN), iar A3 este specifică Conștiinței Personale Iluminate (CPI). Cele 4 acțiuni nu sunt strict "repartizate" celor 3 tipuri de RS, adică CII poate realiza și acțiuni de tip A1, A2 sau A3, iar CPI poate realiza și acțiuni de tip A1/A2, dar această alocare a acțiunilor pe tipuri de RS este una tipică (și pentru a reține mai ușor).

2.2 – Teoria Particulelor Elementare (TPE). Cele 8 Particule Fundamentale

2.2.0 – Introducere

Teoria Particulelor Elementare (TPE) este o aplicație imediată a Ecuației LUN (Legea Universală a Naturii) din 2.1.2. De altfel, în TPE nu se poate aplica decât LUN; orice alt model matematic este prea grosier pentru a putea fi folosit în TPE, doar LUN are "finețea" necesară. În TPE vom folosi Sisteme de Referință (SR) "Perfecte" (SRP, vezi pagina 37), adică SR folosite în Mecanica Clasică Newtoniană (MCN, vezi 2.0). SR Generale au fost folosite doar pentru a vedea invarianța LUN la schimbarea SR, adică doar pentru a vedea că LUN satisface PGR (Principiul General al Relativității). În TPE nu mai este necesară folosirea SR în cazul general, ci vom folosi SRP deoarece sunt mai convenabile din punct de vedere matematic. LUN va fi folosită în varianta tridimensională (E_E, H_E), caz în care vom avea 4 ecuații diferențiale parțiale de ordinul 1 similare celor 4 ecuații ale lui Maxwell din electromagnetism (MML, vezi 2.0) în care rolul sarcinii electrice (Q) este preluat de energie (E). TPE se bazează pe varianta discontinuă a Modelului energetic al UF, deoarece conceptul central în TPE este Punctul Material Energetic (PME), iar PME este echivalentul energetic al Punctului geometric (Pgm).

<h3 style="text-align:center">2.2.1 – Punctul Material Energetic (PME)</h3>

Punctul Material Energetic (PME) sau pe scurt Punctul energetic are o structură care rezultă din rezolvarea ecuației LUN în cazul static, adică cazul în care densitatea energetică ρ este constantă în timp ($\partial\rho/\partial t = 0$) și nu avem curenți energetici (j = 0). <u>Vom avea doar 3 mărimi</u>: potențialul scalar φ, intensitatea câmpului energo-electric E_E (mărime vectorială) și densitatea de energie ρ (mărime scalară). E_E va avea o direcție radială, adică în orice punct dreapta care conține E_E trece prin originea O a Sistemului de coordonate tridimensional Oxyz. Toate cele 3 mărimi au simetrie sferică, adică depind doar de raza r = distanța față de originea O: $\varphi = \varphi(r)$, $E_E = E_E(r)$ ca modul și $\rho = \rho(r)$. Vom avea $\mathbf{E_E = -\ grad\ \varphi}$, care devine $\mathbf{E_E(r) = -\ d\varphi/dr}$, și $A_x = A_y = A_z = 0$, $H_E = 0$. Din cele 4 ecuații scalare ale LUN mai rămâne doar ecuația $\square\boldsymbol{\varphi} = -\boldsymbol{\rho}/\boldsymbol{\varepsilon_0}$ [$\varepsilon_0 = 1/(4\pi g)$], care devine $\Delta\varphi = -\rho/\varepsilon_0$, care devine $\mathbf{div\ E_E = \rho/\varepsilon_0}$.

Legea de variație a densității energetice $\rho = \rho(r)$. PME are o simetrie sferică a densității energetice ρ, adică: a) există un punct geometric unde ρ este zero, care este originea O și care va fi considerat centrul PME și b) la o distanță oarecare r (rază) față de centru, ρ este aceeași, adică ρ variază în funcție de raza r: $\rho = \rho(r)$. Legea de variație $\rho = \rho(r)$ rezultă din rezolvarea ecuației $\mathbf{div\ E_E = \rho/\varepsilon_0}$ și este identică (deloc întâmplător) cu legea de variație a densității spectrale în funcție de lungimea de undă din Legea Planck (problema radiației termice a corpului negru): $\boldsymbol{\rho(r) = (C_1/r^5) \cdot 1/[exp(C_2/r) - 1]}$, <u>unde</u>: $C_1 = (\pi/96) \cdot g^2 \cdot E^3$ și $C_2 = (\pi^2/12) \cdot g \cdot E$ sunt constante ($\pi \approx 3{,}141$; $g \approx 8{,}3 \cdot 10^{-45}$ m/J; E este energia totală a PME care se obține integrând densitatea energetică ρ pe tot spațiul $\mathbb{R}^3$: E = $\iiint\rho dV$); exp(x) este funcția exponențială e^x ($e \approx 2{,}718$).

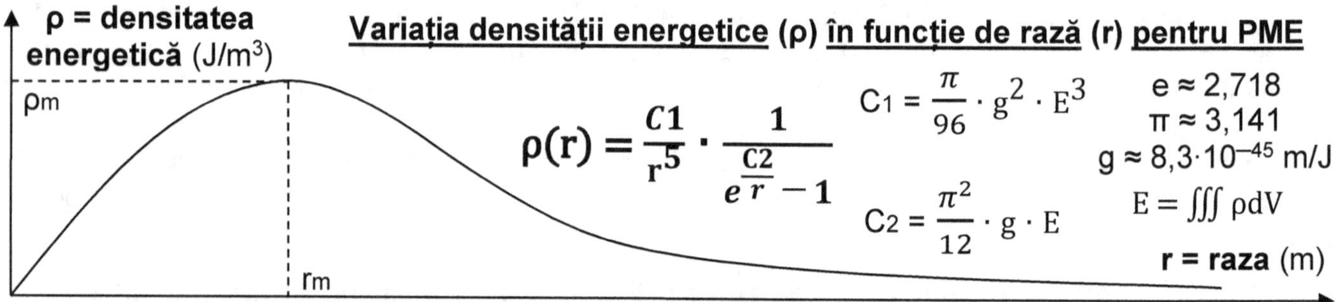

Se observă că ρ este zero în centrul PME, crește relativ abrupt până la o valoare maximă ρ_m, apoi scade asimptotic spre zero, adică scade odată cu creșterea razei fără a se anula însă pentru nicio valoare a lui r.

Voi arăta că energia totală a PME este E, adică $\mathbf{E = \iiint\rho dV}$ pe $\mathbb{R}^3$. $\rho(r)$ poate fi scrisă și sub forma $\boldsymbol{\rho(r) = [gE^2/(8\pi)] \cdot (1/r^4) \cdot (C_2/r)/[exp(C_2/r) - 1]}$. Dacă notăm $\underline{\mathbf{I_1 = \iiint\rho dV\ pe\ \mathbb{R}^3}}$ și facem schimbarea de variabilă $dV = 4\pi r^2 dr$, vom avea $I_1 = \int_0^\infty \rho \cdot 4\pi r^2 dr$. Înlocuind pe ρ cu expresia de mai sus și făcând calculele, se obține $I_1 = \int_0^\infty \frac{gE^2}{2} \cdot \frac{1}{r^2} \cdot \frac{C_2/r}{exp(C_2/r)-1} dr$. Dacă înlocuim $\frac{gE^2}{2} = \frac{E \cdot C_2}{\pi^2/6}$, obținem $I_1 = \frac{E}{\pi^2/6} \int_0^\infty \frac{C_2}{r^2} \cdot \frac{C_2/r}{exp(C_2/r)-1} dr$.

Facem schimbarea de variabilă x = C_2/r, dx = $-(C_2/r^2)dr$, și avem $I_1 = (\frac{E}{\pi^2/6}) \cdot (-\int_\infty^0 \frac{x}{e^x-1} dx) = \frac{E}{\pi^2/6} \cdot \int_0^\infty \frac{x}{e^x-1} dx$. <u>Din analiza matematică se știe că</u> $\int_0^\infty \frac{x}{e^x-1} \boldsymbol{dx = \pi^2/6}$, deci $\underline{\mathbf{I_1}} = [E/(\pi^2/6)] \cdot (\pi^2/6) \underline{\mathbf{= E}}$.

Am arătat că un PME cu legea de variație $\rho(r)$ de mai sus conține o cantitate totală de energie E. Invers, pentru o valoare oarecare E din intervalul $(0, +\infty)$, vom avea un PME corespunzător cu legea de variație $\rho(r)$ de mai sus, adică teoretic oricărei valori a energiei E din intervalul $(0, +\infty)$ îi corespunde un PME. Dacă punem condiția ca particula elementară rezultată din PME să fie stabilă (vezi 2.2.3), intervalul de variație al lui E este (0, Emax], unde Emax este o valoare maximă care corespunde protonului.

Raza r_m unde ρ are valoarea maximă ρ_m se poate calcula punând condiția anulării derivatei $d\rho/dr$. Se poate arăta că $r_m \approx C_2/5$; în plus, avem $C_2 \approx 0{,}82 \cdot gE$. Un calcul simplu pentru $D_m = 2r_m$ este deci $D_m \approx gE/3$. Dacă considerăm (prin convenție) că diametrul PME = D(PME) = $3 \cdot D_m$, atunci D(PME) poate fi calculat prin formula simplă $\mathbf{D(PME) \approx g \cdot E}$, unde $g \approx 8{,}3 \cdot 10^{-45}$ m/J și E este energia totală a PME.

Să considerăm $\rho(r) = [gE^2/(8\pi)] \cdot (1/r^4) \cdot (C_2/r)/[exp(C_2/r) - 1]$. Dacă notăm x = C_2/r, atunci pentru r$\to\infty$ avem x$\to$0 și $x/(e^x - 1)\to$1, adică ultimul termen va tinde către 1. Rezultă că <u>pentru r suficient de mare</u> (r >>>), vom avea $\boldsymbol{\rho(r) \approx [gE^2/(8\pi)] \cdot (1/r^4)}$, adică <u>$\rho(r)$ variază proporțional cu $(1/r^4)$</u>.

E_E va avea aceeași formă de variație ca și ρ: va fi zero în centru, va crește până la o valoare maximă (pe care o va atinge pentru o valoare a lui r care nu este neapărat egală cu r_m), apoi va scădea asimptotic spre zero. Pentru a afla formula $E_E(r)$, vom folosi ecuația **div $E_E = \rho/\varepsilon_0$**, unde $\varepsilon_0 = 1/(4\pi g)$, și divergența în coordonate sferice: $\mathrm{div}E_E = (1/r^2)\cdot d/dr(r^2 E_E)$. Avem $\rho(r) = 1/(4\pi g r^2)\cdot d/dr(r^2 E_E)$. Făcând calculele, obținem $\underline{E_E(r)} = (g^2 E^2/2)\cdot(1/r^2)\cdot\int(1/r^2)\cdot(C_2/r)/[\exp(C_2/r) - 1]dr$. **Notăm $I_2(r)$** $= \int(1/r^2)\cdot(C_2/r)/[\exp(C_2/r) - 1]dr$ și facem schimbarea de variabilă $x = C_2/r$, $dx = -(C_2/r^2)dr$; avem $I_2(x) = (-1/C_2)\cdot\int x/(e^x - 1)dx = [-12/(\pi^2 gE)]\cdot\int x/(e^x - 1)dx$. **Transformăm integrala nedefinită $\int x/(e^x - 1)dx$ într-o integrală definită**: alegem o primitivă $F(x)$ a funcției $x/(e^x - 1)$ astfel încât $F(\infty) = 0$ (aceasta se poate face). Atunci $\int x/(e^x - 1)dx = F(x) = -[(F(\infty) - F(x)] = -\int_x^\infty \frac{y}{e^y - 1}dy$. **Notăm $I_3(r)$** $= \int_{C_2/r}^\infty \frac{y}{e^y - 1}dy$, deci $\underline{I_2(r)} = [12/(\pi^2 gE)]\cdot I_3(r)$ și $E_E(r) = (g^2 E^2/2)\cdot(1/r^2)\cdot I_2(r) = (g^2 E^2/2)\cdot[12/(\pi^2 gE)]\cdot(1/r^2)\cdot I_3 = (gE/r^2)\cdot(6/\pi^2)\cdot I_3$. Dacă $r\to\infty$, $x\to 0$ și $I_3\to\pi^2/6$, deci $\underline{\text{dacă } r \ggg}$, $\mathbf{E_E \approx gE\cdot(1/r^2)}$.

Variația $\varphi(r)$: φ va avea o valoare maximă în centru, după care va scădea asimptotic spre zero. Deoarece $E_E(r) = -d\varphi/dr$, deci $\varphi(r) = -\int E_E\, dr$, și pentru $r \ggg$ avem $\underline{E_E \approx gE\cdot(1/r^2)}$, pentru $r \ggg$ avem $\varphi(r) \approx gE\cdot(1/r)$.

În concluzie, pentru r suficient de mare, φ **este proporțional cu 1/r**, E_E **este proporțional cu $1/r^2$** și **ρ este proporțional cu $1/r^4$**, conform tabelului de mai jos:

Formulele lui $\varphi(r)$, $E_E(r)$ și $\rho(r)$ pentru r suficient de mare (r >>>)		
$\varphi(r)$	$E_E(r)$	$\rho(r)$
$\approx (gE) \cdot (1/r)$	$\approx (gE) \cdot (1/r^2)$	$\approx [gE^2/(8\pi)] \cdot (1/r^4)$

În cazul formulelor aproximative din acest tabel avem relațiile $\mathbf{E_E = -d\varphi/dr}$ și $\mathbf{\rho = (\varepsilon_0/2)\cdot E_E^2}$, $\varepsilon_0 = 1(4\pi g)$.

Dintre cele 3 mărimi (fizice) φ, E_E și ρ, pentru ρ am găsit o formă analitică (exprimabilă printr-o formulă matematică) relativ simplă: $\rho(r) = [gE^2/(8\pi)]\cdot(1/r^4)\cdot(C_2/r)/[\exp(C_2/r) - 1]$, pentru $E_E(r)$ am găsit o formă mai complicată: $E_E(r) = (gE/r^2)\cdot(6/\pi^2)\cdot I_3(r)$, unde $I_3(r)$ este integrala definită $\int y/(e^y - 1)dy$ pentru y între C_2/r și ∞, iar pentru $\varphi(r)$ o formă și mai complicată: $\varphi(r) = -\int E_E\, dr = -(6gE/\pi^2)\cdot\int(1/r^2)\cdot I_3(r)dr$. Totuși, chiar și așa, acest lucru nu ne deranjează prea tare, deoarece: a) $\varphi(r)$ și $E_E(r)$ cu siguranță există ca funcții continue, chiar dacă nu se pot exprima prin niște formule simple și b) pentru r suficient de mare ($r \ggg$), cele 2 funcții se pot aproxima prin formulele din tabelul de mai sus, iar pe noi ne va interesa în continuare ce se întâmplă în exteriorul PME modelat discontinuu (vezi mai jos) și pentru $r \ggg$, și nu în interiorul PME.

Modelul matematic discontinuu al PME Pentru $r \ggg$, ρ va scădea destul de abrupt, deoarece este proporțională cu $1/r^4$: dacă r crește de 2 ori, ρ va scădea de $2^4 = 16$ ori, dacă r crește de 5 ori, ρ va scădea de $5^4 = 625$ ori, dacă r crește de 10 ori, ρ va scădea de $10^4 = 10.000$ de ori șamd. Avem aici o discontinuitate aparentă, cea a densității ρ, adică o continuitate foarte abruptă a lui ρ care are o valoare relativ mare într-un volum spațial foarte mic, după care scade abrupt (la o creștere relativ mică a razei r) până la o valoare foarte mică. PME este particula energetică fundamentală din Universul Fizic (UF), deoarece: a) particulă energetică = energie cu formă = energie cu o discontinuitate aparentă (continuitate abruptă) a densității energetice ρ; b) PME este fundamental deoarece (voi arăta că) orice particulă elementară din UF este formată din 1 sau mai multe PME (cu diverse valori ale energiei E) aflate în mișcare pe diverse traiectorii geometrice.

De la o rază convenabil aleasă în sus, densitatea ρ va fi atât de mică încât vom considera că este zero (putem alege de exemplu ca ρ să fie egală cu densitatea Energiei întunecate care umple întreg spațiul și are o valoare foarte mică și $\approx$ constantă), și cantitatea de energie aflată în interiorul sferei de rază r va fi aproape egală cu E (de exemplu putem alege să fie 99,99% din E). Riguros, ρ nu se anulează decât "la infinit" și doar o sferă de rază "infinită" conține energia E, dar putem alege o rază r suficient de mare care să permită aceste 2 aproximări. Diametrul PME, calculabil prin $D(PME) \approx g\cdot E$, este mult mai mic (<<) decât parametrii traiectoriilor pe care se deplasează PME, deci poate fi neglijat. De exemplu, în cazul electronului (e^-) care este particula standard, PME constituent (vezi 2.2.7) are diametrul $D \approx g\cdot E_0(e^-) \approx 10^{-57}$ m, unde $E_0(e^-)$ este energia de repaus a $e^- = m_0(e^-)\cdot c^2 \approx 10^{-13}$ J. 10^{-57} m este $<<$ și decât diametrul e^- ($\approx 10^{-12}$ m), și decât grosimea e^- ($\approx 10^{-20}$ m). Putem alege $D(PME)$ ($= 2\cdot r$) mult mai mare decât valoarea convențională de $3\cdot Dm \approx g\cdot E$, astfel încât $D(PME)$ să fie suficient de mare pentru a satisface cele 2 condiții de mai sus ($\rho \approx 0$ și energia conținută de sfera de rază r să fie $\approx E$), dar să rămână suficient de mic pentru a fi $<<$ parametrii traiectoriilor PME. Dacă alegem de exemplu $D(PME) = 3\cdot10^7\cdot Dm$, atunci $D(PME) \approx 10^{-50}$ m în cazul electronului rămâne $<< 10^{-20}$ m; avem deci o rezervă mare de creștere a lui $D(PME)$.

PME poate fi considerat deci ca o mică sferă de energie care conține energia totală E. Simplificând și pentru că de aici încolo nu ne mai interesează interiorul PME, vom considera că ρ este constantă în interiorul

PME. <u>Prin trecere la limită</u>, <u>Punctul</u> (Material) <u>Energetic</u> PME <u>devine</u> ceea ce ne spune şi numele lui: <u>echivalentul energetic al Punctului geometric</u> (Pgm), adică o sferă de rază zero (şi implicit de volum V zero) care conţine energia E. Densitatea energetică ρ în interiorul PME va fi "infinită": $\rho = E/V = E/0 = "\infty"$. Am pus între ghilimele "infinitul" deoarece nu este vorba de un Infinit real (am spus că Infinitul nu face parte din Realitatea Obiectivă, ci din Realitatea Subiectivă), ci de un infinit potenţial, adică ρ este oricât de mare, dar rămâne finită. Pgm în care considerăm că se află PME este centrul PME, adică (singurul) Pgm în care $\rho = 0$. Interesant este că în Pgm în care $\rho = 0$, prin convenţie considerăm că $\rho = \infty$.

Modelul matematic discontinuu al PME este caracterizat deci de <u>3 parametri constanţi în timp</u>, adică <u>PME are 3 parametri de definiţie</u> (mărimi scalare): E în intervalul $(0, +\infty)$, $V = 0$ şi $\rho = \infty$. Deoarece $V = 0$ şi $\rho = \infty$ sunt valabile pentru toate PME, putem considera că <u>PME are un singur parametru de definiţie</u> (ceea ce diferenţiază PME între ele), şi anume <u>energia E</u>.

Câmpul energetic (CE) **generat de PME** Deşi de la o anumită rază în sus vom neglija densitatea de energie ρ, nu vom neglija şi celelalte 2 mărimi, adică φ şi E_E. Deoarece între φ şi E_E există legătura $E_E = - d\varphi/dr$, va fi suficientă una din cele 2 mărimi; pentru simplitate matematică, vom folosi E_E. Dacă PME se află în mişcare, apare în plus faţă de E_E şi mărimea fizică H_E, adică <u>fiecare PME generează în jurul său un câmp energetic (CE)</u>, <u>caracterizat</u>, asemănător câmpului electromagnetic, <u>de intensitatea energo-electrică</u> E_E şi <u>intensitatea energo-magnetică</u> H_E. Calculul acestor câmpuri se face similar cu calculul câmpurilor electric şi magnetic din electrodinamică, înlocuind sarcina electrică Q cu energia (sarcina energetică) E şi folosind constantele $\varepsilon_0 = 1/(4\pi g)$ şi $\mu_0 = (4\pi g)/c^2$.

Acest CE caracterizat de cuplul (E_E, H_E) stă la baza Interacţiunii Energetice (IE), care este a 5-a Interacţiune la Distanţă (ID) din UF şi este modul prin care PME interacţionează între ele sau un PME interacţionează cu propriul CE (această a doua situaţie se întâlneşte de exemplu în cazul fotonului). CE este format din energie fără formă (EFF), adică o energie fără discontinuităţi aparente = o energie a cărei densitate energetică ρ este aproximativ constantă şi care este tocmai energia care se găseşte de la o anumită rază în sus în cazul PME şi pe care am neglijat-o când am vorbit despre modelul matematic discontinuu al PME. Energia CE poate fi neglijată atât ca cantitate totală de energie conţinută, cât şi ca valoare a densităţii energetice. Ea nu mai este neglijată atunci când vorbim de IE, iar CE (E_E, H_E) modelează matematic tocmai această energie (neglijată din cele 2 puncte de vedere de mai sus) din punct de vedere al IE. Legătura dintre CE (E_E, H_E) şi (ρ, j) este similară cu cea din electrodinamică: $\rho = (1/2)\cdot(\varepsilon_0\cdot E_E^2 + \mu_0\cdot H_E^2)$ şi $j = E_E \times H_E$. IE este singura ID al cărei câmp este format din EFF. În cazul celorlalte 4ID: Interacţiunea Gravitaţională (IG), Interacţiunea Electromagnetică (IEM), Interacţiunea Tare (IT) şi Interacţiunea Slabă (IS), câmpurile corespunzătoare prin care se exercită aceste 4ID sunt formate din particule = energie cu formă = diverse PME aflate în mişcare.

2.2.2 – Modelele energetice discontinue de stare şi proces ale Universului Fizic (UF)

Am spus că PME are 3 parametri constanţi în timp = 3 parametri de definiţie (mărimi scalare): $E (0 < E < \infty)$, $V = 0$ şi $\rho = \infty$, din care unul singur este relevant, şi anume energia E. PME mai are în plus şi 3 parametri variabili în timp = parametri de stare (mărimi vectoriale): poziţia instantanee (x,y,z), viteza instantanee (v) şi acceleraţia instantanee (a). Dintre aceştia trei, poziţia (x,y,z) este suficientă, deoarece viteza şi acceleraţia se pot deduce (calcula) din poziţie: $v = d/dt (x,y,z)$ şi $a = dv/dt = d^2/dt^2 (x,y,z)$. Totuşi, pentru simplitate şi pentru a păstra analogia cu modelul continuu al UF, vom păstra şi viteza (v) ca parametru de stare al PME. **PME este caracterizat complet**, deci, **prin 3 parametri**: <u>1 parametru constant în timp</u> = parametru de definiţie (mărime scalară) = <u>Energia E</u> în domeniul $(0, +\infty)$ şi <u>2 parametri variabili în timp</u> = parametri de stare (mărimi vectoriale) reprezentaţi de <u>poziţie</u> (x,y,z) <u>şi viteză</u> (v).

Modelul energetic discontinuu de stare al Universului Fizic (UF) este următorul: UF este alcătuit dintr-o mulţime (finită) de PME, fiecare PME având energia E. <u>Starea UF la un moment dat</u> este dată de <u>stările PME</u> care alcătuiesc UF – adică de N dublete $[(x,y,z), v]$, unde N este numărul total al PME din UF, şi de <u>câmpul energetic</u> (CE) = (E_E, H_E) în fiecare punct (x,y,z), unde (x,y,z) baleiază întregul spaţiu $\mathbb{R}^3$. Se observă că PME formează o mulţime discontinuă, în timp ce CE are o variaţie continuă. CE (E_E, H_E) este generat de mulţimea celor N PME, iar fiecare PME se află în CE generat de toate celelalte PME şi de el însuşi. În electromagnetism, efectul câmpului propriu se neglijează de regulă, însă în cazul CE trebuie luat în calcul şi câmpul propriu al PME. Corespondenţa cu modelul energetic continuu de stare al UF (vezi 2.1.1) este următoarea: poziţia instantanee a celor N PME corespunde cu câmpul scalar de densităţi ρ(x,y,z) pentru tot spaţiul $\mathbb{R}^3$, câmpul vectorial de viteze v(x,y,z) pentru $\mathbb{R}^3$ corespunde cu mulţimea celor N viteze instantanee ale celor N PME, iar câmpul vectorial de densităţi de putere j(x,y,z) = ρ · v(x,y,z) corespunde cu mulţimea celor N impulsuri energetice E · v(x,y,z) pentru cele N PME. În modelul energetic discontinuu de stare al UF, ρ poate lua doar 2 valori: 0 sau ∞. În modelul energetic continuu de stare al UF (vezi 2.1.1), ρ variază continuu în intervalul [0, +∞). Se observă o simplificare (S) considerabilă din punct de vedere matematic: în loc să urmărim variaţia densităţii energetice ρ, a vitezei v şi a densităţii de putere j într-o mulţime nenumărabilă ("infinită") de puncte (x,y,z) = $\mathbb{R}^3$, acum avem doar N PME (mulţime numărabilă = finită) care au (în cazul general) N valori ale energiei E, iar pentru a stabili starea UF urmărim din punct de vedere al poziţiei (x,y,z) şi vitezei (v) doar N puncte geometrice care identifică cele N PME. Preţul pentru această simplificare este acceptabil şi constă într-o scădere nesemnificativă a preciziei (P), claritatea (C) rămânând de 100% ca şi în cazul variantei continue.

Un proces constă dintr-o succesiune de stări. În cazul unui PME care are 2 parametri de stare, un proces trebuie să redea evoluţia în timp a celor 2 parametri de stare. Succesiunea poziţiilor instantanee (x,y,z) ale unui PME determină traiectoria acelui PME. Procesul de deplasare al unui PME este caracterizat de traiectorie + precizarea pentru fiecare Punct geometric (Pgm) al traiectoriei a momentului de timp şi a vitezei instantanee v în acel Pgm. Practic, în multe cazuri sunt suficiente traiectoria PME + viteza în fiecare Pgm al traiectoriei. Traiectoria unui PME este cea mai relevantă, deoarece de regulă v este constantă în modul sau chiar ca vector. Chiar şi traiectoria este constantă de multe ori, adică nu variază în timp deoarece PME au o mişcare periodică.

Modelul energetic discontinuu de proces al UF constă într-o ecuaţie care ne arată cum variază cei 2 parametri de stare ai unui PME într-un câmp energetic (CE) dat. <u>Ecuaţia Lorentz</u> din Modelul Maxwell-Lorentz (MML) descrie mişcarea în câmp electromagnetic a particulelor încărcate electric: dp/dt = Q · (E + v × B), unde p este impulsul particulei (m·v), Q este sarcina electrică a particulei, E şi B sunt câmpurile electric şi magnetic, v este viteza particulei. <u>O ecuaţie similară vom avea şi în cazul unui PME care se mişcă într-un CE</u> (generat de alte PME sau de PME însuşi). Dacă înlocuim masa m din impulsul p cu E/c^2 (E = energia, c = viteza luminii în vid), Q cu energia E, câmpul E cu E_E, B = $\mu_0 \cdot H_E$, μ_0 = $(4\pi g)/c^2$, obţinem (E/c^2) dv/dt = E · [E_E + $(4\pi g/c^2)$ v × H_E], adică **dv/dt = $c^2 E_E$ + 4πg · (v × H_E)**, unde E_E şi H_E sunt cele 2 intensităţi ale CE, v este viteza PME, iar v × H_E este produsul vectorial dintre v şi H_E. Această Ecuaţie Lorentz energetică este varianta discontinuă a modelului de proces al UF, varianta continuă fiind ecuaţia LUN (vezi 2.1.2) – echivalentă cu 4 ecuaţii similare cu ecuaţiile lui Maxwell. Se observă că derivatele parţiale din varianta continuă sunt înlocuite cu derivate totale. Această ecuaţie determină "procesul" fiecărui PME dacă cunoaştem starea iniţială: traiectoria (succesiunea poziţiilor) + evoluţia vitezei fiecărui PME. Acesta este deci <u>Modelul energetic discontinuu de proces al UF</u>: **dv/dt = $c^2 E_E$ + 4πg · (v × H_E)**, unde (E_E, H_E) este CE generat de toate PME (inclusiv de PME a cărui mişcare o studiem).

2.2.3 – Scurtă prezentare a celor 8 Particule Fundamentale (8PF)

În Universul Fizic (UF), energia fără formă (EFF) formează Energia întunecată (Eînt) şi câmpul energetic (CE) al PME – adică câmpul Interacţiunii Energetice (IE), iar energia cu formă sunt particulele elementare, alcătuite din PME (particula energetică fundamentală din UF) care se deplasează pe anumite traiectorii. Energia statică este formată din Eînt şi Materia întunecată (Mînt) şi reprezintă ≈ 95% din energia UF. Restul de ≈ 5% din energia UF reprezintă materia obişnuită, formată din substanţă şi câmp. Această materie obişnuită este formată 100% din PME. <u>Particulele elementare</u> (adică necompuse din alte particule) din UF <u>sunt soluţiile dinamice</u> (adică în mişcare) <u>ale Ecuaţiei LUN</u>. Deoarece soluţia statică a LUN este PME cu diversele cantităţi de energie E conţinute, particulele elementare vor fi constituite din diverse PME aflate în mişcare pe diverse traiectorii. Teoretic, cantitatea de energie E a unui PME poate varia în intervalul (0, +∞): 0 < E(PME) < ∞. Aici avem infinitul potenţial al energiei, adică E(PME) poate fi oricât de mare, dar finită.

Practic, E(PME) variază între zero şi o valoare maximă (care corespunde protonului): peste această valoare maximă, particulele elementare rezultate vor fi instabile şi se vor descompune în particule elementare cu energie mai mică. Dintre toate particulele elementare existente, doar câteva vor contribui la formarea materiei obişnuite (formată din substanţă şi câmp), adică doar câteva vor fi utile, iar pe acestea le vom numi particule elementare fundamentale sau pe scurt particule fundamentale (PF). Celelalte particule elementare nu vor avea niciun rol în Natură (Realitatea Obiectivă) și vor fi deci simple soluții ale LUN.

Există 8 Particule Fundamentale (8PF) în UF; 4 formează substanța, iar celelalte 4 formează câmpul celor 4 Interacțiuni la Distanță (4ID): Interacțiunea Gravitațională (IG), Interacțiunea Electromagnetică (IEM), Interacțiunea Tare (IT) și Interacțiunea Slabă (IS). Energia fără formă (EFF) nu este particulă, deoarece "particulă" = energie cu discontinuități aparente = energie cu formă. EFF este în același timp câmpul Interacțiunii Energetice (IE) = a 5-a ID, ca și "materia primă" din care este alcătuit Punctul energetic (PME).

PME este Particula Fundamentală de ordin zero (PF0), deoarece PME stă la baza oricărei particule elementare, fundamentală sau nu. Iată tabelul cu cele 8PF:

Tabel cu cele 8 Particule Fundamentale (8PF)

Particule elementare de câmp (PEC)	**Energia fără formă** (EFF) = câmpul (IE)	**Gravitonii** (g) = PF1 = PEC (IG)	**Fotonii polarizați circular** (γ_c) = PF2 = PEC (IEM)	**Pionii** (π) = PF3 = PEC (IT)	**Kaonul neutru** (K^0) = PF4 = PEC (IS)
Particule elementare de substanță (PES)	**Punctul energetic** (PME) = PF0	**Neutrinul electronic** (ν_e) = PF5	**Electronul** (e^-) = PF6	**Neutronul** (n^0) = PF7	**Protonul** (p^+) = PF8

În primul rând din tabel sunt trecute câmpurile celor 5ID: EFF pentru IE și PF1, 2, 3, 4 pentru celelalte 4ID. Se observă că IE este singura din cele 5ID al cărei câmp nu este format din particule. În rândul al doilea din tabel sunt trecute particulele elementare de substanță (PES) care corespund celor 5ID: PF0 (PME) are doar câmp energetic (CE), PF5 (ν_e) are CE + câmp gravitațional (CG), PF6 (e^-) are CE + CG + câmp electromagnetic (CEM), PF7 (n^0) are CE + CG + CEM + câmp tare (CT), iar PF8 (p^+) are toate cele 5 câmpuri care corespund celor 5ID: CE + CG + CEM + CT + CS (câmp slab). PME este trecut doar formal în dreptul PES, deoarece PME nu are caracteristicile substanței (adică masă). Putem considera că PME provine din EFF, care este menținută sub "forma" PME (formă atât la figurat cât și la propriu) de către o IE "internă" PME-ului. În același timp, EFF este și câmpul IE "externe" PME-ului, adică IE care se exercită în exteriorul PME-ului, între un PME și un câmp energetic (CE) generat de acel PME sau de alte PME. Ținând cont de aceste lucruri, IE poate fi considerată ID fundamentală deoarece pe de o parte asigură coeziunea internă a oricărui PME, iar PME este PF de ordin zero (PF0), iar pe de altă parte IE asigură coeziunea internă a celor 4 PEC (PF1, 2, 3, 4) care alcătuiesc câmpurile celorlalte 4ID: sub formă de IE "internă" în cazul PF1 și IE "internă" și "externă" în cazul PF2, PF3 și PF4 (vezi 2.2.6).

Iată și un tabel cu caracteristicile energetice, cinematice și cu timpul de viață al celor 8PF (valorile pentru energia de repaus și timpul de viață al particulelor instabile sunt aproximative, iar energia de repaus este raportată la energia de repaus a electronului) **și o diagramă energetică a celor 8PF**:

	PF1 = g	**PF2** = γ_c	**PF3** = π^0	**PF3** = π^+/π^-	K^+/K^-	**PF4** = K^0	**PF5** = ν_e	**PF6** = e^-	**PF8** = p^+	**PF7** = n^0
Energia de repaus E_0 (E)	$(0, 10^{-20})$	$(10^{-20}, 1)$	264	273	966	974	10^{-20}	1	1836	1839
Forma (S)	T	R1T	8	R1R	R2R	8R	R1	R1TR1	R1TR2	2R1TR2
Timp de viață în secunde (T)	∞	∞	$8,4 \cdot 10^{-17}$	$2,6 \cdot 10^{-8}$	$1,2 \cdot 10^{-8}$	$5 \cdot 10^{-8}$ și $0,9 \cdot 10^{-10}$	∞	∞	∞	900

Diagrama celor 8PF în funcție de energia lor de repaus

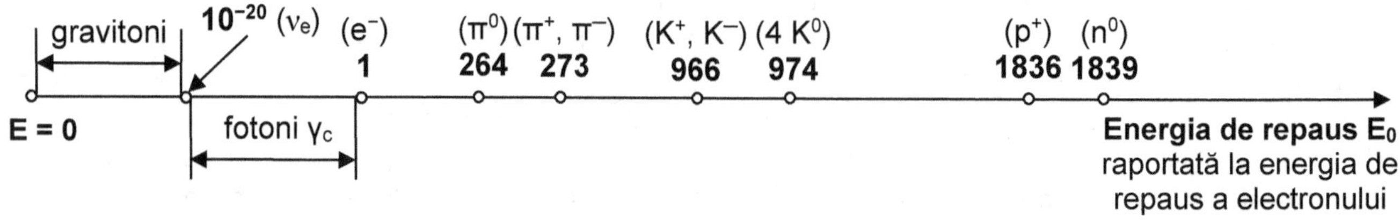

Kaonii K^+ şi K^- nu participă la IS, iar neutrinul electronic (ν_e) nu participă la formarea substanţei. Am inclus în tabelul cu PF şi aceste 3 particule elementare, chiar dacă nu intră în structura câmpului sau a substanţei (nu sunt "utile"): K^+ şi K^- pentru a studia în mod unitar kaonii, iar ν_e din mai multe motive (vezi 2.2.5), două dintre acestea fiind faptul că ν_e este graniţa energetică dintre gravitoni şi fotonii circulari (γ_c), iar diametrul $\nu_e \approx$ cu diametrul pionilor şi kaonilor şi cu grosimea γ_c (vezi 2.2.6).

<u>Despre forma celor 8PF</u> T = translaţie; R = rotaţie: R1 = rotaţie pe o traiectorie circulară (în formă de cerc), iar R2 = rotaţie pe o traiectorie eliptică (în formă de elipsă); 8 = traiectorie în formă de 8; RT = rotaţie + translaţie, adică o traiectorie elicoidală; RR sau 8R = dublă rotaţie; RTR = rotaţie a unei elicoide. Aceste forme spaţiale reprezintă traiectoriile pe care se deplasează PME care alcătuiesc cele 8PF.

Gravitonii sunt PME care se deplasează pe traiectorii drepte (rectilinii) (T) şi nu au antiparticule.

Fotonii polarizaţi circular sunt PME care se deplasează pe traiectorii elicoidale (R1T), secţiunea elicoidei fiind un cerc: pasul elicoidei este lungimea de undă λ, iar "turaţia" PME este frecvenţa fotonului υ. Diferenţa cinematică dintre gravitoni şi fotoni este deci simplă: în timp ce gravitonii sunt PME care se mişcă rectiliniu (similar cu un glonţ tras dintr-o armă neghintuită), fotonii sunt PME care se mişcă elicoidal (ca un glonţ tras dintr-o armă ghintuită), având deci pe lângă mişcarea de translaţie şi o mişcare de rotaţie circulară. Atât gravitonii, cât şi fotonii, au viteza de deplasare egală cu c (viteza luminii în vid): gravitonii pentru că sunt emişi de fotonii (γ_c) şi pionii (π) care compun în esenţă substanţa, iar PME care constituie γ_c şi π se mişcă cu viteza c pentru că aşa rezultă din rezolvarea ecuaţiei Lorentz energetică (vezi 2.2.6). Antiparticula este fotonul de sens opus: dacă avem un foton "dreapta", adică un foton în care sensul de rotaţie al PME constitutiv este în sensul mişcării acelor de ceasornic, care are energia E, antiparticula este tot un foton, cu aceeaşi energie E şi deci de aceeaşi frecvenţă υ (E = h·υ) şi aceeaşi lungime de undă λ, dar "stânga", adică PME se roteşte în sens opus acelor de ceasornic (valabil şi pentru fotonii circulari, şi pentru cei eliptici).

Neutrinul electronic constă dintr-un PME care se roteşte pe o traiectorie circulară (R1). În ceea ce priveşte antiparticula, situaţia pare complicată, dar de fapt este simplă: neutrinul electronic nu se poate afla decât în repaus şi nu poate avea decât o singură energie = energia de repaus. Dacă energia sa este mai mică decât cea de repaus, neutrinul electronic devine graviton, iar dacă energia sa este mai mare decât cea de repaus devine foton circular, după cum se poate vedea în diagrama energetică a celor 8PF. Deci, riguros vorbind, neutrinul electronic nu are antiparticulă. Dacă neutrinul electronic se află în mişcare, el are antiparticulă, numai că el nu mai este neutrino electronic, ci foton circular, iar fotonii au ca antiparticule fotonii de sens opus. Într-un mod mai puţin riguros, dar mai sugestiv, putem spune că neutrinul electronic nu are antiparticulă dacă este în repaus, dar are antiparticulă dacă se află în mişcare. Acest raţionament este valabil şi pentru ceilalţi 2 neutrini, miuonic şi tauonic, care sunt de tip "R2", adică constau fiecare dintr-un PME care se roteşte pe o traiectorie eliptică. **Pionii** sunt de <u>2 tipuri</u>: <u>pionul neutru</u> din punct de vedere electric (π^0), care constă dintr-un PME care se roteşte pe o traiectorie în formă de "8", şi <u>pionii cu sarcină electrică</u> (π^+ şi π^-), care constau (fiecare) dintr-un PME care se roteşte pe o traiectorie de tip R1R, adică o mişcare compusă dintr-o rotaţie pe un cerc R1 + o rotaţie suplimentară a cercului în jurul unei axe (diametru): rotaţia cercului într-un sens generează pionul pozitiv π^+, iar rotaţia cercului în sens invers generează pionul negativ π^-. π^+ are ca antiparticulă pe π^-, iar π^0 nu are antiparticulă distinctă (este propria antiparticulă). **Kaonii** sunt de <u>2 tipuri</u>: <u>kaonii cu sarcină electrică</u> (K^+ şi K^-), care sunt formaţi dintr-un PME care se roteşte pe o elipsă (R2), iar elipsa se roteşte în cele 2 sensuri în jurul unei axe proprii, şi <u>kaonul neutru</u> din punct de vedere electric (K^0), care constă dintr-un PME care se roteşte pe o traiectorie în formă de 8 care are încă o rotaţie (8R). Există 2 tipuri de K^+ (şi corespunzător 2 tipuri de K^-): unul este generat de rotirea în jurul axei lungi a elipsei, iar celălalt de rotirea în jurul axei scurte; deoarece cele 2 tipuri au practic aceeaşi energie de repaus şi acelaşi timp de viaţă, se consideră (în mod greşit) că există un singur tip de K^+ (şi un singur tip de K^-). În cazul lui K^0, avem o situaţie similară cu cea pentru K^+ / K^-: 2 particule care corespund rotaţiei lui 8 în jurul axei lungi a cifrei 8 (în cele 2 sensuri) şi alte 2 care corespund rotaţiei lui 8 în jurul axei scurte a cifrei 8 (în cele 2 sensuri). Pentru că rotirea în jurul axei scurte are o asimetrie internă mai mare, rezultă un timp de viaţă mai mic decât pentru rotirea în jurul axei lungi. Deoarece cele 2 seturi au timpi de viaţă sensibil diferiţi (vezi pagina 26; şi energiile de repaus sunt diferite, dar nu cu mult), se consideră (greşit) că există 2 tipuri de K^0, fiecare fiind propria sa antiparticulă. În realitate, <u>există 4 particule diferite de tip K^0</u> pentru aceeaşi energie de repaus (≈ 974), adică 2 seturi de tip particulă-antiparticulă; fiecare set constă din câte 1 PME care se roteşte pe un 8, iar 8-ul se roteşte suplimentar în jurul axei mari, respectiv axei mici. **Electronul, protonul şi neutronul** (vezi 2.2.7) sunt alcătuiţi din fotoni circulari (R1T) care se deplasează pe traiectorii de formă circulară în cazul e^- (R1TR1), eliptică în cazul p^+ (R1TR2) şi dublu eliptică (sunt 2 fotoni rotitori) în cazul n^0 (2R1TR2). Antiparticulele vor fi constituite din fotoni rotitori de aceeaşi energie, dar de sens invers.

Cele 3 tipuri de simetrii/legi de conservare (C, P, T). Aparenta neconservare (violare) a P (parităţii) în dezintegrarea K^+ (enigma tau-teta) şi a P şi CP în dezintegrarea K^0 şi în Interacţiunea Slabă (IS)

În fizica particulelor elementare (PE) există 3 tipuri de simetrii/legi de conservare: C (Charge) = înlocuirea PE cu antiparticulele lor, P (Paritatea) = inversarea coordonatelor spaţiale (x, y, z) şi T = inversarea axei temporale. Deoarece LUN (vezi 2.1) satisface PGR, adică este invariantă numeric la schimbarea aleatorie a sistemului de referinţă spaţio-temporal, iar PE se supun LUN, rezultă că toate cele 3 simetrii vor fi respectate: C se conservă deoarece şi antiparticulele se supun LUN, P se conservă deoarece LUN este invariantă la inversarea coordonatelor spaţiale, iar inversarea axei temporale (T), chiar dacă fizic nu are sens, matematic (numeric) nu afectează LUN.

În cazul K^+, aparenta violare a P este cauzată de faptul că se consideră (în mod greşit) că există un singur tip de K^+, pentru că cele 2 tipuri de K^+ nu pot fi diferenţiate nici prin energia de repaus, nici prin timpul de viaţă. Ele pot fi diferenţiate totuşi prin forma lor spaţială: în timp ce unul constă dintr-un PME rotitor pe o elipsă (R2) care se roteşte în jurul axei mari, în cazul celuilalt elipsa se roteşte în jurul axei mici. Ipoteza iniţială în acest caz, era, deci, corectă: sunt 2 tipuri de K^+, fiecare având o altă paritate.

În cazul K^0, există 3 aparente violări ale C, P şi CP, generate de faptul că pentru aceeaşi energie de repaus (≈ 974) există 4 K^0 (vezi pagina 27) care "oscilează" (vezi mai jos). Deoarece şi în IS are loc violarea P şi CP, ca în dezintegrarea lui K^0, şi punând condiţia ca PEC (IS) să aibă energia de repaus mai mică decât a neutronului (detalii în 2.2.8), rezultă că PEC (IS) nu poate fi decât kaonul neutru K^0, adică exact propunerea mea din prezenta lucrare. Din considerente energetice, câmpul IS este format dintr-un singur K^0. Faptul că K^0 = PEC (IS) explică deci perfect aparenta violare a P şi CP în cazul IS, prin violarea aparentă a P şi CP în dezintegrarea lui K^0 plus oscilaţia între cele 4 tipuri de K^0 (toate 3 observate experimental).

Despre energia de repaus a celor 8PF În cazul energiei de repaus, s-a luat ca unitate de măsură energia de repaus a **electronului** $E_0(e^-) = m_0(e^-) \cdot c^2$, unde $m_0(e^-)$ este masa de repaus a electronului $\approx 9,1 \cdot 10^{-31}$ kg iar c este viteza luminii în vid $\approx 3 \cdot 10^8$ m/s; făcând calculul, rezultă $E_0(e^-) \approx 0,82 \cdot 10^{-13}$ J $\approx 10^{-13}$ J. Energia de repaus a **neutrinului electronic** (ν_e) rezultă în 2.2.5 ca fiind egală cu $\approx 10^{-33}$ J, adică $\approx 10^{-20}$ din energia de repaus a electronului. **Gravitonii** (g) şi **fotonii polarizaţi circular** (γ_c) au o variaţie continuă din punct de vedere energetic: energia g variază continuu între 0 şi energia de repaus a ν_e, iar energia γ_c variază continuu între energia de repaus a ν_e şi energia de repaus a e^- (ν_e este graniţa din punct de vedere energetic între g şi γ_c). Aceasta explică de ce IG este mult mai slabă decât IEM, iar câmpul gravitaţional (CG) şi câmpul electromagnetic (CEM) pot fi modelate matematic prin funcţii continue [în cazul CEM avem setul de mărimi (E, D, H, B) care sunt câmpuri vectoriale continue]. Pe de altă parte, IT este mult mai puternică decât IG şi IEM, deoarece PEC corespunzătoare, adică pionii, au energii mult mai mari decât g şi γ_c, dar nici IT, nici IS nu pot fi modelate matematic prin funcţii continue, deoarece π şi K au valori discrete (adică nu au o variaţie continuă). În cazul **protonului şi neutronului**, avem un "miez" de tip R1TR2, respectiv 2R1TR2, înconjurat de un "nor" mezonic format din pioni ($3\,\pi^0 + \pi^+ + \pi^-$, vezi 2.2.7). Energia de repaus de 1836, respectiv 1839, se împarte între miez şi norul mezonic, adică 1836 (1839) reprezintă energia totală a protonului (neutronului) care se obţine adunând energia miezului + energia totală a norului mezonic.

Există mai multe particule pentru aceeaşi valoare a energiei de repaus (care nu sunt particulă şi antiparticulă): pentru $E \approx 974$ există 2 particule distincte de tip K^0, iar în cazul fotonilor circulari, pentru o valoare a energiei din intervalul $(E_0(\nu_\mu), 1)$, unde $E_0(\nu_\mu)$ este energia de repaus a neutrinului miunonic ν_μ ($E_0(\nu_\mu) > E_0(\nu_e)$, vezi 2.2.8), există un foton circular şi unul (sau 2) fotoni eliptici. Acest lucru permite "oscilaţia particulelor", care este o "oscilaţie" între soluţiile LUN pentru o aceeaşi valoare a energiei de repaus. Iată ce este "oscilaţia neutrinilor" prin care cei 3 neutrini se transformă dintr-unul în celălalt: transformarea fotonilor circulari în fotoni eliptici şi invers datorită faptului că pentru o energie E care se află în intervalul $(E_0(\nu_\mu), 1)$ există mai multe soluţii ale ecuaţiei LUN, fiecare soluţie fiind un foton de energie E, care poate fi circular sau eliptic, adică vor fi "oscilaţii" între soluţiile LUN. Un proces similar are loc şi în cazul kaonilor neutri K^0: aici au loc "oscilaţii" între toate cele 4 variante de K^0.

2.2.4 – Energia întunecată, Materia întunecată și Gravitonii

Definirea materiei ca energie Finită şi Măsurabilă (FM) ne oferă avantajul (printre multe altele) de a înţelege ce sunt <u>Energia întunecată (Eînt) şi Materia întunecată (Mînt)</u>, cele 2 concepte fiind imposibil de definit de către ştiinţa actuală (2019): ambele sunt energie statică, adică energie care nu se află în mişcare. Diferenţa dintre cele 2 forme de energie statică este că Eînt are densitatea aproximativ constantă peste tot (fiind în acelaşi timp extrem de mică ca valoare), în timp ce Mînt este formată din PME, adică din mici sfere (granule) de energie unde densitatea de energie este mult mai mare decât în zona imediat învecinată.

Energia totală a Eînt este $\approx$ 70% din energia totală a Universului Fizic (UF), iar energia totală a Mînt este $\approx$ 25% din energia UF. Restul de 5% din energia UF este "alocată" materiei obişnuite, formată din particule elementare şi în principal din cele 8PF. <u>Eînt</u> are o densitate (ρ) extrem de mică, dar umple tot Spaţiul UF, care are o valoare enormă; înmulţind o densitate energetică infimă cu un volum enorm (volumul întregului UF) obţinem $\approx$ 70% din energia totală a UF. PME care alcătuiesc <u>Mînt</u> sunt identice din punct de vedere energetic cu gravitonii (PF1 = particulele care alcătuiesc câmpul gravitaţional), diferenţa fiind că gravitonii sunt emişi de materia obişnuită (formată în esenţă din PF2 şi PF3) şi au viteza egală cu c (viteza luminii în vid), în timp ce PME din Mînt s-au format (probabil) prin "aglomerare" din energia din jur (eventual din Eînt) şi pot avea teoretic orice viteză (de exemplu zero sau chiar mai mare decât c).

Unii vorbesc de o "chintesenţă" a UF care determină expansiunea accelerată a UF. În mod (aparent) surprinzător, această denumire este corectă, deoarece există o interacţiune deocamdată necunoscută pentru Fizica actuală, pe care am denumit-o "<u>Interacţiune energetică</u>" (IE) şi care chiar este "chintesenţa" celorlalte 4 Interacţiuni la distanţă (4 ID) cunoscute la ora actuală: Interacţiunea Gravitaţională (IG), Interacţiunea Electromagnetică (IEM), Interacţiunea Tare (IT) şi Interacţiunea Slabă (IS). IE este ID fundamentală, care stă la baza celorlalte 4 ID, şi în acelaşi timp este "a 5-a esenţă" = chintesenţa = a 5-a ID. IE este deci chintesenţa celorlalte 4 ID din 2 puncte de vedere: IE este în acelaşi timp fundamentul celorlalte 4 ID, ca şi a 5-a ID (a 5-a "esenţă") care trebuie descoperită. Deşi IE este esenţa celorlalte 4 ID (sau poate tocmai din acest motiv), este ultima (din punct de vedere istoric) care trebuie descoperită.

<u>Eînt, Mînt şi gravitonii interacţionează doar prin IE, iar IE este doar de atracţie, nu şi de respingere</u>. Şi atunci cum se explică că Eînt determină expansiunea accelerată a UF, părând a fi o ID de respingere? Răspunsul este simplu: Eînt aflată în exteriorul UF (mai precis în exteriorul părţii din UF formate din materie obişnuită) generează o forţă de atracţie externă (prin IE) mai mare decât forţa de atracţie internă generată de Eînt şi Mînt din interiorul UF (prin IE) şi auto-atracţia gravitaţională (prin IG) dintre componentele UF, deci Eînt din exterior va atrage înspre exterior UF, determinând astfel o expansiune accelerată a acestuia. Este posibil ca la un moment dat, atunci când cantitatea de Eînt aflată în exteriorul UF va deveni suficient de mică datorită expansiunii îndelungate, viteza de expansiune să înceapă să scadă, apoi să se anuleze, iar apoi să înceapă procesul invers, de contracţie a UF.

<u>De ce se numesc "întunecate"</u> aceste 2 tipuri de materie (energie)? Deoarece interacţionează foarte slab cu fotonii (lumina), apărând deci drept "întunecate". Mînt se plasează din punct de vedere energetic sub fotoni, adică are o energie mai mică decât cel mai "mic" foton, iar Eînt, deoarece are o densitate foarte mică, are un efect foarte slab asupra materiei obişnuite în general şi asupra fotonilor în particular. Eînt are un efect relevant doar la nivelul întregului UF, determinând expansiunea UF, iar aceasta pare să fie singura "funcţie" a Eînt. Mînt asigură coeziunea în interiorul fiecărei galaxii, iar funcţia gravitonilor este aceea de a "transporta" IG. După cum am mai spus, explicaţia pentru faptul că IG este cea mai slabă dintre cele 4 ID cunoscute rezultă din diagrama energetică a celor 8PF de la pagina 26: gravitonii (PF1) ca particule elementare de câmp (PEC) ale câmpului gravitaţional au cele mai mici energii dintre toate PEC (între zero şi energia de repaus a neutrinului electronic). Chiar dacă transportă IG, gravitonii nu pot interacţiona decât prin IE.

2.2.5 – Neutrinul electronic (ν_e)

Neutrinul electronic (ν_e) este cea mai simplă şi cea mai mică (din punct de vedere al energiei de repaus şi al dimensiunii) particulă fundamentală (PF) din cele 8PF care are formă geometrică, această formă fiind un cerc [gravitonii nu au formă geometrică, deoarece ei sunt asimilaţi cu puncte geometrice (Pgm), iar Pgm nu au formă geometrică]. ν_e este format dintr-un Punct energetic (PME) care are <u>energia E</u> şi care se roteşte cu viteză constantă în modul v pe un cerc de <u>rază R</u>, cu <u>perioada de rotaţie T</u>.

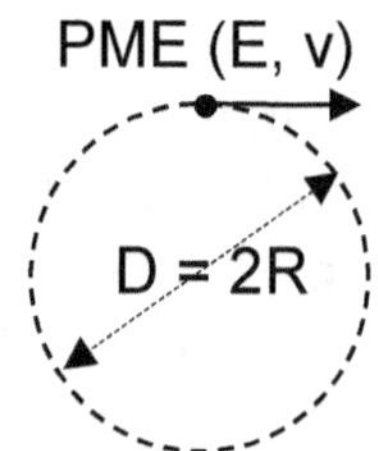

Neutrinul electronic are deci 3 parametri definitorii: energia de repaus E, raza cercului R și perioada de rotație T (viteza se poate deduce din R și T prin formula v = 2·π·R/T). Se observă că cei 3 parametri corespund celor 3 mărimi fizice fundamentale Energie (E), Spațiu (R) și Timp (T) (vezi 2.0).

Am spus în 2.0 că există doar 2 constante universale fundamentale – g și c – și că a treia constantă universală, adică h = constanta lui Planck, nu este fundamentală, deoarece se poate deduce din LUN + (g, c). Acum, la nivelul neutrinului electronic ν_e, putem defini constanta h ca fiind produsul dintre energia de repaus a ν_e (E) și perioada de rotație a PME care constituie ν_e (T): **h = E · T**. Deoarece ν_e este un rezultat al LUN + (g, c), am demonstrat astfel de ce h este o constantă universală pseudo-fundamentală.

Vom găsi acum niște valori aproximative pentru cei 3 parametri ai ν_e. Dacă υ este frecvența de rotație a PME ($\upsilon = 1/T$), atunci între E și υ avem relația E = h·υ, adică o relație identică cu cea pentru fotoni. De altfel, putem considera că ν_e este un foton circular γ_c în repaus, iar γ_c sunt ν_e în mișcare. ν_e este granița dintre gravitoni și fotonii circulari din punct de vedere al energiei de repaus. Rezultă că ν_e nu are decât o singură energie – cea de repaus – și nu se poate găsi decât în repaus; dacă energia ν_e scade oricât de puțin, ν_e devine graviton, iar dacă energia crește oricât de puțin, ν_e devine foton circular. Bazându-ne pe aceste observații, putem considera că ν_e are frecvența egală (la limită) cu frecvența cea mai mică a unui foton circular. Dacă alegem, de exemplu, această frecvență ca fiind 1,5 Hz, rezultă că energia de repaus a ν_e = energia PME constituent este E = h·$\upsilon \approx 6{,}6 \cdot 10^{-34}$ Js · 1,5 s$^{-1} \approx 10^{-33}$ J. Putem alege și alte valori pentru frecvență, dar am ales o valoare estimativă pentru a putea găsi niște valori aproximative pentru E, R și T. În realitate, cei 3 parametri (E, R, T) au valori exacte care rezultă din rezolvarea ecuației LUN, dar aici nu facem decât niște calcule grosiere pentru a ne da seama de ordinul de mărime al celor 3 parametri.

Am aflat deci niște valori aproximative pentru E (10^{-33} J) și T (T = 1/$\upsilon \approx$ 0,67 s). Mai rămâne să găsim și o valoare pentru raza R. Pentru aceasta vom folosi Ecuația Lorentz energetică (vezi 2.2.2), în care vom considera că PME se mișcă în propriul câmp energetic (CE) = (E$_E$, H$_E$): **a = c²E$_E$ + 4πg · (v × H$_E$)**, unde a este accelerația PME = dv/dt. a are 2 componente: accelerația energo-electrică **a$_E$ = c²E$_E$** și accelerația energo-magnetică **a$_M$ = 4πg · (v × H$_E$), a = a$_E$ + a$_M$**. <u>Vom arăta că a$_M$ poate fi neglijată în raport cu a$_E$.</u>

<u>Vom considera (grosier) că câmpul energo-electric</u> E$_E$ este creat de un PME cu energia E care se află în centrul cercului de rază R: E$_E$ = gE/R², **a$_E$ = c²E$_E$ = gc²E/R²**. <u>Trecând acum la a$_M$ și H$_E$,</u> vom considera (tot grosier) că câmpul energo-magnetic H$_E$ este câmpul creat în centrul cercului de rază R de un curent energetic I = E/T. Conform unei binecunoscute formule din electrotehnică, intensitatea câmpului magnetic în centrul unei spire parcurse de un curent constant cu intensitatea I este <u>H$_E$ = I/(2R) = E/(2RT)</u>. Înlocuind pe H$_E$ în a$_M$ și ținând cont că v = 2πR/T, obținem **a$_M$ = (4πg)·(2πR/T)·[E/(2RT)] = 4π²gE/T²**. Comparând a$_E$ cu a$_M$, vom avea: <u>a$_E$/a$_M$ = (gc²E/R²)/(4π²gE/T²) = c²T²/(4π²R²) = (cT/2πR)² = (c/v)²</u>. Deoarece (după cum vom vedea) c >> v, rezultă că a$_E$ >> a$_M$, adică a$_M$ << a$_E$, deci putem neglija a$_M$ în raport cu a$_E$.

<u>Revenind la Ecuația Lorentz energetică,</u> vom avea a $\approx$ a$_E$ = c²E$_E$ = gc²E/R², unde a este accelerația centripetă a PME. Deoarece <u>a = v²/R</u>, rezultă că v²/R $\approx$ gc²E/R². Dacă înlocuim <u>v = 2πR/T</u> și <u>E = h/T</u>, obținem v²R = gc²E, apoi (4π²R²/T²)·R = gc²h/T și 4π²R³ = gc²h·T, adică **R³ = (gc²h/4π²)·T**.

Rezultă că <u>raza R este rădăcina cubică a expresiei (gc²h/4π²)·T</u>. Făcând calculele, rezultă **R $\approx$ 2·10^{-21} m**, adică diametrul D al neutrinului electronic **D(ν_e) $\approx$ 4·10^{-21} m $\approx$ 10^{-20} m**. Această valoare a razei R a rezultat pentru o frecvență υ = 1/T $\approx$ 1,5 Hz. Dacă alegem o altă valoare pentru υ și implicit pentru T din formula R³ = (gc²h/4π²)·T, vom obține o altă valoare pentru R. Este interesant că, pentru ca R să varieze cu un ordin de mărime, adică să crească de 10 ori sau să scadă de 10 ori, T trebuie să varieze cu 3 ordine de mărime, adică să crească de 10³ = 1000 de ori sau să scadă de 10³ = 1000 de ori. Rezultă că valoarea reală a lui R nu poate varia prea mult față de valoarea de 2·10^{-21} m, deoarece frecvența υ nu poate fi mult diferită de 1,5 Hz și în plus pentru o variație a lui υ, R variază cu 3 ordine de mărime mai puțin.

De fapt, pe noi nu ne interesează foarte mult valoarea exactă pentru raza R(ν_e) și diametrul D(ν_e) = 2R, ci ne interesează <u>2 lucruri</u>: pe de o parte ca <u>D(ν_e) să fie mult mai mare decât D(PME)</u>, iar pe de altă parte ca <u>D(ν_e) sa fie mult mai mic decât diametrul electronului D(e−), protonului D(p$^+$) și neutronului D(n^0)</u>.

Pentru prima parte avem $D(PME) \approx g \cdot E \approx 10^{-44}$ m/J $\cdot 10^{-33}$ J $\approx 10^{-77}$ m $<< 10^{-20}$ m $\approx D(v_e)$. Pentru partea a doua avem $D(v_e) \approx 10^{-20}$ m $<< D(e^-) \approx 10^{-12}$ m; $D(p^+) \approx D(n^0) \approx 10^{-15}$ m (vezi 2.2.6 şi 2.2.7).

În concluzie, neutrinul electronic (v_e) are (este caracterizat de) următorii parametri: <u>energia (de repaus)</u> $E_0(v_e) \approx 10^{-33}$ **J**; <u>diametrul</u> $D(v_e) \approx 10^{-20}$ **m**; <u>frecvenţa</u> de rotaţie a PME $v \approx$ **1,5 Hz (T $\approx$ 0,67 s)**. Dacă calculăm <u>viteza v a PME</u>, rezultă $v = 2 \cdot \pi \cdot R/T \approx 1{,}88 \cdot 10^{-20}$ m/s (se verifică v << c).

2.2.6 – Fotonii, Pionii şi Kaonii

Fotonii circulari (γ_c = PF2), pe de o parte, şi pionii (π = PF3) şi kaonii (K^0 = PF4; K^+; K^-), pe de altă parte, au în comun faptul că PME constituente au viteza egală în modul cu c (viteza luminii în vid), iar grosimea fotonilor (diametrul elicoidei R1T) şi dimensiunile pionilor şi kaonilor sunt aproximativ egale cu diametrul neutrinului electronic $\approx 10^{-20}$ m. În rest, cele 2 clase de PF au caracteristici diferite: fotonii au o variaţie continuă a energiei, în timp ce pionii şi kaonii au o variaţie discontinuă, iar fotonii sunt stabili, în timp ce pionii şi kaonii sunt instabili. PME constituente au o mişcare periodică (R1T pentru γ_c, 8 şi R1R pentru π, R2R şi 8R pentru K) şi interacţionează prin IE cu (se mişcă în) propriul câmp energetic (CE).

Printr-un raţionament similar celui prin care se calculează viteza undei electromagnetice, se ajunge la formula $v = (\varepsilon_0 \cdot \mu_0)^{-1/2} = c \approx 3 \cdot 10^8$ m/s, unde v este viteza în modul a PME, $\varepsilon_0 = 1/(4\pi g)$, $\mu_0 = (4\pi g)/c^2$. Deoarece PME care formează PF2, PF3 şi PF4 (inclusiv K^+, K^-) se mişcă cu viteza c (în modul, pentru că traiectoriile PME sunt curbilinii), are loc pentru toate cele 3 clase de PF un fenomen de emisie de gravitoni (PF1), aceşti gravitoni având viteza egală cu c şi traiectorii rectilinii. Emisia de gravitoni înseamnă că din fiecare PME care alcătuieşte câte una din cele 3 clase de PF se "desprind" alte PME care au energia cuprinsă între zero şi energia neutrinului electronic ($\approx 10^{-33}$ J). Aceste PME desprinse sunt gravitoni deoarece formează un "jet" radial, uniform răspândit ca direcţii de propagare în jurul PME principal care formează PF2, PF3 şi PF4, adică formează un câmp gravitaţional (CG). Dacă 2 PF care generează fiecare câte un CG se apropie astfel încât cele 2 CG să interfereze, apare o IG între cele 2 PF prin intermediul gravitonilor care vor transporta deci IG. Conform Legii Conservării Energiei (LCE, vezi 2.1.2), PME principale vor pierde în mod constant din energia lor prin emisia de gravitoni; acest lucru poate fi relevant în cazul unei PF, dar la nivel macroscopic (de exemplu la nivel cosmic – în cazul Pământului, al Sistemului solar sau al găurilor negre care chiar şi ele pierd energie prin emisia de gravitoni), pierderea de energie prin emisia de gravitoni poate fi compensată prin atracţia din spaţiu a meteoriţilor, prafului cosmic etc. Despre particulele care emit gravitoni vom spune că au sarcină gravitaţională (SG), măsurabilă prin masa gravitaţională (Mg).

Am definit SG prin analogie cu sarcina electromagnetică (SEM), caracterizată de sarcina electrică Q şi sarcina magnetică măsurabilă prin momentul magnetic μ. Mg se defineşte prin formula $Mg = E/c^2$, unde E este energia (totală a) PF = energia PME constituent, iar c este viteza luminii în vid. Se observă că mărimea fizică fundamentală este energia E, iar Mg este o mărime secundară. Dacă variază energia E, variază şi Mg; acest lucru explică de exemplu de ce etalonul de masă (kilogramul) pierde din greutate: din cauza emisiei constante de gravitoni, care chiar dacă este neglijabilă pentru perioade mici de timp, devine semnificativă de-a lungul zecilor de ani de când există acest etalon. Celălalt tip de masă, masa inerţială Mi, este egală din punct de vedere cantitativ cu Mg: $Mi = Mg = E/c^2$, evident în cazul în care PF respectivă are inerţie şi implicit Mi ca măsură a inerţiei. Inerţia înseamnă că pentru a creşte viteza este nevoie de energie suplimentară (vezi 2.2.7 şi 2.3.1). Deşi Mg şi Mi sunt egale din punct de vedere cantitativ, din punct de vedere calitativ măsoară 2 caracteristici diferite: în timp ce Mg înseamnă SG, adică emisie de gravitoni, Mi înseamnă inerţie, adică necesitatea creşterii energiei pentru a creşte viteza.

<u>Fotonii circulari (γ_c = PF2) nu au inerţie şi deci nici Mi</u>; ei au doar SG şi Mg. Pionii (π = PF3) şi kaonii (K) au şi SG şi Mg, şi inerţie şi Mi. Substanţa este alcătuită din protoni (p^+), neutroni (n^0) şi electroni (e^-). Deoarece e^- şi miezul p^+ şi al n^0 sunt alcătuite din fotoni circulari (PF2) rotitori (vezi 2.2.7), iar norul mezonic din jurul p^+ şi n^0 este alcătuit din pioni (PF3), rezultă că substanţa este alcătuită în esenţă din PF2 şi PF3. Fotonii rotitori dobândesc pe lângă Mg şi Mi, deci substanţa are Mg şi Mi.

<u>Fotonii, pionii şi kaonii interacţionează prin IE şi IG</u>. În plus, pionii şi kaonii cu sarcină electrică interacţionează şi prin IEM. Interacţiunea fotonilor prin IE este relevantă doar în cazul interacţiunii cu Eînt şi Mînt (din care se poate deduce indirect existenţa Eînt şi Mînt) şi chiar şi aici este slabă. Singura ID relevantă în cazul fotonilor este IG, şi chiar şi IG poate fi neglijată în cele mai multe cazuri. Fotonii sunt particulele

elementare de câmp (PEC) ale IEM (transportă IEM), pionii sunt PEC ale IT (transportă IT), iar kaonii neutri K^0 sunt PEC ale IS (transportă IS).

Despre fotonii circulari (γ_c = PF2) Un foton γ_c este constituit dintr-un PME care se mişcă pe o traiectorie elicoidală R1T: secţiunea elicoidei este un cerc cu diametrul $\approx 10^{-20}$ m (diametrul neutrinului electronic), iar pasul elicoidei este lungimea de undă λ. Numărul de rotaţii ale PME în unitatea de timp este frecvenţa υ a fotonului: $\upsilon = 1/T$, unde T este perioada de rotaţie a PME. Dacă E este energia PME şi implicit energia fotonului, avem relaţia $\underline{E = h \cdot \upsilon}$, unde h este constanta lui Planck. Deoarece energia E a fotonilor circulari variază între energia neutrinului electronic ($\approx 10^{-33}$ J) şi energia de repaus a electronului ($\approx 10^{-13}$ J), frecvenţa υ a fotonilor circulari variază între $\approx 1{,}5$ Hz şi $\approx 10^{20}$ Hz. Fotonii eliptici (vezi 2.2.8) au o frecvenţă maximă care corespunde miuonului, adică $\approx 10^{22}$ Hz (deoarece miuonul are energia de repaus $\approx 207 \cdot$ energia de repaus a electronului). Iată explicaţia pentru care frecvenţa celor mai dure radiaţii gamma nu depăşeşte $\approx 10^{20}$ Hz în cazul fotonilor circulari şi $\approx 10^{22}$ Hz în cazul fotonilor eliptici: dacă depăşesc cele 2 limite fotonii circulari devin electroni, iar fotonii eliptici devin miuoni.

Viteza PME este egală în modul cu c (în modul pentru că traiectoria PME este curbilinie R1T). Deoarece (după cum vom vedea imediat) diametrul elicoidei ($\approx 10^{-20}$ m) este mult mai mic decât pasul elicoidei (lungimea de undă λ), viteza fotonului = viteza aparentă de deplasare a PME este practic egală tot cu c. Aceasta este explicaţia pentru care fotonii (radiaţia electromagnetică) au o viteză constantă şi egală cu c indiferent de lungimea de undă ("culoare"): oricât de mult ar varia (scădea) lungimea de undă, tot rămâne mult mai mare decât diametrul elicoidei = "grosimea" fotonului. Fotonul poate fi asemănat deci cu un vehicul cu turaţia motorului variabilă şi viteza de deplasare a caroseriei constantă: turaţia corespunde frecvenţei fotonului υ (Hz = rot./sec.), iar deplasarea (translaţia) caroseriei corespunde vitezei luminii în vid c. Rezultă că vom avea şi relaţia $\underline{c = \lambda \cdot \upsilon}$. Ţinând cont de această relaţie şi de domeniul de variaţie al frecvenţei, lungimea de undă λ variază în intervalul $2 \cdot 10^8$ m ... 10^{-12} m pentru fotonii circulari şi poate scădea până la $\approx 10^{-14}$ m pentru fotonii eliptici. Iată că se verifica că 10^{-20} m $\ll 10^{-14}$ m, adică diametrul elicoidei (R1T pentru fotonii circulari sau R2T pentru fotonii eliptici) este mult mai mic decât pasul elicoidei (λ), ceea ce explică de ce fotonii au o viteză constantă şi egală cu c indiferent de lungimea de undă. Observaţie: această inegalitate rămâne valabilă şi în cazul fotonilor rotitori care compun protonul şi neutronul; de exemplu în cazul protonului avem $\lambda \approx 10^{-15}$ m, iar 10^{-20} m $\ll 10^{-15}$ m.

Modelele ondulatoriu şi corpuscular ale fotonului Modelul ondulatoriu al fotonului este "R1T" pentru fotonii circulari şi "R2T" pentru fotonii eliptici, adică fotonul este alcătuit dintr-un PME (numit PME constituent) care se deplasează pe traiectorii elicoidale de tip R1T sau R2T. Fotonul în modelul ondulatoriu are următorii parametri (caracteristici): energia E = energia PME constituent, diametrul secţiunii (R1 sau R2), lungimea de undă λ = pasul elicoidei, frecvenţa υ = turaţia PME constituent şi viteza c = viteza PME constituent. Parametrii modelului ondulatoriu satisfac relaţiile $\underline{E = h \cdot \upsilon}$ şi $\underline{c = \lambda \cdot \upsilon}$.

Fotonii circulari R1T (ca şi cei eliptici R2T) pot fi modelaţi matematic şi printr-un **model corpuscular**, şi anume prin conceptul de **Punct material de lumină/** Punct Material fotonic (PMf), cu parametrii: grosime zero (deoarece grosimea fotonilor de $\approx 10^{-20}$ m este neglijabilă în raport cu lungimea de undă), energie E (parametru definitoriu), masa gravitaţională Mg = E/c^2 şi viteză c constantă (cel puţin în modul; fotonii în câmp energetic sau gravitaţional, fotonii care formează electronul, protonul sau neutronul şi orbitalii atomici, ionici sau moleculari au traiectorii curbilinii şi viteza lor este egală doar în modul cu c).

Atât modelul ondulatoriu, cât şi cel corpuscular al fotonului sunt modele aproximative: cel ondulatoriu este mai precis, iar cel corpuscular este mai puţin precis. Modelul real al fotonului este o soluţie exactă a LUN (vezi 2.1) şi poate fi imaginat prin înlocuirea – în modelul ondulatoriu R1T (R2T) – a modelului discontinuu al PME cu modelul continuu, exact (100% precis) al PME (vezi 2.2.1). Deoarece modelul exact al fotonului este complicat, am recurs la un proces de simplificare în 2 etape, preţul simplificării fiind scăderea preciziei: în prima etapă înlocuim modelul continuu al PME cu modelul discontinuu şi obţinem modelul ondulatoriu R1T(R2T), iar în etapa a 2-a înlocuim PME cu PMf şi obţinem modelul corpuscular. Modelele ondulatoriu şi corpuscular nu sunt reale deoarece conţin fiecare câte o variantă de Punct Material (PM): PME în primul caz şi PMf în al doilea caz. PM este echivalentul Punctului geometric (Pgm) şi implică prezenţa unei discontinuităţi (singularităţi), ceea ce ar conduce la apariţia Infinitului, iar Infinitul nu este prezent în Realitatea Obiectivă (RO), ci doar în Realitatea Subiectivă (RS).

Fotonii circulari se pot găsi în (cel puțin) **4 ipostaze**, adică pot avea (cel puțin) 4 funcții:

a) **fotonii tip neutrino** sunt fotonii care au energia strict mai mare decât energia neutrinului electronic, dar comparabilă cu aceasta. Fotonii tip neutrino sunt considerați neutrini în mișcare. Aceasta este o formulare inexactă, deoarece neutrinii sunt neutrini doar în repaus; dacă sunt în mișcare, devin fotoni.

b) **fotonii de câmp** sunt componenții câmpului electromagnetic (CEM). Deoarece fotonii au o variație continuă a energiei, CEM poate fi modelat în mod continuu prin câmpurile vectoriale continue E, D, H, B.

c) **fotonii luminoși** sunt fotonii dintr-un anumit interval de frecvențe care constituie suportul material al celui mai important simț fizic – văzul. Lumina ca mijloc de observare/măsurare (observarea este cu ajutorul ochilor, iar măsurarea este cu ajutorul unui aparat de măsură) a Universului Fizic (UF) are 3 limitări: "g", "c", "h", fiecare limitare fiind legată de una din cele 3 constante universale fundamentale. În primele 3 modele matematice fundamentale ale UF (MCN, MML și MP – vezi tabelul din 2.0), se consideră implicit că fotonii luminoși, cu ajutorul cărora se observă Realitatea Obiectivă (RO) din UF, sunt ideali, adică nu au nicio limitare: $g = 0$, $c = \infty$ și $h = 0$. Aceasta înseamnă că observarea UF cu ajutorul luminii nu introduce (nu produce) nicio distorsiune: lumina are o traiectorie rectilinie în orice situație ($g = 0$), lumina se deplasează instantaneu de la fenomenul observat până la observator ($c = \infty$) și lumina poate fi împărțită în "bucăți" oricât de mici ($h = 0$) astfel încât interacțiunea prin ciocnire dintre fotonul de observație și corpul măsurat nu perturbă corpul măsurat ($E = h \cdot \upsilon = 0$ indiferent de frecvența υ).

Procesul de observare/măsurare a UF cu ajutorul luminii este următorul: pentru a observa/măsura un obiect (macroscopic sau microscopic) din UF este necesar să trimitem asupra lui o rază de lumină, care la limită este alcătuită dintr-un singur foton luminos cu energia $E = h \cdot \upsilon$ și lungimea de undă $\lambda = c/\upsilon$. Fotonul se va ciocni de acel obiect, după care se va deplasa până la ochii observatorului sau până la un aparat de măsură și va aduce informații cu privire la obiectul observat/măsurat, informații care (simplificând) vor consta din poziție (x) și impuls (p). În cazul ideal în care lumina nu are nicio limitare, informația adusă de foton va coincide 100% cu realitatea (RO). Acesta este cazul aproximativ din viața obișnuită, unde cele 3 limitări ale luminii nu produc distorsiuni relevante în procesul de observare a RO și deci lumina poate fi considerată ideală: gravitația pământului curbează nesemnificativ traiectoria luminii ($g \approx 0$), durata de propagare a luminii de la obiectul observat până la observator este neglijabilă în raport cu duratele de timp obișnuite ($c \approx \infty$), iar corpurile observate sunt suficient de masive astfel încât ciocnirea dintre raza de lumină și obiect să nu modifice parametrii obiectului măsurat ($h \approx 0$).

Dacă suntem riguroși, va trebui să admitem că procesul de măsurare va fi distorsionat de cele 3 limitări ale luminii: gravitația va curba traiectoria luminii, va exista un timp de propagare a luminii și corpul măsurat își va schimba starea în urma măsurătorii. Dacă primele 2 distorsiuni sunt distorsiuni de propagare a luminii care nu afectează însă corpul măsurat, a treia distorsiune este mai neplăcută deoarece influențează (modifică) însăși realitatea măsurată. Cele 2 distorsiuni de propagare sunt implicate în Teoria Relativității (TR) elaborată de Einstein (limitarea "g" în Teoria Generală a Relativității TGR și limitarea "c" în Teoria Restrânsă a Relativității TRR), iar distorsiunea cauzată de limitarea "h" este implicată în Mecanica Cuantică (MC). Deoarece distorsiunea cauzată de limitarea "h" este mai neplăcută decât cele 2 distorsiuni de propagare, MC este imposibil de înțeles cel puțin în ceea ce privește interpretarea calitativă (nici TR nu este ușor de înțeles). Oricum, și TR și MC au ca presupunere implicită ideea că realitatea obiectivă este ceea ce se poate observa/măsura, adică realitatea care rezultă în urma observării/măsurării. În viața obișnuită acest lucru este adevărat, însă păstrarea acestei idei în orice situație conduce la dificultăți de înțelegere în TR și chiar la absurdități logice (din punctul meu de vedere) în MC. Din punctul meu de vedere, RO nu depinde de faptul că este observată/măsurată sau nu, adică există independent de procesul de observare/măsurare. Prin măsurare te poți apropia mai mult sau mai puțin de RO, dar a insista să echivalezi "realitate = ceea ce rezultă din observare/măsurare" chiar și când aceasta conduce la absurdități logice (în MC) mi se pare greșit. În domeniul particulelor elementare singura abordare posibilă este una 100% mentală, deoarece la acest nivel RO este prea "fină" pentru a putea fi studiată prin măsurare.

Limitarea "g" înseamnă că fotonii pot fi deviați de câmpul gravitațional (CG), adică traiectoria fotonilor devine curbilinie. În cazul ideal am avea $g = 0$, adică lumina nu ar fi deviată de CG. Limitarea "g" a luminii a fost folosită de Einstein în TGR pentru a obține Legea Generală a Gravitației (LGG) din Principiul General al Relativității (PGR). Putem acum demonta altă idee greșită din fizica actuală (2019): se spune că deformarea spațiului generează atracția gravitațională, adică IG. Realitatea este exact invers: atracția gravitațională, adică IG, determină "curbarea" spațiului astfel: IG se transmite prin gravitoni, iar gravitonii determină curbarea razelor de lumină, deoarece fotonii au masă gravitațională (Mg), deci interacționează prin IG cu alte Mg. IG determină deci curbarea traiectoriei razelor de lumină (fotonilor) și astfel ceea ce noi considerăm a fi linia dreaptă (definită axiomatic în Geometria Euclidiană ca fiind traiectoria unei raze de lumină = 1 foton) este de fapt o linie curbă (curbura este cu atât mai mare cu cât CG este mai intens). Apare astfel Geometria Neeuclidiană, care studiază spațiul tridimensional în care axele de coordonate Oxyz nu mai sunt drepte (rectilinii), ci curbe. Curbarea spațiului poate apare nu numai din cauza CG, ci și din cauza caracterului neinerțial al Sistemului de Referință (SR), adică în cazul SR neinerțiale sau în cazul general al SR Gaussiene din TGR (numite de Einstein "moluște de referință").

Limitarea "c" înseamnă "c ≠ ∞" și a stat la baza (a generat) TRR.

Limitarea "h" a generat MC Matriceală (care este echivalentă cu MC ondulatorie) prin Relațiile de Nedeterminare ale lui Heisenberg (RNH), din care cea mai cunoscută este $\Delta x \cdot \Delta p \geq h$, unde Δx este nedeterminarea poziției particulei măsurate iar Δp este nedeterminarea impulsului. Această relație rezultă din studiul ciocnirii dintre un foton (luminos) și o microparticulă care are poziția x și impulsul p. Dacă microparticula este suficient de mică, ciocnirea cu fotonul îi va perturba semnificativ și poziția (cu Δx) și impulsul (cu Δp), adică observarea va influența (modifica) realitatea observată. Dacă păstrăm ideea (greșită din punctul meu de vedere) că "realitatea obiectivă = realitatea măsurată", se ajunge (în MC) la absurdități logice de genul "nu putem înțelege ce se întâmplă și trebuie să renunțăm la a înțelege" sau "dispariția caracterului de obiectivitate al RO la dimensiuni mici". După cum am spus, din punctul meu de vedere RO NU este identică cu realitatea măsurată, ci există în mod obiectiv indiferent dacă este măsurată sau nu și implicit își păstrează caracterul de obiectivitate la orice dimensiune, inclusiv la dimensiuni oricât de mici. RNH nu fac decât să arate limitele cunoașterii RO prin observare/măsurare și NU limitele cunoașterii RO.

După cum se poate vedea în prezenta lucrare, acolo unde metoda de cunoaștere a RO prin observare/măsurare își atinge limitele, putem merge mai departe în studierea RO printr-o metodă 100% mentală, fără a recurge la observare/măsurare, folosind doar modele matematice (LUN și TPE) și cunoașterea mentală. Paranteză: există 3 tipuri principale de cunoaștere: cunoașterea fizică, prin cele 5 simțuri fizice – văzul este cel mai important simț fizic și stă la baza observării; cunoașterea mentală; Cunoașterea de Sine (Cunoașterea Spirituală) (am închis paranteza). Se poate vedea în LUN și TPE cum RO rămâne perfect inteligibilă, inclusiv din punct de vedere vizual, la orice scară de Energie, Spațiu sau Timp. Einstein a avut, deci, dreptate: interpretarea MC acceptată de majoritatea fizicienilor contemporani cu el (și chiar din zilele noastre), "ortodocșii" MC, este greșită, iar RO rămâne inteligibilă și la dimensiuni mici și nu trebuie să renunțăm la logică sau la modelele vizuale, așa cum ni se propune de către aceștia.

d) **fotonii energetici** sunt fotonii care au energia strict mai mică decât energia de repaus a electronului, dar comparabilă cu aceasta. Orbitalii atomici, orbitalii ionici și orbitalii moleculari în cazul legăturii covalente sunt alcătuiți din fotoni energetici (vezi 2.2.7 și 2.3.3).

2.2.7 – Modelul Fotonului Rotitor (Teoria Corzilor). Electronul, Protonul și Neutronul

Electronul ($e^- = PF6$), protonul ($p^+ = PF8$) și neutronul ($n^0 = PF7$), adică cele 3 particule elementare de substanță (PES) care compun efectiv substanța (neutrinul electronic nu intră în componența substanței), sunt alcătuiți din fotoni polarizați circular R1T rotitori (vezi pagina 35): electronul este format dintr-un foton care se rotește pe o traiectorie circulară ($e^- = R1TR1$), protonul este format dintr-un foton care se rotește pe o traiectorie eliptică ($p^+ = R1TR2$), iar neutronul este format din 2 fotoni care se rotesc fiecare pe câte o traiectorie eliptică, cele 2 traiectorii fiind concentrice și de diametre diferite ($n^0 = 2R1TR2$). În cazul neutronului, cei 2 fotoni rotitori se rotesc în același sens pe cele 2 elipse deoarece momentele magnetice ale celor 2 fotoni rotitori trebuie să se adune algebric, adică să se scadă în modul – vezi paragraful despre neutron. În cazul fiecărui foton rotitor am reprezentat vectorul viteză instantanee v, care este tangent la traiectorie în fiecare punct al traiectoriei și are modulul egal cu viteza luminii în vid c.

Miezul și câmpul celor 3 PES Fiecare din cele 3 PES constă dintr-un "miez" format din 1 sau 2 fotoni rotitori, conform desenelor de la pagina 35, și un câmp: în cazul e^- avem un câmp energetic (CE), un câmp gravitațional (CG) și un câmp electromagnetic (CEM); în cazul p^+ și n^0 avem un CE, un CG, un CEM și un câmp tare (CT) (nu vom lua în calcul pentru moment în cazul p^+ câmpul slab format din kaonul neutru). CE este format din energie fără formă (EFF), CG este format din gravitoni (PF1), CEM este format din fotoni polarizați circular (PF6), iar CT este format din 5 pioni (PF3) (3 pioni π^0, un pion π^+ și un pion π^-).

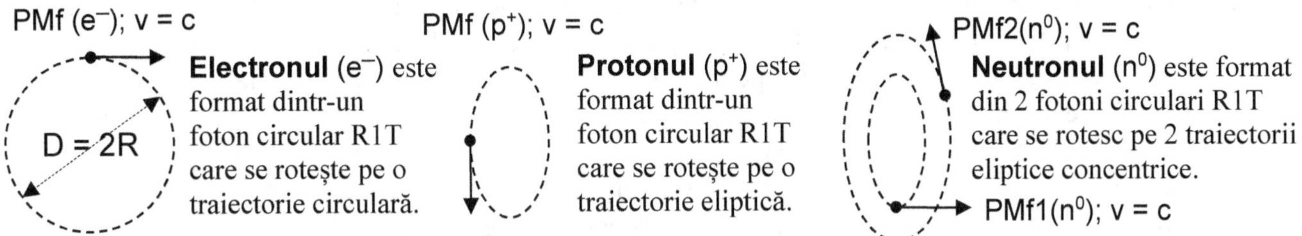

Tipul fotonilor rotitori (dreapta/stânga) **care compun miezul celor 3 PES** Din punct de vedere al sensului intern de rotație al PME care constituie un foton, un foton este foton dreapta dacă sensul de rotație al PME este în sensul acelor de ceasornic și foton stânga dacă sensul de rotație al PME este în sens invers acelor de ceasornic (adică în sens trigonometric). Această definiție a celor 2 tipuri de foton presupune să stabilim în prealabil dacă privim fotonul venind spre noi/spre observator (privim fotonul "din față") sau depărtându-se de noi/de observator (privim fotonul "din spate"); să zicem că am ales a doua variantă, cea în care privim fotonul "din spate". Tipul fotonului rotitor determină semnul sarcinii electrice: dacă un foton (rotitor) dreapta generează o sarcină electrică de un semn, fotonul (rotitor) stânga generează o sarcină electrică de semn opus. Dacă considerăm cazul particular al protonului (am ales protonul pentru că are sarcină pozitivă), există deci 2 posibilități: fotonul rotitor pe traiectoria eliptică să fie un foton dreapta sau un foton stânga. Deoarece doar una din aceste 2 posibilități este cea reală, și fiindcă nu știu exact care este aceea, am să aleg la întâmplare una din ele, și anume (pentru a putea fi reținută mai ușor prin asocierea pozitiv-dreapta) primul caz, în care fotonul rotitor este un foton dreapta (dacă se va dovedi că varianta reală este cealaltă nu va fi nicio problemă să fac corecția necesară). Am stabilit deci că în cazul protonului fotonul rotitor pe elipsă este un foton dreapta. Atunci, în cazul electronului fotonul rotitor pe traiectoria circulară este un foton stânga, iar în cazul neutronului fotonul care se rotește pe elipsa mai mică este foton dreapta, iar cel de pe elipsa mare este foton stânga (adică miezul interior al neutronului este pozitiv, iar miezul exterior este negativ – știm asta pentru că momentul magnetic total al neutronului, care este egal cu momentul magnetic al miezului, este negativ). Acum putem înțelege (vezi pagina 28) că pozitronul (antiparticula electronului) constă dintr-un foton rotitor dreapta (similar pentru antiproton și antineutron).

Fotonii care formează miezul celor 3 PES pot fi modelați matematic (vezi pagina 32) prin PMf (Puncte Materiale fotonice), fiecare PMf având energia E ca parametru definitoriu (E este definitoriu deoarece toți ceilalți parametri ai fotonului se pot deduce din E prin formulele $\upsilon = E/h$ și $\lambda = c/\upsilon$). Acești fotoni rotitori vor forma niște unde staționare care pot fi asemănate cu niște corzi vibrante (cu grosimea $\approx 10^{-20}$ m) și de aici <u>Teoria Corzilor Vibrante</u> (String Theory). Traiectoriile curbilinii închise (cerc sau elipsă) vor trebui să aibă lungimea egală cu lungimea de undă (λ) a fotonilor rotitori pentru ca undele să fie staționare.

Miezul celor 3 PES este caracterizat prin parametri fundamentali de tip energetic (E), spațial (S) și temporal (T): energia totală a miezului (E), care constă din energia fotonului rotitor în cazul e^- și p^+ și suma energiilor celor 2 fotoni rotitori în cazul n^0; parametrii spațiali ai traiectoriilor fotonilor rotitori (S), adică diametrul cercului în cazul e^- și parametrii elipselor în cazul p^+ și n^0; perioada de rotație a fotonilor rotitori (T). Acești parametri sunt fundamentali deoarece se bazează pe cele 3 mărimi fizice fundamentale energie (E), spațiu (S) și timp (T) (mai sunt și alți parametri fundamentali, de exemplu lungimea de undă a fotonilor rotitori, frecvența de rotație etc.). Din acești parametri fundamentali se pot deduce alți parametri, de tip secundar (nefundamentali): masa inerțială (Mi) și masa gravitațională (Mg) pe de o parte, sarcina electrică (Q) și momentul magnetic (μ) pe de altă parte. Mi și Mg sunt parametri ai substanței (s), iar Q și μ sunt parametri ai electricității (q) (vezi 2.3.1). Mi și Mg sunt identice din punct de vedere cantitativ, dar diferite din punct de vedere calitativ și se definesc prin $Mi = Mg = E/c^2$. Se observă din această formulă că energia este parametru fundamental, iar masa este parametru secundar. Și Q este parametru secundar, adică se poate deduce din parametrii E, S, T, chiar dacă nu există o formulă simplă ca în cazul Mi și Mg, iar μ se poate deduce din Q, E, S, T (vezi mai jos magnetonul lui Bohr). În concluzie, <u>miezul celor 3 PES este caracterizat</u>

de <u>următorii parametri</u>: **E, S, T, Mi** şi **Mg, Q** şi **µ** (în S şi T se includ toţi parametrii de tip spaţial şi temporal, adică de ex. în T includem şi perioada, şi frecvenţa de rotaţie a fotonilor rotitori etc.).

Cele 3 PES ca ansamblu (miez + câmp) <u>vor fi caracterizate de următorii parametri</u>: **E, Mi** şi **Mg, Q** şi **µ**, deoarece intervine câmpul celor 3 PES pentru care parametrii de tip S (spaţiali) şi T (temporali) sunt mai greu definibili. Fiecare din parametrii E, Mi şi Mg, Q şi µ pentru cele 3 PES ca ansamblu (miez + câmp) este o rezultantă (sumă) a parametrului respectiv pentru miez şi pentru câmp: energia totală a PES este egală cu energia miezului + energia câmpului, Mi (Mg) total pentru PES = Mi (Mg) pentru miez + Mi (Mg) pentru câmp, Q total pentru PES = Q (miez) + Q (câmp), µ total pentru PES = µ (miez) + µ (câmp).

Energia totală a e^-, p^+ şi n^0 este compusă din energia miezului fotonic şi energia câmpului. În cazul e^-, energia câmpului este practic egală cu energia CEM (deoarece energia CE + energia CG sunt neglijabile în raport cu energia CEM), şi în plus energia CEM este neglijabilă în raport cu energia miezului, adică <u>în cazul e^- practic toată energia este concentrată în miez</u>. În cazul p^+ şi n^0 energia câmpului este practic egală cu energia CT (deoarece energia CE + energia CG + energia CEM sunt neglijabile în raport cu energia CT), adică cu suma energiilor celor 5 pioni: 3 pioni π^0, un pion π^+ şi un pion π^-.

În cazul momentului magnetic (µ) **există anomalii**, adică momentul magnetic total măsurat al PES nu coincide cu momentul magnetic teoretic care ar corespunde energiei totale a PES respective. **Există 3 factori** care fac ca momentul magnetic măsurat pentru fiecare din cele 3 PES să difere de momentul magnetic teoretic care ar corespunde întregii energii: a) <u>energia stocată în câmp</u>. Momentul magnetic al celor 3 PES este dat doar de miez, deoarece câmpul celor 3 PES nu are moment magnetic (nu contribuie la momentul magnetic total): EFF din CE şi PEC (particulele elementare de câmp) din CG, CEM şi CT nu au moment magnetic (pionii cu sarcină electrică din CT nu au moment magnetic chiar dacă au sarcină electrică deoarece dimensiunea lor este foarte mică, de $\approx 10^{-20}$ m); b) <u>forma eliptică a miezului</u> pentru p^+ şi n^0; c) <u>faptul că miezul n^0 este format din doi fotoni rotitori</u>. În cazul e^- avem primul factor, în cazul p^+ avem primii doi factori, iar în cazul n^0 avem toţi cei trei factori. <u>În cazul e^-</u> diferenţa dintre momentul magnetic măsurat şi momentul magnetic teoretic (magnetonul lui Bohr) este foarte mică, deoarece energia "stocată" în CEM (practic în câmpul magnetic) este foarte mică (momentul magnetic măsurat este puţin mai mare decât cel teoretic deoarece o energie mai mică pentru miez decât energia teoretică conduce la un diametru mai mare al miezului şi implicit la un moment magnetic mai mare – vezi paragraful despre e^-). <u>În cazul p^+ şi n^0</u> diferenţele de momente magnetice (între cele teoretice şi cele măsurate) sunt mai mari, şi ne ajută să stabilim: <u>în primul rând</u> componenţa CT pentru p^+ (adică câmpul pionic format din cei 5 pioni), pe care să o extindem apoi şi pentru n^0 (deoarece ambii nucleoni interacţionează identic prin IT, rezultă că componenţa CT este aceeaşi), şi <u>în al doilea rând</u> parametrii spaţiali ai miezului pentru p^+ şi n^0 (ai elipsei pentru fotonul rotitor R1TR2, respectiv ai celor 2 elipse pentru cei 2 fotoni rotitori 2R1TR2).

La nivel exterior, electronul interacţionează prin IE, IG şi IEM, neutronul prin IE, IG, IEM şi IT şi protonul prin IE, IG, IEM, IT şi IS. IE este neglijabilă la nivelul exterior al celor 3 PES şi chiar şi IG, care este mai puternică decât IE, poate fi neglijată la acest nivel. IE este însă relevantă în "interiorul" celor 3 PES. IE asigură în mod exclusiv coeziunea internă a primelor 5 PF (vezi 2.2.3), iar în cazul ultimelor 3 PF – care sunt şi cele 3 PES studiate în prezentul subcapitol – asigură coeziunea internă a fotonilor polarizaţi circular (PF2) rotitori care formează miezul celor 3 PES. IE este deci irelevantă în exteriorul celor 8PF (IE este relevantă doar la nivel cosmic unde determină expansiunea Universului Fizic UF), dar este esenţială în interiorul celor 8PF. **La nivel interior**: în cazul e^-, coeziunea internă care determină fotonul miezului să devină rotitor, adică să se mişte pe o traiectorie circulară, este asigurată de IG (posibil şi de IEM), în cazul p^+ de IG (posibil şi de IEM) şi de cei 5 pioni din CT, iar în cazul n^0 de IG, IEM şi de cei 5 pioni din CT.

Sunt 2 surse de distorsiuni în cazul studierii UF (şi a Realităţii Obiective RO în general): prima este **Sistemul de Referinţă** (SR) folosit şi a doua este **lumina de observare/măsurare** cu cele 3 limitări ("g", "c", "h" – vezi 2.2.6). <u>A doua sursă de distorsiuni a fost complet eliminată</u> din momentul în care am început studierea UF printr-o metodă 100% mentală, fără a recurge la observare/măsurare, prin modelele LUN şi TPE. <u>Prima sursă de distorsiuni este de asemenea complet eliminată</u> deoarece am precizat la începutul TPE că vom folosi doar SR Perfecte (SRP), care nu introduc distorsiuni. În LUN folosim SR Generale (Gaussiene) SRG, dar forma matematică a LUN este aceeaşi pentru orice SRG (este invariantă numeric la schimbarea SRG, adică respectă PGR enunţat de Einstein în TGR – vezi 2.1). Chiar şi în cazul LUN, SRP sunt privilegiate față de SRG în cazul interpretării geometrice a LUN, în sensul în care suprafețele echipotențiale sunt sferice în cazul SRP, dar sunt deformate în cazul SRG. Iată câteva detalii despre SR.

Despre Sistemele de Referință (SR) <u>SR pot fi clasificate în 4 categorii (mulțimi) distincte</u>: SR Perfecte (SRP), SR Inerțiale (SRI), SR Neinerțiale (SRN) și SR Generale sau Gaussiene (SRG). Putem scrie deci SR = {SRP, SRI, SRN, SRG}. Cele 4 categorii de SR sunt distincte, adică intersecția oricăror 2 categorii (mulțimi) este mulțimea vidă, adică un SR oarecare se poate încadra doar în una din cele 4 mulțimi.

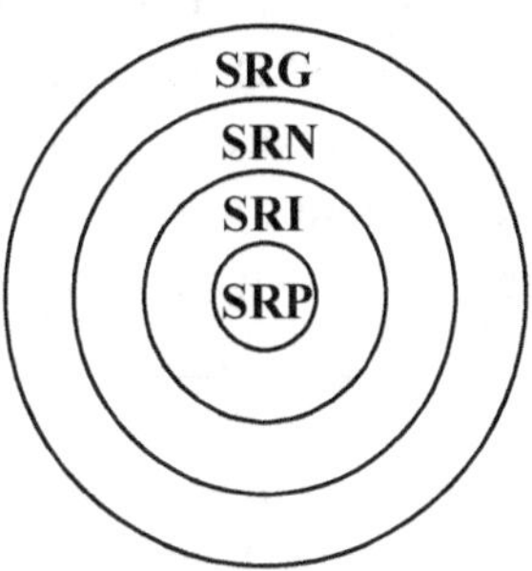

<u>SRP</u> sunt SR folosite în Mecanica Clasică Newtoniană (MCN, vezi 2.0), adică SR care nu introduc nicio distorsiune în studiul UF. <u>SRI</u> sunt SR care se mișcă față de SRP cu o viteză v constantă ca modul și direcție, unde $0 < v < c$ și c este viteza luminii în vid. <u>SRN</u> sunt SR care au o accelerație a $\neq$ 0 față de SRP, adică SRN se mișcă față de SRP cu o viteză v care variază în modul sau direcție. SRP, SRI și SRN pot fi materializate, adică pot fi construite din materie. <u>SRG</u> sunt SR care nu pot fi materializate, adică sunt SR 100% mentale. Putem spune că SRP sunt SR statice, SRI au viteză constantă, iar SRN și SRG sunt SR accelerate.

Diagrama celor 4 tipuri de SR permite și o altă interpretare, în care cele 4 tipuri nu mai sunt distincte, ci fiecare tip de SR este un caz particular al tipului anterior: <u>SRG</u> este mulțimea tuturor SR, <u>SRN</u> este un caz particular de SRG (SRN = SRG care pot fi materializate), <u>SRI</u> este un caz particular de SRN (SRI = SRN cu viteză constantă ca modul și direcție), iar <u>SRP</u> este un caz particular de SRI (SRP = SRI cu viteza zero). Pentru a nu crea confuzie, vom folosi mai departe totuși varianta în care cele 4 tipuri de SR sunt distincte.

<u>Dacă SRP1 este un SRP oarecare</u>, atunci orice alt SRP se va afla în repaus față de SRP1; putem spune deci că toate SRP sunt echivalente între ele, adică putem alege orice SRP atunci când vrem să folosim această categorie de SR. Am numit "perfecte" acest tip de SR deoarece SRP nu introduc distorsiuni în studiul UF și al RO în general.

<u>SRI sunt folosite de Einstein în TRR</u>. Trecând de la SRP la SRI, SRI încep deja să introducă distorsiuni; de exemplu, dacă avem un electron care are energia egală cu energia de repaus, într-un SRI (care se mișcă cu o viteză oarecare constantă față de un SRP) acest electron apare ca fiind în mișcare. Un electron care are energia egală cu energia de repaus a electronului se află în repaus <u>doar într-un SRP</u>. Deoarece energia de repaus a electronului este o mărime constantă care rezultă din LUN, rezulta că putem folosi cele de mai sus pentru a stabili dacă un SR este SRP sau nu: un SR oarecare este un SRP dacă și numai dacă un electron care are energia egală cu energia de repaus se află în repaus. Vedem aici că energia E este o mărime "absolută", deoarece nu depinde de SR în care se măsoară, adică E este invariantă la schimbarea SR. <u>Energia unei particule este deci aceeași în orice SR</u>. În timp ce parametrii spațio-temporali ai unei particule (de exemplu viteza) pot varia în funcție de SR din care sunt studiate, energia este o mărime invariantă la schimbarea SR. Acum putem spune că formula energiei cinetice Ec = $mv^2/2$ este greșit interpretată: nu viteza este mărimea de bază, ci energia, deoarece viteza variază în funcție de SR, dar energia nu.

<u>SRN și SRG sunt folosite de Einstein în TGR</u>. SRN sunt folosite pentru a obține LGG (Legea Generală a Gravitației) plecând de la PGR, iar SRG sunt definite și folosite pentru formularea PGR și mai sunt numite de Einstein "moluște de referință", pentru a sugera faptul că SRG nu sunt "rigide".

<u>SRG sunt "echivalente" pentru studiul UF doar în cazul LUN</u> (și chiar și aici doar din punct de vedere al formei numerice; din punct de vedere geometric, SRP sunt privilegiate față de SRG). Dacă avem de-a face cu legi ale Naturii care <u>nu</u> sunt universale, nu mai este obligatoriu (dar nici interzis, de exemplu LGG satisface PGR) ca aceste legi ale Naturii să fie invariante la schimbarea SR. Și ca să fie 100% clar, <u>doar</u> LUN este o Lege Universală a Naturii, după cum îi spune și numele. Orice altă lege a Naturii, inclusiv cele din tabelul din 2.0 (pagina 17), nu este universală; este o lege <u>particulară</u> a Naturii, pentru că folosește mărimi fizice sau concepte nefundamentale, adică diferite de E, S, T: substanța (s) care are masă inerțială Mi și gravitațională Mg, electricitatea (q) care are sarcină electrică Q și moment magnetic μ, punctul material PM, interacțiunea la distanță ID etc. Rezultă că, în cazul legilor <u>particulare</u> ale Naturii, contează ce SR folosim; dacă vrem să simplificăm la maxim studiul UF, trebuie să apelăm la SRP, așa cum am făcut în TPE prin precizarea din 2.2.0, eliminând astfel și prima dintre cele 2 distorsiuni de mai sus (vezi pagina 36). Faptul că SRP sunt mai bune decât SRN în studiul UF se poate vedea și în superioritatea heliocentrismului față de geocentrism.

Trecerea de la geocentrism la heliocentrism ca exemplu de trecere de la un Sistem de Referință (SR) Neinerțial (SRN) la un SR Perfect (SRP) Unii susțin că este greșit să spui că Soarele se învârte în jurul Pământului. Din punctul meu de vedere nu este greșit atât timp cât înțelegi că înainte de a vorbi despre orice mișcare, trebuie să precizezi SR: dacă alegi un SR legat de Pământ, atunci este tot atât de adevărat să spui că Soarele se învârte în jurul Pământului pe cât este de adevărat să spui că Pământul se învârte în jurul Soarelui dacă alegi un SR legat de Soare. Problema este că studiul mișcării este foarte complicat în cazul unui SR legat de Pământ (geocentrism), dar se simplifică considerabil în cazul unui SR legat de Soare (heliocentrism). Dacă considerăm că un SR legat de Soare este un SRP, atunci un SR legat de Pământ va fi un SRN deoarece Pământul are o dublă mișcare de rotație (în jurul axei și în jurul Soarelui). Deci și geocentrismul și heliocentrismul sunt "valabile", numai că în cazul heliocentrismului lucrurile se simplifică foarte mult și totul devine mult mai ușor de studiat.

Trecerea de la geo-centrism la helio-centrism ca simbol al trecerii de la ego-centrism la Hristo-centrism (egoul este sinele inferior, iar "Hristos" este Sinele Superior, adică Sinele cu majusculă) Putem considera că geo-centrismul simbolizează ego-centrismul (literele sunt aceleași în "geo" și "ego"), helio-centrismul simbolizează Hristo-centrismul (și aici există o asemănare lingvistică între "helio" și "Hristo"), iar trecerea de la geocentrism la heliocentrism prin care se simplifică studiul mișcării planetelor simbolizează procesul de iluminare spirituală prin care se trece de la egocentrism la Hristocentrism și care "simplifică" viața prin trecerea de la nefericire-boli-sărăcie la Fericire-Sănătate-Bani (vezi Cap. 3 și 5). Sinele este simbolizat (și) prin Soare, deoarece: la fel ca Soarele, Sinele "radiază" "lumină", adică înțelepciune și inteligență, și "căldură", adică bunătate, iar egoul este simbolizat (și) prin Pământ și gravitația pământeană, deoarece: la fel ca Pământul, egoul este "întunecat", adică nu are lumină proprie, și te "îngreunează" (te "trage în jos"), la fel cum gravitația Pământului generează greutatea corpurilor și le atrage. Prin iluminare, ieși din zona "de atracție gravitațională a Pământului"/egoului și intri în zona "de influență de lumină și căldură a Soarelui"/Sinelui Impersonal.

Electronul (e⁻ = PF6)

Electronul cu energia egală cu energia de repaus (electronul în repaus) – **R1TR1** După cum am spus, electronul cu energia egală cu energia de repaus este în repaus deoarece îl studiem într-un Sistem de Referință Perfect (SRP), care nu introduce distorsiuni. Am mai spus că lungimea traiectoriei fotonului rotitor, adică lungimea cercului, trebuie să fie egală cu lungimea de undă a fotonului rotitor pentru ca unda să fie staționară: $\pi \cdot D = \lambda$, unde D este diametrul cercului pe care se rotește fotonul (diametrul electronului) și λ este lungimea de undă a fotonului rotitor. Mai rezultă că perioada de rotație T a fotonului pe cercul de diametru D este egală cu perioada de rotație intrinsecă a fotonului rotitor și implicit frecvența de rotație υ pe cercul de diametru D este egală cu frecvența intrinsecă a fotonului rotitor. Dacă fotonul rotitor are energia E, atunci aceasta este și energia totală a electronului (neglijăm energia stocată în câmpul electronului), iar în cazul de față este energia de repaus a electronului E_0. Ținând cont de cele de mai sus, vom avea relațiile: $E_0 = h \cdot \upsilon = h \cdot c/\lambda$; $\lambda = h \cdot c/E_0$; $\mathbf{D = \lambda/\pi = h \cdot c/(\pi \cdot E_0)}$. Dacă înlocuim $E_0 = m_0 \cdot c^2$, unde $\mathbf{m_0}$ este masa de repaus a electronului $\approx \mathbf{9,1 \cdot 10^{-31}}$ **Kg**, obținem $\mathbf{D = h/(\pi \cdot m_0 \cdot c)}$, adică (făcând calculele) $\mathbf{D \approx 0,77 \cdot 10^{-12}}$ **m** $\approx \mathbf{10^{-12}}$ **m**. Energia de repaus a electronului este $\mathbf{E_0 = m_0 \cdot c^2 \approx 0,82 \cdot 10^{-13}}$ **J** $\approx \mathbf{10^{-13}}$ **J**. Frecvența de rotație a fotonului rotitor (egală cu frecvența intrinsecă a fotonului) este $\upsilon = E_0/h \approx \mathbf{1,24 \cdot 10^{20}}$ **Hz**.

Momentul magnetic μ al electronului se poate calcula cu formula din electrotehnică $\underline{\mu = I \cdot S}$, unde I este curentul electric (în circuit închis), iar S este aria suprafeței mărginită de curba închisă prin care circulă curentul I. Avem $I = e/T = e \cdot \upsilon$, unde e este sarcina electronului ($\mathbf{e \approx 1,6 \cdot 10^{-19}}$ **C**), iar T și υ sunt perioada, respectiv frecvența fotonului rotitor, și $S = \pi \cdot D^2/4$, unde D este diametrul electronului (diametrul cercului pe care se rotește fotonul rotitor). Înlocuind pe υ și D, obținem: $\mu = e \cdot (E_0/h) \cdot (\pi/4) \cdot h^2/(\pi^2 \cdot m_0^2 \cdot c^2) = (e \cdot h)/(4 \cdot \pi \cdot m_0) = (e \cdot \hbar)/(2 \cdot m_0)$, unde $\hbar = h/(2 \cdot \pi)$, adică magnetonul lui Bohr (μ_B): $\mathbf{\mu(e^-) = \mu_B = (e \cdot \hbar)/(2 \cdot m_0) \approx 9,27 \cdot 10^{-24}}$ **J/T**.

După cum am spus, momentul magnetic măsurat (adică efectiv) al electronului este puțin mai mare decât acest moment magnetic teoretic (μ_B), și asta din cauza faptului că o parte (mică) din energia totală (de repaus) a electronului se găsește în câmpul din jurul miezului (format din CE, CG și CEM); acest lucru face ca energia alocată miezului – care dă momentul magnetic – să fie mai mică, iar aceasta la rândul ei conduce la un moment magnetic (puțin) mai mare decât valoarea teoretică calculată pentru toată energia electronului = μ_B [dacă E_0 scade, scade și m_0, deci crește $\mu = (e \cdot \hbar)/(2 \cdot m_0)$].

$\underline{\text{În concluzie}}$, un electron aflat în repaus (într-un SRP) are următorii parametri: $\underline{\text{energia de repaus}}$ **$E_0 \approx 0,82 \cdot 10^{-13}$ J**; $\underline{\text{diametrul}}$ **D $\approx 0,77 \cdot 10^{-12}$ m**, $\underline{\text{grosimea}} \approx 10^{-20}$ **m**; $\underline{\text{frecvenţa}}$ **$\upsilon \approx 1,24 \cdot 10^{20}$ Hz**; $\underline{\text{masa de}}$ $\underline{\text{repaus}}$ (inerţială Mi şi gravitaţională Mg) **$m_0 \approx 9,1 \cdot 10^{-31}$ Kg**; $\underline{\text{sarcina electrică}}$ **Q = e $\approx 1,6 \cdot 10^{-19}$ C**; $\underline{\text{momentul magnetic}}$ **$\mu \approx \mu_B \approx 9,27 \cdot 10^{-24}$ J/T**. Electronul în repaus într-un SRP poate fi luat ca etalon pentru următoarele mărimi fizice: energie (E) = energia de repaus E_0, spaţiu (S) = diametrul D, timp (T) = perioada de rotaţie a fotonului rotitor, masa (Mi şi Mg) = E_0/c^2, sarcina electrică (Q) = e, momentul magnetic (μ) = μ_B.

Electronul poate fi folosit chiar ca "riglă" pentru măsurarea lungimilor sau "ceasornic" în cadrul unui Sistem de Referinţă (cel puţin teoretic) – în fiecare punct din spaţiu putem amplasa câte un electron care să măsoare timpul local (vezi 2.1.1). În mod simbolic, putem spune că electronul în repaus este "Metrologul-Şef al Universului Fizic" sau "Şeful laboratorului de metrologie universală".

Electronul cu energia mai mare decât energia de repaus (electronul în mişcare) – **(R1T)R1T** Electronul în mişcare constă dintr-un foton (R1T) care se mişcă pe o elicoidă R1T. Dacă un electron aflat în repaus primeşte o energie oricât de mică în plus faţă de energia de repaus, fotonul care era iniţial rotitor pe o traiectorie circulară va avea o lungime de undă mai mică, iar traiectoria acestui foton nu se va mai putea "închide", deoarece lungimea cercului care corespundea electronului în repaus va fi mai mare decât noua lungime de undă; în plus, fotonul cu noua energie E (mai mare) nici nu se va putea auto-echilibra pe o nouă traiectorie circulară de diametru mai mic. Ca urmare, noul foton va avea o traiectorie elicoidală (R1T)R1T: primul (R1T) reprezintă fotonul polarizat circular, iar al doilea R1T este traiectoria acestui foton.

$\underline{\text{Parametrii elicoidei pe care se mişcă fotonul}}$ (al doilea R1T) $\underline{\text{sunt}}$: a) $\underline{\text{diametrul secţiunii D}}$ = un cerc care are valoarea maximă egală cu diametrul electronului în repaus şi scade continuu pe măsură ce energia fotonului/electronului creşte; b) $\underline{\text{pasul elicoidei P}}$, care este iniţial zero când electronul este în repaus şi creşte continuu (până la o limită, apoi scade; detalii numerice în 2.3.1) odată cu creşterea energiei fotonului/electronului. Deci, pe măsură ce un electron primeşte din ce în ce mai multă energie, elicoida pe care se deplasează fotonul constitutiv al electronului (al doilea R1T) va avea un diametru din ce în ce mai mic şi un pas din ce în ce mai mare (până la o limită), adică va deveni din ce în ce mai întinsă ("lăbărţată").

O imagine sugestivă este aceea în care ai o bobină cu mai multe spire şi tragi de cele 2 capete, obţinând succesiv bobine din ce în ce mai subţiri (cu diametrul din ce în ce mai mic) şi din ce în ce mai lungi (cu pasul din ce în ce mai mare); la limită, când D = 0, bobina devine un fir rectiliniu (drept). Pe măsură ce energia fotonului creşte, creşte şi viteza sa aparentă de deplasare = viteza v de translaţie a electronului.

$\underline{\text{Aceasta este proprietatea de "inerţie" a electronului}}$ (şi în general a substanţei): pentru ca viteza v de deplasare (translaţie) a electronului să crească, este nevoie ca energia sa totală E (care este energia fotonului constituent) să crească, deoarece cu cât creşte energia, cu atât raportul v/c, care este egal cu P/λ, creşte (v = P/T, c = λ/T; T = perioada fotonului = timpul în care fotonul parcurge o spiră şi "electronul" o distanţă P; λ este lungimea de undă a fotonului = lungimea unei spire). Creşterea lui P/λ este evidentă când P creşte (până la o limită) şi λ scade (λ = h·c/E); când P scade, acest lucru nu mai e evident, dar rezultă din calcule – vezi 2.3.1. Măsura inerţiei este Masa inerţială Mi, a cărei valoare rezultă din formula Mi = E/c^2.

$\underline{\text{De ce nicio particulă de substanţă (cu inerţie şi Mi) nu poate depăşi, nici atinge viteza luminii în vid c}}$ Elicoida pe care se mişcă fotonul va avea diametrul D din ce în ce mai mic, dar niciodată nu va deveni o dreaptă perfectă (echivalentul firului întins din analogia cu bobina), deoarece D nu se anulează. Rezultă că viteza electronului (= viteza aparentă a fotonului) nu va putea niciodată atinge sau depăşi c, deoarece întotdeauna lungimea spirei pe care se mişcă fotonul (= λ) va fi strict mai mare decât lungimea pasului elicoidei (P): v/c = P/λ < 1. Viteza sa aparentă va tinde spre c, dar va fi totdeauna strict mai mică decât c.

$\underline{\text{Contracţia electronului în planul perpendicular pe direcţia mişcării}}$ Diametrul electronului în mişcare este diametrul D al elicoidei pe care se mişcă fotonul. Electronul în mişcare va avea un diametru mai mic decât în repaus, cu atât mai mic cu cât energia cinetică (surplusul de energie faţă de starea de repaus) şi deci viteza v va fi mai mare (vezi 2.3.1); apare astfel contracţia diametrului electronului. Spre deosebire de Teoria Restrânsă a Relativităţii (TRR), această contracţie a lungimii nu este aparentă, ci reală, şi în plus este în planul perpendicular pe direcţia mişcării, şi nu pe direcţia mişcării ca în TRR. De ce am spus că contracţia lungimilor (ca şi dilatarea timpului) din TRR sunt aparente? Deoarece se bazează pe folosirea Sistemelor de Referinţă Inerţiale (SRI) şi pe limitarea de tip "c" a luminii folosite la observare/măsurare (vezi 2.2.6), adică pe cele 2 tipuri de distorsiuni de care vorbeam la pagina 36.

<u>Comportarea ondulatorie a electronului</u> (dar şi a protonului, neutronului şi a particulelor compuse de substanţă) este acum uşor de explicat dacă am înţeles că electronul este în esenţă un foton cu traiectorii curbilinii, adică "lumină auto-îndoită/auto-curbată". Experimentul în care un singur electron pare că trece simultan prin 2 fante, inexplicabil în fizica actuală (2019), devine perfect inteligibil: electronul într-adevăr trece simultan prin cele 2 fante, deoarece se împarte în 2 fotoni, cei 2 fotoni trec fiecare prin câte o fantă, după care se re-unesc pentru a forma din nou electronul.

Electronul cu energia mai mică decât energia de repaus (orbitalii atomici, ionici şi moleculari) Se spune că electronii care formează orbitalii atomici, ionici sau moleculari au o energie mai mică decât energia de repaus a electronului, deoarece sunt "legaţi" în atomi, ioni sau molecule, adică au o energie "negativă". La o analiză mai aprofundată am fost frapat de următorul aspect: cum se poate ca un electron să aibă o energie "negativă" şi să rămână totuşi electron? "Vălul mi-a căzut de pe ochi" când am înţeles că <u>un electron cu energie "negativă" este de fapt un foton</u>: privind diagrama energetică a celor 8PF de la pagina 26, vedem că din punct de vedere energetic, imediat sub electron se află fotonii circulari. Rezultă că "electronii legaţi" din atomi, ioni şi molecule sunt de fapt fotoni, adică orbitalii atomici, ionici şi moleculari sunt (formaţi din) fotoni care se rotesc cu viteza luminii în vid c (în modul) pe traiectorii închise. De exemplu, în cazul orbitalilor de tip "s" (sferici), fotonii se rotesc pe suprafaţa unei sfere (R1R), în cazul orbitalilor de tip "p" fotonii se rotesc pe suprafaţa obţinută prin rotaţia unei curbe de forma cifrei opt (8R) şamd. În cazul orbitalilor moleculari, fotonii care constituie aceşti orbitali se rotesc în jurul a 2 sau mai multe nuclee atomice (în cazul orbitalilor atomici sau ionici fotonii se rotesc în jurul unui singur nucleu). Astfel, studiul atomilor, ionilor şi moleculelor se simplifică foarte mult, şi în plus se poate înţelege din punct de vedere vizual ce se întâmplă (la fel ca în cazul particulelor elementare).

Am înţeles acum cel puţin 3 lucruri care în fizica actuală sunt de neînţeles: a) ce înseamnă conceptul de "inerţie" a substanţei; b) legat de inerţie, de ce viteza substanţei nu poate depăşi viteza luminii în vid; c) comportarea ondulatorie a particulelor elementare de substanţă. Am obţinut şi **două rezultate complet noi**: d) contracţia electronilor în mişcare în planul perpendicular pe direcţia mişcării (şi nu pe direcţia mişcării ca în TRR); e) faptul că "electronii" care se rotesc în jurul nucleului (orbitalii atomici sau ionici) şi "electronii" care formează orbitalii moleculari în legătura covalentă sunt de fapt fotoni.

Modelele ondulatoriu şi corpuscular ale electronului Modelul ondulatoriu al electronului este "R1TR1" pentru electronul în repaus şi "(R1T)R1T" pentru electronul în mişcare, adică electronul este alcătuit dintr-un PME (numit PME constituent) care se deplasează pe traiectorii elicoidale închise de tip R1TR1 sau dublu elicoidale de tip (R1T)R1T. Un alt model ondulatoriu al electronului este cel în care înlocuim fotonul rotitor (primul R1T) printr-un PMf; vom obţine modelele (PMf)R1 şi (PMf)R1T.

Electronul poate fi modelat matematic şi printr-un **model corpuscular**, şi anume prin conceptul de **Punct Material de substanţă** (PMs), cu următorii parametri: <u>grosime zero</u> (grosimea este diametrul celui de-al doilea R1), <u>energie totală E</u> care variază în funcţie de viteza de deplasare v: $E = E_0 \cdot [1-(v^2/c^2)]^{-1/2}$, <u>masă gravitaţională Mg şi masă inerţială Mi</u>: $Mi = Mg = E/c^2$ şi <u>viteză v</u> în intervalul $[0, +\infty)$. Energia de mişcare (energia cinetică Ec) este diferenţa dintre energia totală şi energia de repaus: $Ec = Mc^2 - M_0c^2 \approx M_0v^2/2$. Electronul poate fi modelat şi ca un **Punct Material de electricitate** (Pmq), cu doi parametri: sarcina electrică Q şi momentul magnetic μ.

<u>Atât modelul ondulatoriu, cât şi cel corpuscular al electronului sunt modele aproximative</u>: cel ondulatoriu este mai precis, iar cel corpuscular este mai puţin precis. Modelul <u>real</u> al electronului este o soluţie exactă a LUN (vezi 2.1) şi poate fi imaginat prin înlocuirea – în modelul ondulatoriu R1TR1 sau (R1T)R1T – a modelului discontinuu al PME cu modelul continuu, exact (100% precis) al PME (vezi 2.2.1). Deoarece modelul exact al electronului este complicat, am recurs la un proces de simplificare în 2 etape, preţul simplificării fiind scăderea preciziei: în prima etapă înlocuim modelul continuu al PME cu modelul discontinuu şi obţinem modelul ondulatoriu R1TR1/(R1T)R1T sau (PMf)R1/(PMf)R1T, iar în etapa a 2-a înlocuim PME/PMf şi obţinem modelul corpuscular în cele 2 variante – PMs şi PMq. Modelele ondulatoriu şi corpuscular nu sunt reale deoarece conţin fiecare câte 2 variante de Punct Material (PM): PME/PMf în primul caz şi PMs/PMq în al doilea caz. PM este echivalentul Punctului geometric (Pgm) şi implică prezenţa unei discontinuităţi (singularităţi), ceea ce ar conduce la apariţia Infinitului, iar Infinitul nu este prezent în Realitatea Obiectivă (RO), ci doar în Realitatea Subiectivă (RS).

Protonul (p^+ = PF8)

Protonul cu energia egală cu energia de repaus (protonul în repaus) Am spus că protonul este format dintr-un miez (sâmbure) şi un câmp. Câmpul este practic identic cu câmpul tare (CT). <u>Pentru a afla componenţa CT vom pune 3 condiţii</u> – de energie (E), sarcină electrică (Q) şi moment magnetic (μ), adică: E(miez) = E total – E(CT); Q(CT) = Q total – Q(miez) = 0; μ(miez) = μ total – μ(CT) = μ total deoarece am spus că CT nu are moment magnetic (vezi pagina 36). Varianta care satisface toate aceste condiţii este cea în care CT este format din 3 pioni neutri π^0 şi 2 pioni cu sarcină electrică – 1 pion π^+ şi 1 pion π^-.

<u>Energia CT este energia celor 5 pioni</u>, adică E(CT) $\approx 3{\cdot}264{,}2 + 2{\cdot}273{,}2 = 1339$ (unitatea de măsură este energia de repaus a electronului). Energia miezului este deci **E(miez)** = E total – E(CT) $\approx 1836 - 1339 =$ **497**. Vom considera pentru început că miezul este circular, apoi vom face o corecţie. Dacă miezul este circular şi are energia de 497, calculele vor fi similare cu cele din cazul electronului. Vom avea deci $E_0 = 497$, **D** $= \lambda/\pi = $ h${\cdot}$c$/(\pi{\cdot}E_0) \approx (1/497){\cdot}D(e^-) \approx$ **$1{,}55 \cdot 10^{-15}$ m.** <u>Frecvenţa</u> $\upsilon = E_0/$h $\approx 497{\cdot}\upsilon(e^-) \approx$ **$6{,}16 \cdot 10^{22}$ Hz.**

<u>Momentul magnetic</u> **$\mu(p^+)$** = (e${\cdot}\hbar)/(2{\cdot}m_0) \approx (1/497) \cdot \mu(e^-) \approx (1836/497) \cdot \mu_N \approx$ **$3{,}69 \cdot \mu_N$**, unde μ_N este magnetonul nuclear şi este egal cu (1/1836) din magnetonul Bohr: $\mu_N = \mu_B/1836$. Dacă facem trecerea de la traiectoria circulară a fotonului rotitor la o traiectorie eliptică, momentul magnetic va scădea deoarece scade suprafaţa S din formula <u>$\mu = $ I ${\cdot}$ S</u>, şi asta pentru că circumferinţa este aceeaşi (este egală cu lungimea de undă λ a fotonului rotitor care formează miezul protonului) pentru cerc şi elipsă, dar suprafaţa elipsei este mai mică deoarece pentru o lungime constantă a unei curbe închise cea mai mare suprafaţă este în cazul cercului. Rezultă că prin trecerea de la cerc la elipsă, momentul magnetic al protonului (egal cu momentul magnetic al miezului) va scădea de la $\approx 3{,}69 \cdot \mu_N$ la $\approx$ **$2{,}79 \cdot \mu_N$** – cât este momentul magnetic efectiv (măsurat) al protonului. De aici rezultă parametrii elipsei miezului protonului (lungimea celor 2 axe); elipsa miezului va avea axa mare mai mare de $1{,}55 \cdot 10^{-15}$ m şi axa mică mai mică de $1{,}55 \cdot 10^{-15}$ m.

Protonul cu energia mai mare decât energia de repaus (protonul în mişcare) Este o situaţie similară cu cea din cazul e^-, doar că aici vom avea miezul + cei 5 pioni. Deoarece cei 5 pioni au şi masă inerţială, şi masă gravitaţională, energia de mişcare (cinetică) se va împărţi proporţional între miez şi cei 5 pioni.

Protonul cu energia mai mică decât energia de repaus (protonul în nucleul atomic) Protonul "legat" în nucleul atomic va avea o energie totală mai mică decât energia de repaus, diferenţa regăsindu-se în aşa-numitul "defect de masă" (ΔM). Defectul de masă al nucleului se împarte la fiecare nucleon, aşa că fiecare nucleon (proton sau neutron) va avea un defect de masă. În cazul protonului, dar şi al neutronului, defectul de masă se regăseşte în totalitate la nivelul miezului format din fotonul rotitor, deoarece cei 5 pioni nu pot avea energii mai mici decât energia de repaus. La nivelul miezului, fotonul rotitor va avea o energie mai mică cu valoarea corespunzând defectului de masă ($\Delta E = \Delta M{\cdot}c^2$), care se va reflecta într-un diametru D al miezului mai mare, o frecvenţă υ mai mică şi un moment magnetic μ mai mare.

Neutronul (n^0 = PF7)

Neutronul nu este stabil decât în nucleele atomice (şi nici aici în toate nucleele atomice), din cauza structurii interne a miezului = 2 fotoni rotitori pe 2 traiectorii eliptice concentrice: într-un nucleu atomic, întregul miez al n^0 (sau doar fotonul care se roteşte pe traiectoria de rază mai mică) este "prins" ca într-o menghină de nucleonii învecinaţi asigurând astfel stabilitatea n^0, în timp ce un neutron izolat este instabil deoarece ansamblul format din cei 2 fotoni rotitori constitutivi nu se poate "echilibra" de unul singur.

Neutronul cu energia egală cu energia de repaus (neutronul în repaus) Similar cu cazul protonului, neutronul este compus dintr-un miez şi un câmp, iar câmpul este practic identic cu câmpul tare (CT). Deoarece neutronul şi protonul se comportă identic din punct de vedere al interacţiunii tari (IT), putem presupune că CT al n^0 are aceeaşi componenţă ca CT al p^+, adică CT = 3 pioni π^0 + 1 pion π^+ + 1 pion π^-.

<u>Energia miezului</u> (energia totală a celor 2 fotoni rotitori) $\approx 1839 - 1339 =$ **500**. Această energie se împarte între cei 2 fotoni rotitori: <u>E1 + E2 = 500 $\cdot E_0$</u>, unde E_0 este energia de repaus a electronului, E1 este energia fotonului rotitor cu raza mai mică (care generează sarcina electrică pozitivă) şi E2 este energia fotonului rotitor cu raza mai mare (care generează sarcina electrică negativă).

<u>Vom calcula acum nişte valori aproximative pentru E1 şi E2</u>, ţinând cont că momentul magnetic total al neutronului este $\approx -1{,}91{\cdot}\mu_N$. E1>E2, deoarece diametrul lui E1 este mai mic. Fiecare foton rotitor generează un moment magnetic egal cu (e${\cdot}\hbar)/(2{\cdot}m_0) = $ (e${\cdot}$c$^2{\cdot}\hbar)/(2{\cdot}$E), unde E este E1 sau E2. Vorbind în valori absolute,

41

avem $\mu(E2) - \mu(E1) = 1{,}91{\cdot}\mu_N$, adică $(e{\cdot}c^2{\cdot}\hbar)/(2){\cdot}[(1/E2) - (1/E1)] = 1{,}91{\cdot}\mu_N$. Dar $\mu_N = \mu_B/1836 = (1/1836){\cdot}(e{\cdot}c^2{\cdot}\hbar)/(2{\cdot}E_0)$, unde E_0 este energia de repaus a electronului. Înlocuind, vom avea **(1/E2) − (1/E1) = 1,91/(1836·E₀)**. Vom face acum o corecție aproximativă pentru μ(neutron), ținând cont că noi am considerat că miezul are formă circulară, și vom înmulți 1,91 cu raportul din cazul protonului 3,69/2,79: $1{,}91{\cdot}(3{,}69/2{,}79) \approx 2{,}53$. Înlocuind 1,91 cu 2,53 și înmulțind ecuația cu E_0, vom obține $(1/k2) - (1/k1) = 2{,}53/1836$, unde $k1 = E1/E_0$ și $k2 = E1/E_0$. Vom avea deci un sistem de 2 ecuații cu 2 necunoscute: $k1 + k2 = 500$ și $(1/k2) - (1/k1) = 1{,}37{\cdot}10^{-3}$. Înlocuim pe $k2 = 500 - k1$ în a 2-a ecuație și obținem o ecuație de gradul 2 cu k1.

Făcând calculele, rezultă <u>k1 $\approx$ 291,6</u> și <u>k2 $\approx$ 208,4</u>, adică **E1 $\approx$ 291,6** și **E2 $\approx$ 208,4** având ca unitate de măsură energia de repaus a electronului. <u>Gabaritul miezului</u> va fi dat de fotonul rotitor cu energia mai mică, adică de E2 $\approx$ 208,4: **D(miez neutron)** $\approx$ h·c/(π·E2) $\approx$ (1/208,4)·D(e$^-$) **$\approx$ 3,69 · 10^{-15} m,** adică neutronul este puțin (de 2 ori și ceva) mai mare decât protonul care are $D \approx 1{,}55 \cdot 10^{-15}$ m.

Neutronul cu energia mai mare decât energia de repaus (neutronul în mișcare) Similar cu cazul p$^+$, energia de mișcare (cinetică) se va împărți între miezul format din cei 2 fotoni rotitori și cei 5 pioni.

Neutronul cu energia mai mică decât energia de repaus (neutronul în nucleul atomic) Neutronul "legat" în nucleul atomic va avea o energie totală mai mică decât energia de repaus, diferența regăsindu-se în defectul de masă (ΔM). Defectul de masă se regăsește în totalitate la nivelul miezului format din cei 2 fotoni rotitori, deoarece cei 5 pioni nu pot avea energii mai mici decât energia de repaus. În cazul miezului, cei 2 fotoni rotitori vor avea o energie totală mai mică cu valoarea corespunzând defectului de masă ($\Delta E = \Delta M{\cdot}c^2$), iar acest lucru se va reflecta într-un diametru D al miezului și un moment magnetic μ diferite (posibil mai mari) față de cazul "standard" al neutronului cu energia egală cu energia de repaus.

<u>**Avem 4 scări** (niveluri) **spațiale pentru cele 8PF:**</u> <u>prima</u> și cea mai mică este diametrul gravitonilor; cel mai mare graviton are la limită diametrul PME care alcătuiește neutrinul electronic v_e și se calculează prin formula g·E (E este energia PME și $g \approx 10^{-44}$ m/J). E_0 (v_e) $\approx 10^{-33}$ J, deci D(PME) $\approx$ **10^{-77} m**. Acest PME care constituie v_e are un diametru de $\approx 10^{-77}$ m și se rotește pe o traiectorie circulară cu diametrul de $\approx$ **10^{-20} m**, acesta fiind $\approx$ diametrul elicoidei pe care se mișcă PME care formează fotonii (grosimea unui foton) și diametrul pionilor și kaonilor, adică <u>a 2-a scară spațială</u>. <u>A 3-a scară spațială</u> este dimensiunea protonului și neutronului ($\approx$ **10^{-15} m**), iar <u>a 4-a scară spațială</u> este dimensiunea electronului ($\approx$ **10^{-12} m**).

2.2.8 – Particule elementare nefundamentale

Particulele elementare nefundamentale <u>sunt particulele elementare care nu au niciun rol în Realitatea Obiectivă</u> (RO = Natura), adică simple soluții ale ecuației LUN (vezi 2.1). Din punctul meu de vedere, singurele particule elementare fundamentale, adică singurele particule elementare cu rol în Natură, sunt cele 8 particule din 2.2.3 (prezentate detaliat în 2.2.4÷2.2.7), adică cele 8PF. Rezultă implicit că orice altă particulă elementară în afară de cele 8 este nefundamentală, adică nu are niciun rol în Natură. Sunt incluse aici, în mod surprinzător poate pentru mulți, cuarcii, bosonul Higgs (așa-zisa "particulă a lui Dumnezeu"), ca și orice altă particulă elementară care nu se regăsește în cele 8PF.

Cel mai puternic argument în favoarea afirmațiilor de mai sus este faptul că se pot explica toate caracteristicile materiei doar cu ajutorul celor 8PF (după cum am văzut în 2.2 și vom vedea și în 2.3). De exemplu, am putut explica structura protonului și a neutronului fără a apela la cuarci, și inerția (vezi paragraful despre electron; detalii numerice în 2.3.1) fără a apela la bosonul Higgs – pentru a explica noțiunea de "inerție" (a cărei măsură e masa inerțială) nu e nevoie de bosonul Higgs și de complicata teorie aferentă.

Un alt argument este argumentul energetic în cazul particulelor elementare despre care se spune că intră în componența substanței sau a câmpului, dar au energii prea mari, care depășesc energia totală a particulelor din care se presupune că fac parte; de exemplu bosonii W și Z, despre care se spune că transmit Interacțiunea Slabă (IS), au niște energii care depășesc cu mult energia protonului/neutronului care participă la IS.

Sunt 2 cauze care au condus la ideea greșită că niște particule elementare pot intra în componența unor particule cu energia mai mică decât a lor: prima este ceea ce am spus în 2.0, și anume asocierea greșită a energiei cu mișcarea, iar a doua este o interpretare greșită a RNH (Relației de Nedeterminare a lui Heisenberg – vezi 2.2.6) $\Delta E{\cdot}\Delta t \geq h$. Multe dintre particulele elementare nefundamentale au energia de repaus mai mare decât cea a neutronului (care este PF cu cea mai mare energie), deci nu pot face parte din niște particule care au energia totală mai mică decât a lor.

Alăturat prezint un tabel cu energia de repaus, forma și timpul de viață al câtorva particule elementare nefundamentale cu energia de repaus mai mică decât cea a neutronului (valorile pentru energia de repaus și timpul de viață al particulelor instabile sunt aproximative, iar energia de repaus este raportată la energia de repaus a electronului).

	ν_μ	γ_e	μ^-	η^0
Energia de repaus E_0	$>10^{-20}$	$(E_0(\nu_\mu), 207)$	207	1072
Forma	R2	R2T	R2TR1	8
Timp de viață în secunde	∞	∞	$2,2 \cdot 10^{-6}$	$5 \cdot 10^{-19}$

Iată și diagrama energetică a particulelor din tabel, suprapusă peste diagrama energetică a celor 8PF:

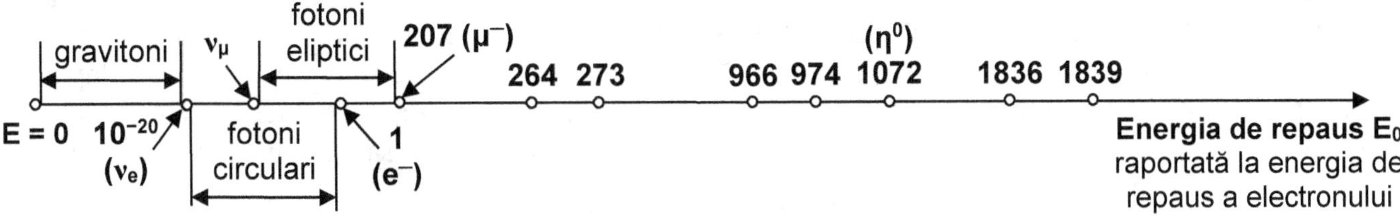

Neutrinul miuonic (ν_μ) este de tip R2 (PME rotitor pe o elipsă), este stabil și are energia de repaus mai mare decât cea a neutrinului electronic (ν_e), dar mai mică decât cea a electronului (e^-).

Miuonul (μ^-) este asemănător cu electronul (e^-) : e^- = R1TR1, iar μ^- = R2TR1, adică electronul constă dintr-un foton <u>circular</u> care se rotește pe un cerc, iar miuonul constă dintr-un foton <u>eliptic</u> care se rotește pe un cerc. Din acest motiv și pentru că are o masă de repaus de aproximativ 207 ori mai mare decât cea a electronului, miuonul este considerat "un electron (mai) greu". El este instabil din cauza asimetriei interne determinată de faptul că fotonul constitutiv este eliptic (R2T), în timp ce electronul este stabil datorită simetriei interne determinată de faptul că fotonul constitutiv este circular (R1T). Ca regulă generală, cu cât o particulă elementară are o simetrie internă mai mare, cu atât este mai stabilă, și invers.

Fotonii eliptici (γ_e) sunt de tip R2T, sunt stabili, iar energia lor variază continuu între energia de repaus a neutrinului miuonic și cea a miuonului. Frecvența lor ajunge până la valoarea care corespunde miuonului, adică $\approx 10^{22}$ Hz (cele mai dure radiații gamma sunt formate deci din fotoni eliptici). Se observă similitudinea dintre neutrino electronic (R1) – fotoni circulari (R1T) – electron (R1TR1) și neutrino miuonic (R2) – fotoni eliptici (R2T) – miuon (R2TR1). Avem aici primii 4 leptoni din <u>Modelul Standard al Particulelor Fundamentale (MSPF)</u>, grupați în 2 perechi: (ν_e, e^-) și (ν_μ, μ^-). La acestea se adaugă și a 3-a pereche: neutrinul tauonic (R2) și tauonul (R2TR1) – (ν_τ, τ^-). Dintre cei 6 leptoni presupuși a fi fundamentali de către MSPF, doar primii 2, adică perechea (ν_e, e^-), sunt cu adevărat fundamentali, adică au un rol în Natură. Există o suprapunere din punct de vedere al energiei între fotonii eliptici și fotonii circulari, și anume în intervalul dintre $E_0(\nu_\mu)$ și $E_0(e^-)$ = 1; pentru o valoare oarecare din acest interval, există (cel puțin) 2 soluții ale ecuației LUN: un foton circular și unul (sau doi) fotoni eliptici. Acesta este intervalul energetic în care au loc așa-zisele "oscilații ale neutrinilor", adică transformarea neutrinului electronic în neutrin miuonic și invers. După cum am spus și în 2.2.3, este vorba de fapt despre "oscilații" ale fotonilor, adică transformarea unui foton circular R1T într-un foton eliptic R2T de aceeași energie și invers, deoarece neutrinii nu pot exista decât în repaus – un neutrino în mișcare devine un foton.

Mezonul η^0 este de tip 8 (similar cu π^0 – vezi pagina 26) și trăiește extrem de puțin.

Alte particule elementare <u>nefundamentale</u> în afară de cele din tabel **sunt** (unele din ele fac parte din MSPF, dar din punctul meu de vedere nu au niciun rol în Natură, adică nu sunt fundamentale): <u>2 leptoni</u> (ν_τ, τ^-), <u>cuarcii</u>, <u>gluonii</u>, <u>bosonii Z^0 și $W^\pm$</u>, <u>bosonul Higgs</u>, <u>hiperonii</u> (particulele elementare care au energia de repaus mai mare decât a neutronului; sunt de regulă de tip nR2TR, unde n $\geq$ 1 este numărul fotonilor eliptici R2T rotitori) etc. Doar pentru că a fost descoperită experimental, iar proprietățile ei se încadrează în (corespund cu) MSPF, nu înseamnă că o particulă elementară este și fundamentală (adică are rol în Natură), și asta pentru că MSPF este greșit din punctul meu de vedere.

MSPF nu este nici clar, nici precis, nici simplu, adică nu îndeplinește 3 din cele 4 caracteristici ale unui Model simbolic de calitate (CPRS = Claritate, Precizie, Relevanță, Simplitate). MSPF are multe deficiențe, unele dintre ele fiind grave. Printre deficiențele MSPF recunoscute la nivel oficial sunt faptul că nu include gravitonii, energia întunecată și materia întunecată. Alte critici – pe care i le aduc eu – sunt următoarele: cel mai grav este faptul că dintre toate particulele din MSPF, doar 3 sunt cu adevărat fundamentale (fotonii, neutrinul electronic și electronul).

Apoi, din punct de vedere matematic, MSPF este foarte complicat (recunosc că n-am reușit să-l înțeleg), iar din punct de vedere fizic este formal (superficial), adică nu intră în adâncime pentru a explica ce sunt toate acele particule elementare (componența, structura internă etc.), ce înseamnă "inerția" și "greutatea", ce este "masa" și diferența calitativă dintre masa inerțială și masa gravitațională, ce înseamnă "electricitatea", "sarcina electrică" și "sarcina magnetică" etc. (de fapt, toate modelele matematice ale Universului Fizic UF din tabelul din 2.0 de la pagina 17 – mai puțin ultimele două, care sunt propuse în prezenta lucrare – sunt mai mult sau mai puțin formale, deoarece se pune accentul pe partea cantitativă, "practică", și nu pe partea calitativă de explicare a conceptelor folosite). De exemplu, dacă spui că protonul și neutronul (nucleonii) sunt alcătuiți din cuarci, n-ai rezolvat nimic la nivel fundamental, deoarece n-ai făcut decât să deplasezi problema la un alt nivel: apar acum întrebări despre cuarci – din ce sunt făcuți, ce structură au etc.; ai înlocuit deci niște probleme (ce sunt nucleonii) cu alte probleme (ce sunt cuarcii) (ca să nu mai spun și că nucleonii <u>nu</u> sunt alcătuiți din cuarci, adică teoria este complet greșită).

În plus, după ce că nu explică aceste concepte de bază din Fizică (alături de altele) – ceea ce o teorie fundamentală ar trebui să facă – introduce concepte suplimentare, pe care de asemenea nu le explică satisfăcător, cum ar fi de exemplu "culorile" cuarcilor. Din punctul meu de vedere, un model matematic fundamental al UF ar trebui să simplifice lucrurile și nu să le complice; un model este cu atât mai bun cu cât se bazează pe mai puține concepte și are mai puțini parametri, și în plus trebuie să fie cât mai logic și ușor de înțeles. MSPF se bazează pe foarte multe particule (17/61) și concepte – pe care nu le explică satisfăcător – și are și mulți parametri (am înțeles că vreo 25) a căror valoare nu rezultă din teorie.

Prin comparație, modelul teoretic propus în prezenta lucrare (vezi 2.1) este <u>perfect logic</u> și are la bază <u>3 mărimi fizice fundamentale</u> (energie E, spațiu S și timp T), <u>2 constante</u> independente (g și c) și <u>o ecuație cvadridimensională cu derivate parțiale de ordinul 2</u> (LUN), ecuație a cărei formă matematică este de mult timp cunoscută în Fizică (vezi teoria potențialelor din Modelul Maxwell-Lorentz al electrodinamicii).

2.3 – Înțelegerea conceptelor de "lumină" (f), "electricitate" (q), "substanță" (s) și "Interacțiune la Distanță" (ID). Deducerea principalelor Modele Matematice ale Universului Fizic (UF) din LUN și TPE. Un model vizual al UF

2.3.1 – Înțelegerea conceptelor de "lumină" (f), "electricitate" (q), "substanță" (s) și "Interacțiune la Distanță" (ID)

Pentru a deduce din LUN și TPE modelele matematice prezentate în 2.0, este necesar ca în prealabil să fie explicate conceptele de lumină (f), electricitate (q), substanță (s) și interacțiune la distanță (ID), concepte care sunt folosite în aceste modele fără a fi explicate din punct de vedere calitativ, ele fiind abordate doar din punct de vedere cantitativ, "practic". Pe pagina următoare am desenat o diagramă explicativă pentru s, q, f și 3 din cele 5 ID, și anume ID pentru care câmpurile corespunzătoare pot fi modelate prin funcții continue: Interacțiunea energetică (IE), Interacțiunea gravitațională (IG) și Interacțiunea electromagnetică (IEM).

E este 100% continuă, în timp ce PME este discontinuu (vezi 2.2). Similar, f, q și s sunt continue, în timp ce PMf, PMq și PMs sunt variantele discontinue pentru fiecare din cele 3 concepte. Toate conceptele continue au fost încadrate în cercuri, iar conceptele discontinue (PM) au fost încadrate în dreptunghiuri. Cele 3 ID au fost încadrate în romburi, iar conceptele de sarcină electrică (SEl), sarcină magnetică (SM), inerție și sarcină gravitațională (SG) sunt în dreptunghiuri având dedesubt mărimile fizice corespunzătoare (SEl se măsoară printr-o mărime fizică cu același nume ca și conceptul).

E = energie, **f** = lumină, **q** = electricitate, **s** = substanță;
PM = Punct Material, **PME** = PM de energie/energetic, **PMf** = PM de lumină, **PMq** = PM de electricitate, **PMs** = PM de substanță;
EFF = energie fără formă; **g, γ_c, π, K, e^-, p^+, n^0** sunt 7 din cele 8PF;
CE = câmpul energetic, **CG** = câmpul gravitațional, **CEM** = câmpul electromagnetic;
SG = sarcina gravitațională, **SEl** = sarcina electrică (conceptul), **SM** = sarcina magnetică; **Mg** = masa gravitațională, **Mi** = masa inerțială, **Q** = sarcina electrică (mărimea fizică), **μ** = momentul magnetic;
IE = Interacțiunea energetică, **IG** = Interacțiunea gravitațională, **IEM** = Interacțiunea electromagnetică

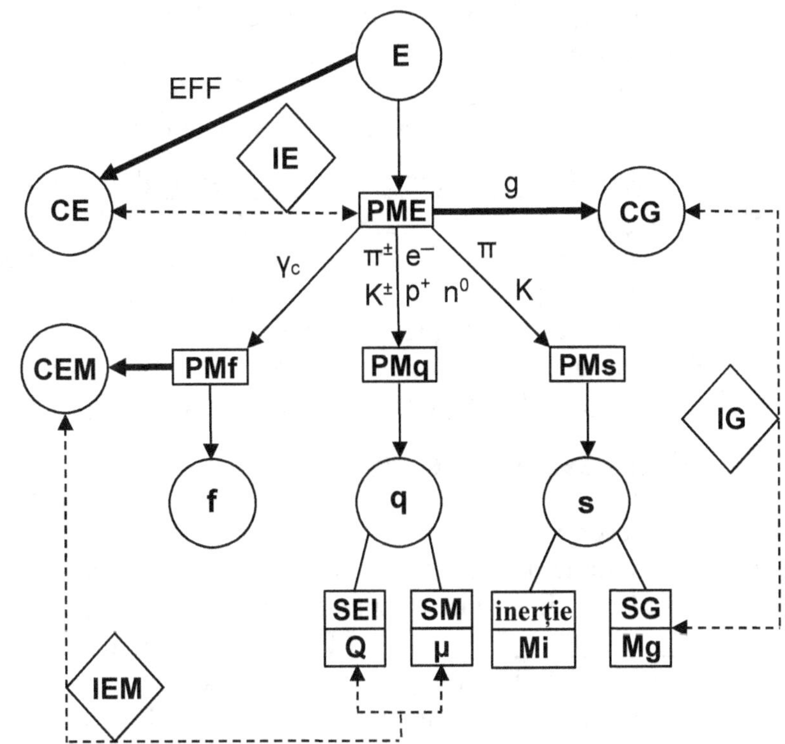

Interacțiunea dintre sarcină și câmpul corespunzător a fost simbolizată prin linie întreruptă, iar obținerea câmpurilor din E, PME și PMf prin linie îngroșată. Se observă că toate conceptele au ca rădăcină unică energia E (alături de spațiul S și timpul T care se consideră implicite).

Logica diagramei Mai întâi obținem modelul matematic al PME din energia E (vezi 2.2.1). PME este purtător al sarcinii energetice (SE), măsurată prin energia PME, iar câmpul energetic (CE) este câmpul "generat" de PME și este format din energie fără formă (EFF). Din PME se obțin apoi toate cele 8PF (vezi 2.2.3). Din punct de vedere energetic, avem mai întâi gravitonii (g), care au o plajă continuă de variație a energiei; această variație continuă a energiei permite modelarea continuă a câmpului gravitațional (CG), care se obține prin "conversie numeric-analogică" (CNA) din gravitoni. Urmează fotonii circulari (γ_c), care au și ei o plajă continuă de variație a energiei, și care la fel ca în cazul gravitonilor permite modelarea continuă a câmpului electromagnetic (CEM) pe de o parte, și a "luminii" (f) pe de altă parte. Dacă ne aducem aminte de cele 4 roluri pe care le pot juca fotonii circulari (vezi 2.2.6, pagina 33), cele 2 concepte corespund la 2 din cele 4 roluri: CEM corespunde fotonilor de câmp, iar lumina (f) corespunde (oarecum, în sensul că în f se includ nu doar fotonii a căror frecvență corespunde luminii vizibile) fotonilor luminoși. Dacă cele 2 roluri corespund unor concepte continue, celelalte 2 roluri rămase corespund unor concepte discontinue, adică PMf: fotonii-neutrino sunt particule individuale, la fel ca și fotonii energetici care sunt "electronii" din orbitalii atomici, ionici și moleculari. Urmează apoi celelalte 5 PF (despre neutrinul electronic am spus că nu are niciun rol în Natură), adică pionii (π), kaonii (K), electronul (e^-), protonul (p^+) și neutronul (n^0).

Conceptul de PMq se obține din PF cu sarcină electromagnetică (SEM = SEl + SM), adică $\pi^\pm$, $K^\pm$, e^-, p^+ și n^0, iar conceptul de PMs din PF care au sarcină gravitațională (SG) și inerție, adică π, K, e^-, p^+ și n^0.

SEM înseamnă generare de câmp electromagnetic (CEM) (adică emisie de fotoni) și are un dublu aspect (pentru q): sarcina electrică (SEl), măsurată prin mărimea fizică cu același nume (Q), și sarcina magnetică (SM), măsurată prin mărimea fizică moment magnetic (μ).

SG înseamnă generare de câmp gravitațional (CG) (adică emisie de gravitoni) și se măsoară prin mărimea fizică masă gravitațională (Mg), iar inerția înseamnă creșterea vitezei odată cu creșterea energiei (vezi la pagina 48 paragraful despre inerție și masa inerțială) și se măsoară prin mărimea fizică masa inerțială (Mi).

Conceptele de electricitate (q) și substanță (s) se obțin prin CNA din PMq, respectiv PMs. Pe scurt, s = SG + inerție și q = s cu SEM. Observație: fotonii au SG și Mg, generează CG și interacționează prin IG, dar nu au inerție și deci nici masă inerțială Mi. Din acest motiv a fost necesară precizarea s = SG + inerție, deoarece fotonii nu sunt substanță (s).

Și în cazul spațiului (S) și timpului (T) există varianta continuă și cea discontinuă. <u>Variantele continue</u> sunt cele în care avem S = $\mathbb{R}^3$ și T = $\mathbb{R}$ sau submulțimi continue ale acestora, iar <u>variantele discontinue</u> (vd) sunt: **pentru S**, <u>punctul geometric</u> (Pgm) = vd 0(a)dimensională, <u>curba</u> = vd 1(uni)dimensională și <u>suprafața</u> = vd 2(bi)dimensională, iar **pentru T** <u>clipa/momentul</u> = vd 0(a)dimensională.

Mg, Mi, Q și μ pentru cele 8 particule fundamentale (8PF – vezi 2.2.3)

Mg și Mi: gravitonii nu au <u>nici Mg, nici Mi</u>, neutrinul electronic și fotonii <u>au Mg, dar nu au Mi</u>, în timp ce celelalte 5 PF (care formează substanța) <u>au și Mg, și Mi</u>, și în plus cele 2 mase au aceeași valoare (Mg = Mi = E/c^2). Se spune că "fotonii nu au masă de repaus"; din punctul meu de vedere, corect este să spui că fotonii nu au masă inerțială (Mi), deoarece nu au inerție. Fotonii au doar masă gravitațională (Mg).

Q și μ: gravitonii, neutrinul electronic, fotonii, pionii și kaonii neutri <u>nu au nici Q, nici μ</u>, pionii și kaonii încărcați electric <u>au Q, dar nu au μ</u>, neutronul <u>nu are Q, dar are μ</u>, iar electronul și protonul <u>au și Q, și μ</u>.

Câmpul energetic (CE), câmpul gravitațional (CG) și câmpul electromagnetic (CEM)

Dacă prin CNA abreviem expresia "conversie numeric-analogică", adică transformarea discontinuu → continuu, putem scrie: CE = EFF, CG = CNA(g), CEM = CNA (γ_c). CE, CG și CEM sunt câmpuri continue, dar devin discontinue dacă sunt considerate în anumite momente de timp și în anumite puncte, curbe sau suprafețe, adică dacă intervin conceptele spațio-temporale discontinue de punct geometric, curbă, suprafață și clipă. <u>CE este energie fără formă (EFF)</u> și se măsoară prin 2 mărimi/câmpuri vectoriale: E_E și H_E (vezi 2.1.2). <u>CG este format din gravitoni (g)</u> și se măsoară prin 2 mărimi/câmpuri vectoriale asemănătoare celor din CE: E_G (intensitatea câmpului gravito-electric) și H_G (intensitatea câmpului gravito-magnetic). <u>CEM este format din fotoni circulari</u> (γ_c = R1T), similar cu lumina (f), și este măsurat prin 4 mărimi/câmpuri vectoriale: (E, D, H, B). E și H măsoară câmpurile electric, respectiv magnetic în vid, în timp ce D și B măsoară câmpurile electric, respectiv magnetic în prezența substanței și sunt câmpurile totale care țin cont de contribuția substanței prin electrizare, respectiv magnetizare.

Sarcina energetică (SE), sarcina gravitațională (SG) și sarcina electromagnetică (SEM)

SE înseamnă generarea de CE și este "purtată" de 2 categorii de materie: PME = varianta discontinuă și Energia întunecată (Eînt) = varianta continuă. Doar PME este relevant ca purtător de SE, deoarece Eînt are ca unică "funcție" expansiunea UF, iar aceasta poate fi neglijată în majoritatea cazurilor de interes practic.

SG înseamnă generarea de CG (prin emisia de gravitoni, vezi 2.2.6) și are ca măsură Mg (masa gravitațională). Masa gravitațională este <u>calitativ</u> diferită de masa inerțială (Mi), chiar dacă <u>cantitativ</u> au aceeași valoare: Mg măsoară intensitatea emisiei de gravitoni, în timp ce Mi măsoară viteza imprimată (v) în relație cu surplusul de energie furnizat (energia cinetică Ec): Ec = $Mi·v^2/2$. În cazul SG nu avem "semn" al SG, deoarece gravitonii care formează CG nu au o rotație intrinsecă ca fotonii care formează CEM.

SEM înseamnă generarea de CEM (prin emisia de fotoni, care este un fenomen similar celui de emisie a gravitonilor în cazul SG): dacă fotonii au traiectorii deschise, avem <u>sarcină electrică</u> (SEl) – măsurată prin mărimea fizică cu același nume (Q), iar dacă fotonii au traiectorii închise avem <u>sarcină magnetică</u> (SM) – măsurată prin momentul magnetic (μ). În cazul sarcinii electrice, semnul sarcinii electrice este dat de sensul fotonilor emiși (vezi 2.2.7): sarcina pozitivă este cea care emite fotoni dreapta, iar sarcina negativă este cea care emite fotoni stânga. **SEM = SEl + SM.** În cazul SEl, are loc o pierdere constantă de energie prin emisia de fotoni de câmp, deoarece traiectoriile acestor fotoni sunt curbe deschise. În cazul SM, fotonii de câmp au traiectorii sub formă de curbe închise, deci SM nu pierd energie, deoarece toți fotonii de câmp emiși de SM se întorc la SM. Aceste observații sunt susținute de experiență, deoarece corpurile electrizate, adică SEl (de exemplu, o riglă de plastic frecată de păr), își pierd rapid starea de electrizare, în timp ce corpurile magnetice, adică SM, își păstrează magnetizarea chiar și mii de ani.

SE, SG și SEM pot fi modelate <u>discontinuu</u>, când iau forme de puncte, curbe sau suprafețe, <u>sau continuu</u>.

Despre "puterea de emisie" a SE, SG și SEM În cazul static, intensitatea câmpurilor energo-electric E_E, gravito-electric E_G și electric E sunt egale cu $(SE/SG/SEl/\varepsilon_0)·[1/(4·\pi·R^2)]$. Este ca o emisie, constantă în timp ca "putere" și egală cu $SE/SG/SEl/\varepsilon_0$, care se împrăștie uniform din punct de vedere spațial și a cărei intensitate la distanța R se obține prin împărțirea puterii de emisie la suprafața sferei de rază R. În cazul SE nu avem o emisie efectivă, dar în cazul SG și SEl avem emisii efective de gravitoni, respectiv fotoni.

Despre lumină (f), electricitate (q) și substanță (s)

Definiții pentru f, q, s Ținând cont de cele de mai sus, putem defini cele 3 concepte astfel: lumina (f) se obține prin conversie numeric-analogică (CNA) din PMf (R1T – vezi 2.2.6), substanța (s) este acel aspect al materiei care are sarcină gravitațională (SG) și inerție, iar electricitatea (q) este substanța (s) care are sarcină electromagnetică (SEM). <u>Simbolic</u>, putem scrie: **f = CNA (R1T), s = SG + inerție, q = s + SEM.**

Dacă notăm prin M() mărimea fizică care corespunde conceptului, vom avea: M(f) = υ (frecvența), M(q) = M(SEM) = M(SEl) + M(SM) = Q + μ, M(s) = M(SG) + M(inerție) = Mg + Mi. Dacă avem inerție, avem și SG, adică inerția implică prezența SG. Invers nu e adevărat, adică SG nu implică inerția (fotonii au SG, dar nu au inerție). În același timp, SEM este practic echivalentă cu q, deoarece SEM este "purtată" de q și (teoretic) de f, dar f care poartă SEM pot fi asimilați cu q (vezi cazul fotonilor energetici care formează orbitalii atomici, ionici și moleculari și care sunt asimilați cu "electroni" – detalii în 2.3.3). Astfel, putem scrie <u>s = inerție</u> și <u>q $\approx$ SEM</u>. Definiția s = SG + inerție are avantajul că evidențiază faptul că s are SG.

f, q, și s sunt diferite de E din punct de vedere al modului de obținere, și asta pentru că E este un concept fundamental, iar f, q și s sunt nefundamentale (secundare). În cazul E, varianta de bază este cea continuă (E), iar varianta discontinuă (PME) se obține din E prin "discretizare" = "conversie analog-numerică". În cazul f, q și s, variantele de bază sunt cele discontinue (PMf, PMq, PMs), iar variantele continue (f, q, s) se obțin din variantele discontinue prin "conversie numeric-analogică" (CNA). Totuși, din punct de vedere practic, situația se va inversa în cazul f, q și s, pentru a se uniformiza studiul, și anume se va considera, ca și în cazul E, că variantele de bază sunt cele continue, iar variantele discontinue se obțin prin discretizare din variantele continue, chiar dacă în realitate lucrurile stau invers.

Formal, putem scrie: <u>Punctul Material</u> (PM) = <u>Punctul</u> geometric (Pgm) + <u>Materia</u>, unde Materia, care este 100% continuă, are 4 aspecte: energia E, lumina f, electricitatea q și substanța s. PM este un concept care modelează discontinuu Materia, nu există în Realitate, dar este introdus pentru a simplifica studiul Materiei care este unicul ingredient al Universului Fizic (și al celorlalte 4 Universuri – vezi 2.4). PM are 4 variante: PME, PMf, PMq și PMs, fiecare variantă de PM fiind rezultatul formal al combinării PM cu câte o variantă continuă de Materie: PME = PM + E, PMf = PM + f, PMq = PM + q, PMs = PM + s.

Cele 5 Interacțiuni la Distanță (ID)

Există 4 ID acceptate de fizica actuală (2019): Interacțiunea gravitațională (IG), Interacțiunea electromagnetică (IEM), Interacțiunea tare (IT) și Interacțiunea slabă (IS). A 5-a ID, Interacțiunea energetică (IE), este propusă în prezenta lucrare. Câmpul IE, adică câmpul energetic (CE), este format din energie fără formă (EFF), în timp ce câmpul celorlalte 4 ID este format din energie cu formă, adică din particule (conform tabelelor de la pagina 26), numite particule elementare de câmp (PEC). Orice particulă (elementară sau compusă) creează în jurul său un câmp, format din EFF sau din PEC emise de particula care creează câmpul. Dacă 2 particule care creează un câmp de același tip se apropie suficient de mult una de cealaltă, cele 2 câmpuri se vor întrepătrunde și va apărea o ID între cele 2 particule. În cazul IE, interacțiunea apare de regulă între PME ca purtător de sarcină energetică (SE) și propriul său câmp (CE).

<u>Alăturat este o diagramă</u> care arată influența reciprocă dintre sarcină și câmp: sarcina generează câmpul, iar câmpul determină mișcarea sarcinii. Apare astfel o ID. Câmpul reprezentat aici este câmpul total, generat de toate sarcinile; doar în cazul IE este vorba de regulă doar de propriul câmp, adică PME (care este purtătorul de sarcină energetică SE) se mișcă în propriul câmp energetic (CE).

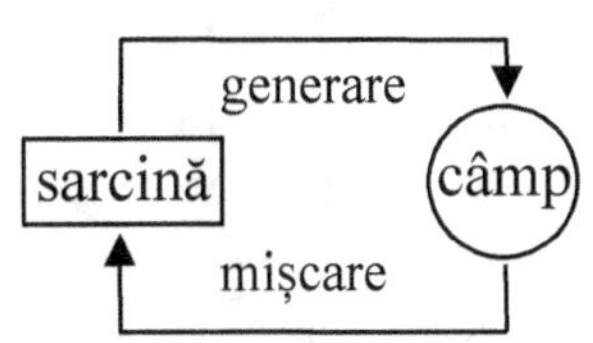

ID înseamnă deci sarcină + câmp: <u>IE = SE + CE</u>; <u>IG = SG + CG</u>; <u>IEM = SEM + CEM</u>. În cazul IT, sarcina tare (ST) este protonul sau neutronul: ST = p^+/ n^0, iar câmpul tare (CT) este format din 5 pioni (vezi 2.2.7): CT = $3\,\pi^0 + \pi^+ + \pi^-$. <u>În cazul IS</u>, sarcina slabă (SS) este protonul: SS = p^+, iar câmpul slab (CS) este format dintr-un kaon K^0: CS = K^0. Sunt valabile aceleași relații ca și în cazul IE, IG și IEM: <u>IT = ST + CT</u>; <u>IS = SS + CS</u>. Deoarece PEC din IT și IS, adică pionii și kaonii (K^0), nu au o variație continuă a energiei ca gravitonii și fotonii, ci au valori discrete ale energiei de repaus (vezi 2.2.3), câmpurile corespunzătoare (CT și CS) nu pot fi modelate continuu, deci nici IT și IS nu pot fi modelate continuu.

IE se exercită <u>fără transfer de energie</u>, cel puțin în cazul PME care este cazul "standard"; în cazul Eînt are loc probabil și transfer de energie, deoarece sub acțiunea Eînt prin IE, Universul Fizic se dilată accelerat.

IG și IEM se exercită <u>cu transfer de energie</u>, prin intermediul unor procese de <u>ciocniri plastice</u> între PEC (gravitoni și fotoni) și sarcini (SG și SEM). Există <u>2 tipuri de ciocniri plastice</u> în cazul IG și IEM: <u>emisia de PEC</u> (care este de fapt un proces invers ciocnirii) și <u>absorbția de PEC</u>. Emisia de gravitoni a fost explicată în 2.2.6 pentru fotoni, pioni și kaoni. Un proces asemănător are loc și în cazul emisiei de fotoni (de câmp) în cazul SEM. Absorbția de gravitoni și fotoni este procesul invers emisiei. Deoarece gravitonii și fotonii au viteza egală cu c (viteza luminii în vid), rezultă că IG și IEM se transmit/propagă cu viteza c.

IT și IS se exercită <u>fără transfer de energie</u>, prin intermediul unor <u>ciocniri elastice</u> între PEC (pioni și K^0) și sarcini (ST și SS). <u>IT se exercită între nucleoni</u> (protoni și neutroni) prin intermediul pionilor din CT și asigură coeziunea nucleului atomic. Pionii din CT se ciocnesc elastic cu nucleonii datorită formei pionilor (R1R și 8) și asigură forța de atracție dintre nucleoni. <u>IS are loc între un proton și un electron</u>, prin intermediul unui kaon neutru K^0. IS este de respingere deoarece kaonul K^0 se ciocnește elastic cu protonul și electronul datorită formei sale (8R), și contrabalansează atracția prin IEM dintre proton și electron.

IE, IG și IT sunt doar de atracție, <u>IEM este și de atracție și de respingere</u>, iar <u>IS este doar de respingere</u>.

IE este relevantă exclusiv în interiorul celor 8 particule fundamentale (8PF – vezi 2.2.3); singura influență relevantă a IE în exteriorul celor 8PF este expansiunea UF, dar aceasta poate fi neglijată de regulă. Acesta este probabil și motivul pentru care IE nu a fost descoperită până acum (IE este ultima din cele 5 ID care trebuie descoperită): IE este prea "fină" (deoarece acționează în interiorul celor 8PF) pentru a putea fi descoperită experimental; singura modalitate de descoperire a IE este cea teoretică, expusă în prezenta lucrare. <u>IG și IEM</u> asigură (împreună cu IE – vezi 2.2.7) coeziunea internă a electronului, protonului și neutronului, dar cele 2 ID <u>sunt relevante în principal în exteriorul celor 8PF</u> și au fost primele ID (din punct de vedere istoric) care au fost descoperite. <u>IT și IS sunt relevante exclusiv în exteriorul celor 8PF</u>, în interiorul nucleului atomic, și au fost descoperite (istoric) după IG și IEM.

Despre inerție și masa inerțială (Mi)

Substanța constă în esență din "lumină îndoită", adică din fotoni care se rotesc pe traiectorii curbilinii închise (circulară în cazul electronului, eliptică în cazul protonului și dublu eliptică în cazul neutronului). Este similar cu niște giroscoape aflate într-o mișcare de rotație extrem de rapidă: viteza liniară este egală cu viteza luminii în vid c, iar frecvența, în cazul electronului, este de $\approx 10^{20}$ Hz, adică 100 de miliarde de miliarde de rotații pe secundă. Din acest motiv, apare impresia de "static" și de "soliditate" a substanței.

<u>Voi alege pentru studiu un electron (e⁻)</u>, deoarece este cazul cel mai simplu de substanță. Dacă un e⁻ în repaus, care constă dintr-un foton rotitor pe un cerc cu diametrul $\approx 10^{-12}$ m, cu energia $\approx 10^{-13}$ J, primește un surplus de energie oricât de mic, fotonul component va avea o energie mai mare, deci o lungime de undă mai mică și o frecvență mai mare, iar traiectoria sa nu va mai fi un cerc, ci va deveni o elicoidă cu diametrul mai mic decât diametrul e⁻ în repaus și cu un anume pas. Cu cât energia totală a e⁻ = energia fotonului care se mișcă pe elicoidă este mai mare, cu atât crește viteza aparentă de deplasare a fotonului și deci a e⁻. Dacă notăm viteza de deplasare (translație) a e⁻ cu v, Einstein arată în Teoria Restrânsă a Relativității (TRR) că energia cinetică Ec = diferența dintre energia de mișcare și cea de repaus a e⁻ = $mc^2 - m_0c^2 = \Delta mc^2 \approx m_0 \cdot v^2/2$, adică formula binecunoscută Ec = $m_0 \cdot v^2/2$, unde m_0 este masa de repaus a e⁻. Energia e⁻, de mișcare sau de repaus, este energia fotonului constitutiv E = h·υ. Celebra relație a lui Einstein E = m·c², unde E este energia și m este masa inerțială, trebuie interpretată invers decât în mod obișnuit, și anume m = E/c², adică energia este mărimea fundamentală, iar masa inerțială este o mărime derivată a cărei definiție poate fi considerată chiar relația m = E/c². Am explicat astfel conceptul de inerție fără a recurge la bosonul Higgs și la complicata teorie aferentă. <u>Există și un alt model de inerție, în cazul pionilor (π) și kaonilor (K)</u>. Acesta este puțin mai greu de înțeles decât în cazul e⁻, dar în esență este la fel, atât din punct de vedere calitativ: pentru ca viteza de translație să crească, este nevoie ca energia să crească, cât și din punct de vedere cantitativ (numeric): este aceeași formulă E = Mi·c². Am ales e⁻ pentru studiu din motive didactice: principiul este același, dar este mai ușor de înțeles decât în cazul π și K.

<u>**Detalii numerice despre inerție și masa inerțială (Mi)**</u> Vom considera electronul (e⁻) ca o particulă modelată prin PMs (vezi 2.2.7). <u>e⁻ în repaus are parametrii</u>: E_0 (energia de repaus), λ_0 (lungimea de undă a fotonului rotitor), D_0 (diametrul e⁻), T_0 (perioada de rotație a fotonului rotitor = perioada de rotație intrinsecă a fotonului = perioada de rotație a PME constituent – vezi 2.2.7). <u>e⁻ în mișcare cu viteza de translație v are</u>

parametrii: E (energia de mișcare), λ (lungimea de undă a fotonului), D (diametrul e^- în mișcare = diametrul secțiunii elicoidei pe care se mișcă fotonul), T (perioada de rotație intrinsecă a fotonului), P (pasul elicoidei pe care se mișcă fotonul). <u>Avem relațiile:</u> $E_0 = h/T_0 = h \cdot c/\lambda_0$, $\lambda_0 = \pi \cdot D_0$, $E = h \cdot c/\lambda$. Deoarece $E_0 = m_0 \cdot c^2$, $E = m \cdot c^2$ și $m = m_0 \cdot [1-(v^2/c^2)]^{-1/2}$, unde m_0 este masa inerțială de repaus și m este masa inerțială de mișcare, vom avea și $E = E_0 \cdot [1-(v^2/c^2)]^{-1/2}$. De aici rezultă $\mathbf{v = c \cdot [1-(E_0^2/E^2)]^{1/2}}$, adică viteza v crește de la zero odată cu creșterea energiei E de la E_0 și tinde către c (viteza luminii în vid), fără a atinge însă c. <u>Această formulă (boldată) este expresia numerică, cantitativă a inerției.</u>

    <u>Există relațiile</u> $\lambda = c \cdot T$, $P = v \cdot T$, deci $P = \lambda \cdot v/c = (h \cdot c/E) \cdot (v/c) = h \cdot v/E$. Dacă înlocuim pe E, rezultă că $\mathbf{P} = (h \cdot v/E_0) \cdot [1-(v^2/c^2)]^{1/2} = \mathbf{T_0 \cdot v \cdot [1-(v^2/c^2)]^{1/2}}$. Avem și $\lambda = h \cdot c/E = (h \cdot c/E_0) \cdot [1-(v^2/c^2)]^{1/2} = \mathbf{\lambda_0 \cdot [1-(v^2/c^2)]^{1/2}}$.

    Să considerăm o spiră a elicoidei pe care se mișcă fotonul. Din considerente de stabilitate a traiectoriei, trebuie ca lungimea acestei spire să fie egală cu lungimea de undă λ a fotonului (similar cu cazul e^- în repaus când circumferința cercului pe care se rotește fotonul trebuie să fie egală cu lungimea de undă λ_0 a fotonului rotitor). Să considerăm acum un cilindru care are diametrul D și lungimea egală cu pasul P. Dacă îl secționăm pe generatoarea care conține capetele spirei și îl desfășurăm, obținem un triunghi dreptunghic care are ipotenuza egală cu lungimea spirei (care este egală cu λ conform observației de mai sus), o catetă egală cu pasul P și cealaltă catetă egală cu lungimea circumferinței cercului de diametru D, adică cu $\pi \cdot D$.

    Dacă aplicăm teorema lui Pitagora în acest triunghi dreptunghic, vom avea $\lambda^2 = P^2 + (\pi \cdot D)^2$. Dacă înlocuim $P = \lambda \cdot v/c$, obținem $\pi^2 \cdot D^2 = \lambda^2 \cdot (1-v^2/c^2)$, adică $D = (\lambda/\pi) \cdot [1-(v^2/c^2)]^{1/2}$. Dacă înlocuim pe λ, obținem $\mathbf{D} = (\lambda_0/\pi) \cdot [1-(v^2/c^2)] = \mathbf{D_0 \cdot [1-(v^2/c^2)]}$. <u>**În concluzie**, avem următoarele 3 formule pentru cei 3 parametri ai</u> e^- în mișcare λ, D și P: $\lambda = \lambda_0 \cdot [1-(v^2/c^2)]^{1/2}$; $D = D_0 \cdot [1-(v^2/c^2)]$; $P = T_0 \cdot v \cdot [1-(v^2/c^2)]^{1/2}$. La acestea se adaugă și <u>formula pentru energie</u> $E = E_0 \cdot [1-(v^2/c^2)]^{-1/2}$. Se observă că odată cu creșterea vitezei v, λ și D scad, iar E crește. O situație aparte avem în cazul pasului P, care este 0 (zero) pentru v = 0, apoi crește până la o valoare maximă, după care scade asimptotic spre zero. Aceasta rezultă din <u>studiul funcției P(v)</u> $= T_0 \cdot v \cdot [1-(v^2/c^2)]^{1/2}$. Maximul lui P se atinge pentru $v = c/\sqrt{2}$ ($\approx 0,7 \cdot c$), iar valoarea maximă a lui P este $P(c/\sqrt{2}) = c \cdot T_0/2 = \lambda_0/2$. Viteza v de translație a e^- variază deci în intervalul [0, c), adică $0 \leq v < c$.

    <u>Cei 4 parametri E, λ, D și P variază astfel în funcție de viteza v:</u> $E = E_0$ pentru v = 0, apoi crește asimptotic spre infinit cu creșterea lui v; $\lambda = \lambda_0$ pentru v = 0, apoi scade asimptotic spre zero; $D = D_0$ pentru v = 0, apoi scade asimptotic spre zero; P = 0 pentru v = 0, crește odată cu creșterea lui v până la $v = c/\sqrt{2}$, când atinge valoarea maximă de $\lambda_0/2$, după care scade asimptotic spre zero.

    <u>Pentru cazul când v << c</u> (v este mult mai mică decât c), <u>vom avea formulele aproximative:</u> $\lambda \approx \lambda_0$; $\mathbf{D \approx D_0}$; $\mathbf{P \approx T_0 \cdot v}$; $\mathbf{E \approx E_0 \cdot [1 + (1/2) \cdot v^2/c^2]}$, de unde rezultă formula binecunoscută a energiei cinetice (de mișcare) $\mathbf{E_c = E - E_0 \approx m_0 \cdot v^2/2}$. Deoarece $T_0 = 1/\upsilon_0$ și $\upsilon_0 \approx 1,24 \cdot 10^{20}$ Hz, rezultă $\mathbf{T_0 \approx 0,8 \cdot 10^{-20} s \approx 10^{-20} s}$.

    Comparație între D și P Să considerăm 3 viteze de translație v ale e^- astfel încât v << c: **v1 = 1 m/s** (3,6 km/h), **v2 = 10 m/s** (36 km/h) și **v3 = 100 m/s** (360 km/h). Pentru toate cele 3 viteze vom avea $\mathbf{D \approx D_0 \approx 10^{-12} m}$. Pasul P este $P \approx T_0 \cdot v$, adică $\mathbf{P1} \approx 10^{-20}$ s $\cdot 1$ m/s $= \mathbf{10^{-20} m}$, $\mathbf{P2} \approx 10^{-20}$ s $\cdot 10$ m/s $= \mathbf{10^{-19} m}$ și $\mathbf{P3} \approx 10^{-20}$ s $\cdot 100$ m/s $= \mathbf{10^{-18} m}$. Se observă că în toate cele 3 cazuri, pasul P al elicoidei pe care se deplasează fotonul este mult mai mic decât diametrul D al elicoidei: 10^{-20} m $< 10^{-19}$ m $< 10^{-18}$ m $<< 10^{-12}$ m.

    Este invers decât în cazul fotonilor circulari, în care diametrul elicoidei ($\approx 10^{-20}$ m) este mult mai mic decât pasul elicoidei = lungimea de undă a fotonului. <u>Sunt deci 2 tipuri de elicoide:</u> în cazul fotonului R1T avem diametrul elicoidei << pasul elicoidei, iar în cazul e^- (R1T)R1T avem diametrul elicoidei >> pasul elicoidei. Este practic invers și din punct de vedere cantitativ (numeric): în cazul fotonilor circulari putem considera că grosimea lor (= diametrul secțiunii elicoidei pe care se mișcă PME constituent, vezi 2.2.6) este $\approx 10^{-20}$ m, iar lungimea de undă λ (= lungimea unei spire $\approx$ pasul elicoidei datorită faptului că diametrul elicoidei << pasul elicoidei) este comparabilă cu $\lambda_0 = \pi \cdot D_0 \approx 2,42 \cdot 10^{-12}$ m.

    Pentru viteze v relativ mici (v $\approx$ 1m/s), avem deci diametrul $D \approx 10^{-12}$ m și pasul $P \approx 10^{-20}$ m. Pentru viteze v mai mari, situația se schimbă. Dacă facem raportul D/P, obținem $D/P = [D_0/(T_0 \cdot v)] \cdot [1-(v^2/c^2)]^{1/2}$. Înlocuim $D_0 = c \cdot T_0/\pi$ și obținem $\mathbf{D/P} = [c/(\pi \cdot v)] \cdot [1-(v^2/c^2)]^{1/2} = \mathbf{(1/\pi) \cdot [(c^2/v^2-1)]^{1/2}}$. Dacă $v \to 0$, atunci $D/P \to \infty$, adică pentru v<<c avem D>>P (rezultat pe care l-am obținut mai sus). Pe măsură ce v crește, D/P scade, iar dacă $v \to c$, atunci $D/P \to 0$. Practic, D/P scade de la valori foarte mari pentru v<<c și tinde spre zero când v tinde spre c. Există o viteză v pentru care D/P = 1 (D = P); D = P înseamnă că $(1/\pi) \cdot [(c^2/v^2-1)]^{1/2} = 1$, adică $c^2/v^2 = \pi^2+1$, $\mathbf{v = c/\sqrt{(\pi^2+1)}} \approx 0,3 \cdot c$. Pentru această valoare a lui v avem $\mathbf{D = P \approx 0,9 \cdot D_0}$.

<u>**Energia**</u> (E) <u>**este conceptul și mărimea fizică fundamentală**</u>
din care se obțin (împreună cu Spațiul și Timpul) conceptele de
lumină (f), electricitate (q) și substanță (s), caracterizate de ur-
mătoarele mărimi fizice: viteza c și frecvența υ pentru lumină,
sarcina electrică Q și momentul magnetic μ pentru electricitate
și masa inerțială Mi și masa gravitațională Mg pentru substanță.
În cazul luminii și substanței există relațiile cantitative $E = h\cdot\upsilon$
și $E = m\cdot c^2$ care fac legătura cu energia E.

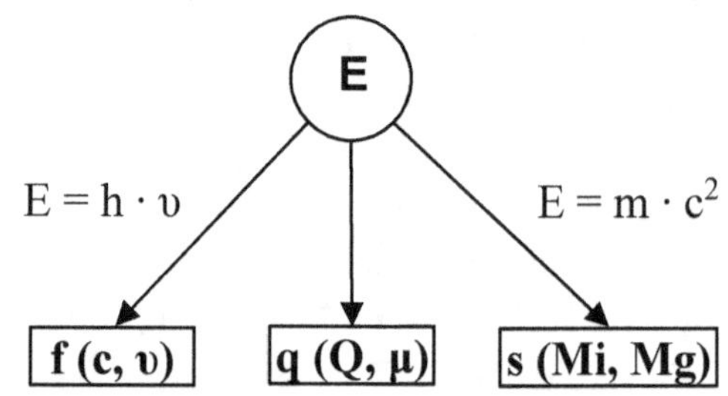

<u>**Cele 3 niveluri (straturi) conceptuale în studiul Universului Fizic (UF)**</u>

Pe primul nivel se află energia (E), care este conceptul fundamental deoarece
UF este format 100% din energie. Pe nivelul al doilea se află Spațiul (S) și Timpul
(T), care sunt concepte pseudo-fundamentale deoarece ajută la modelarea
matematică a UF. Pe nivelul al treilea se află lumina (f), electricitatea (q) și
substanța (s), care simplifică modelarea matematică a UF.

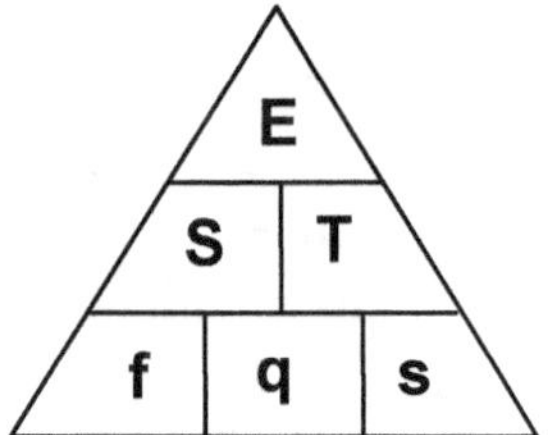

<u>**Concluzii**</u> Lumina (f) este formată din fotoni circulari (R1T), substanța (s) este sarcină gravitațională
(SG = emisie de gravitoni) cu inerție, iar electricitatea (q) este substanță (s) cu sarcină electromagnetică (SEM
= emisie de fotoni). Energia și cele 3 concepte pot fi modelate matematic continuu (prin funcții continue) sau
discontinuu, varianta discontinuă obținându-se prin folosirea conceptului de Punct Material (PM): PME =
PM + E, PMf = PM + f, PMq = PM + q, PMs = PM + s. Sarcina energetică (SE) este purtată de PME, SG
este purtată de s, q și f, iar SEM este purtată de q și f. Fiecare tip de sarcină generează un câmp corespunzător.
Există și 2 tipuri de câmp care nu pot fi modelate continuu: câmpul tare (CT) și câmpul slab (CS), generate
de sarcina tare (ST), respectiv sarcina slabă (SS). Interacțiunea la distanță (ID) apare atunci când avem o
sarcină într-un câmp, câmpul fiind generat de sarcina în discuție sau de alte sarcini: ID = sarcină + câmp.
Deoarece există 5 tipuri de câmp, există 5 tipuri de ID: IE, IG, IEM, IT și IS. Doar IE, IG și IEM pot fi
modelate continuu, deoarece doar câmpurile corespunzătoare (CE, CG și CEM) pot fi modelate continuu.
Avem deci <u>9 concepte măsurabile (mărimi fizice)</u>: E, S, T, f, q, s, CE, CG și CEM, care pot fi modelate
continuu sau discontinuu. E, S și T sunt conceptele fundamentale; f, q și s sunt concepte pseudo-
fundamentale, iar CE, CG și CEM sunt concepte derivate din E, S, T, f, q, s.

2.3.2 – Deducerea principalelor Modele Matematice ale Universului Fizic (UF) din Legea Universală a Naturii (LUN) și Teoria Particulelor Elementare (TPE)

Pornind de la LUN și TPE, se pot deduce toate modelele matematice fundamentale ale UF, care sunt
prezentate în tabelul din 2.0. În tabelul de pe pagina următoare este prezentată această deducție: se pleacă de
la LUN și, folosind cele 3 concepte de f, q, s explicate în subcapitolul anterior, se obțin alte 3 Legi ale Naturii
(UF), în care E este înlocuită cu f, q, respectiv s, adică LUN (f), LUN (q) și LUN (s). Pentru fiecare din cele
3 legi, se obțin ca niște cazuri particulare din punct de vedere matematic toate legile din tabelul din 2.0, adică
MCN, MML, MP, TR și MC. Avem deci o <u>dublă simplificare</u>: pe verticală se face o <u>simplificare conceptuală</u>
prin înlocuirea E cu f, q, s, iar pe orizontală se face o <u>simplificare matematică</u> prin considerarea cazurilor
particulare static, staționar și armonic. Toate Legile Naturii astfel obținute sunt legi particulare, pseudo-
fundamentale, și nu fundamentale, deoarece folosesc conceptele ne(pseudo)-fundamentale de lumină (f),
electricitate (q) și substanță (s). Riguros vorbind, doar LUN = LUN (E) este Lege Fundamentală a Naturii,
pentru că folosește (doar) conceptele fundamentale de Energie (E), Spațiu (S) și Timp (T). LUN este chiar
<u>unica</u> Lege Fundamentală a Naturii, adică Legea <u>Universală</u> a Naturii (după cum îi spune și numele).

<u>Ecuațiile LUN pentru cele 3 cazuri</u> se construiesc similar cu varianta energetică LUN(E), prin înlocuirea
lui E cu f, q sau s, cu diferența că vor interveni <u>alte constante ε_0 și μ_0</u>: în cazul LUN (E) avem $\varepsilon_0 = 1/(4\cdot\pi\cdot g)$
(vezi 2.1), unde $g = k/c^4$, c = viteza luminii în vid, k = constanta din legea atracției gravitaționale a lui Newton,
<u>în cazul LUN(f)</u> avem $\varepsilon_0 = (\pi^5/9)\cdot(k_B\cdot T)^3/(h\cdot c)^2$, unde k_B = constanta lui Boltzmann $\approx 1{,}38\cdot 10^{-23}$ J/K,
T = temperatura, h = constanta lui Planck (vezi Modelul Planck al radiației termice), <u>în cazul LUN(q)</u> avem
constantele din electrotehnică $\varepsilon_0 = (4\cdot\pi\cdot 9\cdot 10^9)^{-1}$ F/m și $\mu_0 = 4\cdot\pi\cdot 10^{-7}$ H/m, iar <u>în cazul LUN(s)</u> avem
$\varepsilon_0 = 1/(4\cdot\pi\cdot k)$. În toate cazurile μ_0 se obține din relația $\varepsilon_0\cdot\mu_0 = 1/c^2$.

LUN	Cazul general		Cazul static	Cazul staționar	Cazul armonic (periodic și sinusoidal)
	Varianta cvadridimensională (A, φ)	**Varianta tridimensională** (E, H)			
E	**LUN (A, φ)** (verificarea satisfacerii Principiului General al Relativității enunțat de Einstein în TGR)	**LUN (E_E, H_E)**	**Energia întunecată, PME (punctul energetic) și Materia întunecată**	**Gravitonii și neutrinul electronic**	**Fotonii, pionii și kaonii**
f	**LUN (f) (A, φ)**	**LUN (f) (E_f, H_f)**	**Modelul Planck** (MP) al radiației termice a corpului negru	**Electronul, protonul și neutronul**	**Mecanica cuantică** (MC) Ecuația lui Schrödinger
q	**LUN (q) = Modelul Maxwell-Lorentz (MML) al electrodinamicii** în varianta potențialelor (Ax, Ay, Az, φ)	**LUN (q) = MML** în varianta (E, D, H, B) = Ecuațiile Maxwell-Lorentz	**MML** – electrostatica	**MML** – curentul continuu c.c. (electrotehnica de c.c.) și magnetostatica	**MML** – curentul alternativ c.a. (electrotehnica de c.a.) și undele electromagnetice
s	**LUN (s) (A, φ)** corespunde Ecuației lui Einstein din **Teoria Generală a Relativității** (TGR)	**LUN (s) (E_G, H_G)**	**Mecanica clasică newtoniană** (MCN) – **Legea gravitației** (LG – Newton); **Modelul teoretic al găurilor negre**	**Legea generală a gravitației** (LGG – TGR – Einstein)	**Undele gravitaționale**

În varianta tridimensională a LUN avem 4 seturi de câmpuri vectoriale (E, H): câmpul energetic (E_E, H_E) în cazul E, câmpul electromagnetic (E_f, H_f) în cazul f, câmpul electromagnetic "clasic" (E, D, H, B) în cazul q și câmpul gravitațional (E_G, H_G) în cazul s. Se observă că în cazul f, deși este vorba despre un câmp electromagnetic (format din fotoni) ca și în cazul q, avem un alt set de mărimi fizice decât în cazul q – și anume (E_f, H_f), și asta pentru că "sarcina" care generează acest câmp este alta – adică f în loc de q.

LUN în varianta "E" (energie) este adevărata LUN, deoarece folosește (alături de Spațiu și Timp) doar conceptul fundamental de Energie. În cazul <u>static</u> avem, pentru varianta continuă, Energia întunecată, iar pentru varianta discontinuă, Punctul energetic (PME) și Materia întunecată. În cazul <u>staționar</u> avem gravitonii (translație cu viteză constantă = c) și neutrinul electronic (rotație circulară cu viteză constantă). În cazul <u>armonic</u> avem (vezi 2.2.6) fotonii (R1T), pionii (8 și R1R) și kaonii (R2R și 8R).

LUN în varianta "f" (lumină) În cazul <u>static</u> avem Modelul Planck (MP) al radiației termice a corpului negru (variantă continuă), în care legea de variație a densității spectrale are aceeași formă matematică cu legea de variație a densității energetice în cazul PME (vezi 2.2.1). De fapt, în realitate a fost invers, adică MP a fost sursa de inspirație pentru a obține modelul PME, dar într-o ordine firească din punct de vedere logic, LUN(E) și modelul matematic al PME care derivă din LUN(E) sunt sursa din care se obține MP. În cazul <u>staționar</u> avem electronul, protonul și neutronul, al căror miez este format din fotoni rotitori (vezi 2.2.7).

În cazul <u>armonic</u> avem Mecanica Cuantică (MC) în varianta ondulatorie, adică Ecuația lui Schrödinger ca esență a MC ondulatorii, despre care vom arăta că este echivalentă cu o variantă armonică a LUN (f). Plecăm de la următoarea variantă a <u>Ecuației lui Schrödinger</u>: $\Delta\psi + (2m_0/\hbar^2)\cdot(E - E_p)\cdot\psi = 0$, unde ψ = funcția de undă, m_0 = masa de repaus a particulei studiate, E = energia totală a particulei, E_p = energia potențială a particulei, $\hbar$ = $h/2\pi$, h = constanta lui Planck, Δ = laplacianul (operator diferențial parțial de ordinul 2 tridimensional). Dacă înlocuim $E - E_p = E_c$ (energia cinetică) = $p^2/2m_0$ (p = impulsul particulei), obținem $\Delta\psi + (2m_0/\hbar^2)\cdot(p^2/2m_0)\cdot\psi = 0$, adică (simplificând prin $2m_0$) $\Delta\psi + (p/\hbar)^2\cdot\psi = 0$. Dacă ținem cont că $\lambda = h/p$ este "lungimea de undă asociată" particulei de masă m_0, atunci obținem $\Delta\psi + (2\pi/\lambda)^2\cdot\psi = 0$. Dar aceasta este, în teoria câmpului electromagnetic dezvoltată din modelul Maxwell-Lorentz, ecuația unei unde electromagnetice monocromatice cu frecvența (fixă) $\upsilon = c/\lambda$, în care rolul funcției de undă ψ este luat de câmpul electric E: $\underline{\Delta E + k^2\cdot E = 0}$, unde $k = 2\pi/\lambda$ este așa-zisul "număr de undă". Astfel, putem spune că funcția de undă ψ din MC este echivalentă, eventual prin înmulțirea cu o constantă, cu câmpul fotono-electric Ef din varianta tridimensională a LUN (f).

LUN în varianta "q" (electricitate) este binecunoscutul Model Maxwell-Lorentz al electrodinamicii (MML), cu cazurile sale particulare electrostatica (cazul <u>static</u>), electrocinetica și magnetostatica (cazul <u>staționar</u>) și curentul alternativ și undele electromagnetice monocromatice (cazul <u>armonic</u>).

LUN în varianta "s" (substanță) ar trebui să fie echivalentă cu Ecuația lui Einstein din Teoria Generală a Relativității (TGR) = ecuația care descrie toate fenomenele gravitaționale. În cazul <u>static</u> avem, pentru varianta continuă, modelul teoretic al găurilor negre, în care densitatea masică are simetrie sferică și o lege de variație în funcție de rază similară cu cea din cazul PME, iar pentru varianta discontinuă, Legea gravitației (LG) din Mecanica Clasică Newtoniană (MCN). În cazul <u>staționar</u> avem Legea generală a gravitației (LGG) din TGR, obținută de Einstein plecând de la Principiul General al Relativității (PGR, vezi 2.1.2) aplicat în cazul gravitației. LGG pentru 2 puncte materiale PM1 și PM2, cu masele gravitaționale Mg1 și Mg2, ar trebui să fie echivalentă cu legea de mișcare a PM1 și PM2 obținută dacă se ține cont atât de câmpul gravito-electric Eg, cât și de câmpul gravito-magnetic Hg. Este similar cu cazul a 2 particule cu sarcină electrică, care generează atât câmp electric, cât și câmp magnetic, iar fiecare particulă se mișcă în câmpul electromagnetic total generat de ambele particule. Dacă câmpul gravito-magnetic Hg este slab, el poate fi neglijat și ajungem astfel în cazul static al LG din MCN, în care există doar Eg. Deoarece Hg poate fi neglijat în majoritatea cazurilor de interes practic, LG rămâne valabilă din punct de vedere cantitativ pentru aproape toate cazurile studiate. Doar în anumite cazuri, cum ar fi orbita planetei Mercur, apar deviații de la LG, care nu pot fi explicate decât prin LGG. În cazul <u>armonic</u> avem unde gravitaționale sinusoidale care provin de la anumite corpuri cerești (de exemplu de la sistemele binare).

<u>2.3.3 – Un model vizual al Universului Fizic (UF)</u>

<u>2.3.3.0 – Introducere</u>

Pornind de la cele 8 particule elementare fundamentale (8PF, vezi 2.2), vom obține particule compuse (PC) din ce în ce mai complexe și astfel vom "clădi" treptat toată materia din UF, apoi vom extinde aceste rezultate și la celelalte 4 Universuri Materiale Paralele (UMP) subtile (vezi 2.4). <u>Există 3 niveluri de PC</u>: <u>nucleul atomic</u>, <u>atomii și ionii</u> (sistemele mononucleare) și <u>moleculele și corpurile macroscopice</u> (sistemele multinucleare). Cele 8PF se asociază (se unesc) pentru a forma PC conform Legii Universale a Naturii (LUN, vezi 2.1). Pentru a simplifica studiul PC, putem folosi conceptul de Interacțiune la distanță (ID, vezi 2.3.1). După cum am spus, există 5 ID: Interacțiunea energetică (IE), Interacțiunea gravitațională (IG), Interacțiunea electromagnetică (IEM), Interacțiunea Tare (IT) și Interacțiunea Slabă (IS). Pentru că IE este cea mai slabă din cele 5 ID, IE este importantă (contează) doar în interiorul celor 8PF (datorită dimensiunilor mici) și la nivel cosmic (datorită cantității mari de Energie întunecată) – unde determină expansiunea accelerată a UF. Deoarece în cele mai multe cazuri expansiunea UF este irelevantă, rezultă că IE este relevantă doar în interiorul celor 8PF; implicit, IE este irelevantă în exteriorul celor 8PF, adică în interiorul PC. Astfel, <u>în interiorul PC vor fi relevante doar 4 din cele 5 ID</u>: IS, IT, IEM și IG. În nucleul atomic (primul nivel de PC) sunt relevante IS și IT, în atomi și ioni (al doilea nivel de PC) este relevantă IEM, iar în cazul moleculelor și corpurilor macroscopice (al treilea nivel de PC) sunt relevante IEM și IG.

<u>În studiul PC apare conceptul de "energie de legătură"</u> (Eleg) a PC, raportat la particulele, elementare sau compuse, în care se poate "sparge" PC, adică la particulele din care este compusă PC (în cazul unei PC oarecare, există de regulă mai multe variante în care se poate sparge PC, pentru fiecare variantă de spargere fiind posibilă definirea unei Eleg). Eleg este diferența dintre suma energiilor (de repaus ale) particulelor în care se (poate) sparge PC și energia (de repaus a) PC. Dacă Eleg este pozitivă (adică energia PC e mai mică decât suma energiilor particulelor componente), se spune că PC este stabilă (cu atât mai stabilă cu cât Eleg e mai mare), iar dacă Eleg e negativă, se spune că PC este instabilă. În cazul unei PC stabile, Eleg este energia

care trebuie furnizată către PC pentru ca PC să se spargă în particulele componente, și tot Eleg este energia care se eliberează când particulele componente se unesc pentru a forma PC. În cazul unei PC instabile, Eleg (în modul) este energia care se eliberează când PC se sparge în particulele componente. Similar cu Eleg, se poate defini și conceptul de "defect de masă" (ΔM), care reprezintă diferența dintre suma maselor (de repaus ale) particulelor în care se (poate) sparge PC și masa (de repaus a) PC. Între Eleg și ΔM există relația Eleg = ΔM $\cdot$ c^2, unde c este viteza luminii în vid. Dacă studiem din punct de vedere al Eleg cele 3 niveluri de PC, putem spune că Eleg maximă se întâlnește la nucleul atomic (intranuclear), apoi scade în cazul intraatomic/intraionic și intramolecular, și scade și mai mult în cazul intermolecular. Cât despre defectul de masă ΔM, acesta este relevant doar în cazul nucleului atomic datorită Eleg mari; în celelalte cazuri, ΔM este neglijabil datorită Eleg mici. Altfel spus, defectul de masă există în cazul reacțiilor nucleare, dar este neglijabil (deși există) în cazul reacțiilor chimice.

În interiorul mulțimii PC instabile (Eleg < 0), există o submulțime de PC numite metastabile, la care, deși din punct de vedere energetic este posibilă descompunerea în particulele componente, există un factor (de regulă o barieră de potențial) care se opune acestei descompuneri. Exemplul tipic de PC metastabilă sunt nucleele radioactive, la care descompunerea în nuclee mai ușoare, deși permisă din punct de vedere energetic, este împiedicată de bariera de potențial care se formează prin însumarea algebrică a atracției dintre nucleoni prin IT și a respingerii electrostatice dintre protoni prin IEM. În acest caz are loc așa-zisul "efect tunel", prin care nucleele radioactive metastabile se descompun în nuclee mai ușoare.

În cazul celorlalte 4 UMP, care diferă de UF prin valorile setului de constante universale fundamentale (g, c), procedeul de obținere a PC este același: întâi obținem cele 8PF, apoi din cele 8PF clădim treptat PC din ce în ce mai complexe, până ajungem la nivel de UMP, care este PC de complexitate maximă.

2.3.3.1 – Nucleul atomic

Prima particulă compusă (PC) este nucleul atomic, pe care îl vom obține din protoni și neutroni. Aceștia interacționează prin IT (prin intermediul pionilor) și IS (prin intermediul K^0). Astfel, am "consumat" jumătate din cele 8PF, adică protonul, neutronul, pionii și kaonii K^0 și jumătate din cele 4 ID, adică IT și IS. IEM este mult mai slabă decât IT, iar IG este complet irelevantă deoarece este foarte slabă. IS intervine în transformarea neutronului în proton și a protonului în neutron. IT asigură forțele de atracție între protoni și neutroni în interiorul nucleului atomic, deci IT este ID care realizează coeziunea PC care este nucleul atomic. Deoarece atât protonul, cât și neutronul au câte 5 pioni care formează câmpul tare (vezi 2.2.7), IT este aceeași între 2 protoni, între 2 neutroni sau între un proton și un neutron. Un nucleu conține Z protoni (Z = numărul atomic) și A$-$Z neutroni (A = numărul de masă). Deoarece proprietățile chimice sunt determinate doar de Z, un element chimic va fi format din mai mulți izotopi cu același Z, dar cu A diferiți (izotopii unui element chimic au nuclee cu același număr de protoni, dar cu numere diferite de neutroni).

Din motive de simetrie, vom considera că: a) centrele geometrice ale protonilor și neutronilor dintr-un nucleu, adică centrele elipselor pe care se rotesc fotonii rotitori (vezi pagina 35), sunt coliniare, adică sunt pe o dreaptă, pe care o vom numi axa nucleului și b) în cazul fiecărui nucleon (proton sau neutron), axa nucleului este perpendiculară pe planul în care se rotesc fotonii rotitori. Aceste 2 condiții (a și b) pe care le-am admis fără o demonstrație riguroasă ar trebui să rezulte riguros din LUN. Admițând aceste 2 condiții, structura nucleului atomic poate fi înțeleasă în mod vizual astfel: fiecare nucleon are un miez eliptic "plan" (deoarece grosimea elipsei este mult mai mică decât cele 2 axe ale elipsei, vezi 2.2.7), format din 1 (în cazul protonului) sau 2 (în cazul neutronului) fotoni rotitori. Dacă considerăm axa nucleului ca o "țepușă", nucleul atomic se obține "înfigând" în această țepușă, pe rând, fiecare nucleon, astfel încât țepușa să fie perpendiculară pe planul fiecărei elipse. Nucleul este, deci, ca un "sandwich" de protoni și neutroni, în care grosimea feliilor de pâine și salam este (mult) mai mică decât dimensiunea acestor felii (protonul = "felie de salam" și neutronul = "felie de pâine", pentru că miezul neutronului este mai mare decât al protonului).

Un nucleu oarecare cu Z protoni și A$-$Z neutroni este complet definit prin 2 seturi de parametri: un set de parametri energetici (setul E) și un set de parametri spațiali (setul S). Setul E conține parametrii energetici pentru fiecare nucleon, adică practic parametrii energetici pentru miezul (format din 1 sau 2 fotoni rotitori) fiecărui nucleon, deoarece câmpul tare format din 5 pioni este același. Miezul unui proton sau neutron din nucleu, însă, diferă față de miezul aceleiași particule aflată în stare liberă (nelegată într-un nucleu), deoarece intervine energia de legătură (Eleg) și defectul de masă (ΔM). Setul E stabilește, deci, pentru fiecare nucleon, energia fiecărui foton rotitor din miez și implicit dimensiunea spațială a miezului (mărimea celor 2 axe ale elipsei sau elipselor din miez). Pentru un nucleu stabil, energia totală a nucleului este mai mică decât suma energiilor celor A nucleoni aflați în stare liberă (nelegați într-un nucleu), iar diferența este energia de legătură (Eleg) a nucleului respectiv. Acestei Eleg îi corespunde un defect de masă $\Delta M = Eleg/c^2$. Dacă presupunem că Eleg și ΔM se "repartizează" fiecărui nucleon, rezultă că fiecare nucleon va avea o energie și o masă mai mici decât cele ale aceluiași nucleon în stare liberă. Aceasta va determina un gabarit spațial mai mare, deoarece un foton rotitor cu o energie mai mică va avea o lungime de undă λ mai mare și implicit o traiectorie cu o circumferință mai mare. <u>Setul S constă din 3 subseturi: Subsetul S nr.1</u> conține ordinea de "înfigere în țepușă" a celor A nucleoni și distanțele dintre ei (măsurate pe țepușă). <u>Subsetul S nr.2</u> ne spune pe care față ("pe față" sau "pe dos") a fost "înțepat" nucleonul respectiv. <u>Subsetul S nr.3</u> ne spune dacă (eventual) axele mari ale elipselor celor A nucleoni nu sunt paralele (nu sunt în același plan), și în acest caz care sunt unghiurile de rotație ale fiecărui nucleon față de o referință (referința poate fi de exemplu axa mare a unuia din cei 2 nucleoni de la "marginea" nucleului).

Un nucleu este caracterizat de: a) masa inerțială (Mi) și masa gravitațională (Mg) și b) sarcina electrică (Q) și momentul magnetic (μ). Vom avea: $Mi = Mg = E/c^2$, unde E = energia totală a nucleului și c = viteza luminii în vid; $Q = +Z{\cdot}e$ ($e \approx 1,6{\cdot}10^{-19}$ C); μ = suma algebrică a tuturor momentelor magnetice ale nucleonilor. Deoarece momentele magnetice ale protonului și neutronului sunt mult mai mici decât momentele magnetice ale electronului (vezi 2.2.7) și orbitalilor atomici, ionici și moleculari, momentul magnetic μ al nucleului atomic poate fi neglijat de regulă. El este chiar zero în cazul nucleelor formate dintr-un număr par de protoni și un număr par de neutroni, ceea conduce la ideea că în aceste nuclee protonii și neutronii sunt poziționați antiparalel doi câte doi și își anulează reciproc momentele magnetice. Exemplul cel mai simplu de astfel de nucleu este nucleul de heliu (He) format din 2 protoni și 2 neutroni, adică particula alfa (componenta radiației alfa), care este unul din cele mai stabile nuclee. Presupunem că în acest nucleu cei 2 protoni sunt la margine (pentru a minimiza energia de interacțiune electrostatică dintre ei), iar cei 2 neutroni sunt în mijloc. Deoarece momentul magnetic total μ al nucleului este zero, cei 2 protoni și cei 2 neutroni sunt antiparaleli (au momentul magnetic de sens opus, adică sunt "înfipți în țepușă" câte "unul pe față" și "unul pe dos"), pentru a-și anula reciproc momentul magnetic. Este posibil ca cei 2 neutroni să ocupe aceeași poziție spațială, adică să fie "întrepătrunși", datorită faptului că fotonii rotitori din miezul neutronilor (cei de pe elipsa mică și cei de pe elipsa mare) se rotesc în sensuri opuse (similar cu gruparea electronilor doi câte doi în supraconductibilitate).

Deoarece dimensiunea unui nucleu oarecare (de $\approx 10^{-15}$ m) este mult mai mică decât dimensiunea atomilor (de $\approx 10^{-10}$ m), <u>nucleul poate fi modelat matematic printr-un punct material</u> (PM), <u>cu dublu aspect:</u> <u>punct material de substanță</u> (PMs) – caracterizat de masa M (Mi = Mg = M), <u>și punct material de electricitate</u> (Pmq) – caracterizat de sarcina electrică $Q = +Z{\cdot}e$ și momentul magnetic μ. Acesta este modelul folosit în următoarele 2 niveluri de PC.

<u>2.3.3.2 – Sisteme mononucleare: atomi și ioni</u>

Atomii și ionii sunt formați dintr-un nucleu în jurul căruia se rotesc unul sau mai mulți "electroni". Am explicat în 2.2.7 (pagina 40) că așa-zișii "electroni legați" din atomi și ioni sunt de fapt fotoni, pe care i-am numit fotoni energetici (FE) pentru că au energia $E = h{\cdot}\upsilon$ (υ = frecvența FE) strict mai mică decât $E_0(e^-)$ = energia de repaus a electronului, dar comparabilă cu aceasta. Dacă numărul FE rotitori este egal cu numărul protonilor din nucleu (Z), avem un atom. Dacă avem mai puțini FE rotitori decât Z, avem un ion pozitiv, iar dacă avem mai mulți FE rotitori decât Z, avem un ion negativ (în ambele cazuri, sarcina pozitivă sau negativă este egală cu diferența dintre Z și numărul FE rotitori). ID între nucleu și fotoni este IEM, deoarece IG este prea slabă și poate fi neglijată la acest nivel, iar IT și IS acționează doar la nivelul nucleului, adică la dimensiuni mult mai mici. Aceasta este o simplificare majoră în studiul atomilor și ionilor, deoarece se înlocuiește un "electron" care are o dublă mișcare – de spin și orbitală – cu un foton care are o singură mișcare de rotație în jurul nucleului. Acest foton, care formează un orbital atomic sau ionic, are o energie constantă $E = h{\cdot}\upsilon$ și o viteză constantă în modul și egală cu c = viteza luminii în vid.

<u>În cazul unui orbital de tip s (sferic)</u>, FE se rotește pe suprafața unei sfere (are o mișcare de tip R1R, vezi 2.2), într-un mod similar cu cazul pionilor încărcați electric (π^+ și π^-) în care punctul energetic (PME)

constitutiv se roteşte pe suprafaţa unei sfere tot cu o viteză egală în modul cu c. Diferenţele între cele 2 cazuri sunt: în cazul π^+ / π^- este vorba de un <u>PME</u> rotitor care se roteşte în <u>propriul câmp energetic</u>, în timp ce în cazul orbitalului s avem un <u>foton</u> rotitor care se roteşte în <u>câmpul electromagnetic al nucleului</u> (la care se adaugă eventual câmpul electromagnetic al orbitalilor de dimensiuni mai mici). Momentul cinetic (de rotaţie) mediu al FE rotitor în cazul orbitalilor s este zero (0), datorită simetriei sferice. Acesta este un lucru (unul dintre multele) de neînţeles în mecanica cuantică: cum este posibil ca un "electron" care se roteşte în jurul nucleului să aibă momentul cinetic zero, trecând peste faptul că mecanica cuantică ne spune că nici măcar nu are sens să vorbim de traiectoria "electronului"? Iată că misterul s-a limpezit: "electronul" este de fapt foton (FE), care nu numai că are o traiectorie bine definită (de tip R1R, adică pe suprafaţa unei sfere), dar este perfect explicabil faptul că, datorită simetriei sferice, momentul său cinetic <u>mediu</u> este zero.

Faptul că FE rotitori care formează orbitalii au o traiectorie bine definită (în contradicţie cu mecanica cuantică care ne "sfătuieşte" să nu încercăm să ne facem o reprezentare vizuală a traiectoriei unui "electron" în jurul nucleului atomic) este valabil şi în cazul tuturor celorlalte tipuri de orbitali: p, d, f, moleculari.

<u>În cazul orbitalilor de tip p</u>, FE se roteşte pe o suprafaţă care poate fi aproximată ca fiind obţinută prin rotaţia unei curbe de forma cifrei 8 în jurul axei mari (8R), adică similar cu cazul kaonilor neutri K^0 (vezi 2.2.3). <u>În cazul orbitalilor de tip d şi f</u>, FE se rotesc pe suprafeţe cu alte forme geometrice.

<u>Astfel obţinem întregul Tabel periodic al elementelor</u> (tabelul periodic al lui Mendeleev), care conţine toate elementele chimice, adică Hidrogen, Heliu, Litiu, Beriliu, Bor, Carbon, Azot, Oxigen şamd. Am intrat astfel în domeniul de studiu al Chimiei, care poate fi considerată o ramură a Fizicii care s-a dezvoltat atât de mult, încât constituie o ştiinţă separată.

2.3.3.3 – Sisteme multinucleare: gaze, lichide şi solide

Din 2 sau mai mulţi atomi sau ioni vom obţine sisteme multinucleare, adică substanţa obişnuită sub formă de gaze, lichide şi solide. Aceasta este formată din atomi şi ioni între care se stabilesc legături chimice: <u>intramoleculare de tip ionic, covalent şi metalic</u>, şi <u>intermoleculare</u>, mai slabe decât cele intramoleculare, de tip <u>Van der Waals şi legături de hidrogen</u>. Legăturile intra şi intermoleculare se bazează pe IEM. IG este încă slabă la acest nivel, dar devine relevantă în cazul corpurilor macroscopice, care interacţionează cu Pământul sub forma greutăţii, şi la nivelul corpurilor cereşti, unde IEM îşi pierde importanţa, iar IG rămâne singura ID relevantă. Această substanţă va forma corpuri fizice macroscopice: materia fizică neînsufleţită + corpuri fizice de minerale, vegetale, animale şi oameni.

<u>Elementele chimice active se împart</u> (în linii mari) <u>în metale, nemetale şi metaloizi</u>. Metalele au tendinţa de a forma ioni pozitivi, nemetalele au tendinţa de a forma ioni negativi, iar metaloizii au caracteristici intermediare din acest punct de vedere. Elementele inerte din punct de vedere chimic, adică gazele rare, nu realizează legături chimice. Din punct de vedere electric şi termic, metalele sunt conductori, nemetalele sunt izolatori, iar metaloizii sunt semiconductori.

Legătura ionică este de natură electrostatică şi <u>se realizează</u> între ioni pozitivi şi ioni negativi, adică <u>între metale şi nemetale</u>. Exemplul tipic este clorura de sodiu (NaCl), adică banala sare de bucătărie. NaCl constă din ioni pozitivi de sodiu (Na), care este metal, şi ioni negativi de clor (Cl), care este nemetal. Aceşti ioni de Na şi Cl formează o reţea ionică care se realizează pe baza interacţiunii electrostatice, care este un caz particular de IEM. IEM se realizează prin intermediul <u>fotonilor de câmp</u> (FC), care formează câmpul electromagnetic (vezi pagina 33).

Legătura covalentă <u>se realizează între nemetale</u> şi se bazează pe unul sau mai mulţi <u>fotoni energetici</u> (FE) care se rotesc în jurul a 2 sau mai mulţi atomi sau ioni, adică în jurul a 2 sau mai multe nuclee. Aceşti FE constituie orbitalii moleculari şi au energia strict mai mică decât $E_0(e^-)$ = energia de repaus a electronului, dar comparabilă cu aceasta. Un FE care constituie un orbital molecular are energia constantă $E = h \cdot \upsilon$ şi o viteză constantă în modul şi egală cu c = viteza luminii în vid. În cazul legăturii covalente este posibil să se suprapună şi o legătură ionică, care se realizează între ionii în jurul cărora se învârt FE.

Legătura metalică <u>se realizează între</u> atomi de <u>metale</u>, care formează o reţea metalică cvasi-ordonată în spaţiu = reţea cristalină, şi se bazează pe <u>electroni</u> propriu-zişi (cu energia mai mare sau egală cu $E_0(e^-)$), care se deplasează cvasi-liber în întreaga reţea metalică. Aceşti electroni liberi explică şi conductibilitatea termică şi electrică a metalelor. În cazul legăturii metalice (dar şi în cazul legăturii covalente), intervine şi legătura ionică – care se realizează între ionii metalici care rămân cvasi-ficşi în nodurile reţelei metalice (ionii din noduri oscilează termic în jurul unei poziţii fixe, proporţional cu temperatura metalului).

În concluzie, legătura ionică este asigurată de fotoni de câmp (FC), legătura covalentă de fotoni energetici (FE), iar legătura metalică de electroni. Pe măsură ce avansăm de la legătura ionică la legătura metalică, trecând prin legătura covalentă, creşte energia particulelor implicate: de la FC, care au o energie infimă (în mod individual), la FE, care au o energie comparabilă cu $E_0(e^-)$, dar strict mai mică, ajungem la electronii propriu-zişi, care au o energie mai mare sau egală cu $E_0(e^-)$. Din punct de vedere al numărului, FC sunt în număr foarte mare, practic nenumărabili, FE sunt numărabili (1, 2, 3 etc.), iar electronii sunt iarăşi nenumărabili, din cauză că provin de la foarte mulţi atomi = practic toţi atomii reţelei metalice.

2.3.4 – Concluzii pentru Universul Fizic (UF)

Modelul teoretic al UF propus în prezenta lucrare este perfect logic şi are la bază 3 mărimi fizice (energie E, spaţiu S şi timp T), 2 constante independente (g şi c) şi o ecuaţie cvadridimensională cu derivate parţiale de ordinul 2 (LUN, vezi 2.1). Plecând doar de la aceste fundamente simple (3 mărimi fizice, 2 constante fizice şi o ecuaţie), se pot deduce <u>toate</u> Modelele matematice fundamentale din Fizica actuală (vezi 2.3.2), şi în plus se obţin rezultate noi din punct de vedere calitativ şi cantitativ (inclusiv înţelegerea unor concepte şi fenomene care sunt de neînţeles în Fizica actuală): definirea energiei E ca fiind aspectul măsurabil al Realităţii, faptul că UF este 100% continuu, construcţia de modele vizuale ale UF inclusiv la dimensiuni mici şi corectarea unor modele actuale (de ex. stabilirea faptului că orbitalii atomici, ionici şi moleculari sunt de fapt fotoni şi nu electroni), înţelegerea conceptului de "particulă elementară" ca fiind alcătuită din unul sau mai multe puncte energetice (PME) aflate în mişcare pe diverse traiectorii, stabilirea celor 8PF (vezi 2.2.3) ca fiind singurele particule elementare utile, înţelegerea conceptelor de energie şi materie întunecată, lumină, sarcină electrică şi magnetică, inerţie şi greutate, interacţiune la distanţă ID (inclusiv descoperirea celei de-a 5-a ID = Interacţiunea Energetică IE) etc.

Dimensiuni în UF Avem întâi <u>particulele elementare fundamentale</u> (cele 8PF, vezi pagina 42): PME în cazul neutrinului electronic $\approx 10^{-77}$ **m**; diametrul neutrinului electronic $\approx$ grosimea fotonilor, pionilor şi a kaonilor $\approx 10^{-20}$ **m**; protonul şi neutronul $\approx 10^{-15}$ **m**; electronul $\approx 10^{-12}$ **m**.

Urmează <u>particulele compuse</u> (din cele 8PF): atomul de hidrogen $\approx 10^{-10}$ **m**; celula umană $\approx 10^{-5}$ **m**; corpul fizic uman $\approx 10^0$ **m**; Pământul $\approx 10^7$ **m**; Soarele $\approx 10^9$ **m**; Sistemul Solar $\approx 10^{13}$ **m**; distanţa până la cel mai apropiat sistem planetar (Sistemul Alpha Centauri) $\approx 10^{17}$ **m**; galaxia noastră (Calea Lactee) $\approx 10^{21}$ **m**; distanţa până la cea mai apropiată galaxie mare (Galaxia Andromeda) $\approx 10^{23}$ **m**; diametrul super-roiului de galaxii care include Calea Lactee $\approx 5 \cdot 10^{25}$ **m**; dimensiunea UF observabil $\approx 10^{27}$ **m**; dimensiunea întregului UF (adică a întregului spaţiu tridimensional, umplut de Energia întunecată) – **nu se cunoaşte**.

UF a fost creat şi este "menţinut în funcţie" (prin intermediul LUN, vezi 2.1) **de Conştiinţa Cosmică Impersonală** (sau Dumnezeul Feminin = Dumnezeul Mamă, numită "Duhul Sfânt" în Noul Testament – vezi Capitolul 3). Conştiinţa Cosmică Impersonală (CCI), de fapt, a creat şi menţine în funcţie întregul Cosmos = Realitatea Obiectivă (RO), formată din cele 5 Universuri Materiale Paralele. CCI este extensia Sinelui Impersonal în RO. Unicul Sine Impersonal (sau Dumnezeul Masculin, numit "Dumnezeu Tatăl" în Noul Testament) locuieşte în Spaţiul Realităţii Subiective (SRS – vezi 2.4) şi este necreat şi etern (adică nu are nici început, nici sfârşit). Sinele Impersonal "emană" (din El Însuşi) CCI la începutul Zilei Cosmice şi O "resoarbe" (tot în El Însuşi) la sfârşitul Zilei Cosmice (adică la începutul Nopţii Cosmice).

În fenomenul de "entanglement cuantic" se vorbeşte despre posibilitatea ca informaţia să se transmită în UF cu o viteză mai mare decât cea a luminii în vid (c), fapt despre care se spune că "l-a neliniştit profund" pe Einstein. Chiar dacă ar fi aşa, acest lucru este perfect explicabil dacă înţelegem că CCI este prezentă "simultan" în orice punct geometric din spaţiul tridimensional = Spaţiul Realităţii Obiective (SRO) (este o simultaneitate "absolută", care nu depinde de Sistemul de Referinţă SR; în mod obişnuit, simultaneitatea este relativă, adică depinde de SR din care este studiată, după cum a arătat Einstein). Fiind prezentă simultan (în mod absolut) în întregul SRO, CCI nu are nevoie să comunice cu Ea Însăşi la nivelul SRO (cu viteze mai mari sau mai mici decât c), deoarece există o comunicaţie instantanee între oricare 2 puncte din UF (SRO) prin intermediul SRS şi al Sinelui Impersonal. SRS poate fi considerat Centrul RO (şi al întregii Realităţi, vezi 2.4), deci din SRS poţi ajunge la fel de uşor (instantaneu) în orice punct din spaţiul tridimensional $\mathbb{R}^3$.

2.4 – Despre Universurile Materiale Paralele (UMP)

Cele 4 Universuri Materiale Paralele subtile, adică Universul Eteric (UE), Universul Astral (UA), Universul Mental (UM) și Universul Cauzal (UC), sunt organizate după aceeași LUN (vezi 2.1), doar că diferă setul de constante universale fundamentale (g, c) care intervin în LUN: g determină scara spațială a unui UMP, iar c pe cea temporală. Deoarece cele 5UMP și cele 5 corpuri umane există "întrepătrunse" în același spațiu tridimensional $\mathbb{R}^3$, și în plus cele 5 corpuri umane au aproximativ aceeași dimensiune spațială, putem presupune că g este același (are aceeași valoare) pentru toate cele 5UMP. Cu această ipoteză, doar viteza luminii în vid c va avea valori diferite: pentru UF va avea cea mai mică valoare, adică $c(UF) \approx 300.000$ km/s, iar pe măsură ce trecem la UMP din ce în ce mai subtile valoarea lui c va crește progresiv, ajungând în cazul UC să aibă cea mai mare valoare: $c(UF) < c(UE) < c(UA) < c(UM) < c(UC)$. Deoarece c are valori diferite în fiecare din cele 5UMP, și h (constanta lui Planck) va avea valori diferite.

Spațiul Realității Subiective (SRS) și Spațiul Realității Obiective (SRO) SRS și SRO sunt cele mai importante 2 din cele 3 Spații fundamentale și se definesc astfel (vezi și 3.4): SRS = S(∞i), SRO = S(FM), adică SRS este spațiul în care se găsește Infinitul inconștient (∞i) și SRO este spațiul în care se găsește Finitul Măsurabil (FM), adică materia. În 3.4 se arată că cele 2 Spații, SRS și SRO, sunt complet separate, adică intersecția lor este mulțimea vidă: SRS ∩ SRO = Ø. SRS este Centrul Spiritual ("Inima Spirituală") al întregii Realități, ca și al oricărui om, iar SRO (Spațiul tridimensional) se află la "periferia" sau la "exteriorul" SRS.

SRS este considerat Centrul Realității deoarece: a) în SRS se află cele 2 Energii Necreate și Eterne (adică fără început și fără sfârșit) – ∞i Impersonal și ∞S Impersonal (vezi 3.4) și b) orice punct din SRO este egal "depărtat" față de SRS (adică din punctul de vedere al SRS toate punctele din SRO sunt echivalente), la fel cum punctele unui cerc sunt egal depărtate față de centrul cercului. Aceste considerații conduc **în prima etapă** la <u>simbolizarea SRO printr-un cerc, iar a SRS prin interiorul cercului</u>.

În analiza matematică se demonstrează că există la fel de multe puncte geometrice pe un segment de dreaptă ca în întreg spațiul tridimensional $\mathbb{R}^3$ = SRO; asta înseamnă că se poate stabili o corespondență biunivocă (bijectivă) între un segment și $\mathbb{R}^3$. Dacă îndoim acel segment pentru a forma un cerc, putem alege deci un cerc (oarecare) care să simbolizeze SRO, adică am arătat că fiecare punct geometric din SRO corespunde unui anumit punct de pe cercul care simbolizează SRO. Faptul că interiorul cercului este bidimensional, iar cercul este unidimensional, simbolizează faptul că SRS este Infinit (în profunzime), iar SRO este Finit.

Reprezentarea grafică a celor 5 Universuri Materiale Paralele (5UMP) Ȋn etapa a 2-a, vom pleca de la <u>2 premise</u>: a) sunt 5UMP, care există întrepătrunse în același SRO, deci fiecare punct de pe cercul care simbolizează SRO se va "despica" în cinci puncte, deoarece în fiecare punct din SRO se află cele 5UMP.
b) cele 5UMP nu interacționează în mod obișnuit între ele, adică sunt "paralele", la fel ca dreptele paralele care nu se intersectează nicăieri. <u>Coroborând cele 2 premise (și prima etapă)</u>, rezultă că cele 5UMP vor fi simbolizate prin 5 cercuri paralele; diametrul va fi invers proporțional cu gradul de subtilitate al UMP respectiv, adică Universul Fizic (UF) va fi reprezentat prin cercul cel mai mare, iar Universul Cauzal (UC) va fi reprezentat prin cercul cel mai mic. Deoarece cel mai relevant "locatar" al SRS este Sinele Impersonal, adică Infinitul Supraconștient (∞S) Impersonal, vom scrie în Centrul celor 5UMP, în loc de "SRS", "Sine".

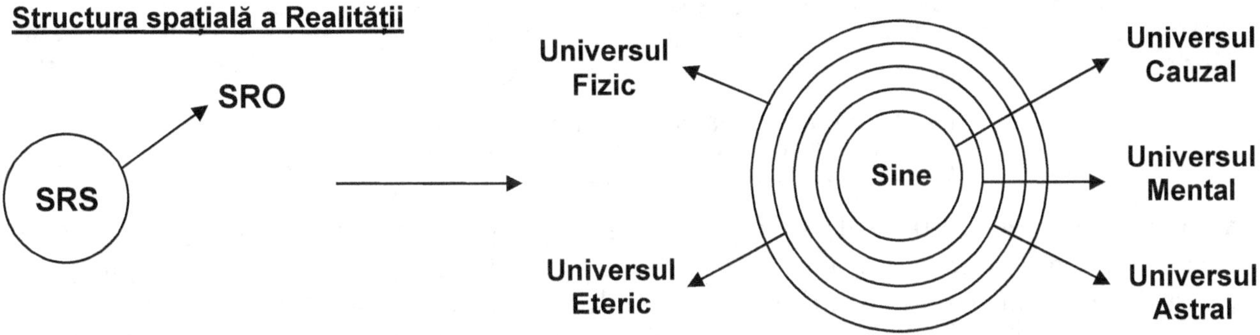

Cele 5UMP există "întrepătrunse" în același spațiu tridimensional fără să se "deranjeze" unul pe altul, adică fără să interacționeze în mod obișnuit unul cu altul. Din acest motiv, cele 5UMP se numesc "paralele", la fel cum 5 drepte paralele nu "interacționează" între ele (adică nu se intersectează). Reprezentarea celor 5UMP prin 5 cercuri concentrice simbolizează tocmai acest lucru, deoarece cele 5 cercuri concentrice sunt paralele între ele și putem considera că provin din încovoierea a 5 drepte paralele.

Faptul că cele 5UMP sunt "paralele" este similar cu existența mai multor unde electromagnetice de frecvențe diferite în același spațiu fără a se influența una pe alta. În cazul substanței, aceasta este formată tot din unde electromagnetice, adică din fotoni, dar care nu se deplasează liniar ca în cazul fotonilor obișnuiți, ci pe traiectorii închise (vezi 2.2.7: circulare în cazul electronului sau eliptice în cazul protonului și neutronului). Pentru 2 fotoni rotitori din 2 UMP diferite care ar forma PES (Particule Elementare de Substanță, vezi 2.2.3) de aceeași dimensiune, ei vor avea deci aceeași lungime de undă λ, dar viteza c și frecvența υ vor fi diferite ($c = \lambda \cdot \upsilon$); astfel, 2 PES din UMP diferite pot ocupa aceeași poziție spațială fără a se influența, adică pot exista "întrepătrunse" în același spațiu tridimensional. Dacă vom încerca să "vedem" un corp dintr-unul din cele 4UMP subtile prin trimiterea unei raze de lumină din UF (formată din fotoni de viteză c și frecvență υ), nu vom reuși din motive similare celor expuse puțin mai sus: lumina fizică nu va interacționa cu acel corp subtil, adică nu se va ciocni pentru a putea fi "văzută". Astfel, acel corp va rămâne "nevăzut" pentru ochii noștri fizici, deoarece lumina fizică va traversa acel corp subtil ca și cum acolo nu ar fi nimic. Lumina din același UMP va interacționa însă cu acel corp, la fel ca și alte corpuri din acel UMP. Exemplu: în UA, corpurile astrale sunt vizibile în lumină astrală și interacționează cu alte corpuri astrale, dar un corp astral nu este vizibil în lumină fizică și nu interacționează cu un corp fizic. Ilie Cioară povestește într-una din cărțile sale cum în dedublare, fiind în corp astral, putea trece prin pereții fizici ai casei unde locuia; odată, însă, una din entitățile din UA a reușit să îl imobilizeze aruncând asupra lui un fel de "plasă" astrală.

2.5 – Structura materială a ființei umane (cele 5 corpuri ale omului)

Fiecare corp uman din cele 5 este o (mică) parte din Universul Material Paralel (UMP) corespunzător, după cum se poate vedea în diagrama de mai jos, în care fiecare corp uman reprezintă un sector de cerc, iar cercul întreg este UMP corespunzător. Acest lucru permite simbolizarea celor 5 corpuri umane (5c) într-un mod similar cu simbolizarea celor 5UMP, adică prin 5 cercuri concentrice cu diametrul invers proporțional cu gradul de subtilitate al corpului respectiv. Cele 5c există "întrepătrunse", adică ocupă aproximativ același volum spațial. Am văzut de ce cele 4 UMP subtile nu sunt nici vizibile cu ochii fizici și nici detectabile cu vreun aparat fizic, ceea ce conduce la faptul că știința oficială actuală (anul 2019) nu le recunoaște. Similar, cele 4 corpuri subtile nu sunt nici vizibile, nici detectabile în mod obișnuit (cu vreun aparat fizic medical sau de altă natură), ceea ce determină nerecunoașterea lor de către medicina actuală.

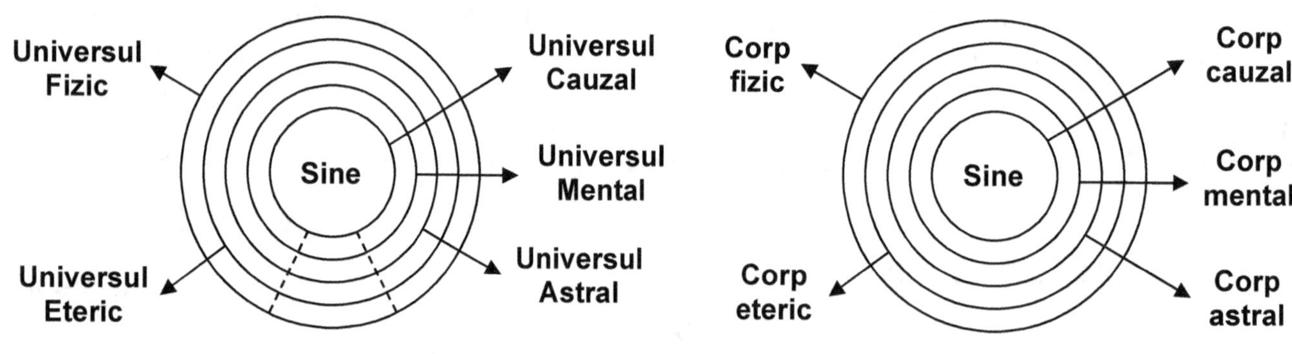

Apare următoarea întrebare: de ce fix 5 corpuri materiale și 5 Universuri Materiale Paralele, și nu mai multe sau mai puține? Pe scurt, răspunsul este următorul: mai puține nu se poate, iar de mai multe nu este nevoie. După cum vom vedea în 3.4, Cosmosul = Realitatea Obiectivă (RO) trebuie structurat în cel mai simplu mod posibil, deoarece "funcția" RO este de a permite derularea Scenariului Cosmic (SC, vezi Capitolul 6). RO nu are deci un scop în sine, ci trebuie să "susțină" derularea SC, iar pentru asta trebuie structurată cât mai simplu de către Conștiința Cosmică Impersonală. Cerința ca RO să fie structurată cât mai simplu conduce (printre altele) la SRO = $\mathbb{R}^3$, TRO = $\mathbb{R}$ şi UMP = 5, adică materia trebuie structurată într-un spaţiu tridimensional, un timp unidimensional şi 5 Universuri Materiale. În plus, mai sunt şi alte indicii care conduc către acest număr 5 (cinci). De exemplu, Ilie Cioară, ale cărui relatări sunt credibile, deoarece a realizat nenumărate dedublări astrale voluntare, spune în cartea lui "Integritatea fiinţei umane", la poezia nr. 41 – Golirea "eului", în explicaţiile în proză, că "Împrejurul acestei Realităţi Divine (adică împrejurul Sinelui Impersonal, precizez eu) se află diferite învelişuri, numite corpuri – cauzal, mental, astral, odic (eteric) şi fizic. Toate aceste corpuri (sunt) formate din materie, mai mult sau mai puţin brută...". Ramana Maharshi spune şi el acelaşi lucru: "Sinele este în interiorul celor cinci învelişuri.". Un alt argument este că există fix 5 regnuri (mineral, vegetal, animal, uman şi divin – vezi 5.3.0), iar fiecare regn are câte un corp caracteristic.

Un ultim argument pe care îl aduc aici este unul de natură simbolică, pe care, din cauză că nu este foarte evident, unii îl vor privi cu rezerve, iar alţii îl vor respinge: faptul că omul are la fiecare mână şi la fiecare picior câte 5 degete este un indiciu că există 5 corpuri – de la cel mai gros deget/grosier corp, la cel mai subţire deget/subtil corp. Adică Conştiinţa Cosmică Impersonală a creat corpul fizic uman cu câte 5 degete la mâini şi picioare (şi) pentru ca omul să aibă un indiciu despre numărul corpurilor sale.

Cu siguranţă, există şi alte indicii sau argumente în favoarea existenţei a exact 5 corpuri/5 Universuri; aici am precizat doar câteva care mi s-au părut mai relevante.

Iată o scurtă prezentare a celor 5 corpuri:

1) Corpul fizic: este învelişul cel mai grosier al omului şi singurul recunoscut de ştiinţa oficială actuală (anul 2019). Este alcătuit din atomi din Sistemul periodic al elementelor al lui Mendeleev (hidrogen, carbon, azot, oxigen etc.), motiv pentru care se mai numeşte şi "corpul mineral".

2) Corpul eteric: se mai numeşte şi: corp odic, corp vital, corp bioenergetic, corp pranic etc. Oricum l-am denumi, este vorba despre aceeaşi realitate. Meridianele de acupunctură aparţin acestui corp; tot în acest corp sunt şi chakrele. Asupra acestui corp acţionează bio-energo-terapeuţii şi acupunctorii. Este mai subtil decât corpul fizic, dar nu mai puţin real, adică acest corp, împreună cu celelalte 3 şi mai subtile, aparţin Realităţii Obiective (RO), chiar dacă le denumim subtile. Adică faptul de a fi subtil nu înseamnă că este mai puţin obiectiv, chiar dacă nu este încă recunoscut de ştiinţa oficială. Acest corp, similar cu corpul fizic, este alcătuit din atomi eterici, are o anumită structură sau aşa-zisa "anatomie ocultă" şi funcţionează după o "fiziologie ocultă" (cele 2 expresii sunt valabile şi pentru celelalte 3 corpuri subtile). Corpul eteric face legătura între corpul fizic şi celelalte 3 corpuri mai subtile (vezi pagina 60).

3) Corpul astral: este suportul material al sentimentelor şi senzaţiilor şi este alcătuit din atomi astrali.

4) Corpul mental: este suportul material al gândirii (sau altfel spus al raţiunii, al intelectului), este alcătuit din atomi mentali şi nu este întâlnit decât la om (animalele, plantele şi mineralele nu posedă corp mental). Din această cauză omul mai este numit şi "animal intelectual" (un animal care posedă corp mental).

5) Corpul cauzal (corpul unde apare cauza oricărei activităţi fizice, eterice, astrale sau mentale): este alcătuit din atomi cauzali. După cum îi spune şi numele, aici iau naştere cauzele acţiunilor din corpurile mai grosiere, adică o modificare la nivelul corpului cauzal se propagă (de la caz la caz) în corpurile mental, astral, eteric şi fizic. Se află la graniţa dintre Spirit (Infinit) şi Materie (Finit), în sensul că (vezi şi diagrama din Capitolul 4): la ieşirea din Somnul fără vise (SFV) (adică din Spaţiul Realităţii Subiective SRS) prin exteriorizare involuntară, Conştiinţa Personală Neiluminată (CPN) interacţionează mai întâi cu corpul cauzal şi mai exact cu aşa-zisul "atom-germene cauzal", iar la pătrunderea în SFV prin interiorizare involuntară, corpul cauzal este ultimul corp "părăsit" de CPN (prin dezidentificare).

Într-un mod similar cu interiorizarea involuntară a CPN, pe Calea Spirituală, adică prin Acţiunea Spirituală care după cum vom vedea constă într-o interiorizare voluntară a CPN, corpul cauzal este ultimul corp care este "abandonat" (prin dezidentificare) de CPN pe drumul de întoarcere Acasă, adică în SRS (Sine).

Paranteză: cuvântul "inimă" are 4 sensuri (înţelesuri) principale (detalii în Volumul 2): primul sens ţine de corpul fizic şi se referă la organul musculos care pompează sângele; al doilea sens se referă la corpul astral ca suport material al sentimentelor; al treilea sens ţine de corpul cauzal şi se referă la aşa-zisul "atom-germene cauzal"; al patrulea sens este cel de Spaţiu al Realităţii Subiective (SRS), care este Centrul Spiritual ("Inima") atât al întregului Cosmos (Realitatea Obiectivă RO), cât şi al oricărei fiinţe (am închis paranteza).

Corpul cauzal se mai numeşte şi "corpul mental superior", adică este considerat de către unii ca fiind partea superioară a corpului mental (în acest caz corpul mental este numit "corpul mental inferior").

Toate cele 5 corpuri materiale au în comun faptul că sunt finite, adică sunt limitate din punct de vedere energetic, spațial și temporal. Pe de altă parte, <u>Sinele Impersonal este Infinit</u> din punct de vedere energetic (este ∞S), <u>aspațial</u> (adică se află în afara Spațiului tridimensional, este transcendent) și <u>etern</u> din punct de vedere temporal (adică nu are nici început nici sfârșit, nici nu se naște nici nu moare). <u>Sinele Personal</u> are aceleași caracteristici ca Sinele Impersonal, diferența fiind că Sinele Personal are un început.

Chiar dacă fac parte din UMP diferite, cele 5 corpuri umane (5c) sunt legate între ele (interconectate) și formează un sistem (ansamblu) în care orice modificare într-unul din cele 5c influențează (în general) și celelalte 4 corpuri. Se vede că corpul fizic (CF) interacționează cu celelalte corpuri doar prin intermediul corpului eteric (CE). Diagrama cu interconexiunile dintre cele 5c este identică cu partea inferioară a Arborelui Vieții (Arborele Sefirotic) din Kabală, adică <u>cele 5c sunt cei 5 sefiroți inferiori</u>. Cei 5 sefiroți superiori sunt componente sau stări ale Conștiinței Personale Neiluminate (CPN) sau Iluminate (CPI): cei 3 sefiroți superiori (din ultimii 5/cei 5 superiori) sunt cele 3 componente ale CPI (vezi Cap. 3): Kether = Sinele Personal = CPI(SRS), Chokmah = CPI(5c), Binah = Conștiința Cosmică Personală = CPI(5UMP), iar ceilalți 2 sefiroți sunt stările de Somn cu vise (SCV) și Veghe (VGH) ale CPN [a 3-a stare a CPN, Somnul fără vise (SFV), nu apare uneori în diagramă, probabil pentru că în SFV, între CPN și cele 5c nu există influență reciprocă].

<u>**Interconexiunile dintre cele 5 corpuri ale omului și schema acțiunilor voluntare fizice și mentale**</u>

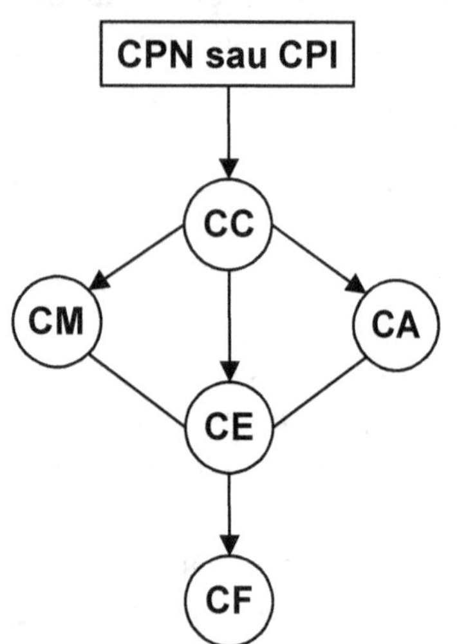

Orice <u>acțiune voluntară fizică sau mentală</u> se inițiază la nivelul conștiinței personale (CPN sau CPI): CPN/CPI determină o modificare în corpul cauzal (CC), care se mai numește și corpul voinței, iar această modificare se propagă descendent în celelalte 4 corpuri mai grosiere, adică (de la caz la caz) în corpurile mental (CM), astral (CA), eteric (CE) sau fizic (CF). În cazul <u>acțiunilor voluntare fizice</u> avem traseul: CPN/CPI → CC → CE → Sistemul Nervos Central (SNC) al CF → cele 5 organe de acțiune fizică (prin calea nervoasă eferentă): corzi vocale, mâini, picioare, organe sexuale sau anus.

În cazul <u>acțiunilor voluntare mentale</u>, traseul este mai scurt: CPN/CPI → CC → CM/CA, unde determină o modificare a structurii CM/CA; de exemplu, prin acțiunea de învățare mentală se modifică CM.

În cazul <u>cunoașterii fizice sau mentale</u> are loc un proces în sens invers, spre CPN sau CPI. În cazul <u>cunoașterii fizice</u> (prin cele 5 simțuri) avem traseul: cele 5 organe ale celor 5 simțuri fizice (ochi, urechi, nas, limbă, piele) → centrii nervoși din SNC ai CF (prin calea nervoasă aferentă) → CE → CA → CPN sau CPI, unde determină percepțiile/senzațiile corespunzătoare. În cazul <u>cunoașterii mentale</u> avem un traseu mai scurt: CA/CM, a căror structură a fost (eventual) modificată prin acțiuni mentale (de exemplu modificarea CM prin învățare mentală) → CPN/CPI, unde determină cunoașterea/înțelegerea mentală. Detalii despre acțiunile voluntare fizice și mentale și cunoașterile fizice și mentale sunt oferite în Capitolul 8 din Volumul 2.

<u>2.6 – Concluzii pentru Capitolul 2 (utile pe Calea Spirituală)</u>

Iată cele 3 concluzii despre Realitatea Obiectivă (adică ale Capitolului 2), utile în teoria spirituală, care trebuie reținute (inclusiv de aceia care nu înțeleg sau nu agreează partea matematică):

1) Realitatea Obiectivă (RO) sau Cosmosul este alcătuită 100% din materie, adică din Energie Finită și Măsurabilă (FM). FM este una din cele 4 Energii Fundamentale ale Realității (celelalte 3 Energii Fundamentale sunt Infinitul inconștient ∞i, Infinitul Supraconștient ∞S și Finitul Nemăsurabil FN).

2) Cosmosul (RO) este structurat în 5 Universuri Materiale Paralele (UMP). Fiecare UMP este guvernat de aceeași Lege Universală a Naturii (LUN); diferența e dată de valorile concrete ale setului de constante universale fundamentale (g, c) care intervin în LUN: g = constanta gravitațională, c = viteza luminii în vid.

3) partea obiectivă (materială) a ființei umane este formată din 5 corpuri materiale "întrepătrunse", dar aflate în interdependență, fiecare din cele 5 corpuri făcând parte din câte un Univers Material (UMP).

Capitolul 3
Diagrama combinată a celor 4 stări de conştiinţă şi a celor 5 corpuri ale fiinţei umane

Cuprins

3.1 – Prezentarea diagramei

Prin suprapunerea simbolurilor celor 5 corpuri ale omului din Capitolul 2 peste diagrama celor 4 stări de conştiinţă din Capitolul 1, obţinem diagrama de mai jos:

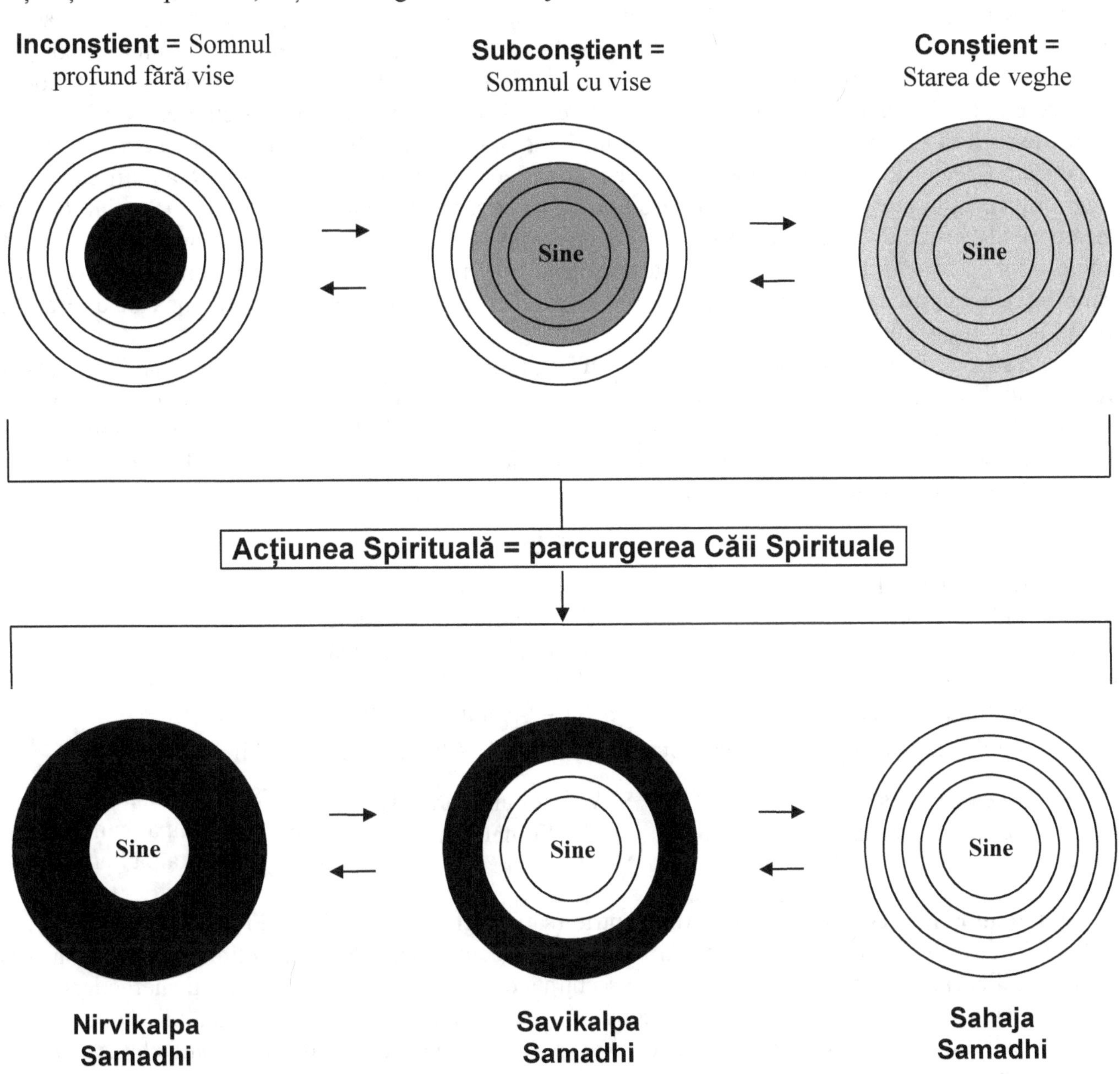

Se observă că avem în total 6 stări, deoarece a 4-a stare a conştiinţei se "despică" în 3 substări.

În afară de conştiinţele personale care se încadrează în cele 4 stări de conştiinţă prezentate în Capitolul 1, există şi 3 Conştiinţe Impersonale (detalii în 3.4):

a) Infinitul inconştient Impersonal (∞i-I) sau aşa-zisul "inconştient colectiv" ("colectiv" având aici sensul de impersonal) şi Infinitul Supraconştient Impersonal (∞S-I) sau Sinele Impersonal (numit şi "Dumnezeu Tatăl" în Noul Testament), care locuiesc în Spaţiul Realităţii Subiective (SRS – pentru detalii vezi 2.4 şi 3.4) şi sunt (fiecare în parte) unici, neschimbători şi nu au nici început, nici sfârşit;

b) Conştiinţa Cosmică Impersonală (numită "Duhul Sfânt" în Noul Testament) care este extensia Unicului Sine Impersonal în SRO (Spaţiul Realităţii Obiective = Spaţiul tridimensional), locuieşte deci în SRO, apare la începutul Zilei Cosmice şi dispare la sfârşitul Zilei Cosmice, cea mai relevantă funcţie pe care o îndeplineşte fiind cea de "Păstrător" ("Susţinător") al Realităţii Obiective (RO) prin intermediul Legii Universale a Naturii (LUN – vezi 2.1) (funcţiile de Creator şi Distrugător al RO nu sunt relevante în Cunoaşterea de Sine).

Diagrama prezentată în Capitolul 1 reprezintă stări de conştiinţă individuale (personale). În interiorul cercului mic, interior care reprezintă SRS (Spaţiul Realităţii Subiective), am simbolizat prin "Sine" Unicul Sine Impersonal (numit Dumnezeu Tatăl în Noul Testament), care este cel mai relevant "locatar" al acestui Spaţiu şi este de tip ∞S (Infinit Supraconştient), celălalt locatar al SRS fiind ∞i-I (Infinitul inconştient Impersonal), adică SRS este "locuinţa" celor 2 Infiniţi: ∞i-I şi ∞S-I. SRS se mai numeşte din acest motiv şi "Casa Domnului", "Domnul" fiind ∞S-I (detalii despre SRS şi cei 2 locuitori ai săi sunt oferite în 3.4).

Se observă că celei de-a 4-a stări îi corespund 3 substări, adică putem spune că a 4-a stare se "despică" în 3 substări. Cele 3 substări sunt identice din punct de vedere al stării din SRS (Spaţiul Realităţii Subiective) = interiorul cercului mic (toate sunt a 4-a stare a conştiinţei) şi diferă doar la nivelul SRO (Spaţiul Realităţii Obiective), SRO fiind în "exteriorul" SRS. De altfel, se poate observa că "Samadhi" este termenul comun din numele celor 3 substări, adică "Samadhi" este un alt nume pentru a 4-a stare a conştiinţei. Am ales aceste denumiri (cele 3 tipuri de Samadhi) deoarece sunt singurele (sau cele mai cunoscute) nume care diferenţiază substări în interiorul celei de-a patra stări.

Cele 3 stări de Samadhi formează împreună "subregimul" de "eliberare în corp" sau Jivan Mukti (JVN), care la rândul lui formează împreună cu "subregimul" de "eliberare fără corp" = VDH (Videha Mukti), "regimul" de CPI (Conştiinţă Personală Iluminată) (CPI = JVN + VDH). Trecerea de la regimul de CPN (Conştiinţă Personală Neiluminată), prin care denumim cele 3 stări de SFV, SCV şi VGH, la regimul de CPI (JVN), se face prin Acţiunea Spirituală care înseamnă parcurgerea Căii Spirituale.

Abrevieri

JVN = Jivan Mukti = Eliberarea în corp

VDH = Videha Mukti = Eliberarea fără corp   RO = Realitatea Obiectivă

JVN = {SHJ, SVK, NVK}   RS = Realitatea Subiectivă

CPI = JVN + VDH   SRS = Spaţiul Realităţii Subiective

CPI = Conştiinţa Personală Iluminată   SRO = Spaţiul Realităţii Obiective

∞i = Infinitul inconştient, ∞S = Infinitul Supraconştient, FN = Finitul Nemăsurabil

LUN = Legea Universală a Naturii   SFV = Somnul fără vise   SHJ = Sahaja Samadhi

CPN = Conştiinţa Personală Neiluminată   SCV = Somnul cu vise   SVK = Savikalpa Samadhi

CPN = {SFV, SCV, VGH}   VGH = Starea de veghe   NVK = Nirvikalpa Samadhi

Vom denumi în mod convenţional prin "centru" (sau "interior") SRS (Spaţiul Realităţii Subiective), iar prin "periferie" (sau "exterior") SRO (Spaţiul Realităţii Obiective, adică Spaţiul tridimensional). Conştiinţa Personală (CPN sau CPI) poate fi centrată sau descentrată din punct de vedere spaţial sau energetic.

Centrarea sau descentrarea spaţială este considerată din punct de vedere corporal, adică din punct de vedere al spaţiului tridimensional ocupat de cele 5 corpuri materiale ale omului, şi se poate observa uşor din punct de vedere vizual în diagrama de la pagina 61. În tabelul următor este prezentată şi centrarea sau descentrarea energetică (centrarea energetică este mai greu sesizabilă în Savikalpa şi Sahaja Samadhi):

	Centrare/Descentrare spaţială dpdv corporal	Centrare/Descentrare energetică
SFV	Centrare spaţială în SRS	Centrare energetică în ∞i
SCV	Descentrare spaţială (identificare cu 3 corpuri)	Descentrare energetică (este prezent Răul = FN = ego-ul)
VGH	Descentrare spaţială (identificare cu 5 corpuri)	Descentrare energetică (este prezent Răul = FN = ego-ul)
SHJ	Descentrare spaţială (identificare cu 5 corpuri)	Centrare energetică în ∞S
SVK	Descentrare spaţială (identificare cu 3 corpuri)	Centrare energetică în ∞S
NVK	Centrare spaţială în SRS	Centrare energetică în ∞S

Centrarea spaţială înseamnă <u>absenţa identificării</u> ("amestecului") conştiinţei personale cu corpuri materiale, iar <u>descentrarea spaţială</u> înseamnă <u>prezenţa identificării</u> ("amestecului") conştiinţei personale cu corpuri materiale (3 sau 5). Altfel spus, centrarea spaţială înseamnă că conştiinţa personală nu influenţează cele 5 corpuri materiale (deoarece nu este identificată/amestecată cu ele), iar descentrarea spaţială înseamnă că conştiinţa personală influenţează cele 3 sau 5 corpuri materiale (deoarece este identificată/amestecată cu ele), această influenţă fiind (după cum vom vedea imediat) malefică în cazul CPN şi benefică în cazul CPI.

Centrarea energetică înseamnă <u>absenţa suferinţei</u> (adică a Răului = FN = binele + răul), iar <u>descentrarea energetică</u> înseamnă <u>prezenţa suferinţei</u> (adică a Răului = FN = binele + răul), unde FN = Finitul Nemăsurabil.

Centrarea energetică poate fi în Infinitul inconştient (∞i = nici Răul, nici Binele) sau în Infinitul Supraconştient (∞S = Binele). Într-o altă formulare, centrarea energetică înseamnă că conştiinţa personală de la nivelul SRS nu este influenţată de cele 5 corpuri materiale (putând fi în ∞i sau ∞S), iar descentrarea energetică înseamnă că conştiinţa personală de la nivelul SRS este influenţată de cele 5 corpuri materiale.

Pe scurt, pentru a reţine mai uşor cele 2 centrări şi cele 2 descentrări: centrarea/descentrarea <u>spaţială</u> se referă la <u>influenţa conştiinţei personale asupra celor 5 corpuri</u>, iar centrarea/descentrarea <u>energetică</u> se referă la <u>influenţa celor 5 corpuri asupra conştiinţei personale (influenţa inversă)</u>.

Observăm că descentrarea energetică (egoul) este obligatoriu însoţită de o descentrare spaţială, în timp ce centrarea energetică poate fi însoţită sau nu de centrare spaţială (în SHJ şi SVK, deşi avem o descentrare spaţială = identificare cu 3 corpuri în SVK şi cu toate cele 5 corpuri în SHJ, avem centrare energetică în ∞S = Fericirea care implică automat absenţa oricărei suferinţe). Din acest motiv se spune că suferinţa (adică Răul = FN = egoul) înseamnă "identificare exclusivă cu corpul material", adică conştiinţa individuală (CPN) se identifică doar cu corpul (3 corpuri în SCV şi 5 corpuri în VGH), nu şi cu Sinele Impersonal. De altfel, egoul (eu-l inferior) sau "falsa identitate" ("falsa personalitate") constă tocmai în senzaţia "nu sunt altceva decât un corp material (fizic)", adică exact ce spuneam mai sus că "ego = identificare exclusivă cu corpul material", adică egoul = descentrare energetică în care corpul material influenţează conştiinţa personală (CPN).

Alte observaţii despre cele 6 stări ale omului

În cazul CPN, corpurile cu care <u>nu</u> se identifică CPN sunt "umplute" cu culoarea albă, în timp ce în cazul CPI ele sunt "umplute" cu culoarea neagră, pentru a le deosebi de corpurile cu care <u>se</u> identifică CPN şi CPI:

◆ **CPN (Conştiinţa Personală Neiluminată)** nu se identifică cu niciun corp în somnul fără vise (SFV), cu 3 corpuri în somnul cu vise (SCV): cauzal, mental şi astral şi cu toate cele 5 corpuri în starea de veghe (VGH). În SFV, CPN este centrată spaţial în SRS şi energetic în ∞i şi nu există suferinţă, dar nici Fericire, deoarece SFV = ∞i = nici Răul, nici Binele. În SCV şi VGH, CPN este descentrată spaţial şi energetic. Această descentrare energetică este o caracteristică esenţială a egoului, adică a Răului (ego = FN = Răul).

◆ **CPI (Conştiinţa Personală Iluminată)** nu se identifică cu niciun corp în Nirvikalpa Samadhi (NVK), cu 3 corpuri în Savikalpa Samadhi (SVK): cauzal, mental şi astral şi cu toate cele 5 corpuri în Sahaja Samadhi (SHJ). CPI este centrată energetic în ∞S în toate cele 3 stări de Samadhi – chiar dacă în SVK şi SHJ există şi identificare cu 3, respectiv 5 corpuri – şi asta pentru că, la nivelul SRS, toate cele 3 stări de Samadhi sunt de tip ∞S (Infinit Supraconştient), adică "ocupă" complet SRS din punct de vedere energetic. În niciuna din cele 3 stări de Samadhi nu există suferinţă, chiar dacă în SVK şi în SHJ există identificare cu corpuri materiale.

În somnul cu vise (SCV), deoarece conştiinţa personală (CPN) se identifică doar cu 3 din cele 5 corpuri (cauzal, mental şi astral) şi nu se identifică cu celelalte 2 corpuri (eteric şi fizic), ajungem la concluzia că este obligatorie separarea spaţială (sau aşa-zisa "dedublare") a ansamblului corp astral + corp mental + corp cauzal + CPN (adică a aşa-zisului "suflet") de ansamblul corp eteric + corp fizic. De ce? Deoarece am spus că cele 5 corpuri umane există "întrepătrunse" în acelaşi volum spaţial, adică ocupă aproximativ acelaşi spaţiu tridimensional (care într-o primă aproximare poate fi considerat ca fiind volumul tridimensional ocupat de corpul fizic). De aici rezultă că dacă cele 5 corpuri ar rămâne "întrepătrunse", nu ar fi posibile decât 2 cazuri: CPN fie se identifică cu toate cele 5 corpuri (în starea de veghe VGH), fie nu se identifică cu niciunul din cele 5 corpuri (în somnul fără vise SFV). Pentru ca identificarea să se facă doar cu 3 din cele 5 corpuri este obligatorie separarea spaţială a celor 3 corpuri de celelalte 2 corpuri. Menţionez că separarea celor 3 corpuri este doar spaţială; din punct de vedere energetic, cele 3 corpuri rămân legate de celelalte 2 prin aşa-numitul "cordon de argint", care asigură revenirea "sufletului" în corpul fizic. Cordonul de argint se rupe (definitiv) doar în cazul morţii corpului fizic şi se reface la următoarea încarnare.

Dedublarea din timpul SCV este involuntară şi are loc pentru fiecare om în fiecare noapte (sau atunci când doarme). Gradul de conştienţă în SCV este mai scăzut decât în VGH, ceea ce, împreună cu "fluiditatea" Universului Astral comparativ cu "soliditatea" Universului Fizic, explică "incoerenţa" celor mai multe vise. În cazul dedublărilor voluntare sau a unora din cele involuntare, gradul de conştienţă poate fi comparabil sau egal cu cel din VGH (vezi de exemplu relatările lui Ilie Cioară).

În dedublările obişnuite din timpul SCV, "sufletul" se poate afla la o distanţă mai mică sau mai mare faţă de corpul fizic: dacă distanţa este de ordinul metrilor, se poate afla în aceeaşi cameră în care doarme corpul fizic; dacă distanţa faţă de corpul fizic este mult mai mare, pot avea loc întâlniri cu cei "decedaţi", adică cu cei care şi-au pierdut (definitiv) corpul fizic (şi cel eteric). Aceste întâlniri sunt posibile şi nu sunt fantasmagorii aşa cum cred unii, deoarece atât sufletul celui care viseaza cât şi sufletul mortului se află în corp astral şi deci în Universul Astral.

Iată de ce morţii se mai numesc, în limbaj bisericesc, şi "adormiţi": deoarece atât morţii, cât şi adormiţii (cei care sunt în somnul cu vise SCV, nu cei din somnul fără vise SFV) se află în corp astral.

Studiind starea de veghe (VGH) ca fiind reprezentativă pentru prezenţa Răului (cealaltă stare în care este prezent Răul – adică Somnul cu vise (SCV) – este mai puţin relevantă decât VGH, deoarece gradul de conştienţă este mai scăzut şi nu există identificare cu corpul fizic), constatăm că <u>în VGH sunt prezente simultan descentrarea spaţială şi descentrarea energetică</u>. Omul obişnuit – adică ignorant de Sine – este afectat în plus şi de ignoranţa intelectuală cu privire la cauza suferinţei (Răului), care este Ignoranţa de Sine.

Astfel, <u>Ignoranţa spirituală</u> = absenţa Cunoaşterii de Sine = descentrarea energetică îi provoacă omului obişnuit suferinţa, iar <u>ignoranţa intelectuală</u> îl face să creadă că cauza suferinţei sale este identificarea cu cele 5 corpuri = <u>descentrarea spaţială</u> (la aceasta ignoranţă intelectuală mai contribuie şi faptul că în SFV, centrarea energetică = absenţa Răului este însoţită de o centrare spaţială = absenţa identificării cu cele 5 corpuri). Această descentrare spaţială neputând fi anihilată, omul obişnuit – dublu ignorant – ajunge la concluzia (greşită) că nu poate scăpa de suferinţă orice ar face şi ca atare se resemnează cu o viaţă (sau mai multe, pe termen nedefinit) plină de Rău (mai există şi alţii care iau decizia şi mai proastă de a se sinucide, crezând că asta e singura soluţie de a scăpa de suferinţă, în realitate nefăcând decât să-şi îngreuneze şi mai mult destinul deoarece suferinţa continuă intensificată atât după actul funest, cât şi în reîncarnările viitoare).

Tot ignoranţa intelectuală îi face pe alţii (şi nu puţini) să afirme că "mântuirea" (adică încetarea suferinţei) nu se obţine decât "în lumea de dincolo", adică după dispariţia corpului fizic.

În acest context, voi analiza o afirmaţie a lui Isus din Evanghelie (<u>Luca 9:24</u>), pe care cei mai mulţi oameni – dacă nu chiar toţi – ori nu o înţeleg, ori o înţeleg greşit: "Fiindcă oricine va voi să-şi scape viaţa, o va pierde; dar oricine îşi va pierde viaţa pentru Mine, o va mântui." În realitate, Isus se referă aici la dizolvarea egoului prin Cunoaşterea de Sine: "îşi va pierde viaţa pentru Mine" = îşi va dizolva egoul, deci traducerea corectă a acestei afirmaţii atât de neînţeleasă sau greşit înţeleasă de atât de mulţi oameni este: "Cel care îşi va dizolva egoul, va găsi Fericirea, dar cel care îşi va păstra intact egoul (adică Ignoranţa de Sine), va pierde Fericirea." (adică va trăi în suferinţă atât pe Pământ, cât şi după moartea corpului fizic până la următoarea reîncarnare, când dacă va face la fel, va păţi la fel, şi tot aşa pe termen nedefinit). Am bănuiala că şi majoritatea martirilor care "au murit pentru Isus" (dacă nu chiar toţi) şi-au bazat martirajul tot pe interpretarea ad litteram (adică greşită) a acestor cuvinte a lui Isus. Acum între noi fie vorba: dacă Isus a rostit într-adevăr aceste cuvinte, atunci trebuie să recunoaştem că a fost cam neinspirat, deoarece ar fi trebuit să-şi dea seama că mulţi dintre cei care le vor citi ori nu vor înţelege nimic, ori le vor interpreta greşit – adică ad litteram (literal) (se ştie că "litera ucide, dar spiritul dă viaţă" – vezi 5.4.2).

Tot în acest sens, voi oferi şi o interpretare neobişnuită la o glumă "neagră": "Dacă după 40 de ani (sau orice altă vârstă) te trezeşti dimineaţa şi nu te mai doare nimic, înseamnă că ai murit". Perfect de acord, cu o precizare însă: este vorba de moartea egoului = obţinerea Cunoaşterii de Sine, care "ucide" orice suferinţă, adică Cunoaşterea de Sine este cu adevărat aşa-zisul "panaceu" = "pain-killerul universal". De altfel, există mai multe relatări ale unor iluminaţi care tocmai la trezirea din somn au constatat dispariţia Ignoranţei de Sine, aşa că interpretarea propusă de mine nu mai pare chiar atât de neobişnuită.

Pe scurt, __nu moartea corpului fizic face să înceteze suferinţa, ci moartea egoului__. Iar Fericirea nu se obţine aşteptând să treacă viaţa pentru a ajunge în lumea de dincolo (şi nici cu atât mai puţin grăbind acest lucru prin actul nefericit al sinuciderii), ci aici, pe Pământ, în timpul acestei vieţi, preocupându-te de Cunoaşterea de Sine, fără a lăsa să treacă timpul în mod inutil din acest punct de vedere.

__În concluzie__, omul obişnuit – dublu ignorant: spiritual şi intelectual – este afectat simultan de o descentrare energetică (adică de suferinţă = Răul = binele + răul) şi de o descentrare spaţială (adică de perceperea Realităţii Obiective prin intermediul celor 5 corpuri) şi crede (în mod fals) că suferinţa sa este cauzată de descentrarea spaţială, adică în ultimă instanţă de prezenţa corpului fizic şi că, deci, nu există nicio soluţie în timpul acestei vieţi pentru a scăpa complet de suferinţă şi a găsi Fericirea Perfectă.

__Vestea bună__ pe care o aduc este că __nu__ percepţia Realităţii Obiective (RO) = descentrarea spaţială îi generează suferinţa, ci descentrarea energetică (adică Ignoranţa de Sine = ego-ul), iar această descentrare energetică poate fi complet anihilată prin obţinerea Cunoaşterii de Sine. Această veste bună, corect înţeleasă din punct de vedere intelectual, ar trebui să anihileze ignoranţa intelectuală cu privire la cauzele suferinţei, iar cunoaşterea intelectuală astfel obţinută ar trebui să conducă în final la anihilarea completă a suferinţei (a Ignoranţei Spirituale), adică la obţinerea Cunoaşterii de Sine = experimentarea Fericirii Perfecte.

__Cea mai puternică identificare a CPN este cu propriul corp__, dar CPN se poate identifica şi cu altceva în afară de cele 5 corpuri (aceste identificări, chiar dacă sunt mai slabe, generează totuşi suferinţă; un exemplu de suferinţă generată printr-o astfel de identificare este ataşamentul): cu posesiunile materiale; cu alte persoane (de exemplu membrii familiei); cu propria etnie sau ţară – ceea ce conduce la apariţia patriotismului prost înţeles din cauza căruia pot începe chiar războaie; cu un partid; cu propria religie şi cu grupul religios format din cei care împărtăşesc aceleaşi credinţe religioase (ceea ce conferă un fals sentiment de securitate) etc. Identificarea înseamnă că o parte din CPN se "amestecă" cu o formă materială (care poate fi propriul corp sau alte corpuri); acest amestec înseamnă că o parte din identitate este plasată (în mod greşit) în forme materiale tridimensionale.

Dacă conştiinţa nu este trezită (avem CPN), această identificare generează stări de conştiinţă limitate sau egocentrice, a căror caracteristică principală este faptul că orice stare limitată de conştiinţă conţine un anume grad de suferinţă. Dacă trezim conştiinţa (avem CPI), suferinţa dispare chiar dacă există identificare cu corpuri materiale, deoarece suferinţa nu era generată de identificare, ci de limitarea conştiinţei – care în stare de Ignoranţă de Sine este echivalentă cu identificarea cu (o parte din) Realitatea Obiectivă (RO).

__Spaţiul Realităţii Obiective__ (SRO) = Spaţiul tridimensional __poate fi împărţit__ din punct de vedere personal (din punctul de vedere al unei persoane oarecare) în SRO-Int = SRO din interiorul corpului fizic şi SRO-Ext = SRO din exteriorul corpului fizic. Putem spune (cu o precizie destul de bună) că cele 5 corpuri se află în SRO-Int (constituie RO din SRO-Int), iar restul RO se află în SRO-Ext şi constituie RO care este percepută prin cele 5 simţuri fizice (văz, auz, miros, gust, tactil).

__În yoga celor 8 paşi__, pasul 5 = pratyahara ("retragerea simţurilor") = extragerea/retragerea CPN din SRO-Ext, adică din lucrurile exterioare cu care te identifici: posesiuni materiale, membrii familiei etc.; după aceea urmează extragerea/retragerea CPN din cele 5 corpuri la paşii 6 şi 7: la pasul 6 = "dharana" e vorba de corpurile fizic şi eteric, iar la pasul 7 = "dhyana" e vorba de corpurile astral, mental şi cauzal, urmând ca la ultimul pas = pasul 8 = Samadhi să se obţină Cunoaşterea de Sine (vezi şi Capitolul 9).

Această extragere/retragere a CPN din SRO este tocmai Acţiunea Spirituală (vezi Capitolul 5) prin care se obţine Cunoaşterea de Sine = Samadhi.

CPI are 3 componente <u>din punct de vedere "spaţial"</u> (pentru detalii vezi 3.4):
1) **CPI(SRS)** = ∞S Personal = Sine-le Personal (CPI de la nivelul Spaţiului Realităţii Subiective)
2) **CPI(SRO)** = Conştiinţa Cosmică Personală (CPI de la nivelul Spaţiului Realităţii Obiective)
3) **CPI(3c/5c)** = CPI de la nivelul celor 3 sau 5 corpuri = "Dumnezeu Fiul" (CPI de la nivel corporal), unde "3c" sunt corpurile cauzal, mental şi astral, iar "5c" sunt toate cele 5 corpuri.

<u>Din punct de vedere "energetic"</u>, primele 2 tipuri de CPI sunt identice cu variantele lor Impersonale:
[CPI(SRS) = ∞S Personal = Sinele Personal] = [Sinele Impersonal = ∞S Impersonal = "Dumnezeu Tatăl"]
[CPI(SRO) = Conştiinţa Cosmică Personală] = [Conştiinţa Cosmică Impersonală = "Duhul Sfânt"]

<u>Legătura dintre cele 3 tipuri de CPI şi cele 3 stări de Samadhi este următoarea:</u>
NVK = CPI(SRS) + CPI(SRO)
SVK = CPI(SRS) + CPI(SRO) + CPI(3c)
SHJ = CPI(SRS) + CPI(SRO) + CPI(5c)

<u>Observăm că</u> rădăcina comună a celor 3 tipuri de Samadhi este [CPI(SRS) + CPI(SRO)] = NVK, adică ("Dumnezeu Tatăl" + "Duhul Sfânt") – dacă ţinem cont de cele 2 identităţi energetice de mai sus, iar în SVK şi SHJ se experimentează toate cele 3 tipuri de CPI, adică "Sfânta Treime'" din Noul Testament – dacă ţinem cont în plus de faptul că CPI(3c/5c) = "Dumnezeu Fiul". Cele 3 componente spaţiale ale CPI sunt diferite din punct de vedere energetic (oricare 2), dar sunt "unite" – în sensul că sunt experimentate simultan de către CPI (adică de către persoana care a obţinut iluminarea spirituală = Cunoaşterea de Sine) în SVK şi SHJ.

Astfel, cel care obţine Cunoaşterea de Sine experimentează "Sfânta Treime", adică toate cele 3 tipuri de CPI, simultan, în Savikalpa şi Sahaja. "Nucleul dur" al (celor 3 componente spaţiale ale) CPI este CPI(SRS) = Sine-le Personal, deoarece Acesta, odată obţinut definitiv, este etern, adică nu are sfârşit. Celelalte 2 tipuri de CPI sunt nepermanente: CPI(3c/5c) durează doar cât timp durează cele 5 corpuri, iar CPI(SRO) durează atâta timp cât durează Realitatea Obiectivă, care, chiar dacă are o durată de existenţă foarte mare, este totuşi limitată în timp. CPI(SRS) face "joncţiunea" dintre CPI(3c/5c) pe de o parte, şi CPI(SRO) pe de altă parte, asigurând astfel, după cum vom vedea puţin mai jos, optimizarea Realităţii Obiective la nivel personal.

<u>După dispariţia celor 5 corpuri în cazul celui care a obţinut Cunoaşterea de Sine pe Pământ</u> (vezi pagina 156), începe ultima etapă a CPI, adică VDH = Videha Mukti = Eliberarea fără corp. VDH constă din 2 stadii:
● VDH1 = CPI(SRS) + CPI(SRO) în absenţa celor 5 corpuri (este identică cu NVK din punct de vedere al stării de conştiinţă, dar în NVK cele 5 corpuri sunt încă prezente);
● VDH2 = CPI(SRS); VDH2 este ceea ce rămâne după disoluţia completă a Realităţii Obiective (în timpul Nopţii Cosmice), adică "nucleul dur" al CPI = Sine-le Personal, despre care am spus că nu are sfârşit şi este de tip ∞S, fiind identic cu Sine-le Impersonal.

<u>Referitor la tabelul de la pagina 63</u>: în NVK, CPI este centrată spaţial doar din punct de vedere corporal: dacă luăm în calcul întreg Spaţiul SRO, NVK nu mai este centrată spaţial, deoarece conţine, pe lângă componenta CPI(SRS) – care este riguros centrată în SRS, şi componenta CPI(SRO) – care nu este centrată spaţial, deoarece umple întreg Spaţiul SRO = Spaţiul tridimensional. Dintre cele 5 tipuri de CPI (3 tipuri de JVN şi 2 tipuri de VDH), doar VDH2 este riguros centrată din punct de vedere spaţial, în timp ce din punct de vedere energetic, toate cele 5 tipuri de CPI sunt centrate în ∞S. Descentrarea spaţială în cazul NVK nu prezintă însă relevanţă în studiul nostru teoretic, deoarece pe noi ne interesează în special centrarea sau descentrarea spaţială din punct de vedere al celor 5 corpuri umane.

Înţelegerea poruncii a 4-a din Biblie prin prisma celor 6 + 1 stări ale omului În timpul Zilei Cosmice (adică în timpul existenţei Cosmosului = Realitatea Obiectivă), sunt 7 stări în care se poate afla o fiinţă umană: cele 6 stări prezentate grafic la pagina 61 + VDH1 (vezi puţin mai sus). În cele 6 stări, omul are corpuri materiale (5) – adică poate "munci", în timp ce în VDH1, nu mai are corpurile materiale – adică "se odihneşte". Porunca a 4-a din cele 10 porunci din Vechiul Testament (<u>Exodul 20:8–11</u>) îl îndeamnă pe om să lucreze 6 zile şi să se odihnească într-a 7-a, pentru a-şi aduce aminte că ziua a 7-a este o zi de odihnă.

Astfel, o posibilă interpretare a acestei "porunci" este că Dumnezeu îl îndeamnă pe om să lucreze 6 zile şi să se odihnească într-a 7-a zi, pentru a ţine minte că în timpul <u>Zilei</u> Cosmice (de aici cele 6 + 1 <u>zile</u>) sunt posibile 6 stări (SFV, SCV, VGH, NVK, SVK, SHJ – vezi paginile 61–66) în care omul are cele 5 corpuri (poate "munci") + a 7-a stare (VDH1) în care omul nu mai are cele 5 corpuri ("se odihneşte").

După cum am spus şi în Introducere, putem împărţi aspectele materiale (adică cele care ţin de Realitatea Obiectivă RO) în 2 mari categorii din punct de vedere personal: "Sănătate" – pentru cele care ţin de corpul material – compusă din sănătatea fizică şi mentală (sănătatea propriu-zisă) şi abilităţile fizice şi mentale şi "Bani" – pentru cele care ţin de exteriorul corpului material – compusă din banii propriu-zişi (hrană, îmbrăcăminte, locuinţă etc.), relaţiile interumane (familiale, sociale, internaţionale) şi mediul înconjurător. Am denumit în mod generic prima categorie "Sănătate", iar cea de-a doua "Bani", deoarece sănătatea, respectiv banii, sunt cele mai importante componente din prima, respectiv a doua categorie.

Şi în CPN, şi în JVN (CPI), cele 5 corpuri se află permanent sub acţiunea LUN (Legea Universală a Naturii – vezi 2.1) susţinută de Conştiinţa Cosmică Impersonală (vezi 3.4). Peste această influenţă continuă a Conştiinţei Cosmice Impersonale se suprapune influenţa conştiinţei personale (CPN sau JVN), dar doar dacă există "identificare" a CPN sau JVN cu corpurile materiale (3 sau 5), adică dacă există "amestec" dintre CPN sau JVN şi corpuri. <u>Din punct de vedere corporal vom avea 3 situaţii:</u>

a) (<u>**SFV şi NVK = Centrare spaţială şi energetică**</u>) **(LUN):** dacă nu există identificare dintre CPN sau JVN şi corpuri, aceste corpuri funcţionează doar sub influenţa LUN (adică a Conştiinţei Cosmice Impersonale) şi are loc "refacerea pasivă" a corpurilor (pentru simplificare, nu luăm aici în calcul influenţa – benefică – a CPI(SRO) asupra celor 5 corpuri în NVK);

b) (<u>**SCV şi VGH = Descentrare spaţială şi energetică**</u>) **(LUN + CPN):** identificarea CPN cu corpurile (3 sau 5) este dăunătoare din punct de vedere al corpurilor, deoarece CPN influenţează nefast aceste corpuri prin perturbarea anatomiei şi fiziologiei lor, generând astfel tot felul de boli fizice şi psihice. Rezultă că CPN (adică Ignoranţa de Sine) se dovedeşte ca fiind principală cauză a oricărei boli fizice sau psihice (pe lângă nefericirea generată la nivelul Realităţii Subiective RS). În plus, CPN va afecta negativ şi interacţiunea celor 5 corpuri cu exteriorul lor, adică va perturba şi aspectul de "Bani";

c) (<u>**SVK şi SHJ = Descentrare spaţială + Centrare energetică**</u>) **(LUN + CPI):** identificarea CPI cu corpurile materiale generează "refacerea activă" a corpurilor, care, pe lângă faptul că este calitativ superioară, durează şi mai mult timp decât cea pasivă. În plus, CPI va optimiza şi interacţiunea celor 5 corpuri cu exteriorul lor, adică "Banii", pe lângă Fericirea de la nivelul Realităţii Subiective (RS).

Apare următoarea întrebare: care este modalitatea prin care CPI optimizează RO la nivel personal, adică "Sănătatea" şi "Banii"? Adică <u>de unde "ştie"</u> să facă acest lucru şi <u>cum</u> o face în mod concret?

<u>De unde "ştie" CPI să optimizeze "Sănătatea" şi "Banii"?</u> Conştiinţa Cosmică Impersonală ("Duhul Sfânt") a creat întreaga Realitate Obiectivă sau Cosmosul (format din cele 5 Universuri Materiale Paralele) şi o "menţine în funcţie" prin intermediul LUN, prin urmare deţine aşa-zisul "know-how cosmic". CPI(SRO) = Conştiinţa Cosmică Personală este identică cu Conştiinţa Cosmică Impersonală şi are deci acces la acest "know-how cosmic", pe care:

a) îl "transmite" către CPI(3c/5c) [deoarece CPI(SRO) şi CPI(3c/5c) sunt unite după cum am spus prin intermediul CPI(SRS)], iar CPI(3c/5c) "adaptează" informaţia cosmică la nivelul celor 5 corpuri materiale ale celui care a obţinut iluminarea (Cunoaşterea de Sine) şi optimizează astfel <u>în mod indirect</u> [adică prin intermediul CPI(3c/5c), adică inclusiv prin acţiuni fizice sau mentale] "Sănătatea" şi "Banii";

b) îl foloseşte pentru a optimiza <u>în mod direct</u> "Sănătatea" şi "Banii".

<u>Cum optimizează în mod concret CPI "Sănătatea" şi "Banii"?</u> Modalitatea de optimizare a RO de către CPI este, la nivel fundamental (microscopic), prin acţiuni de tip non-LUN, adică prin acţiuni de tip A1, A2 şi A3 (vezi 2.1.2 – Tipuri de procese în UF, pagina 21).

În concluzie, Realitatea Obiectivă la nivel personal, adică "Sănătatea" şi "Banii", se optimizează de către CPI(SRO) şi CPI(3c/5c), iar Realitatea Subiectivă (RS) la nivel personal, adică Fericirea, se optimizează de către CPI(SRS). Altfel spus, <u>"funcţiile" celor 3 tipuri de CPI</u> din punct de vedere al beneficiului personal <u>sunt următoarele</u> [ţinând cont şi de identităţile din punct de vedere energetic dintre variantele Personale şi Impersonale ale primelor 2 tipuri de CPI; al treilea tip de CPI = CPI(3c/5c) este doar în variantă personală]:

1) CPI(SRS) ("Tatăl") îţi asigură <u>Fericirea</u> (şi în plus face joncţiunea dintre "Fiul" şi "Duhul Sfânt");

2) CPI(3c/5c) ("<u>Fiul</u>") îţi optimizează <u>"Sănătatea" şi "Banii" în mod indirect</u>, adică prin intermediul celor 5 corpuri, adică inclusiv prin acţiuni fizice şi mentale, primind "asistenţă" de la CPI(SRO);

3) CPI(SRO) ("<u>Duhul Sfânt</u>") îţi optimizează <u>"Sănătatea" şi "Banii" în mod direct</u>.

3.4 – Cele 31 (26 + 5) de Concepte Fundamentale (31CF)

După cum am spus în Introducere, există 31 (26 + 5) de Concepte Fundamentale care stau la baza prezentei lucrări (care este o Teorie a Tot ce Există), la fel cum cele 31 de litere (26 ale alfabetului latin + 5 diacritice: ă/Ă, â/Â, î/Î, ş/Ş, ţ/Ţ) stau la baza limbii române. Cele 31CF constau din 26 de Concepte Fundamentale primare = 10 Energii Fundamentale + 16 Procese Energetice Fundamentale şi 5 Concepte Fundamentale secundare = 3 Spaţii + 2 Timpuri. Cele 31CF formează Alfabetul Realităţii ($αβR$ = 31CF), deoarece pe baza lor se construieşte Teoria a Tot ce Există = prezenta lucrare (Realitatea = Tot ce Există), la fel cum pe baza alfabetului limbii române format din (26+5) = 31 de litere se construieşte limba română.

Există 3 niveluri de Energii Fundamentale. Primul nivel are 4 Energii Fundamentale, care se introduc axiomatic prin Axioma Fundamentală a Realităţii (AFR, vezi Anexa 1 din Volumul 2): Infinitul inconştient (∞i), Infinitul Supraconştient (∞S), Finitul Măsurabil (FM) şi Finitul Nemăsurabil (FN). Nivelul 2 are 7 Energii Fundamentale, care se obţin prin deducţie din nivelul 1, pe baza introducerii a încă 3 Energii din Realitatea Subiectivă (RS), existente în Spaţiul Realităţii Obiective (SRO). Nivelul 3 are 10 Energii Fundamentale, care se obţin prin deducţie din nivelul 2, pe baza variantelor personal/impersonal a 3 din cele 7 Energii Fundamentale din nivelul 2.

Cele 4 Energii Fundamentale (nivelul 1) Punctul de pornire al AFR este tabelul de mai jos, unde pe verticală avem opţiunile Finit/Infinit (F/∞), iar pe orizontală avem opţiunile gradelor de conştienţă inconştient/conştient/Supraconştient (i/c/S): inconştientul (i) este gradul de conştienţă minim, Supraconştientul (S) este gradul de conştienţă maxim, iar conştientul (c) sunt gradele de conştienţă intermediare.

AFR postulează că, din cele 6 variante teoretic posibile ale tabelului de mai jos, doar 4 există

(adică nu există Finit Supraconştient FS şi nici Infinit conştient ∞c), şi în plus Fi = FM şi Fc = FN (adică Finitul inconştient este de fapt Finitul Măsurabil = Materia şi Finitul conştient este de fapt Finitul Nemăsurabil).

	inconştient (i)	conştient (c)	Supraconştient (S)
Finit (F)	**Fi = FM**	**Fc = FN**	-
Infinit (∞)	∞i	-	∞S

Următorul pas este definirea celor mai importante 2 din cele 3 Spaţii: Spaţiul Realităţii Subiective (SRS) şi Spaţiul Realităţii Obiective (SRO). SRS şi SRO se definesc astfel: SRS = S(∞i) şi SRO = S(FM), adică SRS este Spaţiul Infinitului inconştient, iar SRO este Spaţiul Finitului Măsurabil. Rezultă imediat că SRS şi SRO sunt complet separate (disjuncte), adică intersecţia lor este mulţimea vidă: SRS $\cap$ SRO = $\varnothing$.

Demonstraţia este următoarea (prin reducere la absurd): SRS = S(∞i) şi SRO = S(Fi), pentru că FM = Fi. Dacă SRS şi SRO ar avea puncte comune, ar rezulta că în acele puncte am avea ∞i = Fi, adică inconştientul (i) ar fi în acelaşi timp Infinit (∞) şi Finit (F), ceea ce este absurd.

Cele 7 Energii Fundamentale (nivelul 2) Vom defini nivelul 2 pe baza SRS, SRO şi a nivelului 1: **E1 = ∞i, E2 = ∞S(SRS), E3 = FN(SRS), E4 = FM, E5 = ∞S(5UMP), E6 = FN(5c), E7 = ∞S(5c)**, unde 5UMP = cele 5 Universuri Materiale Paralele = Cosmosul = Realitatea Obiectivă (RO) şi 5c = cele 5 corpuri ale omului. Se observă că ∞S se poate găsi la nivelul SRS şi sub 2 aspecte la nivelul SRO: E5 şi E7 (5UMP şi 5c sunt ambele în SRO), iar FN la nivelul SRS (E3) şi SRO (E6).

E1 este inconştientul, E2 este Sinele Superior, E3 este sinele inferior (egoul), E4 este materia (structurată sub forma Cosmosului = 5UMP = RO), E5 este Conştiinţa Cosmică, E6 este egoul de la nivelul celor 5c (E3 şi E6 sunt întotdeauna experimentate simultan), iar E7 este Supraconştientul de la nivelul celor 5c (supranumit şi "Dumnezeu Fiul"). E1, E2 şi E5 constau, fiecare, dintr-o singură energie, în timp ce E3, E4, E6 şi E7 constau, fiecare, dintr-o mulţime continuă de energii (pentru E3, E6 şi E7; detalii despre mulţimea energiilor E3 + E6 = FN în 6.2) sau dintr-o mulţime continuă de stări (pentru E4 = RO; definirea stării lui E4 se face în 2.1.1). Pentru a unifica limbajul, vom spune că E3, E4, E6 şi E7 constau, fiecare, dintr-o mulţime (continuă) de stări energetice. Din cele 7 Energii, una (E4) aparţine RO, iar celelalte 6 aparţin RS. În SRS nu pătrunde RO (E4), deoarece în SRS sunt doar E1, E2 şi E3, în timp ce în SRO pătrunde RS – prin E5, E6 şi E7.

Cele 10 Energii Fundamentale (nivelul 3) E1, E2 şi E5 au fiecare câte 2 variante, varianta impersonală (I) şi varianta personală (P): E1 = {E1-I, E1-P}, E2 = {E2-I, E2-P}, E5 = {E5-I, E5-P}. Deoarece 3 din cele 7 Energii din nivelul 2 au câte 2 variante (I şi P), vom avea în final 10 Energii Fundamentale.

E1-I este inconştientul impersonal (colectiv), iar E1-P este inconştientul personal = somnul fără vise (SFV). E2-I este Sinele Impersonal (sau "Dumnezeu Tatăl"), iar E2-P este Sinele Personal. E5-I este Conştiinţa Cosmică Impersonală (sau "Dumnezeul Mamă" sau "Duhul Sfânt"), iar E5-P este Conştiinţa Cosmică Personală. Variantele personală şi impersonală ale fiecăreia din cele 3 Energii sunt identice din punct de vedere energetic. Diferenţele constau în: 1) variantele impersonale sunt unice, în timp ce variantele personale pot fi în număr oricât de mare, pentru că se experimentează la nivel personal; 2) variantele impersonale nu au început sau sfârşit (dacă facem abstracţie de faptul că E5-I apare la începutul Zilei Cosmice şi dispare la sfârşitul Zilei Cosmice = începutul Nopţii Cosmice), în timp ce variantele personale au începuturi sau sfârşituri: E1-P apare şi dispare de mai multe ori în regimul CPN; prin trecerea definitivă de la CPN la CPI, E1-P dispare pentru totdeauna, iar E2-P şi E5-P se obţin pentru totdeauna (cu observaţia că E5-P va dispărea la sfârşitul Zilei Cosmice, la fel ca E5-I).

E3, E6, E7 sunt doar la nivel personal (nu au variante impersonale), iar pentru E4 nu are sens să vorbim despre variantele personal/impersonal, deoarece cele 2 variante au sens doar pentru RS, iar E4 = RO.

Cele 10 Energii Fundamentale sunt exhaustive, adică nu există nicio altă energie în afara celor 10. Orice energie (adică aspect al Realităţii) existentă sau posibilă poate fi încadrată într-una din cele 10 Energii.

Cele 16 Procese Energetice Fundamentale Dacă prima parte a AFR (AFR1, vezi Anexa 1) postulează cele 4 Energii Fundamentale, adică ne spune din ce este compusă Realitatea = "Anatomia" Realităţii, partea a 2-a a AFR (AFR2) se ocupă de "Fiziologia" Realităţii, adică ne spune (axiomatic, adică fără demonstraţie) care sunt fundamentele "funcţionării" Realităţii. AFR2 postulează că: 1) E1-I şi E2-I sunt fără început şi fără sfârşit (adică sunt necreate şi eterne); 2) E1-P trebuie să se transforme în E2-P (vezi Capitolul 6); 3) E3, ca stadiu intermediar între E1-P şi E2-P, se obţine prin "amestecul" dintre E1-P şi E4; 4) E4 (materia = Realitatea Obiectivă RO) se structurează în cel mai simplu mod posibil, deoarece rolul lui E4 (al materiei) este să permită evoluţia lui E1-P la E2-P, trecând prin E3 ca stadiu intermediar.

Cele 16 Procese Energetice Fundamentale se introduc conceptual astfel: orice Energie are 2 Procese de bază: apariţia (Energiei sau a unei stări a Energiei) şi dispariţia (Energiei sau a unei stări a Energiei). În cazul Energiilor E3, E4, E6 şi E7, vom avea, pe lângă apariţia sau dispariţia totală a fiecărei energii, şi apariţia sau dispariţia unei stări a acelei Energii. În acest ultim caz vorbim de procese energetice continue, în care apariţia unei noi stări se face simultan cu dispariţia altei stări. În cazul lui E4, apariţia totală are loc, prin materializare de către E5-I = Conştiinţa Cosmică Impersonală, la începutul Zilei Cosmice, iar dispariţia totală are loc, prin dematerializare de către E5-I, la sfârşitul Zilei Cosmice. În timpul Zilei Cosmice, are loc un proces energetic continuu de succesiune a stărilor lui E4 (RO) (realizat/susţinut tot de către E5-I), modelat matematic prin LUN (vezi Capitolul 2). În cazul lui E3 (care este inseparabilă de E6), apariţia totală are loc la trecerea din SFV în SCV, iar dispariţia totală are loc la trecerea din SCV în SFV, sau din VGH în SHJ (vezi pagina 61). Procesele continue de succesiune a stărilor lui E3 au loc în timpul SCV şi VGH (aceste procese se mai numesc şi "fluctuaţii mentale", iar Patanjali spune că încetarea lor este sinonimă cu yoga).

Deoarece, conform AFR2.1, 2 din cele 10 Energii Fundamentale (E1-I şi E2-I) nici nu apar, nici nu dispar, mai rămân 8 Energii Fundamentale care pot suferi, fiecare, cele 2 Procese de bază. Vor fi, deci, $8 \times 2 = 16$ Procese Energetice Fundamentale de apariţie/dispariţie a Energiilor/stărilor energetice.

Cel mai simplu mod de structurare al materiei = E4 = RO (de către Conştiinţa Cosmică Impersonală = E5-I) este prin: $E4 = \mathbb{R}^+$ ($\mathbb{R}$ = mulţimea numerelor reale), SRO (Spaţiul Realităţii Obiective) = $\mathbb{R}^3$ şi TRO (Timpul Realităţii Obiective) = $\mathbb{R}$, adică materia se modelează matematic prin mulţimea numerelor reale pozitive şi se structurează într-un spaţiu tridimensional şi un timp unidimensional. Punând condiţia ca LUN (Legea Universală a Naturii) să satisfacă PGR (Principiul General al Relativităţii, vezi 2.1.2), rezultă forma matematică a LUN prezentată în 2.1.2: $\square A = - K \cdot J$. Mai departe, rezultă UMP = 5, adică numărul Universurilor Materiale Paralele (UMP) este 5, deoarece mai puţine UMP nu este posibil, iar de mai multe UMP nu este nevoie. Concluzii pentru E4: cerinţa ca E4 = RO să fie structurată cât mai simplu posibil, adică punctul 4 din AFR2, conduce la: $E4 = \mathbb{R}^+$, SRO = $\mathbb{R}^3$, TRO = $\mathbb{R}$, LUN = ($\square A = - K \cdot J$) şi UMP = 5.

Cele 3 Spaţii şi cele 2 Timpuri (cele 5 "diacritice") Cele 3 Spaţii sunt Spaţiul Realităţii Subiective (SRS), Spaţiul Realităţii Obiective (SRO) şi Spaţiul Finitului Nemăsurabil (SFN). Am văzut că SRS şi SRO se definesc prin SRS = S(∞i = E1) şi SRO = S(FM = E4). SFN se defineşte prin SFN = S(FN) = S(E3+E6) $\approx$ S(E3), deoarece E3 şi E6 sunt inseparabile. SFN se mai numeşte Spaţiul egocentric (detalii în 6.2) şi este un

Spațiu strict individual, adică fiecare entitate (om, animal, plantă sau mineral) egocentrică are propriul său SFN (fiecare egocentric este "închis" în propriul său Spațiu egocentric în care experimentează propriile stări de conștiință egocentrice). Prin comparație, SRS și SRO sunt aceleași (sunt comune) pentru toate entitățile.

Deși energiile de tip FN se află atât în SRS (sub formă de E3), cât și în SRO (sub formă de E6), ele nu "ocupă" complet nici SRS, nici SRO. Deoarece SRS este complet "ocupat" de E1 (∞i) și E2 (∞S), iar SRO este complet "ocupat" de E4 (FM), E5 la nivel de 5UMP și E7 la nivel de 5c, pentru uniformizarea conceptuală a fost necesară crearea conceptului de SFN, deoarece SFN este complet "ocupat" de energiile de tip FN ale unei entități oarecare. <u>Cele 2 Timpuri</u> sunt TFM = T(FM = E4) = TRO = $\mathbb{R}$ și TFN = T(FN = E3+E6) $\approx$ T(E3).

Alte observații despre cele 31CF

<u>În limbajul celor 31CF</u> (în limbajul Alfabetului Realității $\alpha\beta$R), cele 7 stări ale omului posibile în timpul unei Zile Cosmice (vezi pag. 66) se definesc așa: **SFV** = E1-P, **SCV** = E3 + E6(3c), **VGH** = E3 + E6(5c); **NVK** = E2-P + E5-P, **SVK** = E2-P + E5-P + E7(3c), **SHJ** = E2-P + E5-P + E7(5c); **VDH1** = E2-P + E5-P.

<u>Conștiința Personală Neiluminată</u> (CPN) cuprinde energii de tip E1-P, E3 și E6. <u>Conștiința Personală Iluminată</u> (CPI) cuprinde energii de tip E2-P, E5-P și E7. Trecerea de la CPN la CPI transformă deci E1-P și E3 în E2-P (la nivelul SRS) și E6 în E7 (la nivelul 5c); în plus, la nivelul celor 5UMP apare E5-P.

<u>La nivel personal</u> se pot experimenta (E1-P, E2-P, E5-P) toate cele 3 energii impersonale (E1-I, E2-I, E5-I). Invers, nu este adevărat, adică celelalte energii personale (E3, E6, E7) nu pot fi experimentate la nivel impersonal (Răul = E3 + E6 și Dumnezeu Fiul = E7 nu se experimentează decât la nivel personal).

3.5 – Concluzii pentru Capitolul 3

■ În <u>Capitolul 1</u> am prezentat (vezi pagina 11) cele 4 stări de conștiință personale de la nivelul Spațiului Realității Subiective (SRS), adică energiile E1-P, E2-P și E3. În <u>Capitolul 2</u> am studiat Realitatea Obiectivă (RO), adică energia E4, și am obținut ca rezultat principal diagrama celor 5 corpuri ale omului. Prin combinarea celor două rezultate, am obținut în <u>Capitolul 3</u> cele 6 stări ale omului, care pot fi grupate în 2 "regimuri de lucru": <u>Conștiința Personală Neiluminată</u> (CPN) și <u>Conștiința Personală Iluminată</u> (CPI).

■ Conștiința personală (CPN sau CPI) poate fi centrată sau descentrată din punct de vedere spațial sau energetic, după cum se poate vedea în diagrama de la pagina 61 și în tabelul de la pagina 63.

■ Centrarea spațială înseamnă absența identificării ("amestecului") conștiinței personale cu corpuri materiale, iar descentrarea spațială înseamnă prezența identificării conștiinței personale cu corpuri materiale (3 sau 5).

■ Centrarea energetică înseamnă absența suferinței (suferința = ego-ul = Finitul Nemăsurabil FN = Răul = binele + răul), iar descentrarea energetică înseamnă prezența suferinței.

■ <u>Centrarea energetică</u> poate fi în <u>Infinitul inconștient</u> (∞i = nici Răul, nici Binele) – în cazul <u>CPN</u> (<u>în somnul fără vise SFV</u>), sau în <u>Infinitul Supraconștient</u> (∞S = Binele) – în cazul <u>CPI</u>.

■ Regimul <u>CPN generează tripla maleficitate</u> nefericire-boli-sărăcie.

■ Regimul <u>CPI generează tripla beneficitate</u> Fericire-"Sănătate"-"Bani".

■ <u>Trecerea de la CPN la CPI se face prin Acțiunea Spirituală</u> (care înseamnă parcurgerea Căii Spirituale), <u>al cărei model teoretic</u> reprezintă a doua parte a Teoriei Fericirii și <u>va fi obținut în Capitolul 5</u>. Prima parte a Teoriei Fericirii, adică Teoria Scopului Spiritual, a fost prezentată în Capitolul 1. Capitolele 2, 3 și 4 sunt pregătitoare pentru Capitolul 5.

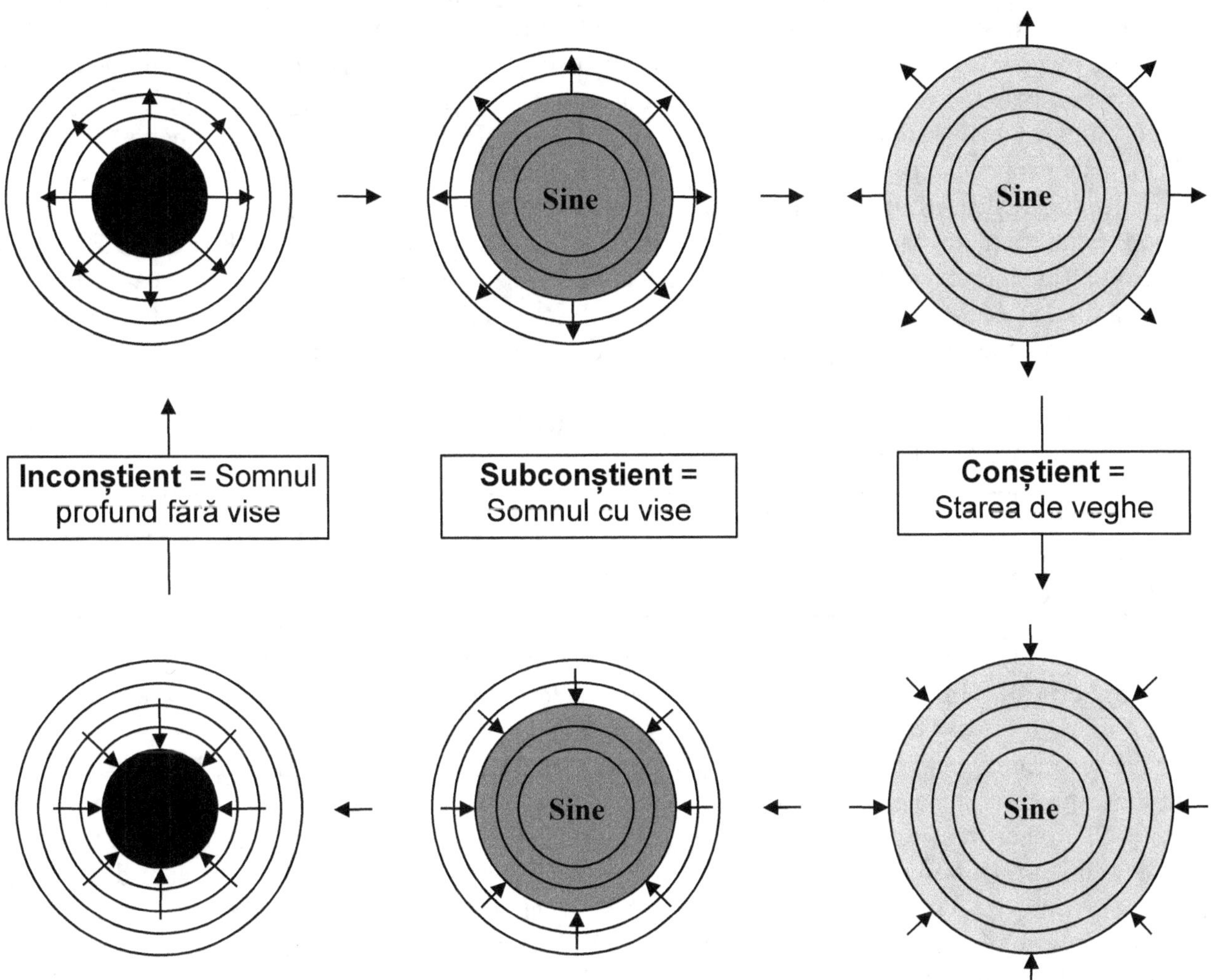

Vom studia acum tranziţiile între cele 3 stări ale Conştiinţei Personale Neiluminate (CPN): Somnul profund fără vise (SFV), Somnul cu vise (SCV) şi Starea de veghe (VGH). În partea de sus a diagramei avem tranziţia (pe care o vom considera în mod arbitrar "directă") **SFV→SCV→VGH**, iar în partea de jos tranziţia inversă **VGH→SCV→SFV**. În realitate, în timpul somnului au loc mai multe oscilaţii (tranziţii directe şi inverse) între SFV şi SCV, dar am simplificat abordarea pentru a înţelege mai bine.

Ţinând cont de termenii din Capitolul 3: "interior" = "centru" = SRS (Spaţiul Realităţii Subiective) şi "exterior" = "periferie" = SRO (Spaţiul Realităţii Obiective), vom spune că <u>tranziţia directă</u> **SFV→SCV→VGH** este o "<u>exteriorizare</u>" ("descentrare") spaţială (şi energetică) a conştiinţei individuale (personale) CPN, iar <u>tranziţia inversă</u> **VGH→SCV→SFV** este o "<u>interiorizare</u>" ("centrare") spaţială (şi energetică) a conştiinţei individuale CPN. Aceste tranziţii sunt **involuntare**, deoarece nu se supun voinţei individului, adică "scapă" de sub controlul voluntar al persoanei. Altfel spus, nu putem nici să adormim când vrem (la comandă), nici să ne trezim când vrem. E adevărat că atunci când vrem să adormim putem alege să ne întindem în pat, dar aceasta este o acţiune indirectă şi care de altfel nu reuşeşte întotdeauna să ne facă să adormim. Am văzut în Capitolul 3 că CPN, în SFV, este centrată spaţial în SRS şi energetic în ∞i (Infinitul inconştient), iar în SCV şi VGH este descentrată spaţial şi energetic. În interiorul regimului de CPI (Conştiinţă Personală Iluminată), alcătuit din cele 3 stări de Samadhi, Conştiinţa individuală (CPI) rămâne tot timpul centrată energetic în ∞S (Infinitul Supraconştient) şi deci exteriorizarea şi interiorizarea spaţială a CPI nu influenţează centrarea energetică a CPI în ∞S. Există deci 2 tipuri de centrări energetice: în ∞i şi în ∞S, deoarece SRS conţine ambii Infiniţi. <u>Din punct de vedere spaţial avem deci centrarea în SRS, iar din punct de vedere energetic avem 2 tipuri de centrări: în ∞i şi în ∞S.</u>

Clasificarea acțiunilor umane

Acțiunile umane sunt procese generate de conștiințele personale (CP) umane, care modifică Realitatea Obiectivă (RO) sau propria Realitate Subiectivă (RS). Acțiunile umane se pot clasifica după 2 criterii:

a) **după tipul de Realitate pe care o modifică,** se clasifică în acțiuni fizice, mentale sau spirituale.

Acțiunile fizice (AF) modifică Universul Fizic (inclusiv propriul corp fizic) și Universul Eteric (inclusiv propriul corp eteric) și se exercită prin intermediul corpurilor fizic și eteric. Acțiunile mentale (AM) modifică Universul Astral (inclusiv propriul corp astral), Universul Mental (inclusiv propriul corp mental) și Universul Cauzal (inclusiv propriul corp cauzal) și se exercită prin intermediul corpurilor astral, mental și cauzal.

Acțiunile spirituale (AS) modifică în mod direct propria RS (RS proprie este modificată și de AF și AM, dar în mod indirect) și constau în exteriorizări spațiale (descentrări spațiale = identificarea cu 3/5 corpuri – vezi Capitolul 3) și interiorizări spațiale (centrări spațiale = dezidentificarea de 3/5 corpuri) ale CP.

b) **după modul de desfășurare** a proceselor de modificare a Realității, se clasifică în acțiuni involuntare, voluntare sau spontane. Acțiunile involuntare (Ai) se desfășoară fără ca CP respectivă să aibă vreo intenție în acest sens (Ai sunt neintenționate), iar acțiunile voluntare (Av) se desfășoară cu intenție. Ai și Av sunt realizate de către CP Neiluminată (CPN). Acțiunile spontane sunt cele care sunt realizate de către Infinitul Supraconștient (∞S), adică de către CP Iluminată (CPI).

Acțiuni umane (A)	Fizice (F)	Mentale (M)	Spirituale (S)
Involuntare (i)	AFi	AMi	ASi
Voluntare (v)	AFv	AMv	**ASv = AS**
Spontane (S)	AFS	AMS	ASS

Despre Acțiunile Spirituale (AS) ASi sunt procesele reprezentate grafic pe pagina anterioară, adică tranzițiile SFV→SCV→VGH și VGH→SCV→ SFV. Pe scurt, putem scrie **ASi = SFV↔ SCV↔VGH.** În acest caz, descentrarea spațială este simultan și o descentrare energetică (vezi Cap. 3), iar centrarea spațială este simultan și o centrare energetică (în ∞i). **ASv** este unica AS voluntară, constă în interiorizarea spațială voluntară a CP și face trecerea (după cum vom detalia în Capitolul 5) de la CPN la CPI, adică de la VGH la Sahaja Samadhi (SHJ): **ASv = VGH→SHJ.** ASv este o (acțiune de) centrare spațială care determină și o centrare energetică, dar o centrare energetică în ∞S. ASv este cea mai importantă (relevantă) AS, deoarece este AS prin care se obține Cunoașterea de Sine = CPI = Fericirea, și în plus este unica AS voluntară care poate fi făcută de către CPN. Din aceste motive, vom denumi ASv "Unica Acțiune Spirituală" sau pe scurt "Acțiunea Spirituală". Altfel spus, vom aloca denumirea de "Acțiune Spirituală" în mod exclusiv ASv-ului. Finalizarea (desăvârșirea) ASv se face de către Sinele Impersonal (E2-I, vezi 3.4), supranumit din acest motiv și "Mântuitorul". Deoarece Sinele Impersonal este de tip ∞S, putem considera că această acțiune este de tip "spontan" (ASS), chiar dacă este executată de către o Conștiință Impersonală. **ASS** constau în descentrările și centrările spațiale din interiorul regimului CPI, adică tranzițiile NVK→SVK→SHJ și SHJ→SVK→NVK (vezi pag. 61). Pe scurt, putem scrie **ASS = finalizarea ASv + NVK↔SVK↔SHJ. În concluzie**, în interiorul CPN avem AS involuntare (ASi), declanșarea procesului de trecere de la CPN la CPI se face printr-o AS voluntară (ASv), iar finalizarea ASv și AS din interiorul CPI sunt AS spontane (ASS) (evoluția AS este deci i→v→S). Detalii suplimentare despre acțiunile umane vor fi oferite în Capitolul 8 din Volumul 2.

Concluzii pentru Capitolul 4

Exteriorizarea și interiorizarea spațială în interiorul CPN sunt involuntare și determină o descentrare spațială și energetică în SCV și VGH, respectiv o centrare spațială în SRS și energetică în ∞i în SFV, în timp ce exteriorizarea și interiorizarea spațială în interiorul CPI sunt spontane și nu afectează starea permanentă de centrare energetică în ∞S. Problema care rămâne de rezolvat în Capitolul 5 este modalitatea în care se poate face trecerea de la CPN la CPI, adică Modelul teoretic al Acțiunii Spirituale. Altfel spus, vom găsi în Capitolul 5 modalitatea de trecere dintr-o stare descentrată spațial și energetic (VGH) într-o stare centrată energetic (CPI), dar centrată în ∞S și nu în ∞i ca în SFV. Deoarece centrarea spațială involuntară a CPN conduce la o centrare energetică în ∞i, pentru a obține centrarea energetică în ∞S va fi nevoie de o centrare spațială voluntară a CPN.

Capitolul 5 – Despre Unicul Drum Spiritual

Cuprins

5.0 – Introducere

În Capitolul 5 vom obţine $\underline{\text{Teoria}}$ Acţiunii Spirituale, adică teoria Acţiunii prin care se obţine a 4-a stare a conştiinţei personale (vezi Capitolul 1) = Sinele Personal = Cunoaşterea de Sine. Cât timp însă Sinele Personal nu a fost obţinut prin $\underline{\text{Practica}}$ Acţiunii Spirituale, respectiva persoană experimentează doar cele 3 stări ale Ignoranţei de Sine: Somnul fără vise (SFV), Somnul cu vise (SCV) şi Starea de veghe (VGH).

Sinele Impersonal = Infinitul Supraconştient Impersonal (∞S-I) nu are nici început, nici sfârşit, şi este acel "fundal constant" despre care Ramana Maharshi spunea că "este subiacent celor 3 stări de somn fără vise, somn cu vise şi veghe". Şi Infinitul inconştient Impersonal (∞i-I) este subiacent celor 3 stări, dar nu prezintă relevanţă, deoarece nu conţine Fericirea: ∞i = non-R non-B, adică este nici Răul, nici Binele. Doar ∞S-I prezintă relevanţă, deoarece este de tip ∞S = Binele (B) = Fericirea Perfectă, iar experimentarea Lui este Scopul Spiritual. Scopul Spiritual este, deci, obţinerea Sinelui Personal prin identificarea conştiinţei individuale cu Unicul Sine Impersonal – cei doi Sine fiind astfel identici – adică obţinerea Cunoaşterii de Sine = Cunoaşterea Unicului Sine Impersonal prin identificare (prin experienţă directă).

A 4-a stare a conştiinţei umane (Sinele Personal) este identică, deci, cu Unicul Sine Impersonal, ambele fiind de tip ∞S (Infinit Supraconştient). Diferenţele dintre Sinele Impersonal şi Sinele Personal sunt că Sinele Impersonal nu are început, în timp ce Sinele Personal are un început, iar Sinele Impersonal este unic, în timp ce Sinele Personale pot fi în număr oricât de mare. În rest, nu este nicio diferenţă între Sinele Impersonal şi Sinele Personale, ambele fiind de tip ∞S (= Fericirea Perfectă) şi ambele fiind fără sfârşit.

Obţinerea Cunoaşterii de Sine = ∞S Personal (∞S-P = E2-P, vezi 3.4) prin identificarea conştiinţei personale cu Unicul Sine Impersonal (∞S-I = E2-I) este similară cu obţinerea stării de Somn fără vise (SFV) = ∞i Personal (∞i-P = E1-P) prin identificarea conştiinţei personale cu Unicul ∞i Impersonal (∞i-I = E1-I):

- ∞i Personal (SFV) = cunoaşterea prin identificare (experimentare) a Unicului ∞i Impersonal;
- ∞S Personal (Sine-le Personal = a 4-a stare a conştiinţei personale = Cunoaşterea de Sine) = cunoaşterea prin identificare (experimentare) a Unicului ∞S (Sine) Impersonal.

Cele 2 situaţii sunt perfect analoge, deoarece atât ∞i Impersonal (∞i-I), cât şi ∞S Impersonal (∞S-I), locuiesc în SRS (Spaţiul Realităţii Subiective), sunt unici, neschimbători şi nu au nici început, nici sfârşit.

5.1 – Modele teoretice (simbolice) ale Acţiunii Spirituale

Am spus la sfârşitul Capitolului 4 că Acţiunea Spirituală reprezintă modalitatea de trecere din Starea de veghe (VGH) în regimul de CPI (Conştiinţă Personală Iluminată), adică dintr-o stare descentrată spaţial şi energetic (VGH) într-o stare centrată energetic, dar $\underline{\text{centrată în } \infty\text{S şi } \textbf{nu} \text{ în } \infty\text{i}}$. Avem următoarea situaţie:

a) suntem în $\underline{\text{starea de veghe}}$ (VGH), despre care ştim că este $\underline{\text{descentrată atât spaţial cât şi energetic}}$;

b) ştim că printr-o **acţiune de centrare spaţială involuntară** ajungem în starea de somn fără vise (SFV), care este centrată energetic $\underline{\textbf{în } \infty\textbf{i}}$;

c) ce trebuie să facem pentru a ajunge într-o stare de centrare energetică, dar nu în ∞i, ci $\underline{\textbf{în } \infty\textbf{S}}$?

Ţinând cont de toate aceste aspecte, răspunsul este uşor de dat şi vine de la s(S)ine: trebuie să facem o **centrare spaţială** (adică în SRS), dar **voluntară!!!** Altfel spus, trebuie să parcurgem **acelaşi "drum"** ca şi în cazul tranziţiei **VGH $\rightarrow$ SCV $\rightarrow$ SFV** (vezi Capitolul 4), $\underline{\text{dar nu în mod involuntar}}$ (cum se întâmplă în cazul acestei tranziţii), ci **în mod voluntar**. Rezultatul acestei centrări spaţiale voluntare va fi că $\underline{\text{din punct de vedere energetic se va obţine } \infty\text{S}}$, adică CPI, şi nu ∞i = SFV ca în cazul tranziţiei VGH $\rightarrow$ SCV $\rightarrow$ SFV.

Iată care este, deci, **principalul model teoretic verbal** (mai jos sunt prezentate şi alte modele verbale) **al Acţiunii Spirituale (AS)** (folosesc singularul pentru că vom vedea că AS este unică): **Acţiunea Spirituală**, care face trecerea de la "regimul de lucru" CPN (Conştiinţă Personală Neiluminată) la "regimul de lucru" CPI (Conştiinţă Personală Iluminată), **constă într-o centrare spaţială voluntară a CPN!**

Din punct de vedere **vizual** (grafic), simbolul acestei Acţiuni Spirituale este prezentat mai jos:

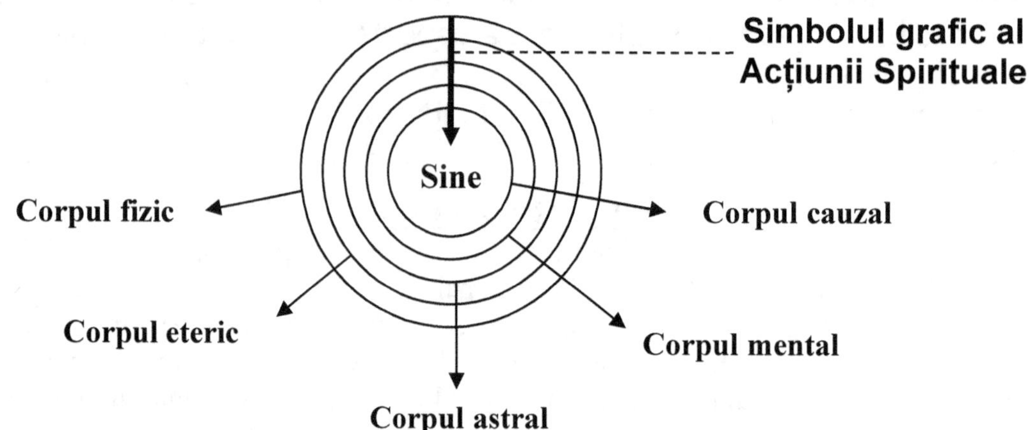

Săgeata verticală reprezintă simbolul **vizual** (grafic) al Acţiunii Spirituale.

Câteva (alte) simboluri **verbale** (lingvistice) ale Acţiunii Spirituale sunt următoarele:

✓ Acţiunea de "centrare în Sine" prin care se echilibrează conştiinţa individuală

✓ Scufundarea minţii în Sursa ei = interiorizarea conştiinţei = schimbarea sensului de curgere al conştiinţei cu 180 de grade (inversarea sensului de curgere al conştiinţei)

✓ Acţiunea de "pocăire" sau de "întoarcere la Dumnezeu" sau "întoarcerea feţei către Dumnezeu" – deoarece Dumnezeu = Sinele Impersonal – sau "întoarcerea fiului risipitor"

✓ Acţiunea de "coborâre a minţii în inimă", aşa cum o denumesc isihaştii. Termenul de "inimă" este ales mai puţin inspirat, deoarece mulţi o confundă cu inima fizică, în realitate neavând nicio legătură cu inima fizică. Aici "inimă" înseamnă Centrul Spiritual, adică Spaţiul Realităţii Subiective unde locuieşte Sine-le.

✓ Calea cea dreaptă sau ortodoxă ("orto" înseamnă drept, perpendicular – săgeata este perpendiculară)

✓ Tăierea nodului gordian. Nodul gordian simbolizează încâlcelile (problemele) din mintea (conştiinţa) noastră. Nodul nu trebuie descâlcit, ci tăiat, adică problemele (mentale) nu pot fi depăşite în mod real decât prin transcenderea planului mental, adică prin accesul la planul supramental sau al Conştiinţei (se vede că săgeata verticală ajunge până în centrul cercurilor, unde este Sinele – săgeata reprezintă "tăişul" care rezolvă problemele prin "secţionarea nodului").

✓ Ieşirea din labirintul (mental) cu ajutorul firului Ariadnei – firul care te scoate din labirint este tocmai această Cale Directă simbolizată prin săgeata verticală

✓ "Calea cea strâmtă care duce la viaţă (Fericire), pe care puţini o găsesc" sau "Calea muchiei de cuţit". Grosimea săgeţii verticale din desenul de mai sus este practic zero (0) (grosimea unei linii este zero). Putem asemui această cale (acţiune) cu un bisturiu extrem de subţire cu ajutorul căruia practicantul spiritual efectuează o operaţie chirurgicală asupra propriului psihic (propriei conştiinţe).

✓ Concentrare ("Dharana") = centrarea în centrul celor 5 cercuri concentrice sau Meditaţie ("Dhyana")

✓ Dezidentificarea de mecanismul psiho-somatic (minte-corp): mecanismul psihic = mintea în sens material = corpul cauzal + corpul mental + corpul astral; mecanismul somatic = corpul eteric + corpul fizic

✓ Enigma (propriei noastre vieţi): "The return to your Self (întoarcerea către Sine), the return to innocence" (Sinele = Fericirea = "inocenţa"). "Enigma" este enigma vieţii noastre, problema noastră existenţială (necesitatea disoluţiei ego-ului prin care se obţine Fericirea), iar "return" înseamnă revenirea Acasă (modul în care se dizolvă ego-ul) care se realizează prin inversarea sensului de curgere al conştiinţei ("Enigma" este numele unei formaţii muzicale, iar "Return to innocence" este una din melodiile lor).

✓ Ceea ce Ilie Cioară numeşte "minunata călătorie spre adâncurile propriei fiinţe" etc. (sunt nenumărate alte simboluri verbale ale Acţiunii Spirituale)

Există simboluri **verbale** ale Acţiunii Spirituale (AS) care nu se referă propriu-zis la AS, adică la modalitatea de realizare a AS = centrarea voluntară a CPN, ci ne transmit fie doar Scopul Spiritual, fie şi Scopul Spiritual şi starea din care se pleacă = Ignoranţa de Sine, fie alte caracteristici ale AS:

✓ Calea care nu este o metodă fizică sau mentală sau "Calea fără de Cale" (definire negativă a AS)

✓ Dizolvarea ego-ului: ego = FN (vezi 3.4); dizolvarea egoului = dispariţia FN care te duce în ∞S

✓ Ceea ce Ramana Maharshi denumeşte metoda "Cine sunt eu?"

✓ Ceea ce Krishnamurti denumeşte "acţiunea fără scop" sau "unica revoluţie"

✓ Acţiunea de "trezire a conştiinţei", "iluminare", "eliberare" sau "mântuire"

✓ Autoanihilarea budistă (adică anihilarea propriului ego) prin care se intră în Nirvana

✓ Obţinerea Cunoaşterii de Sine = Cunoaşterea lui Dumnezeu = Cunoaşterea Adevărului (care te eliberează de suferinţă), deoarece Sinele (Impersonal) = Dumnezeu = Adevăr

✓ Uciderea balaurului cu 7 capete (balaurul cu 7 capete reprezintă egoul ca rădăcină a tuturor defectelor)

✓ Ceea ce Islamul numeşte "războiul sfânt" sau "jihadul" = "războiul" împotriva ego-ului şi <u>nu</u> ceea ce înţeleg fanaticii islamişti ca războiul exterior cu arme şi bombe. Războiul împotriva "necredincioşilor" este de fapt "războiul" împotriva ego-ului, deoarece ego-ul este singurul "necredincios".

✓ Ieşirea din Egipt şi intrarea în Tărâmul făgăduinţei: "Egipt" = ego (au primele 2 litere identice "eg") = sclavie (propriul ego te ţine în sclavie, adică în suferinţă); "Tărâmul făgăduinţei" (unde în mod simbolic curge lapte şi miere, adică Fericirea e deplină) = iluminarea. Ieşirea din ego conduce deci la iluminare.

✓ Uciderea lui Goliat de către David. Goliat reprezintă ego-ul, care <u>pare</u> puternic, dar este ucis de David, care reprezintă Sine-le – în aparenţă slab, în realitate puternic.

✓ Unica Cale Spirituală = Unicul Drum Spiritual = etc. (<u>şi aici mai sunt şi alte simboluri verbale ale AS</u>)

Din punct de vedere simbolic, făcând o analogie cu acţiunea fizică de parcurgere a unui drum fizic (cale fizică), vom considera că **Acţiunea Spirituală (AS) înseamnă parcurgerea unei Căi Spirituale (CS)**, adică Acţiunea Spirituală = parcurgerea Căii Spirituale. Din acest punct de vedere, putem considera că <u>Acţiunea Spirituală şi Calea Spirituală sunt practic echivalente</u>, adică **AS ≈ CS**.

Simbolul **grafic** de la pagina 74 ne prezintă vizual doar AS/CS. Un simbol mai complet, care ne prezintă pe lângă AS/CS, şi începutul AS/CS = VGH, şi sfârşitul AS/CS = Scopul Spiritual = CPI, este următorul:

<u>**Simbolul grafic al AS/CS, al începutului AS/CS = VGH (CPN) şi al Scopului Spiritual = SHJ (CPI)**</u>

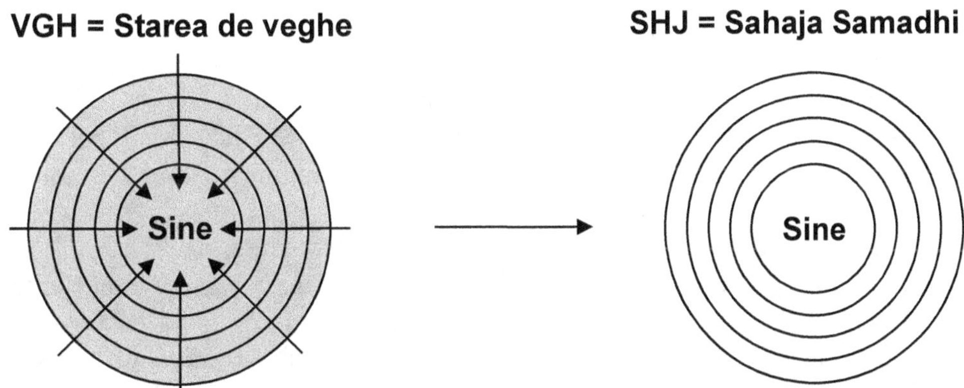

Se observă că, pe lângă Acţiunea Spirituală simbolizată prin săgeţile care converg către Sine, putem vedea şi începutul Acţiunii Spirituale (AS)/Căii Spirituale (CS) = Starea de veghe (VGH) din CPN, şi sfârşitul AS/CS = Scopul Spiritual = Sahaja Samadhi (SHJ) din CPI. Am ales VGH ca fiind reprezentativă pentru CPN şi SHJ ca fiind reprezentativă pentru CPI, deoarece pe de o parte VGH este singura stare din CPN în care se poate realiza Acţiunea Spirituală, iar pe de altă parte SHJ corespunde VGH, deoarece în SHJ există identificarea cu cele 5 corpuri, la fel ca în VGH.

Din punct de vedere **<u>numeric</u>**, <u>Acţiunea Spirituală</u> poate fi simbolizată ca fiind **procesul FN $\rightarrow \infty$S**, <u>adică trecerea de la Finitul Nemăsurabil (FN) la Infinitul Supraconştient (∞S)</u>. Se observă că în acest caz simbolistica ne transmite starea de plecare (FN) şi starea de sosire (∞S), dar nu ne spune şi <u>cum</u> se face această trecere din Finit (FN) în Infinit (∞S).

Concluzii despre modelele teoretice ale Acțiunii Spirituale (AS)

● Modelele teoretice (simbolice) ale AS sunt de <u>3 tipuri</u>: <u>verbale, vizuale și numeric</u>. Cele mai sugestive (clare, precise și ușor de înțeles/memorat) sunt <u>cele 2 vizuale</u>: cel de la pagina 75 este mai complet, însă cel de la pagina 74 este mai concis. Dintre modelele <u>verbale</u>, cel mai clar și precis este cel prezentat în partea de sus a paginii 74: "AS este centrarea spațială voluntară a CPN". Modelul <u>numeric</u> al AS: "$AS = FN \rightarrow \infty S$" ne prezintă doar începutul și sfârșitul AS/CS: AS/CS = trecerea din Finit (FN) în Infinit (∞S).

● Deși există nenumărate reprezentări simbolice ale Acțiunii Spirituale, ele sunt toate echivalente, adică Realitatea Simbolizată = Realitatea la care fac ele trimitere este Una singură. Altfel spus, nu trebuie să fim derutați de această multitudine de simbolistici (din care am prezentat aici doar o parte), ci trebuie să ne dăm seama și să ținem minte că toate simbolurile indică spre o Unică Realitate = Acțiunea Spirituală EFECTIVĂ pe care trebuie să o realizăm fiecare dintre noi (bineînțeles, doar dacă ne și dorim acest lucru).

5.2 – Acțiunea Spirituală ca unică metodă de obținere a Fericirii

<u>5.2.1 – Cele 3 calități ale Acțiunii Spirituale</u>

Voi arăta că **Acțiunea Spirituală** (AS) **are 3 caracteristici** importante, <u>**cu condiția să fie corect înțeleasă și corect practicată:**</u>

1) Este 100% <u>sigură</u> din punct de vedere al sănătății fizice și psihice.
2) Este 100% <u>eficientă</u> din punct de vedere al atingerii Scopului Spiritual (= Fericirea).
3) Este <u>unică</u>, adică este singura Acțiune (Cale) 100% sigură și 100% eficientă.

Practicantul spiritual trebuie doar să inițieze Acțiunea Spirituală (AS) (<u>în prealabil trebuie să facă 4 acțiuni mentale</u>: *"să știi", "să crezi", "să dorești" și "să vrei"* – vezi Introducerea și 5.2.2), finalizarea fiind făcută de Sinele Impersonal, care este denumit din acest motiv și "Mântuitorul". Este vorba deci de același proces, doar că diferă actanții: la început este practicantul spiritual (CPN), apoi Sinele Impersonal = ∞S-I. Această "inițiere a călătoriei spirituale" constă deci într-o "scufundare" voluntară a conștiinței individuale înspre Centrul Spiritual = SRS (vezi 3.4). Dacă această "inițiere" este făcută corect, fericitul practicant care a reușit acest lucru și-a făcut treaba lui pe Calea Spirituală și nu mai are altceva de făcut decât:

● să aibă răbdare pentru ca "Mântuitorul" = Sine-le Impersonal (numit în Noul Testament și "Dumnezeu Tatăl") să finalizeze acest proces;
● să facă față "descărcărilor karmice" care vor urma și care vor fi foarte probabil destul de dureroase.

Aceste "descărcări karmice" nu pot fi evitate și reprezintă "reglarea" karmei – adică a destinului negativ – acumulate până atunci de practicantul spiritual. Chiar dacă sunt mult mai dureroase decât ceea ce experimentează în mod obișnuit (adică într-o situație "cvasinormală") practicantul respectiv, dacă își dă seama (prin intuiție) despre ce e vorba, le suportă mult mai ușor și chiar cu o anumită "bucurie", pentru că înțelege că după ce acestea vor trece (și vor trece cu siguranță), îl așteaptă o viață nouă, complet schimbată în Bine atât la nivel spiritual (Fericire), cât și la nivel material ("Sănătate" și "Bani" – vezi 3.3 și 5.3).

Este ca atunci când, înainte de a te vindeca de o boală, poți trece prin suferințe mult mai mari decât cele generate de boala propriu-zisă. În cazul de față e vorba de cea mai gravă boală: boala existențială, adică Ignoranța de Sine = absența Cunoașterii de Sine, care generează nefericire, boli fizice și psihice și sărăcie.

După ce va obține Cunoașterea de Sine efectivă, completă și definitivă, adică după ce se va finaliza complet Acțiunea Spirituală = parcurgerea Căii Spirituale, fericitul (fost) practicant spiritual nu va mai genera karma = destin negativ, ci doar dharma = destin pozitiv, și asta pentru că Însuși Dumnezeu = Infinitul Supraconștient va fi Cel care va acționa prin intermediul celor 5 corpuri ale practicantului. Astfel, practicantul "va face voia Domnului", și deci toate acțiunile sale fizice și mentale vor fi automat "corecte", deoarece

Dumnezeu nu poate greşi. Totuşi, karma acumulată până în acel moment (în această viaţă, dar şi în toate vieţile trecute) va trebui "reglată" într-un fel, şi iată de ce apar aceste descărcări karmice. Legea Karmei sau Legea Acţiunii şi Reacţiunii este o Lege a Realităţii Obiective care derivă direct din Legea Universală a Naturii (LUN – vezi Cap. 2). Această Lege a Karmei este cea care face ca orice acţiune fizică sau mentală a omului să aibă consecinţe – imediate sau decalate în timp – fie că omul ştie sau nu, fie că vrea sau nu, fie că îi convine sau nu. Acţiunile fizice sau mentale ale omului, coroborate cu (suprapuse peste) LUN, generează karma (destin negativ) în cazul CPN (Conştiinţei Personale Neiluminate) şi dharma (destin pozitiv) în cazul CPI (Conştiinţei Personale Iluminate), şi asta deoarece aceste acţiuni sunt "greşite" în cazul CPN şi "corecte" în cazul CPI. Am pus "corect" şi "greşit" între ghilimele, deoarece cele 2 calificative nu corespund neapărat criteriilor omeneşti obişnuite, ci sunt privite dintr-un punct de vedere superior. Rezultă că <u>singura soluţie veritabilă de corecţie a acţiunilor umane este trecerea de la CPN la CPI</u>, adică obţinerea Cunoaşterii de Sine prin efectuarea Acţiunii Spirituale (AS) = parcurgerea Căii Spirituale.

De altfel, chiar dacă cineva are cele mai bune intenţii de a-şi corecta acţiunile fizice sau mentale altfel decât prin practicarea AS, nu poate avea succes cu adevărat nici măcar în cazul acţiunilor fizice; cât despre acţiunile mentale, care sunt mult mai subtile, situaţia este cu mult mai dificilă decât în cazul acţiunilor fizice. Moralitatea nu poate fi niciodată primul pas către spiritualitate (Fericire), adică niciodată omul nu va evolua spiritual prin corecţia acţiunilor sale (prin morală), deoarece: a) omul ignorant de Sine nu poate acţiona cu adevărat corect; b) Fericirea nu se obţine prin acţiuni fizice sau mentale. Moralitatea va decurge automat din Cunoaşterea de Sine, chiar dacă această moralitate nu se va încadra poate întotdeauna în normele obişnuite de morală omeneşti, aceasta fiind o moralitate superioară, văzută "prin prisma lui Dumnezeu".

Acţiunea Spirituală, corect efectuată, pe lângă faptul că te scapă de suferinţă şi îţi aduce Fericirea, iată că îţi corectează automat şi toate acţiunile fizice sau mentale – desigur, "corecţie" dintr-un punct de vedere superior. Aceste acţiuni corectate îţi vor optimiza automat "Sănătatea" şi "Banii". Partea bună este că, dacă reuşeşti să faci tranziţia de la CPN la CPI, acţiunile tale vor fi automat "corecte", adică vor fi "corecte" indiferent de ce vei face, adică nu va trebui să stai să decizi ce acţiune să faci pentru a fi "corectă", altfel spus va dispărea şi povara luării deciziilor. Acesta este sensul îndemnului "Iubeşte şi fă ce vrei !", adică "tradus": "După ce obţii Cunoaşterea de Sine poţi face ce vrei, deoarece toate acţiunile tale vor fi automat "corecte", şi asta pentru că Dumnezeu = ∞S va acţiona prin intermediul celor 5 corpuri umane, deoarece Tu Însuţi vei fi Dumnezeu!!!" Omul ignorant de Sine este un "om-diavol", iar cel care deţine Cunoaşterea de Sine este un "Om-Dumnezeu", adică egalul lui Isus, Buddha etc.

<u>Iată **de ce** Acţiunea Spirituală (AS) are cele 3 calităţi expuse la începutul prezentului Subcapitol 5.2.1:</u>

1) **AS este 100% <u>sigură</u> din punct de vedere al sănătăţii fizice şi psihice** deoarece – corect executată – nu modifică deloc (în mod direct) structura obiectivă a niciunuia dintre cele 5 corpuri, adică le lasă exact cum erau. De aici rezultă că AS nu poate genera niciun pericol fizic sau psihic, acest pericol putând apărea, teoretic, doar în cazul în care au loc modificări, oricât de mici, în structura obiectivă a ansamblului celor 5 corpuri. Acest pericol nu poate apărea deci decât în cazul vreunei metode fizice sau mentale, deoarece doar aceste metode modifică structura celor 5 corpuri, iar aceste modificări pot fi potenţial periculoase.

AS nu este nici metodă fizică, nici mentală. AS constă <u>doar</u> în centrarea voluntară a conştiinţei personale, adică merge pe acelaşi "drum" pe care se merge în cazul adormirii, adică al tranziţiei VGH→SCV→SFV (vezi Cap. 4). După cum poate constata oricine, adormirea nu este deloc periculoasă, ba chiar (din contră) este benefică, deoarece în timpul somnului, organismul = ansamblul celor 5 corpuri se reface (pasiv), iar conştiinţa experimentează în SFV încetarea completă a suferinţei în starea de ∞i (Infinit inconştient).

AS generează şi o modificare a celor 5 corpuri, dar aceasta este indirectă, pentru că este realizată de către CPI, iar CPI se obţine după finalizarea AS, şi în plus este în mod sigur benefică, deoarece este executată de către CPI = ∞S = Dumnezeu (este "refacerea activă" – vezi 3.3, adică optimizarea aspectului "Sănătate").

<u>Pe scurt</u>, AS determină apariţia CPI fără a modifica câtuşi de puţin în mod direct vreunul din cele 5 corpuri, iar <u>apoi</u> CPI va optimiza cele 5 corpuri la nivel anatomic şi funcţional, adică se va obţine "Sănătatea" (practic, finalizarea AS şi optimizarea "Sănătăţii" sunt concomitente).

2) **AS este 100% <u>eficientă</u> din punct de vedere al atingerii Scopului Spiritual** (= Fericirea), deoarece AS constă în centrarea spaţială <u>voluntară</u> a conştiinţei individuale, care conduce la o centrare energetică în ∞S, deoarece centrarea spaţială <u>involuntară</u> conduce la o centrare energetică în <u>∞i</u> (vezi 5.0 şi 5.1).

3) **AS este <u>unică</u>, adică este singura Acțiune (Cale) 100% sigură și 100% eficientă,** deoarece orice altă posibilă metodă nu poate fi decât o metodă fizică sau mentală, și:

a) <u>orice metodă fizică sau mentală este potențial periculoasă</u> din punct de vedere fizic sau mental (psihic), și asta pentru că produce anumite modificări obiective în structura celor 5 corpuri umane, adică produce modificări fizice sau mentale, iar acestea pot reprezenta un pericol fizic sau psihic deoarece nu putem fi absolut siguri că aceste modificări sunt benefice sau măcar neutre;

b) <u>nicio metodă fizică sau mentală nu garantează obținerea Cunoașterii de Sine</u>, deoarece nu este nicio legătură între modificarea Realității Obiective la nivel fizic sau mental și declanșarea procesului de tranziție de la CPN la CPI prin centrarea spațială a conștiinței personale, eventualele succese obținute pe această cale fiind cu totul și cu totul întâmplătoare. Altfel spus, chiar dacă practici până la sfârșitul vieții una sau mai multe metode fizice sau mentale (asta în cazul în care te-ai decis <u>ce</u> să alegi dintre nenumăratele metode de pe "piață"), nu ai nicio garanție că vei obține Cunoașterea de Sine (iluminarea), oricât de riguros ai respecta indicațiile primite, și asta pentru că din start ai apucat-o pe căi greșite, care presupunând că nu-ți periclitează sănătatea, sunt în cel mai bun caz o pierdere de timp.

În acest caz, este inevitabilă apariția descurajării mai devreme sau mai târziu, când vezi că nu obții niciun rezultat efectiv, repet, în cazul în care metoda aleasă nu te dezechilibrează fizic sau psihic. Chiar dacă recurgi la metode fizice sau psihice care la alții (cu totul întâmplător și în cazuri rarisime) au funcționat, tot nu ai garanția că vei avea succes, deoarece succesul acelor rarisimi norocoși care au obținut iluminarea practicând o metodă fizică sau mentală nu este repetabil, adică metoda respectivă nu este științifică deoarece nu este repetabilă (repetabilitatea este esențială în știință). Chiar și numai descurajarea dacă apare este nocivă, deoarece te face să te îndepărtezi de spiritualitate, și asta pentru că îți pierzi speranța de a mai avea succes din punct de vedere spiritual. În plus, să te decizi în alegerea unei metode fizice sau mentale este foarte greu, deoarece există enorm de multe practici de natură fizică sau mentală pe "piața" așa-zis spirituală, care creează un adevărat "hățiș" în care este imposibil să te orientezi.

5.2.2 – Despre acțiunile fizice și mentale. Cei 4 pași premergători ai Acțiunii Spirituale (AS) propriu-zise. Cele 3 moduri de obținere a Cunoașterii de Sine

Conștiința Personală Neiluminată (CPN) nu poate acționa într-un Univers Material (UMP – vezi 2.4) anume decât prin intermediul unui corp care aparține acelui Univers, fiecare din cele 5 corpuri fiind astfel o "interfață" între CPN și Universul corespunzător. CPN acționează, deci, astfel:

a) CPN acționează în (modifică) <u>Universul Fizic</u> (UF) prin intermediul corpului fizic;

b) CPN acționează în (modifică) <u>Universul Eteric</u> (UE) prin intermediul corpului eteric;

c) CPN acționează în (modifică) <u>Universul Astral</u> (UA) prin intermediul corpului astral;

d) CPN acționează în (modifică) <u>Universul Mental</u> (UM) prin intermediul corpului mental;

e) CPN acționează în (modifică) <u>Universul Cauzal</u> (UC) prin intermediul corpului cauzal, dar și prin acțiuni de materializare/dematerializare (vezi pag. 21) la nivelul atomului-germene cauzal (vezi pag. 59).

Orice acțiune voluntară a unui om obișnuit (ignorant de Sine = CPN) care modifică Realitatea Obiectivă = UF+UE+UA+UM+UC presupune obligatoriu o acțiune voluntară cauzală, adică CPN poate comanda cele 5 corpuri umane <u>doar</u> prin intermediul corpului cauzal, și orice acțiune fizică implică și o acțiune eterică, adică corpul fizic poate fi comandat de CPN <u>doar</u> prin intermediul corpului eteric (vezi pag. 60):

◆ în cazul <u>acțiunilor mentale</u> avem acțiune cauzală + acțiune mentală;

◆ în cazul <u>acțiunilor astrale</u> avem acțiune cauzală + acțiune astrală;

◆ în cazul <u>acțiunilor eterice</u> avem acțiune cauzală + acțiune eterică;

◆ în cazul <u>acțiunilor fizice</u> avem acțiune cauzală + acțiune eterică + acțiune fizică.

Prin extensie/generalizare (vezi și pagina 72), vom defini **acțiunile fizice** ca fiind <u>acțiunile prin care se modifică UF și UE</u> (inclusiv propriile corpuri fizic și eteric), iar **acțiunile mentale (psihice)** ca fiind <u>acțiunile prin care se modifică UA, UM și UC</u> (inclusiv propriile corpuri astral, mental și cauzal). Se vede că acțiunile fizice se exercită prin intermediul corpurilor fizic și eteric, iar acțiunile mentale se exercită prin intermediul corpurilor astral, mental și cauzal. Am denumit primul grup de acțiuni "acțiuni <u>fizice</u>", iar cel de-al doilea grup de acțiuni "acțiuni <u>mentale</u>", deoarece modificarea UF este mai relevantă (importantă) decât modificarea UE, iar modificarea UM este mai relevantă (importantă) decât modificarea UA sau UC.

După cum am precizat în Introducere, există **4 pași premergători Acțiunii Spirituale propriu-zise**:
1) "**Să știi**" = să asimilezi Teoria Fericirii (Teoria Scopului Spiritual și a Căii/Acțiunii Spirituale) = parcurgerea și înțelegerea prezentei lucrări = (vezi mai jos) <u>acțiune fizică + mentală de natură mentală</u>;
2) "**Să crezi**" = să crezi că există Scopul Spiritual și Calea Spirituală = <u>acțiune mentală de natură astrală</u>;
3) "**Să dorești**" = să dorești obținerea Scopului Spiritual = <u>acțiune mentală de natură astrală</u>;
4) "**Să vrei**" = să te decizi să parcurgi Calea Spirituală = <u>acțiune mentală de natură cauzală</u>.

Urmează apoi încă 2 pași, care constau în Acțiunea Spirituală (AS), diferența dintre cei 2 pași fiind că primul (<u>pasul 5 = "să poți"</u>) este făcut de practicantul spiritual (CPN), iar al doilea (<u>pasul 6 = "să obții"</u>) este făcut de Sinele Impersonal (∞S-I). Pe scurt, **sunt 6 etape de obținere a Cunoașterii de Sine** (adică a Fericirii): <u>primele 5 etape cad în sarcina practicantului spiritual</u> și constau în 4 acțiuni (în principal) mentale + Acțiunea Spirituală, iar <u>a 6-a etapă este realizată de Sinele Impersonal</u> și este de tip "Acțiune Spirituală".

Împărțirea a ceea ce are de făcut aspirantul spiritual în cei 5 pași are în primul rând un scop didactic (pentru a înțelege mai ușor), deoarece primii 4 pași se pot suprapune din punct de vedere temporal, adică pot avea loc simultan, de exemplu: în timp ce citești cartea (pasul 1), poți să crezi că există Scopul Spiritual și Calea Spirituală (pasul 2) și să îți și dorești să obții Cunoașterea de Sine (pasul 3), sau în timp ce îți dorești să obții Cunoașterea de Sine (pasul 3) poți să te și decizi să parcurgi Calea Spirituală (pasul 4) etc. Este posibil ca și <u>ordinea primilor 4 pași să fie alta</u>, de exemplu: mai întâi îți dorești să obții Fericirea (pasul 3), apoi să urmeze pașii 1, 2, 4 și 5 etc.

Voi împărți <u>cele 5 acțiuni</u> care sunt în responsabilitatea practicantului spiritual în <u>2 categorii</u>:
a) **Teoria Spirituală** = <u>pasul 1</u> ("să știi"). Conține <u>3 sub-activități</u> fizice sau mentale: <u>cititul</u>, <u>memoratul</u> și <u>efortul intelectual de înțelegere</u>. Cititul este (în principal, deoarece are și o componentă mentală) <u>o acțiune fizică</u>, care implică simțul fizic al văzului, dar și alte acțiuni fizice ajutătoare care implică organele fizice de acțiune: mâinile pentru a ține cartea sau dispozitivul electronic de pe care citești, picioarele pentru a te deplasa în scopul obținerii cărții în format fizic sau electronic, corzile vocale pentru a discuta cu librarul, agentul de curierat sau alte persoane etc. <u>Memoratul și efortul de înțelegere sunt acțiuni pur mentale</u>. Această împărțire a Teoriei Spirituale în cele 3 sub-activități are mai mult un rol didactic (vezi și mai sus), deoarece cele 3 sub-activități pot avea loc și chiar au loc simultan (în paralel), adică în timp ce citești, memorezi și faci și efortul intelectual de a înțelege.
b) **Practica Spirituală** = <u>pașii 2 ("să crezi"), 3 ("să dorești"), 4 ("să vrei") și 5 ("să poți")</u>.

Simplificând, putem considera că există doar Practica Spirituală, care conține toți cei 5 pași = cele 5 acțiuni voluntare (4 lumești, adică fizice sau mentale, și una Spirituală) pe care trebuie să le facă practicantul spiritual. **Dintr-o altă perspectivă**, putem considera că singura practică spirituală autentică este pasul 5 = Acțiunea Spirituală, deoarece primii 4 pași sunt de fapt acțiuni lumești.

Oricum am grupa cei 5 pași, **esențial este pasul 5, iar primii 4 pași sunt doar pregătitori** sau ajutători pentru pasul 5. Totuși, pentru a simplifica lucrurile, vom considera, atunci când nu este precizat altfel, că Teoria Spirituală corespunde pasului 1, iar Practica Spirituală corespunde pașilor 2, 3, 4 și 5.

În spiritualitate este esențial Liberul Arbitru, prin care decizi în prima fază să te interesezi de (să asimilezi) Teoria Spirituală, iar în a doua fază să practici AS prin centrarea spațială voluntară în Sine.

<u>În Teoria și Practica Spirituală cele mai importante aspecte sunt următoarele 2, și exact în această ordine</u>:
a) "<u>protecția muncii</u>", adică să nu-ți faci rău, exact ca în medicină: "Primum non nocere". Putem considera spiritualitatea ca o medicină a spiritului, în care practicantul este și pacient, și propriul său medic, sau altfel spus fiecare este și discipol, în calitate de ego, și propriul său Maestru, în calitate de Sine (vezi 5.4.1);
b) <u>eficiența</u>, adică să te conducă spre Fericire.

Acțiunea Spirituală prezentată în această carte satisface, <u>cu condiția să o înțelegi corect și să o practici corect</u>, ambele cerințe de mai sus 100%, în timp ce orice tehnică fizică sau mentală nu îndeplinește niciuna din cele 2 condiții de mai sus, adică este potențial periculoasă pentru sănătatea fizică sau psihică a practicantului și nici nu poate conduce la Fericire. Dacă înțelegem cele de mai sus, dintr-o dată totul se simplifică, de acum înainte ne vom îndrepta atenția doar spre înțelegerea și practicarea Unicei Acțiuni Spirituale, din moment ce am înțeles că toate celelalte căi, care sunt metode fizice sau mentale, sunt de fapt căi false, care nu garantează succesul, și sunt și potențial periculoase.

79

Omul obișnuit (ignorant de Sine) **poate face 3 tipuri de acțiuni voluntare**:

1) **acțiuni fizice** = acțiunile care modifică Universurile Fizic și Eteric (și propriile corpuri fizic și eteric);

2) **acțiuni mentale** = acțiunile care modifică Universurile Astral, Mental și Cauzal (inclusiv propriile corpuri astral, mental și cauzal);

3) **Acțiunea Spirituală** (la singular) = Acțiunea ale cărei simboluri sunt prezentate în Subcapitolul 5.1 și care modifică radical propria Realitate Subiectivă (RS).

Corespunzător celor 3 tipuri de acțiuni voluntare, **există 3 tipuri de tehnici (metode)**:

1) **tehnici fizice** = inițierea sau încetarea unei (unor) acțiuni fizice;

2) **tehnici mentale** = inițierea sau încetarea unei (unor) acțiuni mentale;

3) **Tehnica Spirituală** (la singular) = Acțiunea Spirituală.

Scopul Spiritual (Fericirea = Cunoașterea de Sine = iluminarea) nu poate fi atins prin tehnici de tip 1 sau 2 (fizice sau mentale), ci doar prin Unica Tehnică Spirituală. Orice metodă fizică are un rezultat fizic, iar orice metodă mentală are un rezultat mental. Iluminarea, însă, nu este nici mentală, nici fizică, ca atare nu poate fi obținută în mod direct în urma practicării unei metode fizice sau mentale (poate fi obținută în mod indirect, dar cu totul întâmplător și fără a avea nicio garanție; poți practica vieți întregi una sau mai multe metode fizice sau mentale fără să obții iluminarea). Primele 2 tipuri de tehnici se mai numesc și tehnici lumești, deoarece modifică Realitatea Obiectivă (RO), în timp ce Tehnica Spirituală modifică Realitatea Subiectivă (RS) proprie. Dacă vom asemăna tehnicile (metodele) cu parcurgerea unei căi, similar cu parcurgerea unui drum fizic prin acțiunea de a merge, vom avea egalitățile: **tehnică = metodă ≈ acțiune ≈ cale**, adică putem considera <u>practic</u> că <u>tehnică = metodă = acțiune = cale</u>. Deci:

■ **căi (tehnici, metode) <u>lumești</u> = inițierea sau încetarea unei (unor) acțiuni fizice sau mentale** (dar de regulă este vorba mai degrabă de inițierea decât de încetarea unor acțiuni fizice sau mentale);

■ **Calea (Tehnica, Metoda) <u>Spirituală</u> = Acțiunea Spirituală**.

Orice iluminare, chiar și la cei care nu practică Acțiunea Spirituală, are loc în același mod sau pe aceeași Cale. Și atunci care este diferența? Diferența constă în modul cum este declanșată iluminarea.

<u>Există 3 moduri de obținere a Cunoașterii de Sine</u> (3 moduri în care se poate declanșa iluminarea):

1) **Iluminarea <u>spontană</u>**: iluminarea se declanșează spontan, fără ca respectivul să fi făcut ceva în acest sens, adică este o surpriză totală. Exemple: Ramana Maharshi, Eckhart Tolle;

2) **Iluminarea <u>indirectă</u>**: se declanșează în urma practicării unei/unor tehnici lumești (fizice sau mentale), dar am văzut că tehnicile lumești nu pot declanșa iluminarea decât cu totul întâmplător, fără a fi o legătură cauzală între practicarea unei tehnici lumești și apariția iluminării. Iluminarea printr-o tehnică lumească nu este nici garantată dacă nu s-a întâmplat încă, nici repetabilă dacă s-a întâmplat pentru altcineva;

3) **Iluminarea <u>Directă</u>**: se obține în urma practicării Acțiunii Spirituale. Am văzut că **este singura cale științifică, care garantează succesul <u>dacă este practicată corect</u>.**

Corespunzător acestor 3 moduri de iluminare, putem încadra oamenii în 3 categorii:

a) **<u>Omul obișnuit, dedicat 100% scopurilor/căilor lumești</u>**: este cel care nici nu știe, nici nu vrea să știe nimic despre spiritualitate, religie, esoterism etc. Pentru el, toate astea sunt niște "misticisme", niște "prostii" fără nicio aplicabilitate practică. Este dedicat 100% căilor lumești, adică acțiunilor fizice sau mentale. Este cel despre care se spune în Biblie că merge pe "calea cea lată care duce la pierzare" (vezi <u>Matei 7:13</u>): "calea cea lată" sunt căile lumești, adică metodele fizice și mentale, iar în loc de "pierzare" trebuie citit "suferință". O mare majoritate a oamenilor se încadrează aici, inclusiv ateii.

b) **<u>Omul care este interesat de religie, spiritualitate, esoterism și</u>** în acest scop face eforturi, adică **<u>practică o metodă lumească</u>** oarecare sau chiar mai multe metode lumești în același timp în scopul obținerii "mântuirii": aici putem include credinciosul clasic, călugării și toți cei interesați de esoterism care "fac" ceva în sensul acesta, adică practică o metodă oarecare fizică sau mentală. În general, el ori va neglija scopurile lumești (adică scopurile urmărite de oamenii din prima categorie, de exemplu călugării, pustnicii, sihaștrii, asceții), ori va participa la niște ritualuri seci, fără nicio importanță reală pe Calea Spirituală (aici intră credinciosul clasic), ori va recurge la tot felul de tehnici fizice sau mentale care mai de care mai "năstrușnice" în scopul atingerii "scopului spiritual" (aici intră diverșii practicanți de yoga, qigong, reiki etc.). Am văzut de ce niciunul dintre aceștia nu poate avea succes pe Calea Spirituală: deoarece ei practică în exclusivitate diverse tehnici fizice sau mentale, iar iluminarea (Cunoașterea de Sine) nu poate fi obținută în urma practicării unei tehnici fizice sau mentale, ci doar în urma practicării Acţiunii Spirituale; în plus, ei îşi pot pune în pericol şi sănătatea fizică sau psihică. Şi aceştia putem spune că merg pe "calea cea lată care duce la pieire", chiar dacă fac ceva pentru iluminare. Aici îi putem include pe aproape toţi ceilalţi care nu sunt în prima categorie. Am spus "aproape", pentru că avem şi categoria a 3-a, cea mai puţin numeroasă.

 c) **În ultima categorie, care este cea mai rar întâlnită** (practic inexistentă), **intră extrem de puţinii oameni care**, după nenumărate bâjbâieli, **au dibuit Calea Directă de iluminare** şi acum îşi dedică şi îşi concentrează toate eforturile înţelegerii şi practicării Unicei Acţiuni Spirituale.

Putem spune că, din punct de vedere spiritual, omul din prima categorie nu practică nimic, în a doua categorie se practică tehnici lumeşti, iar în a treia categorie se practică Tehnica Spirituală. Astfel, categoriile a) şi b) de oameni sunt lumeşti, doar categoria c) este cu adevărat spirituală. Singura şansă pentru un om din prima sau a doua categorie este să treacă în cea de-a treia, deoarece am văzut că nicio metodă lumească nu garantează obţinerea iluminării (e adevărat, nici nu este ceva imposibil, dar nu este nici sigur) şi în plus metodele lumeşti sunt şi potenţial periculoase din punct de vedere al sănătăţii.

În concluzie, orice iluminare care a avut loc vreodată, ca şi toate iluminările care vor avea loc în viitor (inclusiv iluminările parţiale şi temporare), **se petrece în acelaşi mod,** adică **prin procesul simbolizat de săgeţile care converg în Centrul Spiritual** (vezi 5.1). Diferenţa constă în **modalitatea de declanşare:**

◆ **Spontan:** iluminarea se declanşează fără ca respectivul să facă ceva în acest sens;

◆ **Indirect:** iluminarea se declanşează în urma practicării unor tehnici lumeşti (fizice sau mentale), dar fără a exista o relaţie cauzală între practicarea respectivei tehnici lumeşti şi declanşarea iluminării;

◆ **Direct:** iluminarea se declanşează în mod direct, prin scufundarea voluntară a minţii în Sine (adică prin practicarea Acţiunii Spirituale).

Astfel, dacă doresc să obţin iluminarea, ce voi face?:

a) voi aştepta ca iluminarea să se declanşeze spontan, fără să fac nimic ? **Răspuns: NU**

b) voi practica tehnici fizice sau mentale, sperând ca iluminarea să se declanşeze indirect ? **Răspuns: NU**

c) **voi practica Acţiunea Spirituală, prin scufundarea voluntară a minţii în Sine ? Răspuns: DA**

Eu mă bazez aici pe reguli şi nu pe excepţii, deci nu sfătuiesc pe nimeni nici să aştepte să se ilumineze în mod spontan (cum s-a întâmplat pentru Ramana Maharshi, Eckhart Tolle şi alte cazuri rarisime) şi nici să încerce să obţină iluminarea prin practicarea uneia sau mai multor tehnici lumeşti (chiar dacă alţii au obţinut iluminarea cu ajutorul acelor tehnici). Este incomparabil mai puţin probabil să obţii iluminarea în mod spontan sau indirect decât să câştigi marele premiu la Loto 6/49 (se spune în anumite lucrări că nici într-un milion de eoni nu poţi obţine iluminarea prin tehnici fizice sau mentale). Calea propusă de mine este prin centrarea voluntară a conştiinţei, care este unica cale sigură şi eficientă, valabilă pentru toţi şi repetabilă – deci ştiinţifică, prin care poţi atinge ţelul spiritual şi care nu depinde decât de tine, deci nu stai la mâna hazardului.

Eu nu recomand căile spontane şi indirecte de iluminare, deoarece (chiar fără să mai luăm în calcul potenţialul pericol pentru sănătate) nu garantează reuşita, adică se pot întâmpla sau nu. Adică nu sunt imposibile, dar nu sunt nici sigure. Pot fi oameni care să se ilumineze în aceste moduri, spontan sau indirect, dar poate eu nu am norocul să fac parte dintre ei. Din punctul meu de vedere, deci, singura Cale veritabilă este Calea Directă, de scufundare voluntară a minţii în Sine (Inimă). Într-adevăr, implică o înţelegere neobişnuită, o anume subtilitate, dar cel puţin ştiu că totul depinde numai şi numai de mine şi nu stau la mâna hazardului. Adică este o Cale mai lentă (sau nu; pentru unii poate fi rapidă, depinde de gradul de înţelegere şi de insistenţă), dar sigură, atât din punct de vedere al "protecţiei muncii", cât şi din punct de vedere al eficienţei în obţinerea Fericirii. E ca şi cum aş vrea să strâng nişte bani şi am 2 opţiuni: 1) Să joc la LOTO cu speranţa că odată şi odată voi câştiga premiul cel mare; 2) Să încep să muncesc pentru a strânge banii doriţi. Este evident că, în cazul 1, pot juca toată viaţa la Loto fără să câştig niciodată nimic (şi astfel mi-am irosit toată viaţa). În cazul 2, deşi banii se strâng (aparent) mai încet, am certitudinea că voi obţine suma necesară. Pe Calea Spirituală, "a juca la LOTO" înseamnă, din punct de vedere spiritual, a nu face nimic sau a practica metode lumeşti, iar "munca" înseamnă practicarea Acţiunii Spirituale (AS) = parcurgerea Căii Directe de iluminare. Cu cât sunt mai harnic, cu atât obţin mai repede suma. Cred că este evident că orice om chibzuit alege varianta 2, adică se angajează pe Calea Directă de iluminare. Orice om care practică o tehnică fizică sau mentală pentru a obţine Cunoaşterea de Sine (= iluminarea = Fericirea) seamănă cu omul care vrea să se îmbogăţească jucând la Loto!!! Iar pentru a fi 100% clar, orice tehnică în afară de AS este o tehnică fizică sau mentală.

Iată câteva exemple de <u>metode (tehnici) fizice sau mentale</u>, <u>adică căi false de iluminare</u> (doar câteva, deoarece tehnicile lumeşti sunt nenumărate, aproape infinite, şi în mod continuu se inventează alte şi alte tehnici lumeşti; nici dacă aş vrea nu le-aş putea enumera pe toate), **care deci NU pot conduce la succesul spiritual** (Fericire): <u>posturi fizice</u> statice (de exemplu asanele yoghine) sau <u>exerciţii fizice</u> (de exemplu cele din Qigong); <u>posturi alimentare</u> (adică renunţ la o acţiune pe care o făceam anterior – consumul de carne – în scop spiritual); <u>exerciţii de respiraţie</u>; <u>rugăciuni</u> (ştiu că mulţi nu vor accepta asta, dar nu fac decât să prezint lucrurile aşa cum sunt ele; fiecare e liber să accepte sau nu aceste lucruri): aici se include orice rugăciune, inclusiv "Rugăciunea lui Isus"; rugăciunea fiind o activitate mentală, nu se va putea transcende mintea (obţine iluminarea) cu ajutorul activităţii mentale; <u>repetarea de mantre</u>; <u>concentrarea mentală</u> – fiind tot o activitate a minţii, nu poate conduce la transcenderea minţii; <u>faptele bune</u>; aceasta nu este o pledoarie pentru a face fapte rele. Ceea ce vreau să spun aici este că niciodată (decât cu totul întâmplător) iluminarea nu va fi obţinută practicând faptele bune (bineînţeles că nici practicarea de fapte rele nu poate conduce la iluminare); <u>renunţarea la avere, renunţarea la viaţa sexuală</u> (bineînţeles că nici acumularea de avere sau excesul de activitate sexuală nu pot conduce la iluminare); <u>practicarea aşa-zisei "continenţe sexuale"</u> – nu numai că nu conduce la iluminare, dar, în anumite condiţii, poate fi chiar periculoasă; <u>auto-chinuirea; acumularea de informaţii</u>; <u>dedublări astrale; căutarea iluminării în Realitatea Obiectivă; călugărirea</u> (adică autosechestrarea într-o mănăstire pentru a fi "pe placul lui Dumnezeu"); <u>participarea la ritualuri bisericeşti; trezitul în toi de noapte pentru a participa la slujbe religioase; dependenţa de duhovnici, maeştri, preoţi, lideri spirituali, guru, pastori, predicatori</u> (deoarece această dependenţă împiedică introversiunea mentală; toată atenţia este focalizată în "exterior", asupra "îndrumătorului spiritual"); <u>aşteptarea unui "maestru"</u> care trebuie să apară odată cu atingerea unui anumit "stadiu" spiritual (conform înţelegerii greşite a afirmaţiei "Când discipolul e pregătit, maestrul apare" – vezi 5.4.1); <u>închinarea la icoane, moaşte, relicve</u> etc. considerate "sfinte"; <u>pelerinaje la locurile "sfinte"</u>; singurul pelerinaj autentic este pelerinajul către propriul Sine (= practicarea AS), după cum spune Ramana Maharshi, deoarece singurul "loc" sfânt este Sinele etc.

Iluminarea nu este incompatibilă cu nimic, decât cu suferinţa. Practica spirituală nu are nici restricţii, nici obligaţii la nivel fizic sau mental, adică nici nu-ţi interzice să faci ceva, nici nu te obligă să faci ceva la nivel fizic sau mental. A face sau a înceta să faci ceva la nivel fizic sau mental ţine de lumea obiectivă, iar Acţiunea/Calea Spirituală (AS/CS) este o transformare la nivelul subiectivităţii. Deci din punct de vedere al CS nu ai nici restricţii, nici obligaţii la nivel obiectiv. Fireşte că există restricţii şi obligaţii obiective cu duiumul, dar nu impuse de CS, ci din motive obiective, adică restricţiile sunt impuse de lumea obiectivă şi nu de CS. Totuşi, pentru a te putea ocupa liniştit de practica spirituală, este nevoie să realizezi o anumită "acordare" sau inserţie din punct de vedere social, adică să ai o meserie, locuinţă, să fii cât de cât sănătos etc. pentru a reduce perturbaţiile care apar din lumea obiectivă. În Yoga celor 8 paşi, acestea corespund (oarecum, adică în mod grosier) primelor 2 etape – yama şi niyama. E greu să te ocupi de spiritualitate dacă nu ai bani, spre exemplu. Deci nu trebuie neglijată partea materială, adică trebuie să "dăm şi Cezarului ce-i al Cezarului".

<u>5.2.3 – Obstacole şi atenţionări în teoria şi practica spirituală</u>

<u>Obstacole în teoria şi practica spirituală</u>

Un om indolent din punct de vedere spiritual găseşte foarte uşor justificări pentru indolenţa sa, cum ar fi: toţi ceilalţi fac la fel, de ce aş fi eu altfel? (adică preferă să sufere pentru că şi ceilalţi suferă); n-ai ce să faci, aşa este viaţa; toate chestiile astea spirituale sunt nişte prostii; oricum, n-o să rezolv tocmai eu aceste probleme (doar au încercat atâţia asceţi, călugări etc. care s-au retras în păduri şi n-au reuşit nimic); chiar dacă m-aş preocupa de aşa ceva, oricum n-o să obţin niciodată nimic; întâi să se schimbe ceilalţi, după aceea, poate, o să mă schimb şi eu; întâi să rezolvăm problemele economice, sociale etc.; chestiile astea sunt periculoase şi alte şi alte justificări, pe care de obicei le găseşte foarte uşor şi care îi dau dreptul (crede el) de a nu face nimic în acest sens. În realitate, astfel nu face decât să-şi justifice propria suferinţă.

În spiritualitate este necesară o dorinţă intensă de a te elibera <u>cu adevărat</u> (adică <u>efectiv</u>, <u>complet</u> şi <u>definitiv</u>) **de suferinţă**, care nu poate apărea decât odată cu conştientizarea stării de mizerie existenţială în care trăieşti în mod constant. Dacă crezi că viaţa ta este în linii mari acceptabilă şi nu ai nevoie de aşa ceva numit "fericire" sau dacă crezi că eşti deja fericit, atunci probabil nu vei fi interesat de ceea ce scrie aici şi vei considera tot ce scrie aici ca o frumoasă poveste, dar fără aplicabilitate în cazul tău particular – poate pentru alții este aplicabilă, dar pentru tine deocamdată nu. Într-adevăr, <u>dacă interesul pentru spiritualitate lipsește</u>, atunci nici nu poate fi vorba de parcurgerea celor 5 pași (adică teoria și practica spirituală), cu alte cuvinte <u>pentru tine totul s-a terminat înainte de a începe</u>. Acest interes pentru spiritualitate nu-ți poate fi dat de altcineva, tu singur trebuie să fii interesat în cel mai înalt grad de acest lucru, tu trebuie să-ți dai seama că viața ta așa cum o trăiești acum, în Ignoranța de Sine, nu duce nicăieri, este ca un drum înfundat.

Tu trebuie să-ți dai seama că propria suferință existențială nu poate fi rezolvată de altcineva; nici guvernul, nici părinții, nici prietenii, nici vecinii nu-ți pot rezolva problema existențială, fundamentală a vieții, după cum nici tu nu poți rezolva problemele existențiale ale celorlalți. Sau poate crezi că acest lucru nu e pentru tine, că e ceva prea greu și drept urmare preferi să continui ca și până acum doar pentru că toți ceilalți fac același lucru? Adică preferi să suferi pentru că și ceilalți suferă? Atunci te îndemn să te trezești din somnul malefic al Ignoranței de Sine, somn care generează monștri (somnul conștiinței generează monștri mai malefici decât cei generați de somnul rațiunii), monștrii fiind suferințele, chinurile zilnice prin care treci.

Acest lucru nu poate fi făcut <u>decât de tine</u>, așa că nu mai aștepta salvarea de la alții, în acești "alții" fiind inclus și Isus, care crezi tu sau speri tu să te salveze la "a doua venire". Nici măcar "unicul mântuitor" nu te poate scăpa de chin, doar tu poți, dar pentru început e obligatoriu să-ți dorești acest lucru. Apoi mai este necesară perseverența, îndârjirea chiar, pentru a înțelege în mod corect teoria spirituală, și după aceea pentru a aplica corect în practică asupra propriei persoane ceea ce ai înțeles din punct de vedere intelectual.

În spiritualitatea autentică se încurajează responsabilitatea individuală și discernământul, adică să nu înghiți orice, dar nici să nu respingi nimic fără o verificare prealabilă. Nici chiar ce scrie aici nu trebuie acceptat orbește, dar (ca un sfat personal) nici să nu fie respins automat fără a investiga dacă e adevărat sau nu. Este încurajat faptul de a gândi cu propriul cap și de a nu mai accepta sau crede orbește anumite lucruri doar pentru că multă lume le acceptă sau pentru că au o lungă tradiție în spate. Trebuie să preiei responsabilitatea propriei vieți, adică să ieși din starea de letargie spirituală, să ai curajul să investighezi tu însuți, să pui sub semnul întrebării anumite lucruri considerate de toată lumea "adevăruri de necontestat" și să nu mai accepți să fii condus de alți orbi, pentru că, după cum se știe, "când un orb călăuzește pe un alt orb, vor cădea amândoi în groapă" (<u>Matei 15:14</u>) (în loc de "groapă" citește "suferință"). **Unii din cei care vor citi această carte vor rămâne la stadiul de informare**, deoarece vor crede că acestea sunt niște lucruri interesante (poate), dar nu-și vor da seama că ce scrie aici nu sunt povești, ci sunt lucruri reale și îi pot schimba viața radical în Bine celui care le înțelege corect și le aplică corect. Pentru unii este posibil ca practica spirituală să pară irelevantă: ce importanță poate avea pentru mine practica spirituală, deoarece Universul va continua așa cum îl știu dintotdeauna, fără schimbări majore? Dacă îmi dau seama însă că <u>practica spirituală **se referă la mine** pentru că îmi aduce Fericirea</u> și dacă îmi dau seama de extraordinara importanță și măreție a acestui lucru, atunci tot ce scrie în carte capătă o altă semnificație: îmi dau seama că tot <u>ce scrie în carte are relevanță</u> **pentru mine** (și aici nu e vorba doar de autorul acestor rânduri, ci de oricine, deoarece oricine se numește pe sine prin "eu"), în viața mea concretă, acolo unde sunt zilnic. Aici intervine proprietatea oarecum greu (dar nu imposibil) de înțeles a Realității Subiective (RS) de a fi relevantă doar pentru fiecare în parte, în opoziție cu Realitatea Obiectivă (RO) care este la fel pentru toți și a cărei modificare ne afectează pe toți. În domeniul RS, trăirile, stările de conștiință sunt strict individuale și non-obiectivabile, iar o schimbare a RS prin Acțiunea Spirituală (AS) nu-l afectează decât pe cel în cauză, ceilalți rămânând la fel, neschimbați. Aceasta conduce la faptul că AS și Cunoașterea de Sine (Fericirea) nu sunt ceva cu care să te poți lăuda în fața celorlalți, iar acest lucru îi poate descumpăni pe cei care s-au obișnuit să trăiască prin ochii și admirația celorlalți. O reflecție ceva mai profundă asupra acestui subiect îți va clarifica însă că aceasta este o proprietate științifică a RS, și în plus este foarte bine că este așa. Este foarte bine că AS este un lucru invizibil pentru ceilalți și că poți trăi lângă cineva care practică AS fără să-ți dai seama. Aceasta îl ajută pe practicantul spiritual să fie discret, iar această discreție pe Calea Spirituală îi este de cel mai mare ajutor în atingerea scopului spiritual (Fericirea) spre care tânjește. **"Să știi și să vrei"** Degeaba vrei dacă nu cunoști calea corectă, și degeaba cunoști calea corectă dacă nu vrei să o parcurgi; altfel spus, degeaba perseverezi pe o cale greșită, și degeaba cunoști calea corectă dacă nu perseverezi pe ea. <u>Sunt necesare deci trei lucruri:</u> a) **să dorești** cu ardoare **să te eliberezi de suferință**, ca un efect al conștientizării mizeriei existențiale (echivalentul pasului 3 = să dorești obținerea Fericirii); b) **să știi cum** poți face acest lucru (adică pasul 1 = să cunoști Teoria Spirituală); c) **să perseverezi** ($\approx$ pasul 4 = să vrei) **până la obținerea succesului practic** (pasul 5 = declanșarea AS).

Atenționări în teoria și practica spirituală

Multora poate le va fi frică de Calea/Acțiunea Spirituală și de Cunoașterea de Sine, deoarece se sperie când aud termeni precum "Infinit", "Conștiință", "Absolut", "eliberare", "nemurire" etc. Însă, după cum știm, "Împărăția cerurilor se ia cu năvală, și cei ce dau năvală pun mâna pe ea" (Matei 11:12), adică în demersul spiritual curajul este obligatoriu. De fapt, după ce înțelegi acești termeni, după ce te familiarizezi cu ei, îți dai seama că totul este știință pură, dar știința subiectivității, nu știința clasică, materialistă, obiectivă, cu care suntem bombardați de peste tot și care este supralicitată în prezent. Poate fi mai dificil la început, pentru că nu suntem obișnuiți cu aceste lucruri; este ceva total neobișnuit, dar în realitate **nu este deloc periculos – cu condiția să înțelegi corect și să practici corect. Unii dintre cititorii prezentei lucrări** poate nu vor simți dorința să practice Acțiunea Spirituală (AS), deoarece le va fi frică și se vor gândi că este periculos. Pe aceștia, ca de altfel pe toți cititorii, îi sfătuiesc:

◆ să nu respingă nimic din ce scrie aici (e sfat și nu obligație) fără a verifica dacă e adevărat sau nu;

◆ să nu accepte nimic din ce scrie aici decât dacă sunt convinși prin ei înșiși;

◆ să nu treacă la practică până când nu au înțeles perfect Teoria Spirituală prezentată în această carte;

◆ să nu treacă la practică dacă nu sunt absolut siguri că vor să practice AS;

◆ AS efectivă nu implică efort fizic sau mental. **Trebuie făcută diferența clară între AS și acțiunile mentale**: dacă diferența dintre AS și acțiunile fizice este ușor de făcut, diferența dintre AS și acțiunile mentale este poate mai greu sesizabilă, dar ea există și este netă; **nu trebuie confundată AS cu acțiuni mentale de tipul: concentrare mentală, încordare mentală etc.**

Precizez din nou că **AS corect înțeleasă și corect practicată este 100% sigură** și 100% eficientă.

Mulțimea stărilor Realității Subiective (RS) cuprinde 3 (tipuri de) stări (vezi și 6.2):

■ 2 stări fără ego (ego = Finitul Nemăsurabil FN), adică Infinite: inconștientul (∞i) și Supraconștientul (∞S). Aceste 2 stări sunt perfect definibile, unice și, fiind Infinite (în profunzime), sunt lipsite de suferință.

■ stările egocentrice (adică finite/limitate) de conștiință. Acestea sunt de tip Finit Nemăsurabil (FN), nu pot fi definite decât pe ansamblu și, deoarece sunt finite, au o doză mai mare sau mai mică de suferință.

Mulțimea stărilor de conștiință poate fi grupată, deci, în 2 clase: stări cu ego (adică Finite) și stări fără ego (adică Infinite). Stările fără ego sunt inconștientul și Supraconștientul, iar stările cu ego (egocentrice) formează o mulțime nenumărabilă (vezi 6.2). Suferința există doar în stările egocentrice (= finite/limitate).

Distrugerea (dizolvarea) **egoului** nu înseamnă nicidecum distrugerea corpului fizic sau a vreunuia dintre celelalte 4 corpuri subtile, ci **distrugerea identificării** (exclusive) **cu aceste 5 corpuri.** În urma procesului de dizolvare a egoului (= iluminarea), toate cele 5 corpuri rămân nemodificate (în mod direct), însă dispare identificarea exclusivă cu acestea, ceea ce conduce la dispariția stărilor de conștiință egocentrice.

Deci iluminarea veritabilă lasă nemodificată RO (Realitatea Obiectivă), însă schimbă total, radical, profund, RS a acelei persoane. În urma iluminării, doar persoana respectivă se transformă la nivel subiectiv, în timp ce toți ceilalți rămân exact la fel cum erau și înainte. Iată de ce AS, corect înțeleasă și corect practicată, nu este periculoasă, în timp ce orice tehnică lumească poate reprezenta un pericol: în timp ce AS, corect practicată, modifică doar RS, lăsând nemodificate cele 5 corpuri materiale, o tehnică lumească produce modificări în cele 5 corpuri materiale, care pot fi dăunătoare pentru că modifică structura obiectivă (RO) a acestor corpuri și nu știm sigur dacă aceste modificări sunt benefice sau măcar neutre. **Mulțimea stărilor egocentrice este numită uneori și "minte"** (NU corpul mental, care aparține RO). În acest sens, "mintea" este totuna cu egoul, deoarece egoul este rădăcina "minții" (vezi 6.2): ego = mulțimea stărilor de tip FN = "minte" = suferință = Ignoranța de Sine. În unele cărți se spune că "iluminarea distruge mintea"; da, dar în acest context **nu trebuie confundată mintea cu corpul mental**: "distrugerea minții" înseamnă de fapt distrugerea subiectivității egocentrice, adică distrugerea suferinței, și NU distrugerea corpului mental!!! **Distrugerea** (dizolvarea) **ego-ului/distrugerea "minții"** = distrugerea stărilor egocentrice de conștiință = distrugerea limitării conștiinței = **distrugerea suferinței!** Trebuie să fim siguri că am înțeles foarte bine aceste lucruri pentru a nu le da o interpretare greșită: corpul mental face parte din RO, "mintea" face parte din RS; corpul mental este un suport material (unul dintre cele 5 = cele 5 corpuri) al "minții" = Conștiința Personală Neiluminată (CPN), iar după iluminare corpul mental devine un suport material al Conștiinței Personale Iluminate (CPI). Deci, **ATENȚIE: "distrugerea minții" NU înseamnă distrugerea corpului mental!!!** – ci distrugerea subiectivității egocentrice = distrugerea suferinței. Aceasta este o transformare la nivelul RS și nu o modificare la nivelul RO, care rămâne neschimbată. Un om cu mintea "distrusă" își va putea folosi corpul mental (și celelalte 4 corpuri), chiar mai bine decât înainte, cu diferența că suferința va dispărea.

Prin "minte" se pot înțelege diverse (alte) aspecte ale RS sau RO, de ex.: "Mintea Cosmică" = Conștiința Cosmică = Energia de tip E5 (vezi 3.4); "mintea iluminată" = CPI; mintea în sens material = ansamblul celor 3 corpuri astral + mental + cauzal etc. Când întâlnim cuvântul "minte", deci, trebuie să fim foarte atenți pentru a ne da seama în ce sens este folosit, adică care dintre multele semnificații este valabilă în acel context.

Un sfat: dacă nu știi ce să faci sau nu ai înțeles foarte bine ce ai de făcut, mai bine nu face nimic!!! Va fi mai bine să nu faci nimic decât să faci ceva greșit, adică cel mai probabil o acțiune mentală (cred că este destul de clar că nu trebuie să faci o acțiune fizică; riscul cel mai mare în încercarea de a practica AS este de a face o acțiune mentală), care în cel mai bun caz este un drum înfundat și îți irosește timpul, iar în cel mai rău caz este dăunător pentru sănătatea ta fizică sau psihică!

Cele scrise aici nu trebuie puse în practică orbește, fără a le înțelege cu adevărat, deoarece există riscul de a fi înțelese greșit, chiar având convingerea fermă că ai înțeles cu adevărat; e foarte ușor să înțelegi greșit ceva, mai ales când ai de-a face cu Realitatea Subiectivă, care nu este vizibilă și are o anume subtilitate. Astfel, prima activitate pe Calea Spirituală este înțelegerea intelectuală. Trebuie "rumegate" aceste învățături pentru a fi cât mai sigur, și din ce în ce mai sigur, că ai înțeles corect adevărata semnificație a fiecărui simbol folosit – desen sau cuvânt. Nimic din ce scrie aici nu trebuie acceptat ca fiind de la sine înțeles; totul trebuie trecut prin filtrul propriei înțelegeri, trebuie văzut din cât mai multe unghiuri. Trebuie să te convingi tu însuți, să supui această învățătură la tot felul de probe ca să vezi dacă rezistă; trebuie să vezi cum poți lega ceea ce scrie aici cu ceea ce cunoști din știință, din viața de zi cu zi. Trebuie să te convingi că nu este nimic "mistic" aici, nu este nimic de neînțeles, totul este logic, rațional, coerent, nu contrazice viața obișnuită, nu implică renunțarea la nimic, decât la suferință. **În teoria și practica spirituală contează în primul rând "protecția muncii", și apoi eficiența.** Ca urmare, nu recomand nimănui să practice vreo tehnică fizică sau mentală pentru a obține Fericirea, ci sfatul meu este să-și concentreze toate eforturile mai întâi ca să înțeleagă Unica Acțiune Spirituală în mod corect, apoi să o practice tot în mod corect, și toate acestea fără nicio grabă, încet și sigur. Pe Calea Spirituală (CS) trebuie exclusă mai mult ca oriunde graba, dorința de a obține rezultate peste noapte; deviza mea este "încet și sigur". Aș greși, însă, dacă considerațiile și sfaturile nu mi le-aș aplica în primul rând mie (e valabil pentru oricine, nu doar pentru mine, deoarece fiecare se denumește pe sine prin "eu"); dacă aș încerca să-i schimb pe ceilalți fără a mă schimba pe mine mai întâi, înseamnă că n-am înțeles ce scrie aici cu adevărat. CS este pentru uz strict individual și nu trebuie aplicată decât asupra propriei persoane și nicidecum impusă cu forța celorlalți (de altfel, acest lucru nici nu poate fi făcut în mod real).

5.2.4 – Alte observații

Această carte se adresează oamenilor din categoriile a) și b) (vezi 5.2.2) pentru a-i determina să treacă în categoria c). Nu putem face întotdeauna o distincție clară între categoriile a) și b), dar putem distinge clar între categoriile a) și b), pe de o parte, și categoria c), pe de altă parte. Cartea se adresează, deci, celor care vor, dar nu știu ce trebuie făcut pentru a obține iluminarea spirituală (categoria b), dar și celor care nu sunt interesați de spiritualitate (categoria a), în speranța de a le trezi pentru început interesul.

Ego-ul (Ignoranța de Sine) **este identificarea exclusivă** ("greșită") **a conștiinței personale cu corpurile materiale** (fizic, eteric, astral, mental, cauzal), adică această identificare determină apariția stărilor egocentrice (limitate) de conștiință. Infinitul inconștient Personal (∞i-P, vezi 3.4), deci, se identifică/se "amestecă" cu Finitul Măsurabil (FM = Materia). Iată ce este "iluzia" (Maya): nu Materia = FM = RO (Realitatea Obiectivă) este o iluzie, ci amestecul dintre ∞i-P și FM (adică ego-ul) este "iluzoriu", dar doar în mod simbolic, în sensul că este menit să dispară. Riguros vorbind, **ego-ul NU este iluzoriu** (cum greșit spun unii): **chiar dacă este menit să dispară** (prin practicarea AS), **până când dispare el este cât se poate de real, cum tot reale sunt și suferințele/chinurile generate de acesta.** Și care este rostul acestui amestec dintre ∞i-P și FM? Dacă privim Scenariul Cosmic (SC – vezi Cap. 6), ne dăm seama că rostul acestei asocieri dintre ∞i-P și FM este evoluția conștiinței individuale din stadiul I (inconștient = ∞i) în Stadiul III (Supraconștient = ∞S), tranziție care implică obligatoriu trecerea prin stadiul II = Finitul Nemăsurabil (FN) = Răul (format din bine și rău) = suferința. Vedem că suferința nu are rolul de a ne chinui în mod sadic (cum credem noi de obicei), ci are rolul de a ne trezi deoarece este un stadiu obligatoriu în SC, dar un stadiu în care trebuie să rămânem cât mai puțin.

Fireşte, aceasta necesită şi o minimă cooperare din partea noastră ("Dumnezeu îți dă, dar nu-ți bagă în traistă"), adică sarcina noastră spirituală este practicarea AS prin care obținem Cunoaşterea de Sine = Fericirea.

Materia are "forță", adică poate modifica Realitatea Obiectivă (RO), **însă este "oarbă"**, adică este inertă (inconştientă). **Conştiința "vede"**, adică are conştiență, **dar este "şchioapă"**, adică nu are nicio putere de a acționa în RO. Din aceste motive, anumite scripturi orientale vorbesc despre asocierea conştiinței cu materia ca despre asocierea unui şchiop cu un orb: şchiopul este conştiința, iar orbul este materia. Şchiopul nu poate merge, dar vede, în timp ce orbul nu vede, dar poate merge. Asocierea conştiinței cu materia are ca scop trezirea/tranziția conştiinței individuale de la stadiul de inconştiență (∞i) la Supraconştiență (∞S).

Aşa-zisa "întoarcere spirituală la origini" este o întoarcere <u>doar</u> din punct de vedere (dpdv) spațial, deoarece dpdv "energetic" are loc o evoluție de la inconştient la Supraconştient. Dintr-o perspectivă mai largă, evoluția dpdv energetic a conştiinței personale de la inconştient la Supraconştient se face printr-o "ieşire" spațială din Spațiul Realității Subiective (SRS) = apariția egoului (FN), urmată de o întoarcere (voluntară) spațială în SRS = AS (Acțiunea Spirituală) = dizolvarea egoului. Deci, când te întorci de unde ai plecat (pleci din SRS şi te întorci tot în SRS), nu mai eşti la fel ca înaintea plecării: când pleci eşti inconştient, iar când te întorci (voluntar) eşti Supraconştient, adică ai evoluat dpdv spiritual (energetic).

Corpul fizic uman este alcătuit din atomi fizici din Tabelul Periodic al Elementelor (Tabelul lui Mendeleev), la fel ca orice corp fizic de mineral, plantă sau animal, adică nu este o diferență esențială între oricare două corpuri fizice de mineral, plantă, animal sau om; diferă doar tipul de atomi, numărul lor şi aranjarea lor spațială. Corpul fizic uman este, deci, o colecție de atomi fizici dispuşi într-un anume fel. Apare atunci întrebarea: de ce se consideră că omul este cea mai evoluată ființă de pe Pământ? Superioritatea ființei umane constă în aceea că posedă în plus față de celelalte 3 regnuri corpurile mental şi cauzal (vezi Anexa 2). Corpul mental permite omului să gândească/să proceseze informații, ceea ce celelalte 3 regnuri nu pot să facă tocmai din cauză că nu posedă suportul material al gândirii care este corpul mental. Prezența corpurilor mental şi cauzal are ca scop ultim obținerea iluminării (Cunoaşterii de Sine), care nu se poate obține decât din stadiul de om, deoarece corpul astral, care este corpul cel mai subtil al celorlalte 3 regnuri, este prea grosier pentru a permite acest lucru. **Corpurile subtile, ca şi corpul fizic, au o anatomie şi o fiziologie: aşa-numitele anatomie şi fiziologie subtilă/ocultă.** La fel cum corpul fizic este compus din atomi fizici, aşa şi corpurile subtile (eteric, astral, mental, cauzal) sunt compuse din atomi subtili (eterici, astrali, mentali, cauzali). Anatomia înseamnă structura/alcătuirea acelui corp (adică, la nivel microscopic, aranjarea spațială a atomilor), iar fiziologia înseamnă modul cum funcționează corpul respectiv în scopul de a-şi îndeplini funcțiile sale.

Conştiința Personală (individuală) **este de 2 tipuri**: <u>Conştiința Personală Neiluminată</u> (CPN) şi <u>Conştiința Personală Iluminată</u> (CPI). Am văzut că egoul înseamnă că conştiința personală (individuală) de tip CPN se "amestecă" (identifică) cu corpurile materiale, adică CPN "impregnează" cele 5 corpuri. Altfel spus, "păpuşarul" care este CPN "intră" în cele 5 corpuri pentru a le acționa (la fel cum un păpuşar îşi introduce mâna într-o păpuşă), adică pentru a acționa în cele 5 Universuri Materiale Paralele (5UMP) (vezi 5.2.2 – pagina 78). <u>Exemple</u>: când omul gândeşte, CPN se identifică cu corpul mental şi modifică RO (Realitatea Obiectivă) a Universului Mental; când omul acționează fizic, CPN se identifică cu corpul fizic şi modifică RO a Universului Fizic. Deci, orice corp material din cele 5 ale omului este ca un fel de "interfață" între CPN şi UMP respectiv, altfel spus un corp este ca o păpuşă acționată de păpuşarul care este CPN. CPN nu poate acționa într-un UMP oarecare decât prin intermediul unui corp care să facă parte din acel UMP, deoarece RO a UMP respectiv nu poate fi modificată decât prin intermediul unui corp din acel UMP, fapt care rezultă din LUN (vezi Cap. 2). Egoul este generat de faptul că CPN "impregnează" corpurile şi, prin intermediul lor, ca un păpuşar prin intermediul păpuşii, se manifestă în respectivul UMP. Aceasta este identificarea exclusivă cu corpul care dă naştere egoului. Conştiința personală se identifică cu cele 5 corpuri şi în cazul în care conştiința este trezită (CPI), dar dispare caracterul exclusiv al identificării, deoarece în acest caz este prezentă Cunoaşterea de Sine = identificarea conştiinței personale cu Sine-le Impersonal, şi CPI "ştie" că corpul material (cu cele 5 componente) este doar o haină, un înveliş al Său. Înainte, CPN credea că nu este altceva <u>decât</u> o haină, un înveliş, un mecanism corporal (cu 5 componente), în timp ce acum CPI ştie (la nivel existențial) că este mult mai mult decât învelişul: este Cel/Cea care locuieşte în acel înveliş material încincit.

Prin Acțiunea Spirituală (AS) se obține trezirea conştiinței (de la CPN la CPI) <u>prin procesul de "auto-extragere" a CPN din corpuri</u>, adică păpuşarul îşi scoate mâna din păpuşa mecanică (păpuşa este cele 5 corpuri şi este mecanică deoarece materia este 100% mecanică, "oarbă", inertă), CPN se dezidentifică de cele 5 corpuri, CPN "dezimpregnează" cele 5 corpuri. Această trezire a CPN se face <u>doar</u> prin AS = Acţiunea care nu este o tehnică fizică sau mentală (lumească), deoarece orice tehnică lumească implică automat o identificare a CPN cu corpurile materiale, orice tehnică lumească implică faptul că păpuşarul îşi ţine mâna în păpuşă, orice tehnică lumească implică faptul că CPN impregnează corpurile, altfel nu ar putea acţiona în RO. Acest proces de dezidentificare poate fi numit şi "de-personalizare" sau "de-egoizare", deoarece are loc dizolvarea (distrugerea) progresivă a egoului (a falsei identităţi/personalităţi), şi este benefic deoarece este sinonim cu distrugerea progresivă a suferinţei şi apariţia Fericirii. Prin de-egoizare, corpul material încincit îşi pierde din ce în ce mai mult caracterul personal şi capătă din ce în ce mai mult un caracter impersonal, ca un instrument inert, o sculă a Conştiinţei Trezite (CPI) cu care Aceasta se identifică din ce în ce mai puţin (până la deloc, când trezirea e completă). Toate corpurile materiale sunt inerte, chiar şi cele subtile ("carnea este neputincioasă", spune Isus în <u>Matei 26:41</u>; "carne" = materie grosieră sau subtilă). Această materie inertă, adică aspectul inert, "mort" al Existenţei (Realităţii), este "însufleţită" de conştiinţa individuală. Această conştiinţă "impregnează" corpurile materiale inerte (aşa ia naştere egoul) cu scopul final al trezirii acestui spirit (conştiinţa individuală CPN) care la început este inconştient 100%. Spiritul nu se poate manifesta ("munci") în creaţie (în Realitatea Obiectivă RO = 5UMP) decât prin intermediul corpurilor materiale inerte care reprezintă o interfaţă între spirit şi RO. Orice tehnică lumească (fizică sau mentală) presupune ca spiritul să impregneze unul sau mai multe corpuri şi prin intermediul acestor corpuri să modifice RO a UMP respectiv, în timp ce AS înseamnă o dezidentificare de aceste corpuri, o dezimpregnare a corpurilor de către conştiinţă, o "scoatere" a mâinii păpuşarului din păpuşă. Deci, din punct de vedere al Realităţii Subiective (RS), diferenţa între tehnicile lumeşti şi AS este următoarea: <u>prin tehnici lumeşti omul modifică propria RS în mod indirect</u> (prin modificarea RO) <u>şi neradical, în timp ce prin AS se produce o modificare directă şi radicală a propriei RS</u>.

Referitor la siguranţa practicii spirituale, adică la "protecţia muncii", deoarece în orice activitate, înainte de a o începe (şi practica spirituală nu face excepţie), trebuie să ştii despre pericolele potenţiale pentru a le putea evita: <u>Acţiunea Spirituală</u> (AS) – înţeleasă corect şi practicată corect – nu este periculoasă pentru sănătatea fizică şi mentală a practicantului, în timp ce <u>orice</u> tehnică lumească (adică fizică sau mentală) este potenţial periculoasă pentru sănătatea fizică sau mentală a practicantului, deoarece AS nu modifică (în mod direct) RO (Realitatea Obiectivă) a celor 5 corpuri, în timp ce o tehnică fizică sau mentală oarecare produce modificări în cele 5 corpuri şi nu ştim dacă aceste modificări sunt benefice sau nu. Corpul fizic, care este studiat de sute şi mii de ani, este încă o mare necunoscută pentru oamenii de ştiinţă şi medici; cât despre corpurile subtile, ce să mai spunem dacă nici măcar nu le putem vedea şi nici nu sunt acceptate de ştiinţa oficială actuală (anul 2019). Structura corpului mental, de exemplu, este foarte complexă, fină, sensibilă, şi a interveni asupra acestui corp mental cu tehnici mentale gen rugăciunea, concentrarea etc. este (uneori) ca şi cum ai interveni la un ceas de mână mecanic cu un baros. De ce? Deoarece orice tehnică mentală este orbească, fără a avea nici cea mai mică idee despre cum este alcătuit şi cum funcţionează corpul mental (adică despre anatomia şi fiziologia corpului mental). Pe lângă faptul că tehnicile fizice şi mentale sunt potenţial periculoase, nici nu pot conduce la scopul practicii spirituale, adică la Fericire. În schimb, AS, corect înţeleasă şi corect practicată, nu este periculoasă, deoarece nu modifică structura corpului mental sau a celorlalte 4 corpuri, ci este o dezidentificare de aceste corpuri. Adică AS te "extrage" din aceste 5 corpuri, iar dacă această "extragere" este făcută corect şi cu răbdare, treptat, nu în grabă, nu implică niciun pericol fizic sau psihic.

Despre eficienţa practicii spirituale: în timp ce AS te conduce la succes (la Fericire), nicio tehnică lumească nu poate avea succes decât cu totul întâmplător, fără a avea vreo garanţie: poţi practica sute şi mii de vieţi la rând una sau mai multe tehnici lumeşti fără a avea vreo garanţie că vei obţine iluminarea, chiar şi în cazul în care altcineva a avut succes cu practica pe care o faci tu, deoarece iluminarea obţinută printr-o tehnică lumească nu are caracter de repetabilitate, adică nu este ştinţifică, ci este întâmplătoare. Deci AS te extrage din cele 5 corpuri fără a le modifica în vreun fel <u>în mod direct</u>. Pe de altă parte, pe măsură ce egoul este distrus prin AS, adică pe măsură ce te extragi din cele 5 corpuri, apare <u>un efect indirect</u> prin care corpurile (toate 5) îşi optimizează anatomia şi fiziologia, şi în consecinţă devin mai armonioase, mai frumoase şi îşi vindecă sau îşi ameliorează anumite afecţiuni fizice sau psihice (se îmbunătăţeşte starea de sănătate). Acesta este un efect indirect al progresului pe Calea Spirituală (CS), adică un efect natural, neforţat şi prin aceasta nepericulos, nedăunător, benefic. Egoul reprezintă o perturbaţie în funcţionarea celor 5 corpuri, un bruiaj care perturbă funcţionarea lor normală. La omul obişnuit (ignorant de Sine), acest bruiaj dispare complet doar în timpul somnului fără vise (SFV), când dispare egoul, are loc adevărata odihnă a omului obişnuit şi refacerea pasivă (vezi 3.3) a celor 5 corpuri. Pe CS, pentru că egoul este diminuat treptat, cele 5 corpuri se refac/se armonizează în mod activ (vezi 3.3 şi 5.3), adică asemănător cu, dar calitativ superior faţă de SFV.

Sinteză/concluzii despre Acţiunea Spirituală (AS) şi tehnicile lumeşti: tehnicile lumeşti modifică RO în mod direct şi potenţial greşit/periculos şi RS proprie în mod indirect şi neradical, iar AS modifică RS proprie în mod direct şi radical şi RO în mod indirect şi corect/benefic. AS nu vine în contradicţie cu nicio cale lumească, pentru că cele 2 direcţii (AS şi căile lumeşti) sunt independente, ireductibile una la cealaltă, la fel ca axele Ox şi Oy: căile lumeşti sunt pe axa Ox, în timp ce AS/Calea Spirituală este pe axa Oy.

Spiritualitatea nu-ţi spune, deci, ce să faci sau ce să nu faci la nivel obiectiv (fizic sau mental), ci îţi spune cum să faci ca să atingi starea subiectivă (stare la nivelul RS) de Fericire care nu depinde de starea RO.

Tot ce este prezentat în această carte are drept prim scop înţelegerea intelectuală a Acţiunii/Căii Spirituale (AS/CS), iar această înţelegere intelectuală trebuie să fie pusă în practică în etapa a 2-a.

Fiecare poate să-şi aleagă ce simbol doreşte (vizual, verbal sau numeric) pentru AS/CS (vezi 5.1). Nu contează sub ce formă reţii simbolul AS, este acelaşi lucru. Vizual, AS este simbolizată prin săgeţile care converg în centrul celor 5 cercuri concentrice. Una din formulările verbale cele mai sugestive ale AS este "dezidentificarea de mecanismul psiho-somatic", adică dezidentificarea de cele 5 corpuri materiale: partea somatică/corporală este reprezentată de corpurile fizic şi eteric, iar partea psihică de corpurile astral, mental şi cauzal. Cele 5 corpuri sunt interdependente şi formează împreună un ansamblu, fiind denumite din acest motiv "mecanism". **Paranteză**: în următoarele 2 pagini (88 şi 89), voi folosi cuvântul "minte" în sensul de mecanism psihic material = ansamblul corpurilor astral + mental + cauzal – vezi şi 5.2.3, pagina 85 (**am închis paranteza**). De ce dezidentificarea de mecanismul minte-corp (= AS) înseamnă sfârşitul suferinţei? Pentru că orice durere ţine de minte (în sensul de mecanism psihic material) sau corp (fizic + eteric), dar prin dezidentificarea de mecanismul minte-corp îţi conştientizezi/realizezi Esenţa (Sinele) care este diferită de ansamblul minte-corp (ceea ce diferenţiază oamenii sunt mecanismele lor minte-corp, în timp ce Sinele Impersonal ca Esenţă este Acelaşi în fiecare). Acelaşi lucru (încetarea suferinţei) se întâmplă şi în timpul somnului fără vise, doar că atunci se experimentează starea de inconştienţă, adică lipseşte Fericirea Sinelui care se experimentează în starea de Supraconştienţă (Cunoaştere de Sine) obţinută prin AS.

Iluminatul percepe şi el durerea minţii sau a corpului, dar nu se identifică cu ea, este separat de ea, îşi dă seama că doar mecanismul suferă, nu El însuşi. Aceasta este trezirea Conştiinţei prin care orice durere încetează. AS/CS este modalitatea prin care te "extragi" din mecanismul psiho-somatic şi îţi dai seama că eşti diferit de acesta. Astfel, laşi în urmă mecanismul minte-corp, indiferent cum este el, bun sau rău, treci dincolo de acesta. Nu stai să vezi cum este alcătuit (anatomia) sau cum funcţionează (fiziologia) mecanismul corporal sau mental – asta este treaba medicilor, oamenilor de ştiinţă, psihiatrilor, psihologilor, psihanaliştilor etc. Tu nu faci decât să "ieşi afară" din mecanism, să îţi dai seama că eşti diferit de acesta. Dacă te extragi din mecanismul minte-corp nu înseamnă că nu mai poţi folosi acest mecanism, ba chiar, din contră, îl poţi folosi mai bine decât înainte. Acum Tu eşti stăpânul. Înainte, nu erai tu stăpânul: se întâmpla că, dacă voiai, de exemplu, să nu mai gândeşti, să nu poţi – mintea gândea singură, nu te asculta. Mintea era stăpâna ta, nu tu erai stăpânul minţii. Ştiinţa încearcă să studieze sau să repare mecanismul minte-corp, în timp ce spiritualitatea autentică te scoate afară din acest mecanism, indiferent cum este el – bun, rău, parţial defect.

Pentru a dizolva egoul/pentru a "ieşi din ego" (vezi 5.1: ieşirea din Egipt a "poporului lui Dumnezeu", adică a celor care parcurg CS, este un simbol al ieşirii din ego) trebuie să intri în Sine (prin AS).

Spiritualitatea poate fi definită ca fiind calea prin care îţi dai seama că eşti diferit de mecanismul minte-corp cu care mai înainte te identificai complet (şi după iluminare te identifici, dar cu diferenţa că acum "ştii", la nivel existenţial, că eşti diferit de mecanism). Chiar dacă mecanismul se defectează sau moare, Tu nu mai eşti afectat pentru că ştii că Tu nu eşti mecanismul, ci Cel care îl foloseşte. Am spus mecanismul minte-corp pentru că nu putem separa mecanismul psihic de cel corporal, ele alcătuiesc un tot unitar: orice modificare corporală influenţează mecanismul psihic şi invers, orice modificare la nivel psihic produce modificări la nivel corporal. Pe CS treci dincolo de întreg mecanismul minte-corp, ieşi în afară, la "aer curat", ca dintre zidurile unei puşcării. Puşcăria nu este însă nici mintea (mecanismul psihic material), nici corpul; puşcăria este doar identificarea completă (exclusivă) şi involuntară cu mintea şi corpul, adică ideea neconştientizată (de obicei) "eu sunt <u>doar</u> un corp condus de o minte". Iluminarea nu distruge deci nici corpul, nici mintea; <u>iluminarea distruge doar **identificarea** cu corpul şi mintea.</u>

Aparent paradoxal, un iluminat îşi foloseşte mai bine corpul şi mintea decât înainte de iluminare, când era identificat cu ele, iar starea de sănătate a corpului şi a minţii se îmbunătăţeşte. Oricum, suferinţa încetează, chiar dacă mintea şi corpul ar rămâne la fel, deoarece suferinţa era cauzată de identificarea exclusivă cu mintea şi corpul, care făcea ca orice suferinţă a minţii sau a corpului să fie resimţită ca fiind "a mea".

Iată de ce <u>nicio tehnică fizică sau mentală nu poate conduce la Eliberare</u>: pentru că o tehnică lumească, indiferent dacă este fizică sau mentală, nu produce decât modificări la nivel corporal sau mental, în timp ce iluminarea autentică înseamnă depăşirea identificării cu mintea (în sens material) sau corpul, indiferent cum ar fi ele. Iată de ce autentica Cale Eliberatoare (CS) nu este o tehnică fizică sau mentală, adică nu se poate obţine Fericirea făcând sau nefăcând ceva cu mintea sau corpul. Altfel spus, Eliberarea înseamnă "separarea" Esenţei de forma fizică sau mentală, "extragerea" Esenţei din minte şi corp. Folosind o metaforă de-a lui Osho: un om ignorant de Sine este ca o nucă de cocos verde, care are miezul lipit de coajă, aşa cum ignorantul de Sine are conştiinţa (miezul) lipită de mecanismul minte-corp = omologul cojii. Eliberarea înseamnă că nuca de cocos se coace, adică miezul se separă de coajă. Similar, pe CS, Conştiinţa Personală (care în final devine Sinele) se separă de corpuri. <u>Nicio metodă fizică sau mentală nu poate avea ca efect încetarea identi-ficării cu mintea sau corpul.</u> Eliberarea poate fi declanşată <u>doar</u> prin Calea Directă = "coborârea" în Centrul Spiritual (aşa-zisa Inimă) = "scufundarea" în Sine (Inimă), prin care se depăşeşte (transcende) identificarea cu mintea şi corpul (Centrul Spiritual = Inima Spirituală = Sinele Impersonal). Acum trebuie să trecem la practică, care după cum am văzut este simplă din punct de vedere teoretic, dar fiecare pe cont propriu.

Acţiunea Spirituală (AS) este simplă (dar nu neapărat şi uşoară) **dacă o înţelegi în mod corect.** <u>Eliberarea spirituală este simplă dacă îţi întorci atenţia înspre Sine, dar este imposibilă dacă atenţia este "exteriorizată" spre Realitatea Obiectivă (RO)</u>. Din cauza asta, Eliberarea pare ceva fantasmagoric, irealizabilă pentru unii, o prostie pentru alţii, fără ca în realitate să fie aşa. Ea <u>doar pare</u> aşa pentru omul care priveşte doar spre RO, dar este simplă pentru cel care se "interiorizează", care caută Sursa conştiinţei, Esenţa fiinţei, Centrul Spiritual, Eul real, Sinele (nu contează ce cuvânt foloseşti, este Aceeaşi Realitate). Mintea (în sensul de mecanism material) poate fi transcensă în mod incredibil de simplu, cu condiţia să ştii cum; altfel, este un lucru imposibil. Dacă, de exemplu, începi să lupţi cu mintea, nu vei reuşi niciodată; mai mult, vei ajunge la concluzia că e foarte complicat să transcenzi mintea, în realitate nefiind aşa – iată ce înseamnă să nu cunoşti Calea corectă. <u>E simplu şi lipsit de pericole să transcenzi mintea, cu condiţia să ştii cum; dacă nu, acest lucru este practic imposibil şi este şi periculos.</u> Iată avantajul de a înţelege mai întâi din punct de vedere intelectual Teoria Spirituală corectă, iată funcţia minţii pe Drumul eliberator, iată ce înseamnă să ştii ce faci, nu să urmezi orbeşte nişte teorii şi practici pe care nu le înţelegi.

Cel care înţelege cu adevărat cum stau lucrurile îşi dă seama că AS este singura modalitate de a înlătura suferinţa, aşa că mai devreme sau mai târziu tot va trebui să faci acest lucru (AS), iar dacă tot trebuie să faci singurul lucru care te scapă de suferinţă, de ce să nu-l faci imediat ? Ca să mai aştepţi ce – speranţa absurdă că lucrurile se vor îmbunătăţi de la sine, automat, prin simpla trecere a timpului? (pentru a face un joc de cuvinte, lucrurile se pot îmbunătăţi cu adevărat doar de la Sine-le cu majusculă)

În acest caz îmi asum sarcina (neplăcută pentru tine) de a te dezamăgi şi îţi voi spune că <u>lucrurile la nivel fundamental NU se vor îmbunătăţi odată cu trecerea timpului</u>. Fireşte, la nivelurile superficiale de salarii, distracţii etc. lucrurile se pot îmbunătăţi, după cum se pot şi înrăutăţi, dar la nivelul esenţial, existenţial, <u>singura</u> şansă ca lucrurile să evolueze spre Binele atât de mult dorit (dar atât de puţin înţeles) este DOAR prin dizolvarea propriului ego prin AS. <u>Dacă propriul ego nu este dizolvat, suferinţele se vor succeda implacabil,</u> vieţile şi morţile se vor succeda implacabil, urâtul din viaţa ta va continua pe termen nedefinit.

Dacă decizi să te preocupi de spiritualitate, trebuie să o iei uşor, să asimilezi perfect teoria spirituală, iar atunci când te vei simţi pregătit(ă), să încerci să pui în practică teoria, dar tot fără grabă, cu răbdare, fără precipitare, fără să disperi niciodată, fără a gândi că tu nu vei avea niciodată succes pe Calea Spirituală (CS). Şi chiar dacă nu reuşeşti în această viaţă terestră să obţii iluminarea (adică Cunoaşterea de Sine = Fericirea), nimic nu este pierdut de fapt, căci în următoarea reîncarnare vei continua munca spirituală de acolo de unde ai întrerupt-o în viaţa actuală şi vei fi astfel avantajat(ă) faţă de cei care nu se vor fi preocupat deloc de practicarea Acţiunii Spirituale (AS). Avantajul AS prezentată în această lucrare este că este o singură practică, care în plus este 100% sigură și 100% eficientă dacă o înțelegi corect și o practici corect, deci nu mai trebuie să-ți dispersezi eforturile spirituale în 1001 de tehnici lumești (care pot fi și periculoase și sigur sunt și ineficiente), 1001 de concepte și 1001 de teorii mai mult sau mai puțin toxice (adică neclare, greșite, irelevante sau greoaie). Toate eforturile vor fi pentru început de natură intelectuală pentru a înțelege teoretic AS; aici vei putea și chiar va trebui să insiști suficient de mult până vei asimila corect teoria spirituală, adică pasul 1 din cei 6 pași de obținere a Fericirii (vezi 5.2.2 – pagina 79). După aceea, dacă nu te simți pregătit(ă), nu este obligatoriu să treci imediat la practică (pașii 2, 3, 4, 5), ci doar atunci când te vei simți pregătit(ă). În același timp, vei conștientiza că mai devreme sau mai târziu tot va trebui să practici AS (dacă nu în actuala viață, atunci în viețile următoare), deoarece ai înțeles că altfel nu vei putea scăpa niciodată de suferință.

Trebuie evitate cele 2 extreme: **1)** lipsa totală de preocupare pentru AS și **2)** preocuparea excesivă și obsesivă pentru AS care îți perturbă semnificativ viața zilnică. Trebuie găsit un punct de echilibru între cele 2 extreme, și fiecare își va găsi propriul punct de echilibru: unii vor fi mai apropiați de prima extremă, adică se vor preocupa foarte puțin de AS, alții vor fi mai apropiați de a 2-a extremă, adică se vor preocupa mai mult de AS. Din acest punct de vedere, **2 lucruri sunt importante**: a) să eviți pentru început pe cât posibil apropierea prea mare de una sau alta din cele 2 extreme (dar mai ales de extrema 2 = preocuparea excesivă pentru AS); b) să-ți găsești un punct de echilibru (care în timp se poate deplasa spre extrema 2) care poate fi oricât de apropiat de extrema 1, dar să nu se confunde (adică să existe o cât de mică preocupare spirituală), și care să fie constant în timp pentru un timp îndelungat (practic nedefinit). **Altfel spus**: poți avea pentru început o preocupare oricât de mică pentru AS, dar să fie constantă în timp pentru un timp nedefinit (adică oricât de lung), adică să nu renunți niciodată definitiv la dorința și speranța de a progresa pe CS. Adică pentru început mai bine te preocupi mai puțin intens de AS, dar pe un timp nedefinit, decât să te entuziasmezi și apoi, după un timp mai lung sau mai scurt, să renunți complet la preocuparea pentru AS (la fel ca un foc de paie). Pentru asta e nevoie să nu percepi preocuparea spirituală ca pe o povară, ca pe ceva ce trebuie să faci pentru că îți impune cineva; trebuie să iubești atât teoria cât și practica spirituală, iar această iubire și interes pentru spiritualitate nu-ți pot fi date de altcineva, trebuie să vină de la tine.

Preocuparea pentru spiritualitate înseamnă pentru început efortul de a înțelege AS din punct de vedere teoretic. Când vei trece la practicarea AS (prin "practicarea AS" vom înțelege încercarea de a practica AS, deoarece AS înseamnă declanșarea procesului de iluminare spirituală și este practic instantanee, adică are o durată în timp foarte mică), aceasta nu va presupune niciun efort fizic sau mental, adică vei putea practica oriunde și oricând, neștiut de nimeni, fără constrângeri de spațiu, timp sau bani.

AS se poate practica oriunde și oricând în timpul stării de veghe, cu anumite restricții impuse de activitatea pe care trebuie să o desfășori în acel moment, adică nu vei practica AS atunci când desfășori o altă activitate în acel moment căreia trebuie să-i acorzi atenția ta – de exemplu atunci când conduci mașina sau când mergi pe stradă și trebuie să fii atent la drum. Pentru a practica AS nu e nevoie să aloci un timp sau un spațiu speciale pentru asta, deci o poți face de exemplu: când aștepți undeva sau stai la o coadă; când ești acasă și te odihnești în fotoliu; când ai un timp liber (chiar și 10 minute) (exersați-vă inteligența pentru a descoperi și alte ipostaze în care se poate practica AS și în care nu se poate practica AS).

Spun încă o dată că practica spirituală este invizibilă pentru ceilalți, astfel că nimeni nu-și va da seama că practici AS (decât dacă le spui tu), deci lucrurile stau cum nu se poate mai bine și din acest punct de vedere. Nu trebuie să existe grabă, totul trebuie făcut cu răbdare și perseverență, neștiut de nimeni, în "cămăruța" ta, adică în subiectivitatea ta unde numai tu ai acces. Trebuie să ai răbdare, să mergi încet și sigur; mai mult ca oriunde, pe Calea Spirituală (CS) nu trebuie să te grăbești. Ținta spirituală nu este îndepărtată din punct de vedere spațial ("Împărăția Cerurilor este aproape" – Matei 3:2), deoarece ținta spirituală este Sinele Impersonal, iar distanța până la propriul Sine este "mică". Dintr-un alt punct de vedere, această distanță este chiar zero, deoarece Eu = Sine, iar distanța dintre "Mine" și Sine este distanța dintre 2 aspecte care se confundă, deci este zero (interpretarea este puțin forțată, deoarece "Mine" înseamnă Sinele Personal care se obține la finalul CS, deci distanța devine zero abia la sfârșitul călătoriei spirituale). Pe scurt, putem spune că distanța dintre "mine" (în sensul de ego = CPN) și ținta spirituală (Sinele Impersonal) este mică, iar distanța dintre "Mine" (în sensul de Sine Personal = CPI) și ținta spirituală este zero.

În Ioan 14:4 Isus spune: "Știți unde Mă duc, și știți și calea într-acolo", adică vorbește despre Scopul Spiritual (Sinele) și Calea Spirituală. Deoarece din versetul următor reiese că Toma nu înțelege, Isus revine în <u>Ioan 14:6</u> cu precizări suplimentare (neclare însă): "<u>Eu sunt calea, adevărul şi viaţa. Nimeni nu vine la Tatăl decât prin Mine.</u>" În prima propoziţie Isus detaliază Calea Spirituală şi Scopul Spiritual, iar în propoziţia a doua afirmă unicitatea Căii Spirituale. Când spune "Eu" şi "Mine" cu majusculă, Isus se referă la Sinele Personal, despre care afirmase în <u>Ioan 10:30</u> că este identic cu Sinele Impersonal: "<u>Eu şi Tatăl una suntem</u>", unde "Tatăl" = Sinele Impersonal. "<u>Eu sunt calea</u>" înseamnă că "Sinele Impersonal este Calea Spirituală", adică Calea Spirituală este drumul care are ca final Sinele Impersonal. "<u>Eu sunt adevărul şi viaţa</u>" ne vorbeşte despre cele 2 calităţi ale Sinelui ca Scop Spiritual: "adevăr" = absenţa Răului (Sinele = non-R), iar "viaţa" = prezenţa Binelui (Sinele = B), adică Sinele = non-R + B. De ce "adevăr" = absenţa Răului ? Deoarece în <u>Ioan 8:32</u> Isus afirmase că "veţi cunoaşte adevărul, şi adevărul vă va face slobozi.", adică adevărul = Sinele, iar Cunoaşterea de Sine te eliberează de Rău. De ce "viaţa" = Binele = Fericirea? Deoarece în <u>Ioan 17:3</u> Isus spune că "viaţa veşnică este aceasta: să Te cunoască pe Tine, singurul Dumnezeu adevărat", adică "viaţa veşnică" = Binele veşnic = Cunoaşterea Sinelui Impersonal, Unicul Sine Impersonal fiind "singurul Dumnezeu adevărat". "<u>Nimeni nu vine la Tatăl decât prin Mine.</u>" înseamnă că Calea Spirituală prezentată în prima propoziţie este unică, adică "Nimeni nu poate ajunge la Sine-le Impersonal decât prin Sine", adică parcurgând Unicul Drum Spiritual. Din păcate, <u>simbolistica din Ioan 14:6 nu este deloc clară</u>, ceea ce a condus la neînţelegerea sau (mai rău) greşita înţelegere a acestui verset, una dintre cele mai grave concluzii greşite fiind aceea că "singura cale de mântuire este prin Isus, iar creştinismul este singura religie corectă/adevărată."

Spune Ramana Maharshi (citez aproximativ): "La început, mintea (CPN) va pleca în cercetarea Sinelui la intervale mari de timp; apoi, prin insistenţă, va cerceta Sinele din ce în ce mai des. E ca atunci când ademeneşti un taur (mintea ignorantului de Sine e comparată cu un taur din cauza forţei acestei minţi şi implicit a greutăţii de a o stăpâni prin AS) cu iarbă gustoasă (simbol al Fericirii Sinelui) în staul: la început, va hoinări prin fâneţele vecinilor, aluzie la mintea care rătăceşte prin Realitatea Obiectivă (RO), nefiind interesată defel de Fericirea Sinelui, şi care experimentează doar suferinţă. Apoi, puţin câte puţin, taurul va veni să mănânce iarbă în staul – aluzie la mintea care încet-încet se scufundă în Sine şi începe să guste din Fericirea Sinelui. Apoi, la sfârşit, taurul nu va mai ieşi din staul chiar dacă îl baţi, adică la sfârşitul practicii spirituale mintea va sta permanent cufundată în Sine şi nu va mai găsi nicio plăcere în a explora RO ca înainte."

Acţiunea Spirituală (AS) te transformă din sclav al vieţii în învingător al vieţii, dar nu aşa cum vrem noi sau ne închipuim că ar trebui să fie: să avem mulţi bani, să avem puteri normale sau paranormale etc. Învingător al vieţii este <u>doar</u> cel care îşi dizolvă egoul (prin AS), deoarece acesta obţine eliberarea "interioară" (subiectivă) de circumstanţele "exterioare" (obiective) ale vieţii. Dacă ne gândim mai bine, ne dăm seama că aceasta este singura eliberare posibilă: să obţii Fericirea Perfectă care nu depinde de RO, adică o Fericire acauzală (fără nicio cauză în RO) = o Fericire care nu depinde de circumstanţele din RO. Însă aceasta este o eliberare invizibilă pentru ceilalţi şi din această cauză ignorantul de Sine nu poate crede că poţi fi liber într-o lume neliberă. El "priveşte" într-o singură direcţie: spre RO = lumea obiectelor. Tot ce trebuie să facă un astfel de om este să schimbe sensul cu 180 de grade, adică "să-şi întoarcă faţa către Dumnezeu" = să "privească" către propriul Sine (Dumnezeu = Sinele Impersonal) = să parcurgă Unica Cale Spirituală prin AS.

5.2.5 – Concluzii

În finalul acestui Subcapitol 5.2, voi prezenta încă o dată, pe scurt, <u>esenţa Teoriei şi Practicii Spirituale</u>.

Pentru a obţine Fericirea, trebuie să parcurgem următoarele etape:
1) <u>Să stabilim unde suntem</u>: starea de Ignoranţă de Sine (suferinţa existenţială) = FN (Finitul Nemăsurabil)
2) <u>Să stabilim unde vrem să ajungem</u>: Scopul Spiritual teoretic = ∞S (Infinitul Supraconştient) = Cunoaşterea de Sine = Fericirea (sau orice altă formulare echivalentă - vezi Capitolul 1)
3) <u>Să stabilim cum putem ajunge la scop</u>: Calea Spirituală teoretică = modelele teoretice (vezi 5.1) ale Acţiunii Spirituale (AS) = Acţiunea care face trecerea de la FN la ∞S
4) <u>Să parcurgem efectiv</u> (practic) <u>Calea de la punctul 3</u>.

Etapa 1 corespunde (aproximativ) trezirii interesului pentru spiritualitate, etapele 2 şi 3 constituie Teoria Spirituală, iar etapa 4 constituie Practica Spirituală. Ţelul spiritual este unic, acelaşi pentru toţi, şi Calea (Acţiunea) Spirituală este unică, aceeaşi pentru toţi. Această Cale (Acţiune) Spirituală este strict individuală, strict subiectivă, invizibilă, non-obiectivabilă, non-demonstrabilă pentru cei care nu pot sau nu vor să o înţeleagă, şi totuşi este perfect definibilă şi poate fi parcursă de oricine este interesat.

Această Unică Cale (Acţiune) Spirituală are următoarele caracteristici:

✓ Este complet lipsită de riscuri fizice sau mentale şi garantează succesul, adică este 100% sigură şi 100% eficientă, **dacă este înţeleasă corect şi practicată corect.** Se evită astfel rătăcirea pe căi înfundate care pot fi şi periculoase şi garantează succesul, chiar într-un timp scurt, în funcţie şi de seriozitatea practicantului (poate conduce la Eliberare chiar în această viaţă, nu este obligatoriu să se aştepte reîncarnările viitoare).

✓ Este unică, adică este unica metodă 100% sigură si 100% eficientă. Prin faptul că se propune un singur Drum, se elimină confuzia care apare în mintea celui care este interesat de spiritualitate şi ca urmare citeşte diverse cărţi în acest sens, dar la sfârşit este confuz şi nu ştie ce are de făcut. Mulţi autori creează confuzie prin faptul că prezintă nenumărate concepte şi teorii mai mult sau mai puţin toxice (adică neclare, greşite, irelevante sau greoaie), apoi propun o puzderie de practici şi exerciţii (care sunt toate metode fizice sau mentale), iar cel care citeşte astfel de cărţi este confuz când vrea să aleagă una din metodele propuse (alţii, dimpotrivă, nu propun nicio metodă – greşeala opusă). Presupunând că s-a hotărât totuşi, să aleagă o metodă, această metodă, fiind o metodă fizică sau mentală, nu îi garantează succesul, oricât de mult timp ar practica-o. Nu este imposibil să obţii iluminarea printr-o metodă fizică sau mentală, dar nu este nici sigur, orice succes obţinut astfel fiind cu totul întâmplător, supus legii hazardului. Poţi practica o metodă fizică sau mentală sau chiar mai multe metode fizice sau mentale ani la rând, toată viaţa, mai multe vieţi la rând sau chiar mii de vieţi sau zeci de mii de vieţi la rând, fără a avea certitudinea că vei obţine iluminarea. În plus, anumite metode fizice sau mentale pot fi periculoase pentru sănătatea fizică sau psihică a practicantului. De fapt, orice metodă fizică sau mentală este o cale falsă, iar Metoda Autentică nu este o metodă fizică sau mentală.

✓ Nu implică niciun efort fizic sau intelectual, ci un alt tip de efort. Pentru a înţelege această Cale este nevoie la început de efort intelectual, dar Calea Spirituală propriu-zisă nu implică efort fizic sau mental.

✓ Este valabilă pentru oricine, indiferent de gradul său de pregătire intelectuală, adică nu implică studii superioare (teologice, ştiinţifice etc.) sau de altă natură. Şi cei care nu au studii pot parcurge Drumul Spiritual (se ştie că au fost iluminaţi analfabeţi sau fără prea multă şcoală).

✓ Este repetabilă, ştiinţifică, adică dacă cineva a avut succes pe această Cale, oricine altcineva (oricine este interesat) poate avea succes pe aceeaşi Cale. Condiţiile sunt corecta înţelegere şi corecta practică, seriozitatea, perseverenţa, tenacitatea, credinţa în izbândă.

✓ Nu implică renunţarea la nimic. Calea Spirituală veritabilă nu este împotriva a nimic şi a nimănui, decât împotriva suferinţei, chinului, durerii. Ea nu neagă nicio descoperire ştiinţifică, nu neagă progresul material, nu implică renunţarea la nimic (decât la suferinţă): nu trebuie nici să te retragi într-o mănăstire, nici să renunţi la viaţa familială sau socială, nici nu impune renunţarea la anumite alimente (de exemplu carne) sau posturi alimentare; nu implică penitenţe, nici posturi fizice (de exemplu asane) sau exerciţii de respiraţie, pe scurt nu-ţi impune nici să faci ceva, nici să încetezi de a face ceva la nivel fizic sau mental.

Teoria Spirituală prezentată în această lucrare are avantajul că propune o singură acţiune, Acţiunea Spirituală (AS), şi implicit nu produce confuzie în mintea nimănui, aşa cum se întâmplă dacă citeşti nenumăratele cărţi mai mult sau mai puţin pseudo-esoterice care propun tot felul de tehnici fizice sau mentale (tehnici lumeşti). Această puzderie de tehnici lumeşti, pe lângă faptul că creează confuzie, pot fi şi periculoase şi nici măcar nu conduc la iluminare, fiind în cel mai bun caz nişte fundături, adică în cel mai bun caz sunt o pierdere de timp (dacă nu cumva te şi fac să renunţi la căutarea spirituală din cauza dezamăgirii produsă de lipsa de rezultate) – uneori îţi poţi irosi toată viaţa urmând nişte căi false spre iluminare pentru că nu ai înţeles cu adevărat de ce faci ceea ce faci şi urmezi orbeşte nişte învăţături pentru că aşa a spus un anume "maestru". După cum am mai spus, nici ce scrie aici nu trebuie "înghiţit pe nerăsuflate", dar măcar să nu fie respins automat, adică fără o minimă investigaţie. Ceea ce propun este o alternativă simplă la hăţişul teoriilor şi practicilor spirituale existente "pe piaţă", fără a impune nimănui să creadă orbeşte în concluziile la care am ajuns, dar, ca un sfat (şi nu ca o impunere), să ia în calcul şi această simplitate a AS înspre propriul interes şi nu pentru glorificarea celui care scrie aceste rânduri. Am prezentat avantajele incontestabile ale AS în comparaţie cu tehnicile lumeşti; tehnicile lumeşti, pe lângă faptul că sunt potenţial periculoase, nu fac decât să te învârtă în interiorul Sferei egocentrice (vezi 6.2), de la anumite stări egocentrice la alte stări egocentrice mai bune sau mai rele, dar niciodată nu te vor scoate în afara Sferei egocentrismului, acolo unde se află Fericirea – acest lucru îl poate face doar AS. **Practicantul spiritual** trebuie să se străduiască să înţeleagă corect Teoria Spirituală şi apoi să o pună în practică în mod corect; să fie perseverent, să nu renunţe niciodată, să nu dispere niciodată, să aibă răbdare; să elimine orice dependenţă psihologică, să aibă curajul să gândească singur, să înlăture toate falsele păreri despre Calea Spirituală (CS), tot ceea ce este "unanim acceptat", dar este greşit, adică să gândească "altfel", cu propriul cap, să iasă din "turmă"; să aplice Teoria Spirituală în practică asupra lui însuşi, fără a încerca să-i schimbe pe ceilalţi sau "să le dea lecţii". Practica este strict individuală, aici nu există nici maeştri, nici discipoli. Fiecare este atât propriul maestru, cât şi propriul discipol: Sine-le este Maestrul şi ego-ul este discipolul. "Niciun ajutor exterior nu este posibil" – scrie într-o carte străveche a înţelepciunii orientale, adică fiecare trebuie să parcurgă individual/pe cont propriu CS. Dacă are succes pe CS, succesul îi aparţine în întregime; dacă eşuează, eşecul îi aparţine, de asemenea, în întregime.

5.3 – Acţiunea Spirituală (AS) ca principală metodă de optimizare (îmbunătăţire) a aspectelor "Sănătate" şi "Bani"

5.3.0 – Introducere

AS modifică radical propria Realitate Subiectivă (RS), adică modifică Realitatea de la nivelul SRS (Spaţiul Realităţii Subiective). Deşi AS nu modifică în mod direct Realitatea Obiectivă (RO), există efecte indirecte favorabile la nivelul SRO (Spaţiul Realităţii Obiective), care pot fi împărţite în 2 categorii mari: "Sănătate" la nivelul SRO-Int (SRO din interiorul corpului fizic) şi "Bani" la nivelul SRO-Ext (SRO din exteriorul corpului fizic). Aspectul **"Sănătate"** se numeşte aşa deoarece cele mai importante componente sunt sănătatea fizică şi psihică şi cuprinde **4 componente**: sănătatea fizică = sănătatea corpurilor fizic şi eteric; sănătatea psihică (mentală) = sănătatea corpurilor astral, mental şi cauzal; abilităţile fizice; abilităţile mentale.

Aspectul **"Bani"** se numeşte aşa deoarece cea mai importantă componentă sunt banii şi cuprinde **3 componente**: banii propriu-zişi, adică în principal hrană, îmbrăcăminte, locuinţă; familie şi societate, adică (interacţiunea cu) alţi oameni; mediul înconjurător, adică (interacţiunea cu) regnurile animal, vegetal şi mineral. Putem spune că la primul punct avem materia neînsufleţită ("materia moartă"), la punctul al doilea avem regnul uman, iar la ultimul punct avem regnurile animal, vegetal şi mineral.

Cel care practică (cu succes) **AS avansează de la regnul uman la regnul divin**, regnul divin fiind cel mai evoluat regn şi cuprinzând pe toţi cei care obţin Cunoaşterea de Sine. **Paranteză**: entităţile cu corp fizic (entitate = asociere RS + RO; sunt şi entităţi fără corp fizic) pot fi clasificate în 5 regnuri, fiecărui regn corespunzându-i un corp material (materia moartă este doar RO, deci nu este entitate):

1) Regnul mineral – are ca corp caracteristic corpul fizic (numit uneori şi corpul mineral).

2) Regnul vegetal – are ca corp caracteristic corpul eteric (numit uneori şi corpul vegetal sau vegetativ).

3) Regnul animal – are ca corp caracteristic corpul astral ("anima" = suflet = corp astral).

4) Regnul uman (format din oamenii ignoranţi de Sine) – are ca corp caracteristic corpul mental.

5) Regnul divin (format din oamenii care au Cunoaşterea de Sine) – are ca corp caracteristic corpul cauzal.

Referitor la punctul 2: sistemul nervos vegetativ (autonom) al omului se numeşte aşa deoarece este în legătură directă cu corpul eteric. Referitor la punctele 4 şi 5: în timp ce omul ignorant de Sine are de regulă un corp mental hiperdezvoltat, dar de multe ori manifestă rea-voinţă (şi rea-credinţă), omul iluminat are ca principală caracteristică faptul că "face voia lui Dumnezeu", adică şi-a supus voinţa proprie în faţa voinţei divine, şi din acest motiv corpul caracteristic este corpul cauzal (numit şi corpul voinţei) (**am închis paranteza**). Avantajele la nivelul RO determinate de practicarea AS apar chiar şi în cazul unui succes parţial, adică nu e nevoie să obţii iluminarea totală ca să ţi se îmbunătăţească viaţa: încet-încet ţi se schimbă cursul vieţii spre orizonturi mai luminoase, la fel cum o corabie care îşi schimbă cursul va beneficia de pe urma schimbării cursului chiar înainte să ajungă la liman, la ţărmul vizat drept scop al călătoriei. Altfel spus, aceste efecte benefice din RO apar imediat după ce reuşeşti pasul 5, nu e nevoie să aştepţi finalizarea pasului 6, iar pe măsură ce procesul de iluminare spirituală avansează, beneficiile sporesc ca număr şi ca intensitate.

Cum se explică aceste efecte favorabile din RO? Adică **cine** realizează optimizarea aspectelor "Sănătate" şi "Bani", **de unde ştie** să le realizeze şi **cum** le realizează?

<u>**Cine**</u> optimizează "Sănătatea" şi "Banii"? Această optimizare a vieţii materiale a celui care are succes în Cunoaşterea de Sine este realizată de către propria Conştiinţă Trezită, adică de către <u>Conştiinţa Personală Iluminată</u> (CPI), care <u>este compusă din 3 componente</u> ("Sfânta Treime"):

 1) <u>CPI(SRS)</u> = CPI de la nivelul Spaţiului Realităţii Subiective = Sine-le Personal, identic cu Sine-le Impersonal = "Dumnezeu Tatăl";

 2) <u>CPI(5c)</u> = CPI de la nivelul celor 5 corpuri = Conştiinţa Trezită la nivel corporal = "Dumnezeu Fiul", care înlocuieşte Conştiinţa Personală Neiluminată (CPN) = conştiinţa corporală limitată, egocentrică şi care conducea la nefericire, boală şi sărăcie;

 3) <u>CPI(5UMP)</u> = CPI de la nivelul Cosmosului format din cele 5 Universuri Materiale Paralele (5UMP) = Conştiinţa Cosmică Personală, identică cu Conştiinţa (Inteligenţa) Cosmică Impersonală = "Duhul Sfânt".

De unde "ştie" CPI să optimizeze "Sănătatea" şi "Banii"? Conştiinţa Cosmică Impersonală, care impregnează tot Cosmosul, a creat întreaga RO = Cosmosul şi o menţine în funcţie prin intermediul LUN (Legea Universală a Naturii, vezi 2.1.2), prin urmare deţine aşa-zisul "know-how cosmic". Conştiinţa Cosmică Personală este identică cu Conştiinţa Cosmică Impersonală şi are deci acces la acest know-how cosmic, pe care:

 a) <u>îl "transmite" către CPI(5c)</u> [CPI(5UMP) şi CPI(5c) sunt unite prin intermediul CPI(SRS)], iar CPI(5c) adaptează informaţia cosmică la nivelul celor 5 corpuri materiale ale celui care a obţinut iluminarea şi optimizează acţiunile sale fizice şi mentale, <u>optimizând astfel în mod **indirect** "Sănătatea" şi "Banii"</u>. Creşterea calităţii (optimizarea) acţiunilor fizice şi mentale se datorează atât faptului că acţiunile fizice şi mentale sunt efectuate, în loc de CPN, de către CPI(5c) în "colaborare" cu CPI(5UMP), cât şi optimizării abilităţilor fizice şi mentale [care se face atât în mod indirect, cât şi în mod direct, adică conform ambelor puncte a) şi b)];

 b) <u>îl foloseşte pentru a optimiza în mod **direct** "Sănătatea" şi "Banii". Conştiinţa Cosmică Personală va "şti" cum să intervină în corpul material încincit al practicantului spiritual pentru a-l vindeca</u> (chiar şi la nivelul corpurilor subtile, care nu se pot vedea în mod obişnuit) până la nivel de celulă, moleculă şi chiar atom, aşa cum niciun medic, vindecător sau aparat medical (oricât de performant) nu o pot face, <u>**şi** cum să intervină asupra circumstanţelor exterioare ("Banii") pentru a le transforma în mod pozitiv</u>.

Cum optimizează în mod concret CPI "Sănătatea" şi "Banii"? Modalitatea de optimizare a Realităţii Obiective (RO) de către CPI este, la nivel fundamental (**microscopic**), prin (<u>vezi 2.1.2 - pagina 21</u>) acţiuni de tip non-LUN, adică prin acţiuni de tip **A1** (materializare), **A2** (dematerializare) şi **A3** (acţiuni care modifică RO fără a se încălca Legea Conservării Energiei). Din punct de vedere al celor 5 corpuri (**macroscopic**), CPI poate acţiona asupra RO **indirect** – prin intermediul celor 5 corpuri (prin acţiuni fizice şi mentale), prin CPI(5c), şi **direct** – la nivelul RO, prin CPI(5UMP) = Conştiinţa Cosmică Personală.

Ce înseamnă "optimizare" pentru "Sănătate" şi "Bani"? "Optimizare" = îmbunătăţire, iar aceasta nu va fi la fel pentru toţi. Voi da un exemplu uşor de înţeles: cei care sunt prea graşi vor slăbi, iar cei care sunt prea slabi se vor îngrăşa (şi asta în mod automat, fără ca tu să depui vreun efort în acest sens, doar ca "bonus" al faptului că ai reuşit să practici AS = ai făcut pasul 5). Pentru cei prea graşi (care sunt cei mai mulţi): inclusiv "colăcelul" de la nivelul abdomenului se va micşora (încet, dar sigur) până la dispariţie, şi asta fără să mai fie nevoie să mergi la sală, să alergi etc. Acesta e doar un exemplu, dar <u>toate</u> aspectele "Sănătăţii", ca şi ale "Banilor", se vor optimiza. <u>De ce spun "optimiza" şi nu "rezolva"</u>? Deoarece, spre exemplu, dacă nu ai un deget, nu înseamnă că obligatoriu îţi va creşte altul la loc (deşi nici măcar acest lucru nu este teoretic imposibil); sau dacă acum nu ai bani suficienţi, nu înseamnă că după pasul 5 sau 6 vei deveni miliardar în dolari. De la caz la caz, lucrurile se vor îmbunătăţi în mod diferit, iar unele probleme se pot chiar rezolva complet. Ceea ce este sigur este că, chiar dacă nu vei avea o sănătate perfectă sau nu vei deveni miliardar în dolari, vei obţine cu siguranţă Fericirea Perfectă, care este Aceeaşi pentru toţi, iar această Fericire Perfectă te va face să "uiţi" de orice imperfecţiune atât a propriului corp material încincit, cât şi a mediului exterior.

<u>**În concluzie**</u>, **Sine-le Personal asigură Fericirea, iar celelalte 2 componente ale CPI**, aflate în comuniune prin intermediul Sine-lui Personal, **optimizează aspectele materiale**:

■ <u>**Dumnezeu Fiul**</u> optimizează "Sănătatea" şi "Banii" în mod **indirect** – prin intermediul celor 5 corpuri şi a acţiunilor fizice şi mentale (cu ajutorul Duhului Sfânt Personal);

■ <u>**Duhul Sfânt Personal**</u> optimizează "Sănătatea" şi "Banii" în mod **direct** – la nivelul întregii RO.

Observaţie: dacă CPN poate modifica (influenţa) RO doar prin acţiuni fizice sau mentale, adică doar în mod indirect = prin intermediul celor 5 corpuri (vezi 5.2.2 – pagina 78), CPI poate modifica RO atât în mod indirect (prin acțiuni fizice sau mentale = prin intermediul celor 5 corpuri), cât și în mod direct prin Conștiința Cosmică Personală. În plus, în timp ce CPN generează, prin influența sa nefastă asupra RO, boli (fizice și psihice) și sărăcie, CPI generează la nivelul RO "Sănătate" și "Bani" (iar la nivelul SRS, CPN = suferință și CPI = Fericire). Pe scurt, CPN influențează RO doar indirect, prin acțiuni fizice sau mentale (și o face în mod defectuos), iar CPI influențează RO atât indirect (prin acțiuni fizice sau mentale), dar într-un mod calitativ superior față de CPN, cât și direct, la nivelul întregii RO, adică într-o modalitate complet nouă față de CPN (deoarece CPN nu poate influența RO în mod direct).

Corpul material (cu cele 5 componente) **este văzut uneori ca "vehicul al conștiinței personale"**, iar Samael Aun Weor asemuiește cele 5 corpuri materiale ale omului cu o "mașină umană cu cinci cilindri", adică un mecanism cu 5 componente; deci conștiința personală (CPN sau CPI) conduce sau pilotează cele 5 corpuri umane asemuite cu un autovehicul sau o mașină. Dacă la un om ignorant de Sine mașina umană este condusă de CPN (ego), la un om treaz din punct de vedere spiritual conducerea mașinii umane este preluată de CPI = Conștiința Trează. La fel cum un șofer adormit sau beat conduce defectuos un autovehicul, la fel și conștiința "adormită" (CPN = ego) conduce defectuos mașina umană. Conducerea defectuoasă poate genera atât uzura mașinii (simbol al deteriorării stării de sănătate a celor 5 corpuri), cât și accidente (simbol al interacțiunii greșite cu lumea exterioară). Prin trezirea "șoferului" se îmbunătățește atât starea de sănătate a celor 5 corpuri (starea tehnică a mașinii), cât și interacțiunea cu lumea exterioară.

Ceea ce se cere este doar interesul pentru Acțiunea Spirituală (AS) la început, apoi efortul de a înțelege corect și de a practica corect AS, perseverența și răbdarea. AS nu depinde decât de tine 100%; singurele obstacole posibile sunt: dezinteresul pentru AS, a nu vrea să-ți asumi responsabilitatea pentru propria suferință, delăsarea, lenea de a gândi cu propriul cap și obișnuința de a te lăsa condus de alții, cramponarea de vechi dogme absurde propovăduite de cei care se erijează în conducători spirituali și neputința de a te elibera de concepte care chiar dacă sunt propovăduite de 2000 de ani, nu sunt decât niște aberații etc.

Îmi place foarte mult o melodie care se numește "De-aș fi Dumnezeu pentru o zi". Și acum vin și întreb, în cel mai serios mod cu putință: de ce doar pentru o zi și nu **pentru totdeauna?** Când procesul de trezire (adică pasul nr. 6) se va finaliza, vei deveni, la nivel de conștiință, Dumnezeu cu puteri depline, pe deplin unit și cu Tatăl (Sinele Impersonal), și cu Duhul Sfânt (Conștiința Cosmică Impersonală), și având Conștiința corporală trezită = Fiul; vei fi atunci egalul lui Isus, Buddha, Krishna, Mahomed etc. **Vor spune unii că asta e o blasfemie?** De fapt, adevărata blasfemie este să rămâi în stadiul în care ești acum, adică în starea de nedesăvârșire spirituală (în Ignoranță de Sine), deoarece orice om care nu a ajuns încă la stadiul de Om-Dumnezeu (la Cunoașterea de Sine), este obligatoriu la stadiul de om-diavol (om egocentric = om ignorant de Sine) ("Nimeni nu poate sluji la 2 stăpâni" – Matei 6:24), iar omul-diavol creează iadul atât pentru el însuși, cât și pentru cei din jurul său, fie că vrea, fie că nu vrea, fie că știe, fie că nu știe. În schimb, Omul-Dumnezeu creează Raiul pentru el însuși, iar acest Rai se răsfrânge și asupra celor din jurul său. Și cu cât mai mulți oameni vor avansa de la stadiul de om-diavol la stadiul de Om-Dumnezeu, cu atât atmosfera actuală de durere și disperare se va îmbunătăți. Însă dacă prea puțini sau nimeni nu va ajunge la stadiul de Om-Dumnezeu, durerea actuală, generalizată la nivel mondial, nu va putea decât să se accentueze și să genereze dezastrul atât pe plan spiritual, cât și pe plan material, și asta chiar și în țările dezvoltate economic.

5.3.1 – Acțiunea Spirituală (AS) ca principală metodă
de optimizare a sănătății fizice și psihice

Avansul pe Calea Spirituală va determina o armonizare indirectă (indirectă din punct de vedere al AS, adică AS determină apariția CPI = Conștiința Personală Iluminată, iar CPI va armoniza cele 5 corpuri) a corpurilor practicantului spiritual, fără ca acesta să facă ceva în mod special în acest sens; doar prin avansul în dizolvarea egoului, starea lui de sănătate, ca și aspectul său (dar și modul de comportament) se vor îmbunătăți: aceasta este obținerea așa-numitelor "haine de nuntă" (analogie: corp = haină; la fel cum haina îmbracă corpul, și corpurile îmbracă spiritul) sau a "corpurilor existențiale superioare". Ramana Maharshi spune și el: "Odată cu avansul spiritual, sporesc puterea, distincția, intelectul etc, la fel cum odată cu venirea primăverii, copacii înfloresc". Confirm și din experiența proprie că prin dizolvarea progresivă a egoului, cele 5 corpuri se armonizează indirect și își ameliorează progresiv starea de sănătate: anumite boli fizice sau psihice dispar, iar altele se ameliorează semnificativ fără a face nimic special în acest sens. Pe ansamblu, din punct de vedere al sănătăţii fizice şi psihice, <u>dispar sau se atenuează afecţiunile existente şi dispare sau se reduce riscul unor viitoare afecţiuni</u>, şi asta fără efecte secundare şi fără cheltuieli financiare. Dacă AS este practicată cu succes, Conştiinţa trezită prin practicarea AS (CPI) repară automat (prin acţiunea CPI(5UMP) = Conştiinţa Cosmică Personală – vezi 5.3.0, fără ca tu să acţionezi prin intermediul celor 5 corpuri) cele 5 corpuri la nivel de celulă şi chiar de atom, şi o face în modul cel mai bun cu putinţă, cum niciun medic sau vindecător nu o pot face.

Într-o situaţie normală, dar neobişnuită, şi care poate părea unora chiar utopică, obţinerea sănătăţii fizice şi psihice prin practicarea AS ar fi metoda de bază, iar <u>medicina actuală, obişnuită</u>, adică: a) "clasică" (prin operaţii, medicamente, iradieri etc.) şi b) <u>alternativă/complementară</u> (prin bioenergie, acupunctură, homeopatie, fitoterapie, cristale, reiki etc.) ar interveni doar acolo unde metoda de bază nu ar face faţă (de exemplu în urgenţe). Această situaţie ar trebui să fie, în opinia mea, situaţia normală, într-un viitor care sper să fie cât mai apropiat, dar acest lucru depinde de fiecare dintre noi, adică e nevoie ca din ce în ce mai mulţi oameni să practice cu succes AS. **Dacă reuşeşti să practici AS, devii propriul tău vindecător**, adică: 1) <u>înlături **complet** suferinţa</u>, deoarece obţii Fericirea în care nicio circumstanţă a Realităţii Obiective (RO) nu te mai poate face să suferi şi 2) <u>îţi **optimizezi** sănătatea fizică şi psihică</u> (adică îţi optimizezi cele 5 corpuri la nivel anatomic şi funcţional). Atât timp cât nu ai obţinut Fericirea (prin AS), nu vei putea scăpa de suferinţă cu adevărat oricât de mult te-ai strădui să-ţi îmbunătăţeşti viaţa din punct de vedere al RO (cel mult vei obţine plăceri), dar dacă obţii Fericirea, niciun aspect al RO nu-ţi mai poate provoca suferinţă.

Optimizarea sănătăţii fizice prin practicarea Acţiunii Spirituale (AS)

AS este principala metodă de (auto)tratament pentru obţinerea sănătăţii fizice. Prin sănătate fizică vom înţelege sănătatea corpurilor fizic şi eteric, cele 2 corpuri fiind în strânsă legătură (acest lucru reiese şi din denumirea lor care se termină cu aceleaşi 2 litere – "ic", la fel cum celelalte 3 corpuri: astral, mental şi cauzal au terminaţia comună "al", ceea ce denotă de asemenea o legătură strânsă între cele 3 corpuri subtile). Corpul eteric are o componentă, dublul eteric, care, după cum îi spune şi numele, dublează corpul fizic, adică dublul eteric are aceeaşi structură (adică aceeaşi anatomie) ca şi corpul fizic, dar la nivelul Universului Eteric.

Optimizarea sănătăţii fizice prin AS este o metodă complementară şi <u>nu</u> alternativă la medicina obişnuită, adică **<u>nu</u> trebuie întrerupt sau neglijat eventualul tratament prescris de medic**, ci **în paralel** cu acest tratament trebuie practicată AS. Optimizarea sănătăţii fizice prin AS se foloseşte cu rol preventiv şi pentru bolile cronice (deoarece practicarea AS cere timp); în cazul unor urgenţe sau a unor situaţii în care nu se poate altfel, trebuie apelat în continuare la medicina obişnuită.

<u>În cazul corpurilor fizic şi eteric, sănătatea obţinută prin acţiunea Conştiinţei Cosmice Personale [CPI(5UMP)] este calitativ superioară celei obţinute prin intermediul unor acţiuni fizice</u> (adică acţiuni prin intermediul corpurilor fizic şi/sau eteric) ale altor persoane sau ale tale, adică prin modalităţi cum ar fi: medicamente, operaţii, iradieri, tratamente cu bioenergie sau cu cristale, post sau alimentaţie cu hrană vie sau vegană, respiraţie, abstinenţă sexuală, exerciţii sau posturi fizice, reiki etc. De ce ? Deoarece inteligenţa CPI(5UMP) este mult superioară oricărei acţiuni fizice (sau mentale) umane şi nici nu are efecte secundare. Procedeele menţionate mai sus, ca şi orice procedură medicală folosită în cazul bolilor cronice, deoarece acţionează în mod grosier, nu generează (de regulă) o sănătate de calitate şi pot avea şi efecte secundare mai mult sau mai puţin nocive, în timp ce sănătatea obţinută în mod direct prin CPI(5UMP) are un grad de fineţe incomparabil mai mare (deoarece acţionează la nivel de celulă şi chiar de atom) şi generează o sănătate de calitate şi fără efecte secundare negative. **Totuşi**, repet că **<u>nu</u>** <u>trebuie întrerupte sau neglijate</u> eventualele tratamente obişnuite, ci practicarea AS trebuie făcută în paralel.

<u>În concluzie</u>, menţinerea sau obţinerea sănătăţii fizice se face **în paralel** pe următoarele **3 căi**:
1) <u>acţiuni fizice</u> (adică acţiuni prin intermediul corpurilor fizic şi/sau eteric) realizate de către <u>alte persoane</u> (medici, vindecători etc.) = <u>CPN</u> (Conştiinţa Personală Neiluminată) de regulă;
2) <u>acţiuni fizice</u> realizate de către <u>tine</u> (autotratamentul): a) <u>CPN</u> sau b) <u>CPI(5c)</u> – vezi 5.3.0;
3) <u>acţiunea la nivelul întregii RO</u> (Realitatea Obiectivă) a <u>CPI(5UMP)</u> (Conştiinţa Cosmică Personală).

Un om obişnuit (ignorant de Sine) are la dispoziţie pentru optimizarea sănătăţii sale fizice doar punctele 1) şi 2a), în timp ce un om care a obţinut Cunoaşterea de Sine are la dispoziţie punctele 1), 2b) şi 3). Se observă că omul iluminat are în plus faţă de omul obişnuit o modalitate complet nouă – şi anume punctul 3), iar la punctul 2), varianta b) este superioară calitativ variantei a).

Optimizarea sănătății psihice prin practicarea Acțiunii Spirituale (AS)

Acțiunea Spirituală (AS) este principala metodă de (auto)tratament pentru obținerea sănătății psihice. Prin sănătate psihică vom înțelege sănătatea corpurilor astral, mental și cauzal; după cum am spus, cele 3 corpuri sunt în strânsă legătură, ceea ce rezultă și din faptul că au terminația comună "al". La fel ca în cazul sănătății fizice, **optimizarea sănătății psihice prin AS este o metodă complementară și <u>nu</u> alternativă la medicina obișnuită**, adică <u>nu</u> **trebuie întrerupt sau neglijat eventualul tratament prescris de medic**, ci <u>**în paralel**</u> cu acest tratament obișnuit trebuie practicată AS. Optimizarea sănătății psihice prin AS se folosește cu rol preventiv și pentru bolile cronice (deoarece practicarea AS cere timp); în cazul unor urgențe sau a unor situații în care nu se poate altfel, trebuie apelat în continuare la medicina obișnuită.

Teoretic, sănătatea psihică poate fi optimizată prin aceleași 3 variante ca și sănătatea fizică: la <u>punctul 1</u>, principala metodă o reprezintă medicamentele și eventual psihoterapia, iar la <u>punctul 2</u> (autotratamentul), metodele sunt practic inexistente; mai rămâne <u>punctul 3</u>, care <u>reprezintă principala metodă de **vindecare psihică**</u>, deoarece medicamentele sau psihoterapia nu vindecă bolile psihice, ci cel mult le țin sub control.

Practic, <u>sănătatea psihică **veritabilă** nu poate fi obținută decât prin metoda 3</u>, adică <u>prin practicarea AS</u>; orice altă tentativă de vindecare a celor 3 corpuri subtile este ineficientă și potențial periculoasă. Corpurile subtile se vindecă (se purifică) în mod indirect, fără ca tu să practici vreo acțiune fizică sau mentală în acest sens, doar ca un efect al creșterii gradului de conștiență prin practicarea AS; se elimină astfel energiile negative care parazitau corpurile subtile poate de ani sau zeci de ani, iar acest lucru poate fi simțit de oricine reușește să practice AS. Această purificare este neforțată, naturală și fără efecte secundare negative.

Despre psihicul uman și tripleta psihologie/psihiatrie/psihoterapie (psihanaliză) Toate au legătură cu psihicul omului, după cum rezultă și din rădăcina lor comună. Dar ce este psihicul omului ? Sunt 2 aspecte:
1) <u>partea psihicului care ține de RO</u> (Realitatea Obiectivă) = corpurile subtile astral, mental și cauzal;
2) <u>partea psihicului care ține de RS</u> (Realitatea Subiectivă) = stările de conștiință ale omului.

Cele 2 aspecte sunt radical diferite chiar dacă au legătură unul cu altul, dar acest lucru nu este deloc clar nici măcar pentru cei din tripleta mai sus menționată (psihologi, psihiatri, psihoterapeuți). Dacă reușești să înțelegi și să practici corect AS, devii propriul tău psiholog, psihiatru și psihoterapeut, în sensul pe care l-am explicat: nu renunți la tratamentul tău prescris de psihiatru în cazul în care există așa ceva, iar în timp ce-ți urmezi tratamentul cu conștiinciozitate, te preocupi și de AS. Nu trebuie să crezi că dacă ai ajuns să iei pastile de psihiatrie nu ai șanse pe Calea Spirituală; ai șanse, cu condiția să înțelegi în mod corect AS și să o practici corect, apoi să ai răbdare până la succesul deplin. Pentru asta, trebuie să ai discernământ pentru a înțelege teoria, să crezi că poți reuși, să insiști în mod corect, să fii perseverent, să nu renunți și să nu disperi niciodată.

Despre depresie, tulburarea bipolară și schizofrenie (3 din principalele afecțiuni psihice) <u>Depresia</u> este o stare de tristețe accentuată în care totul pare apăsător, întunecat și lipsit de sens; apare și o lipsă de energie, o apatie în care orice lucru mărunt devine greu sau imposibil de realizat. <u>Tulburarea bipolară (TB)</u> sau psihoza maniaco-depresivă este o afecțiune psihică în care omul oscilează între 2 poli: un pol se caracterizează prin energie excesivă, entuziasm exploziv, agitație, somn puțin, vorbire excesivă, iar celălalt pol este depresia despre care am vorbit mai sus. În esență, TB este o formă de dezechilibru psihic, o oscilație între cei 2 poli. Orice dezechilibru este cauzat de ego, deci iluminarea obținută prin AS te vindecă și de TB, deoarece îți aduce echilibrul psihic, liniștea, pacea. De ce doar unul dintre cei 2 poli ai TB, și anume depresia, poate constitui o boală în sine ? Deoarece celălalt pol al TB ("mania") este caracterizat printr-un consum exagerat de energie (fizică și psihică), iar corpul uman (format din cele 5 componente) nu poate susține un timp îndelungat această stare de consum energetic. <u>Schizofrenia</u> este, după cum îi spune și numele, o scindare, o divizare a psihicului. Însă orice om egocentric este schizofrenic, deoarece egoul este elementul care face să fii divizat în tine însuți, să nu fii unit cu Tine (adică cu Sinele Impersonal). Singurul motiv pentru care cei mai mulți oameni obișnuiți (egocentrici) nu primesc diagnosticul de schizofrenie este că boala lor nu iese din anumite limite, se încadrează în așa-zisa "normalitate". Doar cei care ies din limitele "normalului" ajung la psihiatru și primesc diagnosticul de "schizofrenie"; ceilalți nu înseamnă că sunt sănătoși din punct de vedere mintal doar pentru că nu iau pastile și nu au un diagnostic de la psihiatrie – pur și simplu boala lor (schizofrenia) nu a pătruns în domeniul patologicului, ei pot încă să funcționeze relativ "normal" în societate.

Prin dizolvarea egoului (prin AS) **obții <u>veritabila</u> sănătate psihică**, deoarece te vindeci de schizofrenia interioară prin unirea cu Tine, prin accederea la starea de yoga = starea religioasă = unirea cu propriul Sine

Impersonal. Înainte de a obţine însă sănătatea psihică absolută prin AS, trebuie mai întâi să ai/să obţii o sănătate relativă, printr-un tratament psihiatric în cazul în care ai pătruns în domeniul patologicului, şi în niciun caz **nu trebuie să încetezi/să neglijezi tratamentul medicamentos prescris de psihiatru** doar pentru că te-ai hotărât să practici AS. **Atitudinea corectă este următoarea:** îţi urmezi cu conştiinciozitate tratamentul prescris de medic, şi **în paralel** te preocupi şi de AS, adică urmezi în paralel şi calea lumească a tratamentului, şi AS, adică (după cum am spus) AS este o formă de medicină complementară şi nu alternativă.

În acelaşi timp, trebuie să-ţi dai seama că, oricât de mult timp ai urma tratamentul medicamentos, acesta nu-ţi va vindeca boala, cel mult ţi-o va ameliora; de altfel, se spune că vindecările în schizofrenie sunt atât de rare, încât nici măcar nu există statistici. **Vindecarea veritabilă a schizofreniei, ca şi a oricărei boli psihice, nu este posibilă decât prin practicarea** AS, dar, după cum am spus, aceasta **nu** înseamnă că trebuie să întrerupi tratamentul psihiatric: îţi iei şi pastilele, şi în acelaşi timp te preocupi şi de AS. AS îţi oferă vindecarea veritabilă dacă o înţelegi şi o practici în mod corect, dar aceasta nu se poate face peste noapte: cere timp, răbdare, perseverenţă, chiar îndârjire pe Calea Spirituală. Ar fi dezastruos să întrerupi tratamentul cu pastile doar pentru că ai înţeles că AS îţi poate oferi vindecarea completă; da, AS te poate vindeca, dar aceasta cere timp, iar în acest timp trebuie să-ţi urmezi tratamentul cu conştiinciozitate, altfel ajungi la dezastru. Ia-ţi pastilele şi preocupă-te de AS, având credinţa că, după ce vei reuşi practicarea AS, pe măsură ce avansezi pe Calea Spirituală, afecţiunea ta psihică (oricare ar fi ea) se va vindeca treptat-treptat, şi **apoi poate** că nu va mai fi nevoie de pastile – dar acest lucru trebuie stabilit de/împreună cu medicul psihiatru, pe măsură ce vindecarea psihică avansează în profunzime simultan cu avansul pe Calea Spirituală.

Despre "subconştient" şi "purificarea" acestuia. Termenul de "subconştient" are 2 înţelesuri:
 a) din punct de vedere al Realităţii Subiective (RS), se referă la somnul cu vise (vezi diagrama din Cap. 1);
 b) din punct de vedere al Realităţii Obiective (RO), se referă la corpurile astral, mental şi cauzal, care corespund somnului cu vise (vezi diagrama din Capitolul 3, pagina 61).

Deci, "purificarea subconştientului" = "purificarea" celor 3 corpuri subtile = optimizarea sănătăţii psihice.

5.3.2 – Optimizarea abilităţilor fizice şi mentale
şi a acţiunilor fizice şi mentale prin practicarea Acţiunii Spirituale (AS)

Sănătatea fizică şi psihică corespund sectorului social "sănătate", iar abilităţile fizice şi mentale corespund sectorului social "educaţie/învăţământ", şi se pot dezvolta fie cu ajutorul unor învăţători, profesori etc, fie prin efort propriu (autodidacţii), fie prin ambele modalităţi. Abilităţile fizice şi mentale stau la baza acţiunilor fizice şi mentale (lumeşti), adică cu cât sunt mai dezvoltate aceste abilităţi, cu atât acţiunile lumeşti vor fi mai bune din punct de vedere calitativ. **Voi împărţi acţiunile lumeşti în 2 categorii** (vezi şi 5.2.2):
 a) deciziile (hotărârile) – sunt acţiuni de tip cauzal. După cum le spune şi numele, aceste acţiuni cauzale reprezintă cauza oricărei alte acţiuni lumeşti, adică cauza acţiunilor de la punctul b);
 b) acţiunile mentale şi fizice propriu-zise – sunt acţiuni de tip mental, astral, eteric şi fizic, şi urmează unei decizii (am văzut în 5.2.2 că orice acţiune lumească are la bază o acţiune cauzală = decizie).

Infirmităţile fizice (orb, surd, şchiop) pot fi şi sunt folosite ca simboluri ale neputinţelor omului ignorant de Sine. Sunt 3 tipuri de neputinţe ale ignorantului de Sine (ego = CPN) simbolizate prin infirmităţi fizice:

1) **absenţa Fericirii** şi implicit prezenţa suferinţei este simbolizată prin **orbirea fizică**: la fel cum un orb nu poate cunoaşte lumea înconjurătoare în mod vizual, la fel egoul (CPN) înseamnă absenţa Cunoaşterii de Sine, adică egoul (CPN) nu poate cunoaşte (experimenta) Fericirea. Aici, "orb" înseamnă cineva cu egoul încă prezent (nedizolvat), adică cineva care este ignorant de Sine. Suferinţa este experimentată şi în timpul acţiunilor lumeşti, şi în timpul AS (parţial), atât timp cât nu s-a obţinut Cunoaşterea de Sine deplină. Apropo de orbul din naştere din Ioan 9: noi toţi suntem "orbi din naştere", adică ne-am născut având ego; simplul fapt că te-ai născut în Universul Fizic înseamnă că posezi ego, altfel nu te-ai fi născut, deoarece doar cei care îşi dizolvă egoul (adică obţin Fericirea = Cunoaşterea de Sine) nu se mai reîncarnează.

2) din punct de vedere al acţiunilor lumeşti, **incapacitatea de a înţelege mental realitatea/lua deciziile corecte** este simbolizată prin faptul că **egoul (CPN) este "orb"**: la fel cum un orb nu poate cunoaşte lumea înconjurătoare în mod vizual, la fel egoul (CPN) nu poate înţelege o situaţie concretă de viaţă/nu poate "vedea" ce decizie trebuie luată, adică egoul (CPN) "bâjbâie" atunci când trebuie să înţeleagă realitatea/are de luat decizii. Cel care are ego se orientează în viaţă cu ajutorul intelectului, adică al corpurilor mental şi

cauzal, dar în cazul înțelegerii realității/luării deciziilor intelectul neiluminat nu poate decât să "bâjbâie", adică omul egocentric nu "vede" în mod simbolic. La fel cum văzul este cel mai important simț care te călăuzește în Planul/Universul Fizic, la fel intuiția, care lipsește la omul egocentric, dar este prezentă la omul iluminat (CPI), te călăuzește în Planurile/Universurile Mental și Cauzal ale înțelegerilor și deciziilor.

3) <u>din punct de vedere al AS</u>, **necunoașterea Teoriei Spirituale** corecte este simbolizată prin **<u>orbire</u>**, **neputința de a înțelege Teoria Spirituală** explicată este simbolizată prin **<u>surzenie</u>**, iar **incapacitatea de a parcurge Calea Spirituală** este simbolizată prin faptul de a fi **<u>șchiop</u>**. Aici, orbirea înseamnă că nu poți "vedea"/avea acces din punct de vedere teoretic la Calea Spirituală (CS), faptul că ești surd înseamnă că nu poți "auzi"/înțelege informațiile spirituale, iar faptul că ești șchiop înseamnă că nu poți "merge" pe CS/nu poți practica AS. "<u>Niște orbi și șchiopi au venit la El în Templu, și El i-a vindecat</u>" (<u>Matei 21:14</u>): e posibil ca aceste vindecări să se fi întâmplat ad litteram, sau e posibil să fie vorba de niște vindecări simbolice. Astfel, cel care fusese "orb" reușește după ce este vindecat să "vadă" CS, iar cel care fusese "șchiop" reușește după ce este vindecat să "meargă" pe CS, adică să practice AS. Chiar dacă aceste vindecări au avut loc ad litteram, ceea ce prezintă relevanță pentru noi astăzi (în anul 2019) este vindecarea simbolică. **Prin extensie**, toate vindecările miraculoase din Evanghelie le putem accepta în varianta lor simbolică, dacă știm că unica minune, unica sănătate este starea de înțelepciune, adică starea de absență a egoului sau Fericirea Perfectă (un om, chiar dacă este declarat "sănătos" de o instanță medicală, nu înseamnă că este și fericit; pe de altă parte, un înțelept este fericit chiar dacă i se diagnostichează o boală fizică sau mentală).

<u>În cazul omului iluminat</u> (CPI), din punct de vedere (dpdv) al acțiunilor lumești se întâmplă 2 lucruri pozitive față de CPN: dispare suferința în timpul executării acestor acțiuni și crește (se optimizează) calitatea acestor acțiuni. În cazul particular al deciziilor, dispare povara luării deciziilor, iar deciziile luate sunt corecte, deoarece acum ești călăuzit de propria intuiție, care este o caracteristică a Conștiinței trezite. Krishnamurti numește aceasta "choiceless awareness": awareness = (supra)conștiența, iar choiceless = "fără alegere", adică dacă obții iluminarea (supraconștiența), dispare efortul de decizie (nu mai trebuie să "alegi" acțiunea pe care să o faci). Trezirea conștiinței te va face să acționezi în mod adecvat în orice situație de viață, oricât de încâlcită ar fi, evitând astfel acțiunile greșite pe care le aveai înainte de trezirea conștiinței și le-ai fi avut și acum dacă nu ți-ai fi trezit conștiința. Treptat, vei înceta să reacționezi automat (doar egoul = CPN reacționează de multe ori automat și de multe ori greșit) și vei acționa adecvat situației.

Optimizarea calității acțiunilor lumești se datorează atât abilităților fizice și mentale optimizate, cât și faptului că cele 5 corpuri sunt "acționate" de către CPI în loc de CPN (în cazul omului ignorant de Sine). Abilitățile fizice și mentale se optimizează atât prin acțiuni lumești de "învățare", cât și direct la nivelul întregii Realități Obiective (RO) de către Conștiința Cosmică Personală. După ce reușești practicarea AS, treptat, Propria Conștiință Trezită (CPI) va prelua controlul asupra corpului material cu cele 5 componente. În această situație, putem spune că "vei face voia Domnului", deoarece Însuși "Domnul" = CPI va acționa prin intermediul celor 5 corpuri (și direct la nivelul RO). Intuiția care apare progresiv este o caracteristică a Conștiinței trezite și te conduce fără greșeală, cu atât mai fără greșeală cu cât Conștiința este mai trează. Duhul Sfânt (Conștiința Cosmică) Personal/ă care generează/de la Care vine această intuiție este numită în Biblie "Mângâietorul, Duhul adevărului", care "are să vă călăuzească în tot adevărul" (<u>Ioan 16:13</u>), adică Conștiința Cosmică Personală te călăuzește în orice situație de viață, oricât de complicată/încâlcită ar fi.

Spiritualitatea teoretică nu-ți spune ce să faci într-o situație concretă de viață, deoarece situațiile concrete sunt nenumărate și diverse și diferă de la un om la altul. Spiritualitatea îți spune cum să-ți limpezești conștiința (prin AS), iar din această limpezime a conștiinței vei ști ce trebuie să faci de la caz la caz, și în plus nu vei depinde de un anume "îndreptar" care să te învețe ce să faci în fiecare situație, ci vei fi călăuzit de propria intuiție care este o caracteristică a Conștiinței trezite (Conștiința trează te călăuzește în toate situațiile de viață, oricât de încâlcite ar fi acestea). AS este unica acțiune valabilă pentru toți oamenii și identică pentru toți, în timp ce acțiunile lumești sunt variabile. Odată cu succesul pe Calea Spirituală, care apare progresiv, dispare treptat stresul, deoarece o cauză principală a stresului este indecizia și frământarea care apar când nu știi ce să faci și când apelezi la intelect (la corpurile mental și cauzal) ca singura unealtă a luării deciziilor în cazul omului ignorant de Sine. Ca atare, ignorantul de Sine va lua deseori decizii greșite din starea sa de "întuneric interior", care vor conduce la acțiuni greșite, iar acestea, în loc să micșoreze suferința, o vor accentua. Se formează astfel un cerc vicios, din care ignorantul de Sine nu știe cum să iasă, și astfel el merge din rău în mai rău. În cazul celui care îşi dizolvă egoul chiar şi parţial, acesta constată că cele 5 corpuri ale sale vor întreprinde acţiuni din ce în ce mai adecvate situaţiei concrete de viaţă, şi asta fără povara luării deciziilor. Vei simţi că o forţă mult superioară vechii conştiinţe de tip CPN acţionează prin intermediul celor 5 corpuri ale tale: este vorba de propria ta Conştiinţă care se trezeşte progresiv (CPI). Deci, la nivel de acţiuni lumeşti, omul iluminat funcţionează în mod optim şi ia decizii corecte din claritatea pe care o oferă Conştiinţa trează (CPI), în timp ce ignorantul de Sine funcţionează (greşit) şi ia decizii (de multe ori greşite) din întunecimea conştiinţei sale egocentrice (CPN). **În concluzie**, după ce reuşeşti practicarea AS, dpdv al acţiunilor lumeşti se întâmplă 2 lucruri: a) va dispărea povara luării deciziilor şi deciziile luate vor fi corecte (optime); b) activitatea fizică şi mentală se va optimiza (va creşte din punct de vedere calitativ), iar suferinţa nu va mai fi experimentată în timpul acestor acţiuni.

5.3.3 – Acţiunea Spirituală ca principală metodă de optimizare a aspectului "Bani"

După cum am spus în 5.3.0, **aspectul "Bani"** se referă la Spaţiul SRO-Ext şi **cuprinde 3 componente**:
a) **Banii propriu-zişi**, adică în principal <u>hrană, îmbrăcăminte, locuinţă</u> (mai sunt şi alte componente aici);
b) **Familia şi societatea**, adică (interacţiunea cu) alţi oameni;
c) **Mediul înconjurător**, adică (interacţiunea cu) regnurile animal, vegetal şi mineral.

AS este principala metodă de optimizare a aspectului "Bani", adică a relaţiilor/interacţiunilor cu cei din jurul tău şi cu mediul înconjurător. Această optimizare se face indirect, prin acţiunile fizice sau mentale, şi direct, la nivelul SRO-Ext, de către Conştiinţa Cosmică Personală. **Iată câteva efecte pozitive în acest sens**:

<u>Va dispărea goana după bani şi nu te vei mai plânge că nu ai bani</u>, deoarece <u>vei avea suficienţi bani</u> din diverse motive: îţi vei găsi un loc de muncă care ţi se potriveşte mai bine sau te vei adapta mai bine la actualul loc de muncă; vor dispărea cheltuielile inutile, care înainte erau făcute doar de dragul de a cheltui, deoarece clarviziunea mentală te va face să vezi exact pe ce trebuie să cheltui banii; vei putea renunţa treptat la vicii: ţigări, băutură etc., care înainte îţi consumau o mare parte din venit (şi te şi îmbolnăveau); se reduc substanţial cheltuielile făcute în domeniul medical (medicamente, internări, operaţii etc.), deoarece sănătatea se va optimiza – sănătatea, împreună cu faptul că eşti scutit de suferinţă, sunt cele mai importante efecte ale AS.

<u>Vei avea mai mult timp liber şi energie</u>, deoarece vor dispărea activităţile inutile, care erau făcute doar pentru "a-ţi omorî timpul sau plictiseala" şi care înainte ţi se păreau obligatorii. <u>Vei fi moral în mod natural</u>, neforţat, deoarece un om fericit nu poate fi decât moral. Aceasta nu va fi o moralitate simulată, aparentă, de suprafaţă, aşa cum este practicată de omul egocentric, care nu înţelege că atâta timp cât nu eşti fericit nu poţi fi moral cu adevărat şi care încearcă în mod absurd să fie moral prin modificarea comportamentului exterior şi nu prin schimbarea radicală (şi treptată) a stărilor sale de spirit prin AS. Astfel, <u>va dispărea treptat ipocrizia şi prefăcătoria</u> atât de mult folosite de omul ignorant de Sine în urmărirea interesului său meschin/egocentric.

<u>Dispar/se atenuează conflictele cu cei din jur</u>. Când ţi se va vorbi urât/cu răutate sau vei fi criticat, nu vei mai simţi nicio senzaţie neplăcută, ci vei constata că, deşi vei percepe exact mesajul transmis, nu te vei mai simţi atacat. Dacă critica este întemeiată, vei putea remedia situaţia reclamată fără a te simţi rău din cauza criticii primite; ca urmare, nici nu-i vei purta ranchiună celui care te-a criticat sau ţi-a vorbit urât/cu răutate, deoarece vorbele lui nu te-au făcut să suferi. <u>Ca conducător auto</u>, <u>vei conduce mai atent</u>, <u>mai prudent</u> (preventiv), <u>fără grabă</u>, <u>vei evita pericolele</u>. <u>Pot dispărea/se pot atenua boli şi dăunători la plante şi animale</u> şi <u>vremea/clima se poate optimiza</u>, de ex. <u>se pot atenua</u> fenomenele extreme: <u>seceta, inundaţiile, grindina, vijeliile, valurile de căldură/frig</u> etc., dar pentru cele 2 e nevoie ca mai mulţi oameni să practice cu succes AS.

5.4 – Alte observaţii

5.4.1 – Învățătorul spiritual, Profesorul spiritual şi Maestrul Spiritual

Există **3 niveluri** de călăuzire spirituală:

1) **Învățătorul spiritual** = iluminatul (cel ce are Cunoaşterea de Sine) care prezintă învăţăturile spirituale într-un mod nu foarte clar şi de multe ori nici precis, adică ori nu propune pentru obţinerea iluminării nicio metodă, ori propune doar metode fizice sau mentale, ori propune atât metode fizice sau mentale, cât şi Acţiunea Spirituală (AS), dar fără a pune accentul pe AS şi de cele mai multe ori şi fără a prezenta clar AS;

2) **Profesorul spiritual** = iluminatul care prezintă în mod clar şi precis învăţătura spirituală, adică propune pentru obţinerea iluminării şi pune accentul doar pe Unica Acţiune Spirituală;

3) **Maestrul Spiritual** = Propriul Sine: Sinele Impersonal = E2-I (vezi 3.4) = Unicul Mântuitor = Cel care finalizează AS (dar doar după ce practicantul spiritual a declanşat acest proces pe baza îndrumării teoretice primite de la un Profesor spiritual) şi Sinele Personal = E2-P = Cel care înseamnă experimentarea Fericirii.

Prin extensie, putem considera că Maestrul Spiritual este Conştiinţa Impersonală Iluminată (CII), formată din Unicul Sine Impersonal (Dumnezeu Tatăl) împreună cu Unica Conştiinţă Cosmică Impersonală = E5-I = Duhul Sfânt, şi Conştiinţa Personală Iluminată (CPI), formată din Sinele Personal, Conştiinţa Cosmică Personală = E5-P şi CPI(5c) = E7 = Dumnezeu Fiul. În interiorul CII, Duhul Sfânt este extensia lui Dumnezeu Tatăl în Spaţiul tridimensional (Spaţiul Realităţii Obiective SRO), iar în interiorul CPI, Sinele Personal are 2 extensii în SRO: Conştiinţa Cosmică Personală şi Dumnezeu Fiul. Un iluminat poate fi pentru ceilalţi oameni doar un Învăţător spiritual sau un Profesor spiritual, iar Maestru Spiritual este doar pentru el însuşi, deoarece propria CPI îi oferă Fericire, "Sănătate" şi "Bani".

Scenariul de obţinere a iluminării spirituale (a Cunoaşterii de Sine = Fericirea) este, deci, următorul:

a) obţii de la un Profesor spiritual Teoria Spirituală corectă (pasul 1 = "să ştii" – vezi 5.2.2 şi Introducerea);

b) reuşeşti practicarea AS (pasul 5 = "să poţi" şi implicit paşii intermediari 2, 3 şi 4);

c) Sinele Impersonal finalizează AS (pasul 6 = "să obţii") şi apare CPI;

d) CPI generează pentru tine Fericire, "Sănătate" şi "Bani".

Adevărata învăţătură spirituală nu este agresivă, nu trebuie (şi nici nu poate fi) impusă celorlalţi – ea este doar o invitaţie către trăirea unei vieţi lipsite de suferinţă. Ceea ce scrie în prezenta lucrare este doar o invitaţie către trăirea unei vieţi lipsite de suferinţă = o viaţă normală, naturală, deoarece viaţa noastră actuală (anul 2019) este anormală, chiar dacă am putea crede contrariul. Atitudinea corectă faţă de ceilalţi este de a le dori Binele, ca şi bucuria de a le împărtăşi teoretic (doar celor care vor) acest Bine pe care l-ai descoperit (dacă l-ai descoperit). Niciodată nu este o atitudine corectă (nici măcar pentru tine) faptul de a le dori celorlalţi rău sau a te bucura de răul lor (nu mai vorbesc despre a face rău cuiva). Dacă înţelegi că tot ceea ce fac ceilalţi fac ca urmare a suferinţei lor interioare pe care nu pot s-o rezolve, nu mai poţi fi supărat pe ei: singura atitudine potrivită este compasiunea, dorinţa de a-i ajuta să iasă din chinul lor. Poţi fi supărat pe un om bolnav (spiritual) pentru că e bolnav? **Pe Calea Spirituală (CS) nu există nici Maestru, nici discipol.** Altfel spus, fiecare este propriul său Maestru şi propriul său discipol: Sinele Impersonal este Maestrul şi egoul (CPN) este discipolul, adică pe CS nu există decât simpli practicanţi şi atât. Efortul pe CS, ca şi rezultatele obţinute (Fericire, "Sănătate", "Bani"), aparţin în exclusivitate practicantului respectiv. După cum nimeni nu poate merge sau vedea în locul altuia, la fel nimeni nu poate să parcurgă CS şi să obţină Cunoaşterea de Sine (iluminarea) în locul altuia. În plus, cel care promite că poate conduce pe cineva către iluminare, fără ca acel cineva să facă niciun efort în acest sens, este un escroc. Da, se poate indica direcţia care trebuie urmată (iată rolul Profesorului spiritual), dar în ultimă instanţă eu însumi sunt cel care trebuie să parcurg CS, eu trebuie să "merg" pe CS. Şi la fel cum un orb (din naştere) nu poate vedea Realitatea Obiectivă decât dacă se vindecă şi nu-i sunt de folos indicaţiile celorlalţi ca să vadă, nici eu nu pot "vedea" Fericirea decât dacă parcurg CS eu însumi, adică numai dacă îmi dizolv efectiv, total şi definitiv egoul prin practicarea AS.

Evitaţi să cădeţi în plasa falşilor maeştri (de fapt, orice maestru este fals, singurul Maestru real este propriul Sine), care, pe lângă că vă taxează la nivel material, vă "taxează" şi la nivel spiritual, deoarece sunteţi în cazul biblic în care un orb care călăuzeşte pe un alt orb cad amândoi în groapă (vezi <u>Matei 15:14</u>; în loc de "groapă" citeşte "suferinţă"). Pe Calea Spirituală (CS) se merge singur, fără maeştri, mântuitori, duhovnici, îndrumători, guru, lideri spirituali, păstori, preoţi etc. Ar putea spune unii: <u>păi nu eşti şi tu un orb care călău-</u><u>zeşte alţi orbi? Eu doar prezint un punct de vedere, iar fiecare e liber să-l urmeze sau nu.</u> Nu trebuie să mă credeţi pe cuvânt; investigaţi singuri din punct de vedere teoretic ceea ce este prezentat aici, iar <u>dacă şi numai</u> <u>dacă</u> consideraţi că este logic, şi nu pentru că spun eu acest lucru, puteţi trece la practică. Nu eu trebuie să fiu urmat, ci învăţătura din prezenta lucrare trebuie (în sensul că este bine, este înspre propriul interes superior) să fie urmată. Iar învăţătura pe care o aduc este (zic eu) 100% clară, 100% precisă şi uşor de înţeles, deci este perfect logică, şi prin urmare nu impune nicio credinţă oarbă. În momentul în care veţi reuşi să practicaţi AS, veţi înţelege prin experimentare directă ce înseamnă Cunoaşterea de Sine (la început doar parţial, e adevărat).

Experienţa directă este singura modalitate prin care puteţi verifica valabilitatea teoriei expusă în prezenta carte; niciun argument teoretic şi nicio experienţă personală a altcuiva în afară de tine însuţi nu poate fi suficient. <u>Nicio dovadă obiectivă</u> (spusele altora, teorii etc.) <u>nu poate reprezenta un argument pentru</u> <u>o Realitate Subiectivă</u> (Cunoaşterea de Sine); doar propria experienţă subiectivă (propria Cunoaştere de Sine) este singurul argument valabil. Nu impun nimănui să creadă orbeşte ce scrie aici; chiar insist ca fiecare să stea pe propriile lui picioare, să fie o lumină pentru el însuşi şi să nu depindă de lumina altuia, indiferent cine ar fi acest "altul". Chiar insist ca nimeni să nu accepte nimic din ce scrie aici fără a-l trece prin propriul filtru al înţelegerii. Chiar insist că pe CS se merge singur, deoarece nu există altă posibilitate: pe CS sunt doar simpli practicanţi şi atât, deoarece adevăratul Maestru este Maestrul "interior", adică propriul Sine. Gândiţi cu propriul cap şi nu mai fiţi sclavii altora, indiferent cine ar fi aceşti "alţii"! Apare o întrebare: cum adică nu există maeştri exteriori? Da, pot fi iluminaţi care îţi indică Calea de urmat (Profesorul spiritual), dar în ultimă instanţă tu trebuie să o parcurgi singur; după cum nimeni nu poate vedea, respira, mânca, merge, dormi, trăi pentru altul, la fel nimeni nu se poate ilumina <u>pentru</u> altul şi nici nu-l poate ilumina <u>pe</u> altul. CS este strict individuală, subiectivă, non-obiectivabilă (decât prin simboluri: verbale, vizuale, numerice etc.).

Afirmaţia "Când discipolul este pregătit, Maestrul apare" a fost interpretată greşit: asta nu înseamnă că pentru fiecare discipol pregătit va apărea câte un Maestru, ci este simbolică: semnifică faptul că atunci când cineva atinge maturitatea necesară, conştientizează că Maestrul este propriul Sine. Acelaşi lucru îl spune şi Isus în <u>Matei 23:8–10</u>: "Unul singur este Învăţătorul vostru: Hristos"; "Unul singur este Tatăl vostru"; "Unul singur este Dascălul vostru: Hristosul." – adică Unicul Învăţător/Tată/Dascăl/Hristos este Unicul Sine Impersonal. Singurul Maestru sau Mântuitor este propriul Sine Impersonal, care mai este numit şi Învăţător/Tată/Dascăl/Hristos etc., cu precizarea foarte importantă că nu trebuie făcută confuzia între aceste denumiri multiple şi Realitatea Subiectivă simbolizată (adică la care fac trimitere), care este Una singură.

<u>"Când discipolul este pregătit, Maestrul apare"</u> înseamnă că, pe măsură ce se maturizează, discipolul îşi dă seama că adevăratul Maestru este propriul Sine Impersonal; de fapt, Sinele Impersonal a fost tot timpul disponibil, dar pare că apare la un moment dat, odată cu maturizarea căutătorului spiritual. Neînţelegerea acestor lucruri îi face pe mulţi să creadă că au nevoie de un maestru exterior (în carne şi oase); această credinţă falsă le blochează accesul la Calea Eliberatoare, deoarece, spun ei, cum ar putea să evolueze spiritual dacă nu au un maestru? Şi nici nu pot înţelege cum ar putea să apară câte un maestru pentru fiecare discipol care este pregătit – ar trebui să fie mii de maeştri, câte unul pentru fiecare discipol care este pregătit. Şi apoi, ce înseamnă să fii pregătit? Cum poţi şti că eşti pregătit? Alţii spun că, din moment ce nu ţi-a apărut încă niciun maestru, înseamnă că nu eşti încă pregătit. Bun, şi atunci ce să fac ca să fiu pregătit? Şi aici fiecare îşi dă cu părerea cam ce ar trebui să faci ca să te "pregăteşti" pentru primirea maestrului. Iată cum din neînţelegerea acestui lucru simplu – că unicul Maestru veritabil este propriul Sine – apare un întreg lanţ de întrebări şi probleme. Şi iarăşi <u>ar putea întreba unii: nu au fost maeştri care şi-au ajutat anumiţi discipoli să ajungă la</u> <u>iluminare?</u> De exemplu, se spune că Ramakrishna l-a ajutat pe Vivekananda să se ilumineze.

<u>Răspuns</u>: da, e posibil să se fi întâmplat aşa, nu zic nu, dar în acest caz avem de-a face cu o iluminare indirectă (iluminarea se poate declanşa în 3 moduri: spontan, indirect şi direct – vezi 5.2.2). Asta înseamnă că a fost o iluminare întâmplătoare, nerepetabilă, adică nu oricine putea fi iluminat în acest fel: dacă mai aduceai încă 1000 de discipoli, e foarte posibil să nu i se mai fi întâmplat nimănui acest lucru. Iar pentru

mine, ceea ce nu este repetabil nu are o valoare prea mare; da, pentru Vivekananda a fost benefic, dar pentru toţi ceilalţi acest lucru nu a însemnat nimic. <u>Singura Cale repetabilă</u>, care garantează reuşita pentru oricine (cu condiţiile ştiute: corectă înţelegere, corectă practică, seriozitate, perseverenţă etc.), este Calea Directă, adică Acţiunea Spirituală (AS). Şi în cazul ştiinţei materialiste, repetabilitatea este o condiţie esenţială: de exemplu, forţa de gravitaţie a Pământului acţionează la fel asupra unui anumit corp, la orice oră, indiferent dacă e zi sau noapte; dacă facem experienţa căderii libere a acelui corp, el se mişcă la fel tot timpul, adică de fiecare dată obţinem acelaşi rezultat. Dacă într-o zi am obţine un rezultat, iar a doua zi am obţine alt rezultat, ar însemna că gravitaţia nu este ceva ştiinţific: o dată se întâmplă într-un fel, altă dată în alt fel, adică nu ar îndeplini condiţia de repetabilitate. La fel e şi cu aşa zisele minuni: vindecări, mersul pe apă, icoane care plâng etc: nu întrunesc cerinţa de repetabilitate, ca atare nu ne putem baza pe ele; chiar dacă sunt adevărate, nu ne putem baza pe ceva care se întâmplă doar în anumite locuri, la anumite ore sau pentru anumite persoane.

În acest context, voi analiza expresia "Mântuitorul Isus Hristos", atât de mult (uneori enervant de mult) folosită, dar atât de puţin înţeleasă. <u>Unicul Mântuitor este de fapt Sinele Impersonal şi NU Isus</u>, iar faptul că <u>fiecare va fi mântuit de Hristos înseamnă că fiecare va fi mântuit de Sinele Impersonal</u>, dar <u>doar după ce iniţiază AS</u>, adică **<u>fiecare se va mântui singur!!!</u>**

Am accentuat ultimele cuvinte doar-doar s-or trezi "credincioşii" care aşteaptă să revină Isus pe nori şi să-i salveze (deşi mă cam îndoiesc; ar fi o adevărată minune ca un "credincios" clasic, înregimentat într-o "religie", să adopte şi să urmeze cu adevărat învăţătura disoluţiei ego-ului prin AS: iată o minune adevărată, comparabilă cu minunile biblice; cu adevărat am asista la învierea unui "mort"!). Cei care aşteaptă să fie mântuiţi de Isus vor aştepta mult şi bine: cum să te mântuiască cineva care a trăit acum 2.000 de ani?

Această înţelegere greşită le permite acestor "credincioşi" să nu facă nimic şi să aştepte o ipotetică mântuire care urmează să le cadă din cer ca o pleaşcă (vezi şi proverbul românesc cu para mălăiaţă); ei consideră că pot să se complacă în continuare în această lene spirituală şi să aştepte "a doua venire a lui Isus", deoarece asta au înţeles ei din Biblie. De fapt, Isus nu putea spune că el îi va salva pe cei care cred în el. Adevăratul lui mesaj era (şi este în continuare) identic cu mesajul oricărui iluminat care a trăit vreodată pe Pământ: Priviţi ce am făcut eu – am înfrânt suferinţa şi moartea prin dizolvarea egoului – şi voi puteţi face la fel! <u>Eu vă arăt Calea</u>, dar **fiecare trebuie să o parcurgă în mod individual <u>prin efort propriu</u>!** Singurul păcălit din această greşită înţelegere este aşa-zisul credincios care crede că tot ce are de făcut este să aştepte "a doua venire a lui Isus"; între timp, el îşi poate permite să nu facă niciun efort pentru a înţelege adevăratul mesaj al lui Isus, <u>deoarece crede că l-a înţeles deja</u>. Dacă încerci să-i explici eroarea în care se află, îţi va răspunde cu diferite citate din Biblie, pe care ţi le va recita pe nerăsuflate, şi a căror interpretare greşită l-ar putea face chiar şi pe Isus să se crucească (crucificat a fost o dată, acum doar s-ar cruci) că au putut fi înţelese atât de greşit!

Cunoaşterea de Sine diferă esenţial de cunoaşterea intelectuală. De exemplu, tu nu mai trebuie să descoperi Legea atracţiei gravitaţionale sau Legile electromagnetismului, e suficient să le înveţi dintr-o carte. În spiritualitate însă nu se poate aşa: fiecare trebuie să descopere prin el însuşi (prin experimentare directă) starea de iluminare, nu se poate altfel. Chiar dacă partea teoretică se poate discuta şi clarifica împreună cu alţii/prin ajutorul altora (ceea ce fac eu în această carte), munca spirituală rămâne de ordin personal: atât efortul de înţelegere a teoriei spirituale, cât şi aplicarea practică asupra ta însuţi/însăţi a ceea ce ai înţeles mai întâi intelectual, cade 100% în sarcina ta – nimeni nu poate face asta pentru tine, după cum nici tu nu poţi face asta pentru alţii. Acţiunea Spirituală şi Cunoaşterea de Sine trebuie deci aplicate asupra propriei persoane/practicate/experimentate, şi nu doar memorate şi/sau înţelese intelectual.

Înţeleptul nu simte nevoia să-i conducă pe alţii, el este pe deplin mulţumit să se conducă pe el însuşi. <u>Nevoia</u> de a-i conduce sau îndruma pe alţii este un semn clar de Ignoranţă de Sine. Un înţelept îşi expune şi el ideile şi experienţa sa celor doritori, <u>dar doar la cererea acestora, şi fără a încerca să-şi impună punctul de vedere dacă audienţa nu e receptivă</u>. Prezenta lucrare are pretenţia că prezintă riguros, ştiinţific teoria spirituală. <u>Mingea este acum în terenul cititorului: **el**</u> trebuie să facă efortul (numai dacă doreşte) de a înţelege această teorie şi de a o aplica asupra propriei persoane. Dacă cititorul nu înţelege sau înţelege greşit ceea ce este scris în această carte, nu mai este responsabilitatea mea; consider că am prezentat cât am putut de limpede, ştiinţific, principalele aspecte ale teoriei spirituale. Aici nu e vorba de vina celui care nu înţelege sau nu înţelege corect, nu vorbim de culpabilitate, de a găsi vinovaţi; scopul este de a şti ce trebuie făcut pentru a ieşi din suferinţă, din acest marasm existenţial, şi nu numai de a şti, ci chiar de a ieşi.

<h3 align="center">5.4.2 – Litera şi Spiritul învăţăturii (teoriei) spirituale</h3>

În simbolistică există **3 elemente** (vezi şi Capitolul 7):

a) **Simbolul** (Sb) sau **Modelul Simbolic** (MSb). Sb pot fi de tip verbal (lingvistic), vizual (grafic) sau numeric, iar MSb este o grupare de Sb realizată după anumite reguli.

b) **Falsa Realitate Simbolizată** (Falsa RSb);

c) **Adevărata Realitate Simbolizată** (RSb).

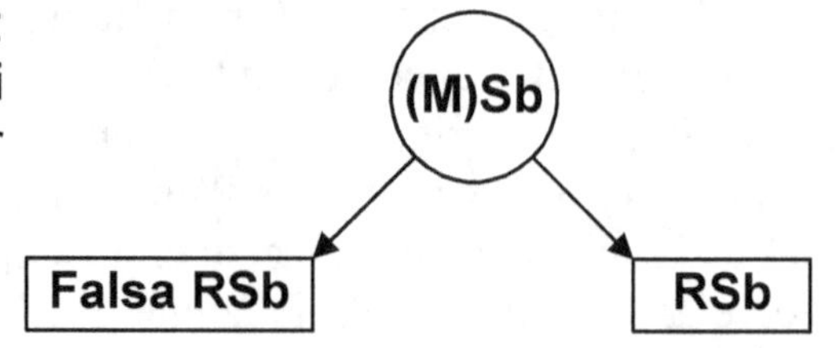

Referitor la învăţătura (teoria) spirituală (dar şi în cazul oricărei învăţături/teorii), "litera" învăţăturii înseamnă MSb folosite (care de obicei sunt lingvistice, adică se bazează pe litere şi cuvinte), iar "spiritul" înseamnă RSb, adică realitatea (care în spiritualitate este de regulă o realitate subiectivă) la care fac trimitere MSb folosite. De multe ori, în spiritualitate se folosesc MSb lingvistice care corespund unor False RSb, iar în aceste cazuri putem considera că atât MSb, cât şi Falsa RSb sunt simboluri pentru RSb.

De exemplu (vezi şi pagina 105) în cazul botezului: modelul simbolic (MSb) lingvistic este cuvântul "botez", Falsa Realitate Simbolizată (Falsa RSb) este acţiunea fizică de scufundare în apă (H_2O), iar Adevărata Realitate Simbolizată (RSb) este Acţiunea Spirituală (AS). În acest caz, atât cuvântul "botez", cât şi acţiunea de scufundare în apă, sunt simboluri pentru AS. Dacă MSb se referă la acţiuni, a urma litera învăţăturii înseamnă a face acţiunea/acţiunile care corespund Falsei RSb (în cazul botezului a face scufundarea în H_2O) – din cauza interpretării ad litteram, adică greşite, a MSb, iar a urma spiritul învăţăturii înseamnă a face acţiunea/acţiunile care corespund RSb (adică AS). Astfel, una dintre greşelile grave făcute de cei care au acces la o învăţătură spirituală este că confundă RSb cu Falsa RSb (în cazul botezului confundă AS cu scufundarea în H_2O) = urmează litera şi nu spiritul învăţăturii = se poticnesc de cuvântul sau expresia-simbol şi nu trec dincolo de el/ea = interpretează ad litteram simbolistica spirituală, ceea ce conduce în final la faptul că nu realizează/experimentează realitatea subiectivă simbolizată de acel cuvânt/expresie.

Apostolul Pavel exprimă aceasta când spune în 2 Corinteni 3:6 că "...slova omoară, dar Duhul dă viaţa." E ca în acea poveste în care nu trebuie să te agăţi de degetul care arată către Lună, ci trebuie să vezi lucrul către care indică degetul, adică Luna. Tâlcul acestei poveşti este faptul că realitatea simbolizată (RSb) NU este totuna cu simbolul (MSb sau Falsa RSb), dar nici chiar această poveste-simbol nu a fost înţeleasă.

În spiritualitate există 2 realităţi (subiective) **fundamentale:**

1) **Scopul Spiritual**, simbolizat lingvistic prin experimentarea Fericirii, Cunoaşterea de Sine, Viaţa Veşnică etc., vizual prin culoarea albă şi numeric prin Infinitul Supraconştient (∞S) (vezi Cap. 1). Uneori, se mai vorbeşte şi de **punctul de plecare**, simbolizat lingvistic prin experimentarea Răului (suferinţei), Ignoranţa de Sine etc., vizual prin culoarea gri şi numeric prin Finitul Nemăsurabil (FN). Prin extensie, **punctul de plecare** este Conştiinţa Personală Neiluminată (CPN), care generează suferinţă, boli şi sărăcie, iar **Scopul Spiritual** este Conştiinţa Personală Iluminată (CPI), care generează Fericire, Sănătate şi Bani.

2) **Acţiunea Spirituală (AS)**, care înseamnă parcurgerea Căii Spirituale = Calea către Scopul Spiritual. AS este simbolizată prin mai multe simboluri: vizuale, lingvistice şi numerice (vezi 5.1).

Deoarece atât Scopul Spiritual, cât şi Calea Spirituală (CS), nu sunt realităţi obiective (RO), vizibile, ci sunt realităţi subiective (RS), se folosesc simbolurile pentru a putea înţelege aceste 2 RS. Ca simboluri, se folosesc cuvintele, desenele şi numerele, simboluri care aparţin lumii formelor tridimensionale, adică RO. De exemplu, cuvântul "Sine" este un simbol pentru prima din cele 2 RS; orice alt cuvânt: Esenţă, Eul Superior, Conştiinţă, Supraconştiinţă, Hristos, Inima spirituală, Dumnezeu etc. sunt simboluri pentru aceeaşi RS. Nu trebuie să fim derutaţi de multitudinea acestor cuvinte simbol, ele simbolizează aceeaşi RS. Ceea ce oamenii au făcut dintotdeauna şi continuă să facă este să confunde realitatea simbolizată (RSb) cu simbolul (MSb) sau Falsa RSb; de ex. (vezi mai jos al treilea exemplu în care litera "ucide"): dacă cunosc cuvântul "Dumnezeu" sau orice alt cuvânt pe care îl consideră "adevăratul" nume al lui Dumnezeu şi acumulează referinţe livreşti (teoretice) despre Dumnezeu, ei cred că automat îl cunosc pe Dumnezeu. Nu, cunoaşterea lui Dumnezeu este altceva, implică disoluţia egoului prin parcurgerea CS, dar ei nu-şi dau seama de asta şi rămân prinşi, de multe ori pentru toată viaţa, în plasa cuvântului, precum o muscă captivă într-o plasă de păianjen, cu diferenţa că în cazul "credinciosului" de mai sus plasa este ţesută chiar de el însuşi, dar fără să-şi dea seama. În acest exemplu, ei confundă Cunoaşterea de Sine (RSb) cu cunoaşterea intelectuală obişnuită (Falsa

RSb), şi nu înţeleg că este vorba de o Cunoaştere complet diferită care se realizează prin identificarea cu Realitatea care trebuie cunoscută: Cunoaşterea de Sine = identificarea (unirea) cu Sinele Impersonal = experimentarea Fericirii. Astfel, ei sunt (auto) blocaţi pe CS, deoarece au falsa impresie că cunosc, în realitate necunoscând nimic. **Putem înţelege astfel toate contradicţiile** ireconciliabile şi neînţelegerile **dintre diversele curente creştine, ca şi dintre diferitele religii**: fiecare interpretează diferit litera Scripturilor sacre, dar practic nimeni în mod corect deoarece se cramponează de "literă" şi nu înţeleg "spiritul" Scripturii, adică nu au acces la adevăratul mesaj (înţeles) al Scripturii. De exemplu, fiecare religie denumeşte în mod diferit Unicul Sine Impersonal (pe "Dumnezeu"), creându-se astfel impresia că există mai mulţi "dumnezei"; apar astfel conflicte între <u>imaginile</u> pe care fiecare le are asupra Unicului Sine Impersonal, deci între idolii mentali ai fiecărei grupări religioase (în realitate pseudo-religioase), şi nu între diferitele realităţi simbolizate care de fapt este Una singură. Fiecare crede că numai el are dreptate, dar în realitate <u>nimeni nu are dreptate atât timp cât nu înţelege că Realitatea numită "Dumnezeu" trebuie experimentată</u> şi nu doar cunoscută din punct de vedere intelectual. Există o butadă conform căreia "Dumnezeu a creat omul şi omul l-a creat pe Dumnezeu", a doua parte a butadei însemnând, desigur, nu că omul l-a creat cu adevărat pe Dumnezeu, ci că a creat nişte imagini ale lui Dumnezeu (nişte idoli mentali) în care a ajuns să creadă aşa de mult încât confundă imaginea cu realitatea. Un idol este un simbol fizic sau mental al Unicului Sine Impersonal, similar cu diversele nume ale lui "Dumnezeu". <u>În concluzie</u>, pericolul este să considerăm în mod greşit că realitatea simbolizată (RSb) este totuna cu simbolul (MSb) sau Falsa RSb (în cazul MSb lingvistice pericolul este să le interpretăm ad litteram), sau în cel mai bun caz să nu înţelegem ce înseamnă acel simbol (să nu înţelegem care este RSb).

În Evanghelie, Isus vorbeşte în parabole: parabola este o povestioară, adică o colecţie de cuvinte, care este un simbol al unei realităţi subiective, care după cum am văzut constă în principal în Scopul Spiritual sau în Calea Spirituală. Însă cei care îl ascultau făceau exact greşeala despre care am vorbit mai sus (acelaşi lucru se întâmplă şi astăzi, în anul 2019): se poticneau de cuvinte, fără a înţelege realitatea simbolizată de cuvinte, adică urmau "litera" (simbolul) şi nu "spiritul" (realitatea subiectivă care trebuia experimentată). Astfel, se ajunge la interpretări aberante ale Bibliei (şi ale Scripturilor sacre), care conduc la acţiuni aberante, unele din cele mai grave fiind acţiunile Inchiziţiei, războaiele religioase şi crimele comise "în numele lui Dumnezeu" (există şi alte acţiuni mai puţin grave, dar la fel de aberante, rezultate din interpretarea greşită a Scripturilor).

<u>**Iată 3 exemple**</u> în care litera învăţăturii spirituale "ucide":

a) **martirii "pentru Isus"** au înţeles că "a-ţi pierde viaţa pentru Isus" (vezi <u>Luca 9:24</u>) înseamnă uciderea corpului tău fizic; de fapt, Isus vorbea despre uciderea (dizolvarea) egoului şi nu despre uciderea corpului fizic. În acest caz, litera învăţăturii a ucis la propriu (adică efectiv).

b) **"botezul" ca simbol al Acţiunii Spirituale** (AS). "Cine ... se va boteza, va fi mântuit;" spune Isus în <u>Marcu 16:16</u>. Botezul concret (adică scufundarea în apa concretă = H2O) este doar un simbol pentru adevăratul botez, cel spiritual, interior, care înseamnă iniţierea/practicarea AS (vezi 0.1), dar cei care nu înţeleg acest lucru cred (în mod greşit) că e suficient să te scufunzi în apă pentru a împlini botezul spiritual.

c) **Isus spune** în <u>Ioan 17:3</u>: "Şi **viaţa veşnică este** aceasta: **să te cunoască pe Tine**, singurul Dumnezeu adevărat ...". Aici, "singurul Dumnezeu adevărat" este Unicul Sine Impersonal, iar expresia "să te cunoască pe Tine" nu înseamnă să cunoşti numele lui Dumnezeu şi să-l poţi pronunţa sau să acumulezi referinţe teoretice despre Dumnezeu, ci înseamnă să obţii Cunoaşterea de Sine; "a-L cunoaşte pe Dumnezeu" înseamnă să "fii" Dumnezeu, cu alte cuvinte singura modalitate de a-L cunoaşte pe Dumnezeu înseamnă să te transformi tu însuţi în Dumnezeu. <u>Altfel spus</u>, "Dumnezeu" nu este decât o altă denumire pentru Sinele Impersonal, iar a-L cunoaşte pe Dumnezeu înseamnă de fapt Cunoaşterea de Sine, care nu poate fi făcută decât într-un singur mod: să devii tu însuţi Dumnezeu prin unirea cu propriul Sine Impersonal. **Paranteză**: mulţi vor spune că este o blasfemie să doreşti să devii Dumnezeu. În realitate, adevărata blasfemie este să <u>nu</u> fii Dumnezeu şi să crezi că <u>nu</u> trebuie să devii Dumnezeu, pentru că atât timp cât nu eşti unit cu Dumnezeu, adică cu propriul Sine (cu Tine însuţi), eşti un om-diavol, deci suferi şi produci suferinţă şi pentru cei din jur. Deci ce este blasfemie: să vrei să obţii Cunoaşterea de Sine (adică să te uneşti cu propriul Sine = Dumnezeu) şi să obţii astfel Fericirea şi implicit eliberarea de suferinţă, sau să (consideri că trebuie să) rămâi separat de Dumnezeu, adică să continui cu Ignoranţa de Sine (egocentrismul) şi astfel să suferi în continuare şi să-i faci să sufere şi pe cei din jurul tău? Răspunsul este evident, dar probabil nu pentru toţi. Fiecare trebuie să răspundă individual la această întrebare, dar răspunsul nu trebuie să fie exclusiv teoretic, ci trebuie să fie un răspuns existenţial, practic. În plus, cei care susţin că este o blasfemie să vrei să fii Dumnezeu puteau juca foarte bine rolul marilor preoţi de acum 2000 de ani care l-au trimis pe Isus la răstignire (deoarece principalul motiv pentru care l-au trimis pe Isus la răstignire a fost faptul că Isus spunea că este Dumnezeu) sau puteau face parte din mulţimile fanatizate care l-au ales pe Baraba în defavoarea lui Isus (**am închis paranteza**).

Viaţa (Fericirea) veşnică (iluminarea), **contrar înţelegerii obişnuite, dar greşite, <u>nu</u> se atinge după moartea corpului fizic, ci după moartea egoului.** Cel care nu a realizat iluminarea (Cunoaşterea de Sine) în Universul Fizic (UF), pe Pământ, nu se va ilumina prin simpla moarte a corpului fizic, ci va trebui să se reîncarneze, adică să se nască şi să trăiască o nouă viaţă pe Pământ, deoarece iluminarea se realizează cel mai uşor în UF, iar cel care nu a reuşit acest lucru în UF e puţin probabil să-l realizeze în Universul Astral. Teoretic, iluminarea se poate obţine în orice Univers Material Paralel (UMP), însă UF este cel mai favorabil pentru obţinerea iluminării pentru că formele fizice, deci şi corpul fizic uman, sunt cele mai stabile dintre toate formele materiale: fizice, eterice, astrale, mentale, cauzale (deoarece UF este cel mai grosier UMP), şi deci şi stările psihologice care rezultă din identificarea conştiinţei personale (CPN) cu corpul fizic au o oarecare stabilitate care uşurează obţinerea iluminării. Din păcate, cei mai mulţi oameni îşi irosesc viaţa în mod mizerabil pentru că nici măcar nu-şi propun să atingă iluminarea (Fericirea), ei fiind pe deplin mulţumiţi cu măruntele lor plăceri, fără a avea nici cea mai mică nelinişte spirituală (Cine sunt, de unde vin şi unde trebuie să ajung? – vezi 6.2). Viaţa veşnică (eternitatea) este în acelaşi timp şi Viaţa atemporală, adică viaţa în afara timpului psihologic, iar Viaţa atemporală există <u>aici şi acum</u>, deci singurul loc şi timp unde pot şi trebuie să obţin iluminarea este pe Pământ, în timpul vieţii fizice. Însă cei care sunt leneşi preferă să viseze la viaţa de după moartea corpului fizic ("viaţa de apoi"), când cred ei sau speră că vor ajunge în rai, în timp ce în prezent trăiesc în iad. Întrebarea "Există viaţă <u>după</u> moartea corpului fizic?" trebuie înlocuită cu întrebarea "Există viaţă (Fericire) <u>înainte</u> de moartea corpului fizic?" Oricine ajunge la Eliberarea permanentă în timpul vieţii fizice (Eliberarea poate fi obţinută <u>numai</u> în timpul vieţii fizice, neatingerea acestui obiectiv conducând la o nouă reîncarnare) se transformă în Sine-le care nu are nici început, nici sfârşit. Nemurirea nu înseamnă nemurirea corpului fizic, ci accederea la Fericirea Infinită şi Eternă (Veşnică): "Fericirea Infinită" înseamnă Fericirea Perfectă, lipsită de orice suferinţă, iar "Eternă" înseamnă că această stare de Fericire Infinită este permanentă, adică nu are sfârşit. **Spunea un înţelept** (înţelept = cel care şi-a dizolvat egoul): "Sarcina ta este de a transcende fără întârziere zădărnicia acestei vieţi trăite în Ignoranţa (de Sine)", adică o viaţă trăită în absenţa Cunoaşterii de Sine (adică în Ignoranţa de Sine) este o viaţă irosită. Unicul motiv pentru care venim şi revenim mereu, ca un blestem, la reîncarnare, este pentru a distruge ego-ul, care este de fapt cauza subtilă a oricărei încarnări (sau naşteri) în planul (Universul) fizic. Odată ce acest ego animalic (egoul este animalic pentru că venim cu el din regnul animal) este distrus, nu numai că orice suferinţă încetează, dar lanţul de reîncarnări ajunge la sfârşit. În <u>Apocalipsa 3:12</u> scrie că: "**Pe cel ce va birui** (adică cel care îşi va dizolva efectiv, complet şi definitiv egoul), **îl voi face un stâlp în Templul Dumnezeului Meu** (adică respectivul va atinge Fericirea, Viaţa Veşnică), **şi nu va mai ieşi afară din el.** [adică nu va mai ieşi din SRS (Spaţiul Realităţii Subiective) = nu se va mai reîncarna, deoarece egoul te forţează să trăieşti în exil în SRO (Spaţiul Realităţii Obiective = Spaţiul tridimensional) şi implicit dizolvarea egoului îţi permite să pătrunzi în SRS]"

5.4.3 – Realitate Obiectivă (RO) şi Realitate Subiectivă (RS)

Trebuie înţeleasă foarte bine diferenţa dintre RS şi RO, adică trebuie înţeleasă diferenţa fundamentală dintre RS = stările psihice (psihologice) = trăirile strict individuale, subiective şi RO a formelor materiale (grosiere sau subtile) tridimensionale: o stare psihică este o trăire intimă, în timp ce RO, chiar şi Universurile Materiale Paralele subtile, este accesibilă tuturor. O trăire oarecare este subiectivă şi NU interioară, deoarece "interior" înseamnă localizare spaţială tridimensională, iar trăirile nu sunt localizabile în spaţiu: o trăire este ceea ce simţi tu la un moment dat (doar din punct de vedere simbolic trăirile pot fi considerate "interioare", în sensul în care sunt invizibile, la fel cum interiorul unui corp fizic este nevăzut, dar riguros vorbind ele sunt subiective). <u>Atât plăcerile, cât şi Fericirea aparţin RS</u>: plăcerile sunt "binele" cu b mic şi sunt nenumărate, în timp ce Fericirea este "Binele" cu B mare şi este Unică. Oamenii obişnuiţi urmăresc plăcerile, iar faptul că plăcerile corespund anumitor configuraţii (stări) ale RO conduce la ideea că starea de "bine" se obţine prin modificarea RO, adică prin intermediul acţiunilor fizice sau mentale. Modificarea RO (poate) produce plăceri, dar niciodată Fericirea. Fericirea este deocamdată ceva necunoscut, dar prin raţionamente teoretice înţelegem că există o unică stare psihologică infinită în profunzime şi prin aceasta complet lipsită de suferinţă, iar orice om cu adevărat inteligent îşi propune ca scop al vieţii această stare de Fericire. Apoi, prin alte raţionamente teoretice înţelegem că există o singură cale de acces la această stare de conştiinţă infinită, iar în final înţelegem că trebuie să parcurgem această cale în mod efectiv, adică toate înţelegerile teoretice obţinute trebuie transpuse în practică asupra propriei persoane până la obţinerea succesului total: <u>experimentarea Fericirii Perfecte</u> (şi implicit abolirea efectivă, completă şi definitivă a suferinţei) = <u>Fericirea Efectivă, Totală (Infinită) şi Permanentă</u> (constantă în timp).

Universurile şi corpurile subtile sunt situate tot în spaţiul tridimensional, ca şi Universul Fizic şi corpurile fizice, altfel spus orice formă materială (din RO) se află în spaţiul tridimensional, şi ca atare este limitată din punct de vedere energetic, spaţial şi temporal. Sinele Impersonal "locuieşte" în SRS = Spaţiul Realităţii Subiective, în afara spaţiului tridimensional şi a timpului obiectiv, şi este Nelimitat (Infinit) în profunzime şi Etern. CPN (Conştiinţa Personală Neiluminată) părăseşte locuinţa Sinelui (SRS) în timpul somnului cu vise (SCV) şi a stării de veghe (VGH), adică se auto-exilează în spaţiu şi timp, în lumile materiale, şi astfel apare egoul şi implicit suferinţa ("fiul risipitor" = CPN pleacă de "acasă"). CPN revine Acasă, adică în SRS = sediul permanent al Sinelui din afara spaţiului şi timpului, în timpul somnului fără vise (SFV), dar pierzându-şi total conştienţa pe care o avea în VGH sau SCV, adică în inconştienţă totală.

<u>Tot ce avem de făcut este să revenim Acasă</u>, în SRS = sediul permanent al Sinelui (al Conştiinţei, al Nostru), <u>în stare de totală trezire</u>. Vom putea reuşi aceasta în timpul VGH, când vom viza ca scop SRS = Propriul Centru spiritual, unde vom "aduna" încet-încet toate fragmentele CPN de la nivelul corpurilor materiale inerte, şi astfel vom trezi progresiv propria Conştiinţă, ceea ce va determina simultan distrugerea progresivă a suferinţei de la nivelul propriei subiectivităţi şi creşterea concomitentă a Păcii (Fericirii).

<u>Acesta este un drum strict individual şi pur practic</u>. Se spune că nimeni nu caută în pădure un lucru pe care l-a pierdut acasă, adică nu trebuie să căutăm Fericirea decât acolo unde locuieşte: în Sine, în SRS = "interiorul" (interior simbolic = interior conform simbolizării grafice) celor 5 învelişuri (corpuri materiale), şi nu în exteriorul lor. Orice teorie, orice Scriptură se găseşte în exteriorul celor 5 învelişuri, şi nu în "interiorul" lor. A căuta deci Fericirea, Adevărul, pe Dumnezeu în paginile Scripturii este absurd, pentru că Dumnezeu = Sinele = Fericirea = Pacea locuieşte în "interiorul" celor 5 învelişuri, iar Scriptura, oricât de sfântă ar fi, este în exteriorul celor 5 învelişuri. Formularea "Sinele este în interiorul celor 5 învelişuri materiale inerte" nu trebuie înţeleasă în sensul că Sinele este efectiv în interiorul vreunui corp; am spus că Sinele nu locuieşte în spaţiul tridimensional, deci nu poate fi în interiorul vreunui corp material, deoarece astfel ar rezulta că este în spaţiul tridimensional. În realitate, Sinele nu este nici în interior, nici în exterior.

<u>Sinele este aspaţial</u> (în afara spaţiului obiectiv) <u>şi atemporal</u> (în afara timpului). Formularea "interior" este doar simbolică, rezultând din reprezentarea vizuală, şi trebuie înţeleasă în sensul de "subiectiv": Sinele este subiectivitate pură. RO mai este numită şi lumea vizibilă, în timp ce RS este invizibilă din principiu.

RO este aceeaşi pentru toţi, în timp ce RS este strict individuală şi nu poate fi obiectivată. Fiecare om ignorant de Sine trăieşte închis în propria lui subiectivitate, în propriul lui "vis" (care este un coşmar) format din succesiunea propriilor lui stări psihice limitate, egocentrice, în propria lui suferinţă pe care doar el o trăieşte; bineînţeles, toţi ceilalţi trăiesc, fiecare din ei, în propriul coşmar pe care îl iau drept realitate.

Spiritualitatea autentică se ocupă în mod exclusiv de RS. După cum am spus, Acţiunea Spirituală nu modifică deloc RO (nu în mod direct), dar transformă radical RS a fericitului care este supus acestei operaţii psihologice. Înţelegem de ce Isus spune în <u>Luca 17:20-21</u> că "... Împărăţia lui Dumnezeu nu vine în aşa fel ca să izbească privirile. Nu se va zice: "Uite-o aici", sau: "Uite-o acolo!" Căci iată că Împărăţia lui Dumnezeu este înlăuntrul vostru". Aici, "înlăuntrul vostru" = "interior" = (S)RS, iar (S)RS nu poate fi văzut(ă) cu ochii fizici; Împărăţia lui Dumnezeu = Mântuirea = Iluminarea = Eliberarea (4 cuvinte/expresii care înseamnă acelaşi lucru) transformă în primul rând RS. De ce în primul rând? Pentru că transformarea RS are ca efect şi transformarea RO a celui care se iluminează (modificarea vizibilă a corpurilor sale şi a modului de comportament), dar aceasta este secundară ca importanţă şi poate fi atât de fină încât să fie trecută cu vederea de cei din jurul său. Putem spune că nu există criterii obiective după care să deducem dacă cineva este iluminat sau nu, deoarece transformarea radicală a avut loc la nivelul subiectivităţii acelui om, iar în cazul lui nu putem aplica corelaţiile obişnuite pe care le facem în cazul unui om obişnuit (cu egoul nedizolvat = ignorant de Sine) între manifestările sale obiective (aspect fizic, modul cum vorbeşte, cum merge, cum se comportă) şi trăirile sale subiective. Un înțelept se poate comporta oricum la nivel obiectiv, în subiectivitatea sa el trăiește o stare de fericire constantă care nu se trădează neapărat la nivel obiectiv. Astfel, au fost mulți oameni contemporani cu Buddha sau Isus care nu au recunoscut starea lor interioară de Eliberare, după cum au fost și sunt oameni care urmează și recunosc falși maeștri sau falși iluminați. Aceste aspecte prezentate mai sus derutează pe foarte mulți; mulți consideră că un Iluminat trebuie neapărat să leviteze, să meargă pe apă, eventual să învie și câte un mort, altfel nu este Eliberat. <u>Ceea ce derutează pe cei mai mulți</u> care se interesează de spiritualitate (chiar și cei care doar sunt interesați sunt extrem de puțini; cât despre ceilalți, ei sunt în afara problemei) este faptul că aceste "lucruri" sunt impalpabile, imposibil de măsurat, de obiectivat. Fericirea se mai numește și Incognoscibilul, adică Fericirea este incognoscibilă (doar) în mod intelectual, dar poate fi totuși cunoscută pur subiectiv, prin identificarea cu această Fericire, FIIND tu însuți Realitatea de cunoscut. Avem aici 2 din cele 3 moduri fundamentale de cunoaștere: cunoașterea intelectuală și Cunoașterea de Sine (al treilea tip de cunoaștere este prin intermediul celor 5 simțuri fizice – vezi și Cap. 8). Cunoașterea de Sine este pur subiectivă, ne-obiectivabilă, non-demonstrabilă pentru cineva care "nu crede până nu vede" (vezi și "Vreau să te pipăi și să urlu: "Este!"" a lui Tudor Arghezi), o Cunoaștere invizibilă, dar care este totuși cât se poate de reală, perfect definibilă, experimentabilă, dar doar pentru cei care parcurg efectiv Calea Spirituală.

Să ne imaginăm următorul experiment: vom lua un om oarecare și vom încerca să cunoaștem realitatea lui, structura lui. Îi vom face o radiografie; presupunem că putem "radiografia", pe lângă corpul său fizic, și corpurile lui subtile: eteric, astral, mental și cauzal. Vom obține o imagine tridimensională a celor 5 corpuri, care poate fi făcută cu o rezoluție din ce în ce mai mare; presupunem că avem rezoluția maximă, adică identificăm perfect fiecare atom din cele 5 corpuri (este exagerat, dar experimentul e doar imaginar). Aceasta este informația maximă pe care o putem obține despre acel om; nicio (altă) analiză obiectivă (EKG, EEG, RMN, analize de sânge etc.) nu va putea revela RS a acelei persoane, adică trăirile sale, stările sale psihice. Aceste stări psihologice vor rămâne pentru totdeauna taina acelei persoane, "odăița unde nu intri decât tu" (<u>Matei 6:6</u>). Aceasta este frumusețea (măreția) Spiritualității: nu se supune investigațiilor obiective (nu poate fi măsurată cu/de niciun aparat obiectiv, medical sau științific), nu poate fi demonstrată celui care nu vrea sau nu poate s-o înțeleagă. <u>Sinele Impersonal se mai numește și</u>: "Tatăl care este în secret/în ascuns"; Conștiința Transcendentă; Incognoscibilul, deoarece nu poate fi cunoscut (doar) în mod intelectual, dar este cognoscibil în mod subiectiv, prin trăire intimă, individuală, prin experimentare directă, non-duală (dispare eul-cunoscător). Din cauza asta, mulți nu pot pricepe Spiritualitatea și Esoterismul, deoarece le abordează doar în mod intelectual și/sau obiectiv. Pentru ei, nu există decât ceea ce poate fi văzut sau măsurat, adică doar RO. Pentru acest tip de oameni, ceea ce scrie aici sunt, în cel mai bun caz, niște povești nemuritoare, de adormit copiii (în realitate, ele sunt "povești" de "trezit" și nu de adormit, iar dacă sunt puse corect în practică îți oferă Nemurirea). De asta se spune că "Lumina a venit la întuneric, dar întunericul nu a înțeles-o.": omul obișnuit, afectat de Ignoranță de Sine, nu poate înțelege (prin experiență) iluminarea, din cauza "întunericului interior", adică din cauza existenței egoului. **Ramana Maharshi spune** că lumea obiectivă (RO) nu este percepută nici în somnul fără vise (SFV), nici în Samadhi (CPI), adică RO nu este percepută nici în "întunericul" inconștienței, nici în "lumina" Supraconștiinței: RO poate fi percepută doar într-un amestec de "lumini" și "umbre", adică doar în timpul stărilor psihologice egocentrice (limitate) din "regimul" de Ignoranță de Sine: în starea de veghe (VGH) se percepe Universul Fizic, iar în somnul cu vise (SCV) se percepe Universul Astral.

Singurul lucru care mă poate ajuta în mod real este ca <u>eu</u> să realizez mutația radicală la nivelul RS, adică <u>eu/Eu</u> să obțin Cunoașterea de Sine (iluminarea, înțelepciunea): dacă eu singur sunt iluminat iar ceilalți nu, pentru mine este ca și cum toți ar fi iluminați. Invers, dacă prin ducere la extrem toți cei din jurul meu sunt iluminați, numai eu nu, pentru mine este ca și când nimeni nu ar fi iluminat. Nu putem ști niciodată cu adevărat dacă un om oarecare a atins stadiul de înțelepciune, nici nu putem deduce acest lucru din comportamentul său exterior, și de altfel nici nu este necesar: cu ce ne (mă) încălzește că un oarecare este iluminat sau nu? Fiecare om este tot timpul în contact cu propriile lui stări psihice, 24 ore din 24 ore, 365/366 zile pe an, an de an. Deci singura mea "luptă" reală este cu propriile mele stări psihice – orice aș face, nu pot scăpa de faptul de a fi în contact cu propriile mele stări psihice. Singura soluție <u>reală</u> este să-mi schimb radical stările psihice (RS) prin practicarea Acțiunii Spirituale. Astfel, spinoasa problemă existențială a omului își poate găsi un răspuns, sau altfel spus omul își poate rezolva enigma propriei sale vieți, dar fiecare pentru el însuși, aceasta neputând fi vreodată o soluție publică, socială, "exterioară".

5.4.4 – Teorie și Practică în spiritualitate

Pe Calea Spirituală (CS) este nevoie și de teorie (cea corectă), și de practică: <u>teoria fără practică este sterilă, iar practica fără teorie este oarbă</u>. <u>Paranteză</u>: Acțiunea Spirituală (AS) înseamnă parcurgerea Căii Spirituale (CS), deci AS și CS sunt practic echivalente, adică <u>AS $\approx$ CS (am închis paranteza)</u>. Teoria (corectă) este necesară, dar nu și suficientă. Pe de altă parte, practica fără asimilarea și înțelegerea teoriei corecte este "oarbă": ajungi astfel să practici tot felul de tehnici fizice sau mentale (adică tehnici lumești), care pot fi periculoase pentru sănătatea ta fizică și psihică, în cel mai rău caz, iar în cel mai "bun" caz sunt o pierdere de timp și efort, conducând în plus la descurajare, pesimism și eventual la abandonarea preocupărilor pentru spiritualitate. Un astfel de om va încerca apoi să convingă și pe alții că "toate chestiile astea spirituale sunt niște prostii care nu pot conduce la nimic bun". Cei care citesc, dar nu aplică, pun accentul doar pe teorie, teorie care de regulă nu este cea corectă, iar cei care fac tot felul de practici "spirituale", care sunt de fapt tehnici lumești, nu înțeleg de ce fac acele practici. Ca urmare, multe practici așa-zis "spirituale" sunt sterile, adică sunt o pierdere de timp, iar celelalte sunt potențial periculoase din punct de vedere fizic sau psihic. Deci niciuna din practicile din domeniul spiritual, așa cum sunt făcute astăzi, în anul 2019, nu conduc și nici nu vor conduce vreodată la succes, adică la obținerea iluminării, și asta din cauză că nu a fost asimilată mai întâi teoria spirituală care spune că singura metodă de obținere a iluminării (a Cunoașterii de Sine = Fericirea) este AS, care nu este o tehnică lumească, în timp ce practicanții "spirituali" fac în mod exclusiv tehnici lumești. Orice tehnică fizică are un rezultat fizic, iar orice tehnică mentală are un rezultat mental; țelul spiritual, însă, nu este nici fizic, nici mental, deci rezultă că nicio tehnică fizică sau mentală nu poate conduce la iluminare (decât cu totul întâmplător, indirect, fără a avea nicio garanție). Iată că teoria spirituală are importanța ei, ca și practica spirituală. Foarte rar (practic deloc) întâlnești un om echilibrat, care pe de o parte nu neglijează nici căile lumești, nici CS, iar pe de altă parte pe CS se ocupă în mod corect și de teorie și de practică.

În această carte prezint teoria spirituală, adică fundamentul teoretic al practicii spirituale. În Fizică, sistemul axiomatic este cu atât mai reușit cu cât are mai puține axiome; axiomele din Fizică se consideră implicite, ele sunt extrase din experiență și nu se demonstrează. După ce am stabilit axiomele în Fizică, pe baza lor creăm prin deducție diverse teorii, iar cu ajutorul acestor teorii încercăm să modelăm matematic anumite procese fizice. Teoria este cu atât mai bună cu cât rezultatele prezise de modelele matematice rezultate din acea teorie concordă mai bine cu rezultatele obținute prin măsurători în procesul fizic propriu-zis. Nicio teorie din Fizica actuală (2019) nu este perfectă (100% clară și precisă; modelul LUN din 2.1 satisface însă cele 2 cerințe), ea se ajustează astfel încât să clarifice conceptele și să explice din ce în ce mai bine experiența practică. Fiecare nouă teorie a apărut ca o generalizare a teoriei anterioare (vechi), această teorie anterioară fiind un caz particular al noii teorii. Abordând acum <u>Cunoașterea de Sine</u>, alt tip de cunoaștere, putem spune că <u>are o singură "axiomă"</u>: <u>necesitatea disoluției efective, totale și permanente a propriului ego, ca Unică Cale spre Fericire, prin practicarea AS</u>. Aceasta poate fi considerată singura axiomă în spiritualitate, dar cu observația că trebuie transpusă în practică. Această unică axiomă nu este o axiomă în sensul clasic, din Fizică, pentru că se acceptă doar la început, în etapa teoretică, în etapa a doua, de practică, urmând a fi aplicată asupra propriei persoane, iar adevărul ei se verifică experimental, de către fiecare practicant serios. Iată diferența față de cunoașterea intelectuală (mentală) din Fizică: avem doar o axiomă, iar aceasta în final trebuie verificată practic. <u>Am spus că orice acțiune în afară de AS este o tehnică lumească și deci nespirituală</u>; deci faptul de a citi ce scrie aici și a te strădui să înțelegi este tot o tehnică lumească și nu poate conduce (prin ea însăși) la iluminare. Așa este, dar a te strădui să pricepi AS este o tehnică lumească (o acțiune mentală) pe care o faci pentru a înțelege AS, știind foarte bine că nu prin efortul de a pricepe AS te vei ilumina, ci prin practicarea efectivă a AS. Deci tu faci o tehnică lumească știind de la început că nu prin această tehnică lumească vei obține iluminarea, ci prin practicarea efectivă a AS. Pe de altă parte, cei care practică tehnici lumești fără a viza înțelegerea AS, fac acele tehnici sperând ca prin intermediul lor să se ilumineze, ceea ce este o diferență foarte mare: în timp ce străduința de a înțelege AS te conduce în final la practicarea efectivă a AS și deci la obținerea Fericirii, practicarea orbească a unor tehnici lumești fără a viza AS nu poate conduce la Fericire și te menține în împărăția egoului și implicit a suferinței. <u>AS este subtilă și nu implică efort lumesc</u>. Pentru asta nu e nevoie nici să cari pietre de moară, nici să lupți contra corpului sau a minții; unii ar prefera, poate, să care pietre de moară în loc să înțeleagă și să practice AS, deoarece când cari pietre de moară măcar ai de-a face cu ceva concret, vizibil, pe când AS este invizibilă și presupune o ascuțime a puterii de înțelegere, o anume subtilitate. Învăţăturile spirituale sunt "auto-protejate" prin dezinteresul faţă de ele, respingerea lor, neînţelegerea sau greşita lor înţelegere de către cei care, astfel, îşi blochează singuri accesul pe CS.

Cel care este interesat în mod serios de spiritualitatea veritabilă trebuie să înlăture pentru început ideile false (greşite) referitoare la spiritualitate, deoarece acestea sunt primele obstacole care îi blochează pe cei mai mulţi. Aceste idei greşite s-au înrădăcinat în mintea imensei majorităţi a oamenilor, din cauza "intoxicărilor" la care suntem supuşi din toate părţile (direcţiile): televizor, radio, presă, cărţi, biserică, diverse mişcări "spirituale" etc. Intoxicările/ideile greşite sunt răspândite de către cei care nu se mulţumesc să înţeleagă ei greşit spiritualitatea (n-ar fi foarte grav dacă cei care înţeleg greşit şi-ar păstra pentru ei interpretările greşite ale scripturilor şi ale învăţăturilor spirituale), ci îi "învaţă" şi pe alţii aceste stupidităţi, îi "îmbolnăvesc" şi pe alţii cu prostiile care emană din mintea lor tulbure, din întunericul lor interior, din talmeş-balmeşul lor mental. Faptul că nu-şi dau seama că îi induc în eroare pe ceilalţi nu este o scuză, adică răul făcut nu este mai mic prin faptul că cel care îl face nu-şi dă seama că face rău. "Drumul spre iad este pavat cu bune intenţii" are aplicabilitate 100% în acest caz. Nu contează că cei ce răspândesc inepţii/prostii despre spiritualitate sunt animaţi de bune intenţii, asta nu face ca răul făcut să fie mai mic. **Iată (doar) câteva din aceste intoxicări despre Acţiunea/Calea Spirituală (AS/CS)** (numai câteva, deoarece ele sunt nenumărate, dar cel care înţelege corect AS/CS poate recunoaşte orice inepţie/prostie în domeniul spiritual): CS este periculoasă şi implică mari suferinţe (în realitate, AS corect înţeleasă şi corect practicată nu este nici periculoasă şi nici nu implică suferinţe decât cele care urmează "botezului"); CS este complicată, îndelungată şi nu poate fi parcursă într-o singură viaţă – ai nevoie de mai multe vieţi (încarnări) pentru a o duce la bun sfârşit (în realitate, AS corect înţeleasă şi corect practicată te poate conduce la eliberare într-un timp foarte scurt, chiar în această viaţă; AS este simplă, iar ţelul spiritual este aproape: "Împărăţia cerurilor este aproape" – Matei 3:2); CS implică eforturi supraomeneşti (în realitate, AS propriu-zisă nu implică niciun efort fizic sau mental); CS te transformă într-un supraom cu puteri paranormale (AS te transformă într-un om normal; doar iluminatul este cu adevărat normal, toţi ceilalţi, adică ignoranţii de Sine, sunt anormali); nu te poţi elibera în "lume", trebuie să te retragi într-o mănăstire, chilie, peşteră, în pădure etc. (te poţi elibera exact unde eşti, de exemplu acasă la tine în fotoliu); ca să te mântuieşti, trebuie să renunţi la alimentaţia cu carne sau la viaţa familială şi sexuală (total greşit: poţi să mănânci liniştit carne, să te căsătoreşti şi să faci sex); pentru a putea parcurge CS, trebuie să fii un om moral, respectabil (greşit: AS te transformă într-un om fericit, iar moralitatea va decurge automat ca o consecinţă. Cât despre respectabilitate sau onoare, acestea sunt apanajul oamenilor lumeşti, egocentrici, pentru care o principală grijă este imaginea (adică modul în care te văd ceilalţi), care trebuie să fie impecabilă. Rezultă de aici că o caracteristică principală a omului lumesc este făţărnicia, prefăcătoria, adică încercarea de a părea altfel decât este.); calea spre mântuire este prin suferinţă, cu cât suferi mai mult, cu atât eşti mai "spiritual" şi eşti mai bine văzut de doamne-doamne (total greşit: suferinţa este un semn clar al Ignorantei de Sine; unicul criteriu al Mântuirii este Fericirea Perfectă); un om spiritual este altruist, el se gândeşte tot timpul la binele celorlalţi, se neglijează pe sine, se sacrifică pe sine pentru ca ceilalţi s-o ducă bine (101% greşit: omul spiritual se pune pe Sine pe primul plan, interesul lui primordial este Fericirea Sa. Numai un om fericit îşi poate permite să fie generos, binevoitor, amabil cu ceilalţi şi numai un iluminat poate fi fericit; ca urmare, numai un iluminat veritabil poate fi o sursă de bunăstare pentru ceilalţi, şi nu un egocentric, care suferă şi el şi-i face şi pe cei din jurul său să sufere. Cel mai mare dar pe care cineva îl poate face celorlalţi este propria Sa Stare de Fericire = Iluminare = Pace, iar aceasta se obţine prin sacrificiul propriului ego şi nicidecum prin propria suferinţă.); nu te poţi mântui singur, ai nevoie de un intermediar (mântuitor, preot, maestru, duhovnic, îndrumător, guru, sfânt etc.). La întrebarea "Cum este posibil să te mântuieşti fără niciun mântuitor, guru, duhovnic, preot etc.?" voi răspunde cu întrebarea inversă: "Cum poţi spera să te mântuieşti prin intermediul unui mântuitor, guru, duhovnic, preot etc.?", deoarece am arătat că pe CS se merge singur şi mintea trebuie introvertită, iar acest lucru nu se poate face dacă atenţia este menţinută în exterior, asupra mântuitorului sau îndrumătorului spiritual de la care speri să primeşti "izbăvirea"; nu te poţi mântui dacă nu participi la (toate) slujbele religioase, dacă nu ţii toate posturile, dacă nu te spovedeşti, dacă nu te împărtăşeşti, dacă nu plăteşti toate taxele la biserică, dacă nu faci fapte bune, dacă dacă dacă ... Aceste condiţionări sunt impuse de mintea ignorantului (intelectual şi spiritual), care nu înţelege că adevărata mântuire nu implică nici obligaţii, nici restricţii obiective; mântuirea = disoluţia propriului ego prin AS, iar acest lucru este strict subiectiv – cum ar putea fi condiţionat de ceva din Realitatea Obiectivă?

Această carte nu este o operă literară, ci o operă științifică. Ea se ocupă cu Știința Cunoașterii de Sine, adică cu Teoria Fericirii. În această carte se pune accentul pe claritatea mesajului, pe recepționarea de către cititor în mod cât mai fidel a înțelesului cuvintelor folosite. Scopul cărții este de a transmite un mesaj, mesajul spiritual. Acest mesaj spiritual se poate exprima în puține cuvinte: Unica Cale spre Fericire constă în dizolvarea efectivă, totală și permanentă a propriului ego, iar aceasta se face prin AS. Dacă mesajul cărții se poate exprima prin aceste câteva cuvinte (sunt și alte formulări/simbolizări echivalente, vezi 5.1), explicarea lor în schimb este scopul întregii cărți și umple restul paginilor. La prima vedere, mesajul spiritual pare arid, de neînțeles, neinteresant, dar vă asigur că punerea lui în practică asupra propriei persoane îți schimbă radical această impresie inițială de ariditate, de neaplicabilitate practică. Acesta este unicul mesaj spiritual din punctul meu de vedere (necesitatea dizolvării egoului prin AS). Acest mesaj este universal: este valabil indiferent de timp și spațiu, este valabil pentru orice om – chiar și pentru eventualii extratereștri. Acest mesaj nu a fost inventat de nimeni, adică nimeni nu-și poate asuma rolul de "creator" al acestui mesaj. Cei care răspândesc acest mesaj nu fac decât să-l descopere din nou și din nou, de-a lungul timpului. Acest mesaj este impersonal, are un caracter științific și este mesajul real al lui Isus, Buddha, Mahomed, Krishna și al tuturor iluminaților care au trăit vreodată, ca și al celor care vor mai fi.

Există o Unică Lege Spirituală (ULS): ego = durere, non-ego = Fericire, unde prin ego vom înțelege stările de conștiință (energiile) de tip Finit și Nemăsurabil (FN – vezi 3.4). Matematica Mântuirii (sau a Fericirii, care este același lucru) este simplă: egoul există, Mântuirea e lipsă; egoul dispare, Mântuirea apare. De aici rezultă că unicul scop al practicii spirituale este distrugerea propriului ego, ca unică cale spre Fericire sau Mântuire. Egoul este identificarea exclusivă a conștiinței individuale cu corpul material (privit ca ansamblu al celor 5 corpuri/învelișuri sau "pancha-kosha" cum spun hindușii). ULS este o lege care se aplică automat, matematic, adică nu este niciun dumnezeu imaginar care să aibă grijă să aplice această lege. ULS este științifică, la fel cum este Legea atracției gravitaționale descoperită de Newton, adică este universală (se aplică oricui), funcționează la orice oră și în orice loc, funcționează indiferent dacă știi sau nu, indiferent dacă ești de acord cu ea sau nu, indiferent dacă îți convine sau nu, indiferent dacă te interesează sau nu. Omul inteligent acționează în concordanță cu ULS, adică muncește pentru dizolvarea propriului ego. Omul indolent sau care nu vrea să știe nimic despre Cunoașterea de Sine adoptă politica struțului, adică crede că dacă nu se preocupă de AS/CS problema s-a rezolvat. Deoarece nu este preocupat de dizolvarea propriului ego, el va suferi, deoarece ULS se aplică automat. Deși vede prea bine că viața lui nu se înscrie pe un făgaș normal, ignorantul de Sine nu vede sau nu vrea să vadă care este adevărata rădăcină a necazurilor sale, adică propriul ego. În orbirea sa profundă, un astfel de om (adică practic toată lumea) caută alinarea suferințelor sale pe căile lumești (prin acțiuni fizice sau mentale). Căile lumești pot atenua suferințele, dar niciodată nu vor rezolva problema fundamentală, existențială a omului: obținerea Fericirii, care nu poate fi soluționată decât prin dizolvarea efectivă, totală și permanentă a egoului prin AS.

Rolul teoriei spirituale este mai întâi să te facă să înțelegi AS/CS din punct de vedere intelectual, apoi să te determine să o practici/parcurgi efectiv. Orice metodă fizică sau mentală (lumească) înseamnă o pierdere de timp în cazul cel mai bun, iar în cazul cel mai rău este un pericol pentru sănătatea fizică și psihică a practicantului. O metodă lumească poate produce modificări în corpul și mintea practicantului, dar niciodată nu va produce schimbarea radicală la nivelul conștiinței, altfel spus ne vom afla în cazul exprimat de proverbele: "Lupu-și schimbă părul, dar năravul ba" sau "Aceeași Mărie, cu altă pălărie". Exprimat altfel: **în timp ce AS dizolvă egoul, toate tehnicile fizice sau mentale conservă egoul**. Ramana Maharshi spunea același lucru: "A încerca să distrugi egoul prin intermediul unei tehnici fizice sau mentale este ca și cum un hoț s-ar deghiza în polițist și ar încerca să se aresteze singur", hoțul fiind aici egoul. Observație: **egoul se poate anihila singur, dar nu prin tehnici lumești** (fizice sau mentale), **ci prin AS**. Egoul este Conștiința Personală Neiluminată (CPN) = conștiința personală limitată (egocentrică). Egoul (CPN) este cel care declanșează AS la pasul 5 ("botezul", vezi 0.1), deoarece nu se poate altfel și asta pentru că Conștiința Personală Iluminată (CPI) nu a apărut încă (CPI urmează să apară după finalizarea AS de către Sinele Impersonal la pasul 6). Deci egoul (CPN) declanșează procesul de auto-anihilare. De reținut (și în același timp o problemă pentru cei care nu știu sau nu înțeleg acest lucru) este că procesul de auto-anihilare a egoului nu poate fi declanșat prin metode lumești, ci doar prin AS. **Altfel spus** (prezentăm aceeași situație din mai multe puncte de vedere pentru a înțelege mai bine): a încerca să dizolvi egoul prin intermediul metodelor lumești este ca și cum cineva care a căzut într-o groapă adâncă ar încerca să se scoată de acolo trăgându-se în sus de păr (ca în minciuna baronului Münchhausen). <u>Sau</u>: nu poți transcende mintea cu ajutorul minții. <u>Sau</u>: prin intermediul unei tehnici lumești obții rezultate fizice sau mentale (modifici configurația fizică sau mentală a RO), în timp ce iluminarea înseamnă dezidentificarea de orice realitate fizică sau mentală, adică iluminarea este o transformare care lasă nemodificată RO, dar îl transformă total la nivel subiectiv pe cel asupra căruia se exercită această mutație radicală la nivel psihologic. <u>La nivel exterior e posibil să nu existe nicio modificare</u> ("înainte de iluminare tăiam lemne și căram apă; după iluminare am continuat să tai lemne și să car apă"). Iluminarea este subtilă, nu se produce cu tam-tam. În <u>Luca 17:20-21</u> Isus le spune fariseilor că "Iluminarea nu vine în așa fel ca să izbească privirile. Nu se va zice: "Uite-o aici" sau: "Uite-o acolo!" Căci iată că Iluminarea este înlăuntrul vostru". Nu întâmplător am înlocuit în pasajul biblic "Împărăția lui Dumnezeu" prin termenul echivalent "Iluminare"; am făcut aceasta pentru a mai ieși puțin din stereotipia cu care repetăm la nesfârșit aceleași fraze biblice ca papagalii, fără a înțelege nimic din semnificația lor reală. Iluminarea este strict subiectivă, nu poate fi dedusă din comportamentul exterior al iluminatului și nici nu poate fi demonstrată celorlalți.

Există un singur mod prin care poți înțelege un iluminat: fiind tu însuți un iluminat. Iluminarea poate fi descrisă printr-un singur termen: este indescriptibilă. Totuși, pentru a ne face o oarecare idee, termenii cei mai apropiați sunt: pace, fericire, liniște, claritate interioară, relaxare, spontaneitate, naturalețe. Acești termeni nu pot da decât o idee vagă despre ceva ce nu poate fi cunoscut cu adevărat decât prin experiență directă, rolul acestora fiind de simboluri de care nu trebuie să ne agățăm, ci trebuie să ne determine să realizăm practica spirituală (parcurgerea CS), la sfârșitul căreia vom cunoaște noi înșine prin experiență directă. <u>Starea de iluminare este starea naturală</u> (sahaja cum spun orientalii), Unica Stare Naturală. Viața pe care o trăiește ignorantul de Sine zi de zi este o viață nenaturală, și din cauza asta, atunci când aude de "iluminare", se sperie sau i se pare că este o realizare supraomenească, care nu îl privește, și care este doar pentru Buddha, Isus și eventual pentru călugări. În realitate, nu este așa; viața în starea de iluminare este ușoară ("Căci jugul Meu este bun, și sarcina Mea este ușoară." spune Isus în <u>Matei 11:30</u>), prin comparație cu viața în starea de Ignoranță de Sine care este plină de greutăți și suferințe, iar practica care conduce la iluminare nu implică vreun efort fizic sau intelectual (efortul intelectual este necesar doar în prima fază, de înțelegere intelectuală, AS propriu-zisă neimplicând vreun efort fizic sau mental). Declanșarea AS poate dura mult nu pentru că iluminarea este departe ("Împărăția cerurilor este aproape", ni se spune în <u>Matei 3:2</u>), ci pentru că de obicei ne dăm greu seama în ce constă această Cale neobișnuită.

O stare de conștiință egocentrică (limitată) **nu poate fi definită exact** (100% clar și precis)**, doar starea fără ego** (iluminarea) **este definibilă exact.** <u>Mulțimea</u> stărilor de conștiință egocentrice poate fi definită însă în mod exact ca fiind mulțimea energiilor de tip FN (Finit și Nemăsurabil), dar nu putem identifica clar în această mulțime nenumărabilă (continuă) a stărilor de conștiință o anume stare de conștiință (o anume energie de tip FN), și de altfel nici nu este nevoie, deoarece energiile (stările de conștiință) de tip FN nu trebuie definite, ci distruse. Altfel spus: propuneți-vă ca țintă starea fără ego (simbolizată prin culoarea albă), și nu începeți să analizați egoul (egoul este mulțimea stărilor egocentrice, adică a energiilor de tip FN, care sunt simbolizate prin nuanțe de gri). Exact acest lucru (analiza ego-ului, a minții, a psihicului) îl face psihanaliza, după cum îi spune și numele; iată de ce psihanaliza nu are cu adevărat succes. Gunoiul trebuie aruncat, și NU analizat; aici, "gunoi" = stările egocentrice de conștiință = plumbul personalității [plumbul este gri, la fel sunt și stările noastre obișnuite (egocentrice) de conștiință]. Nodul gordian trebuie tăiat, și NU descâlcit. Labirintul mental trebuie părăsit, și NU explorat. Pădurea cu lighioane (adică mintea) trebuie traversată, și NU inventariată. Balaurul (vezi și simbolismul din "Sfântul Gheorghe ucigând balaurul") trebuie ucis, și NU studiat (balaur = zmeu = bestie = ego = satan = mamona = antihrist = diavol = lucifer). Nuanțele de gri sunt nenumărate, în schimb albul este unul singur. Cei care nu înțeleg încep să analizeze aceste nuanțe de gri, în loc să vizeze albul. Doar 2 culori sunt perfect definibile: negrul și albul. Negrul înseamnă absența tuturor culorilor și simbolizează somnul fără vise (SFV), unde nu există ego, nici suferință. Albul înseamnă prezența tuturor culorilor și simbolizează starea de iluminare, de Fericire Perfectă, unde nu există ego, nici suferință, dar care este superioară SFV (fiul risipitor este mai bine primit de tatăl său decât fiul care rămâne acasă).

Infinitul este simplu, Finitul este complicat (altfel spus "Dumnezeu este simplu, tot restul este complicat", dacă facem abstracție de Infinitul inconștient, Dumnezeu fiind Infinitul Supraconștient). Asta ne bulversează puțin: noi credeam că Infinitul este ceva complex, chiar complicat; credeam că Adevărul trebuie să fie greu de înţeles. În realitate, doar ego-ul, adică propria noastră minte neiluminată, este complicat, încâlcit [dacă facem abstracţie de complicaţiile materiei; Finitul este de 2 tipuri: Finitul Măsurabil (FM) = materia şi Finitul Nemăsurabil (FN) = egoul – vezi 3.4]. Doar întunericul nostru "interior" este de nepătruns, propriile noastre elucubraţii mentale sunt încurcate, confuze. Egoul este atras (doar) de lucrurile dificile, complicate, greu de înţeles, şi asta pentru că egoul însuşi este complicat. Lucrurile simple (precum Infinitul, care este cel mai simplu lucru – ce poate fi mai simplu decât Nimicul, Vidul absolut) dezumflă egoul ca pe un balon. Egoul nu este atras de această Cale simplă (CS), deoarece intuieşte că ar însemna moartea lui. Ramana Maharshi spune că "Oamenii nu iubesc simplitatea; ei caută lucrurile complicate şi dificil de înţeles." Astfel, sunt create teorii complicate despre "calea spirituală", iar oamenii care nu înţeleg realitatea se străduiesc să le înveţe. Dacă încerci să le vorbeşti despre simplitatea AS/CS, ei o resping din start, fără ca măcar să încerce să o înţeleagă. Spun ei: cum ar putea fi aşa simplă Calea spre iluminare? Calea trebuie să fie complicată, să nu poată fi înţeleasă decât de puţini; nu poţi ajunge la auto-realizare decât cu mari suferinţe, şi nu într-o singură viaţă. Trebuie să îndeplineşti anumite condiţii, altfel nu eşti "admis" pe această cale – şi alte asemenea "adevăruri". În realitate, totul este o prostie; asemenea "învăţături" sunt emanaţii ale egoului. Adevărul (sau Dumnezeu, sau Sinele) este simplu (este cel mai simplu "lucru"; ce poate fi mai simplu decât Nimicul?) şi aproape ("Împărăţia cerurilor este aproape"); este chiar cel mai aproape: este atât de aproape, încât distanţa este chiar zero (0). Putem spune că Adevărul este mai aproape de Noi decât suntem noi înşine (egoul, falsa personalitate, se află la periferia fiinţei, în timp ce Sinele, adevărata identitate, se află în Centru). Şi atunci, care este misterul că nimeni nu pare să-şi dea seama de aceste lucruri? Cauza este profunda Ignoranţă de Sine, care face ca toţi oamenii, chiar şi cei consideraţi inteligenţi, să privească doar spre Realitatea Obiectivă (RO). Calea este simplă pentru cel care îşi schimbă direcţia de curgere a conştiinţei cu 180 de grade, dar este imposibilă (nici măcar grea, ci de-a dreptul imposibilă) pentru cei care îşi orientează atenţia doar spre RO (Atenţie, Universul Mental este tot o lume obiectivă!). Înţelepciunea nu înseamnă acumulare de cunoştinţe, ci transcenderea tuturor limitărilor mentale, adică disoluţia ego-ului. Cineva poate răscoli tot Universul, fără a reuşi să găsească Adevărul. Şi atunci unde este Acesta? Minunea minunilor: Tu eşti Acela! Sau cum spun orientalii: Tat Tvam Asi! Şi acum fiecare pentru el însuşi: Eu sunt Acela! Este ca atunci când nu poţi vedea un lucru pentru că îl ţii prea aproape de ochi. Ceea ce cauţi în cele mai îndepărtate zări este de fapt cel mai aproape, mai corect spus chiar Tu eşti "lucrul" căutat (Tu cu T mare este adevărata ta identitate, spre deosebire de tu cu t mic care este egoul tău). Diversele denumiri ale Infinitului reflectă diversele Sale aspecte, de exemplu: "Sine" înseamnă că Infinitul = identitatea reală; Fericire înseamnă că Infinitul = Fericire etc. Cea mai importantă însuşire (şi de fapt motivul pentru care ne ocupăm de El) a Infinitului este faptul că distruge (atunci când Îl obţinem) înfricoşătoarea suferinţă. Singurul dezavantaj al Infinitului este că este subtil, invizibil – de altfel, aceasta este şi cauza pentru care practic nimeni nu-L sesizează. Dacă ştim că Infinitul = Fericire, ne mai împiedicăm de faptul că este simplu? Adică noi ne închipuiam, şi chiar ne doream, ca Infinitul să fie complicat, deoarece – gândeam noi – cum ar putea fi distrusă suferinţa de ceva simplu? Ego-ul iubeşte (doar) lucrurile complicate, pentru că el însuşi este complicat. Nu trebuie să ne speriem de acest Infinit, este "de-al nostru", mai exact este "Eu însumi", adică Eul Superior sau Supraeul (cum îl numeşte Paul Brunton).

Scopul acestei expuneri este înţelegerea Căii Spirituale (CS) şi a modului cum poate fi parcursă, iar în final trebuie să determine parcurgerea efectivă a acesteia, în mod strict individual, ceea ce conduce, dacă practica este corectă, la anularea suferinţei interioare a fericitului care realizează această mutaţie profundă la nivel interior (subiectiv). Astfel, ne vindecăm mai întâi de "orbire" (înţelegând teoretic Calea), iar mai apoi ne vindecăm şi de faptul de a fi "şchiopi" (prin parcurgerea ei efectivă). Am văzut că întâi trebuie să aflăm care este esenţa spiritualităţii – iar aceasta este dizolvarea ego-ului. Apoi, trebuie să învârtim întreaga problemă în minte pentru a ne convinge de acest lucru şi pentru a înţelege că nu există decât o Singură Cale de disoluţie a ego-ului – care este CS/AS (Acţiunea Spirituală). În final, după ce suntem convinşi prin noi înşine că aşa stau lucrurile, şi nu pentru că aşa a spus nu ştiu care maestru şi nici măcar pentru că aşa scrie aici, obligatoriu trebuie să punem în practică, dar fiecare pentru el însuşi şi în propriul lui beneficiu, ceea ce am înţeles intelectual în primă fază. Acesta este pe scurt drumul spre Iluminare sau Fericire. Tot ceea ce este expus aici are scopul de a clarifica cât mai mult această AS/CS din punct de vedere teoretic, dar numai şi numai pentru a putea aplica practic; altfel, dacă ne mulţumim doar să înregistrăm teoretic aceste lucruri şi atât, ne vom asemăna cu măgarul încărcat cu cărţi de care vorbeşte Mahomed şi în realitate nu vom fi înţeles cu adevărat acest mesaj. La fel spunea şi Ilie Cioară: "Dacă faceţi teorie din ceea ce spun eu, înseamnă că nu aţi înţeles nimic." La fel de adevărat este şi că înţelegerea teoretică este indispensabilă, deoarece nu poţi practica ceva ce nu înţelegi, dar nu trebuie rămas la stadiul înţelegerii intelectuale, ci trebuie mers mai departe şi aplicat în practică. Trebuie să aplicăm sloganul de la AGEAC (Asociaţia Gnostică pentru Studii Antropologice şi Culturale): "Dincolo de concepte!", adică nu vă mulţumiţi cu memorarea şi nici măcar cu înţelegerea intelectuală, ci treceţi dincolo de planul mental, în planul supramental/al Conştiinţei/al Absolutului (nu trebuie să ne speriem de aceşti termeni: "supramental", "Absolut"; în realitate este vorba despre ceva simplu: starea naturală sau sahaja, cum spun hinduşii). Aceste consideraţii teoretice sunt necesare pentru a înţelege în mod intelectual ce înseamnă AS/CS [în yoga, aceasta este jnana yoga = yoga cunoaşterii intelectuale a a(A)devărului] şi sunt necesare, deoarece nu poţi practica ceva ce nu înţelegi. Deci înţelegerea intelectuală este primul pas, dar nu trebuie rămas aici, ci trebuie mers mai departe, şi anume să punem în practică înţelegerea intelectuală, altfel totul rămâne nefructificat şi nu putem beneficia efectiv de ceea ce am înţeles intelectual. Trebuie să trecem la demolarea _efectivă_ a egoului, deoarece cunoaşterea pur intelectuală nu ne poate asigura deplina satisfacţie, aceasta fiind produsă _doar_ de punerea în practică a ceea ce am înţeles în prima fază. Primul pas în obţinerea iluminării este să o explorezi teoretic, să o înţelegi cât poţi de mult cu ajutorul intelectului, şi să înţelegi teoretic şi care este drumul către acea fericire care deocamdată este ceva necunoscut, adică să înţelegi teoretic AS care poate asigura succesul în obţinerea Fericirii. Acest pas este necesar, deoarece nu poţi practica ceva ce nu ai înţeles mai întâi cu ajutorul intelectului, dar nu este nici pe departe suficient. Urmează pasul 2, care constă în realizarea efectivă a ceea ce ai înţeles mai întâi doar intelectual.

Toată cartea urmăreşte în esenţă explicarea acestor 2 cuvinte: "disoluţia egoului", ca şi a modului în care poate fi făcut acest lucru. Adică scopul final a tot ce este scris în toată cartea este explicarea teoretică a sintagmei "disoluţia egoului", ca şi a modalităţii efective, practice prin care poate fi făcut acest lucru. Mai departe, revine cititorului sarcina de a aplica asupra propriei persoane această practică, deoarece singura modalitate de a înţelege cu adevărat mesajul spiritual este prin aplicarea practică asupra propriei persoane. Altfel, dacă mă limitez doar să memorez sau să înţeleg intelectual, înseamnă că nu am înţeles cu adevărat mesajul acestei cărţi. Scopul final al acestei cărţi este ca cititorul, după ce a înţeles temeinic mesajul ei, şi l-a înţeles trecându-l prin propriul filtru şi nu pentru că aşa scrie aici, adică după ce cititorul s-a convins prin propria înţelegere de ceea ce este scris aici, şi-a exercitat propria gândire, să aibă curajul să treacă la practică. Iar din momentul în care are succes practic, toate neclarităţile rămase se clarifică, deja este cel care a înţeles prin trăire. Nu-i mai rămâne decât să aibă răbdare până la obţinerea succesului total = obţinerea Fericirii Perfecte. Înţelegerea intelectuală nu este adevărata înţelegere a mesajului spiritual; adevărata înţelegere a mesajului spiritual este prin aplicare practică asupra propriei persoane. La fel de adevărat este însă şi faptul că înţelegerea intelectuală este indispensabilă.

Mesajul spiritual prezentat aici este doar o invitaţie către trăirea unei vieţi total lipsite de suferinţă. Este doar o invitaţie; nu forţează pe nimeni nici să creadă orbeşte în tot ceea ce scrie aici, nici să adopte punctul de vedere al autorului. Din contră, autorul încurajează pe cititor să-şi folosească propriul cap, să înţeleagă el însuşi, să se convingă el însuşi, şi să nu accepte nimic ca fiind de la sine înţeles sau doar pentru că aşa a spus nu-ştiu-cine; nici ce scrie aici nu trebuie acceptat orbeşte. Îl încurajez pe cititor să înlăture orice dependenţă psihologică (inclusiv de această carte) şi să aibă curajul să iasă din turmă, adică să aibă curajul să susţină un punct de vedere pe care îl consideră adevărat, chiar dacă toţi ceilalţi spun altceva. Îl încurajez pe cititor să fie un rebel, dar un rebel inteligent, nu din genul celor care incendiază maşini şi aruncă cu pietre în poliţişti. Iar o rebeliune inteligentă nu înseamnă decât un singur lucru: să te revolţi împotriva propriei Ignoranţe de Sine şi să iei decizia de a lichida total şi definitiv propriul ego hidos, din momentul în care îţi dai seama că propriul ego generează nefericire atât pentru tine, cât şi pentru cei din jur.

În concluzie, simplificând la maxim preceptele spirituale, acestea se reduc la unul singur: _disoluţia egoului prin practicarea Acţiunii Spirituale (AS)._ Aceasta poate fi considerată singura axiomă în spiritualitate, dar cu observaţia că trebuie transpusă în practică. Avantajul este că înţelegând acest singur lucru, dar să-l înţelegi bine, poţi înţelege toate cărţile de spiritualitate şi chiar poţi selecta ce e bun de ce e greşit în aceste cărţi. Cei mai mulţi oameni nu înţeleg nici măcar din punct de vedere intelectual ce înseamnă "a te mântui" (nici "îndrumătorii spirituali" cum ar fi preoţii, pastorii etc. nu sunt excluşi din categoria oamenilor care nu înţeleg) – în mintea lor este o ceaţă totală, un talmeş-balmeş, o confuzie, un întuneric profund.

În Yoga celor 8 paşi, primele 4 etape (yama, niyama, asana, pranayama) sunt pregătitoare. Odată cu etapa a 5-a = pratyahara ("retragerea simţurilor"), începe introversiunea mentalului sau scufundarea minţii în Sine, acţiune care continuă şi în etapele 6 şi 7: etapa a 6-a = dharana ("concentrarea") nu este o concentrare asupra unui obiect fizic sau mental (cum greşit înţeleg mulţi), ci este o "concentrare" asupra Sinelui, iar etapa a 7-a = dhyana ("meditaţia") este acelaşi lucru, adică etapele 5, 6 şi 7 înseamnă de fapt practicarea AS. Ultima etapă = etapa a 8-a = Samadhi este de fapt Cunoaşterea de Sine, care se obţine la sfârşitul practicii spirituale.

Plumbul alchimiştilor simbolizează stările egocentrice, suferinţa. De ce? Pentru că plumbul este greu, urât, întunecat. Şi tot aşa sunt şi stările egocentrice: grele, urâte, întunecate. Iar aurul simbolizează Fericirea, deoarece este strălucitor, valoros, frumos. Dar plumbul şi aurul sunt doar simboluri, iar Alchimia, în realitate, urmăreşte disoluţia ego-ului. **În final**, fie că apelezi la religie, yoga, esoterism, filozofie (cele autentice, nu cele false), tot la AS ajungi ca Unică Cale de mântuire. AS este panaceul (adică leacul universal) pentru distrugerea suferinţei sau adevăratul pain-killer, medicament pe care îl poate lua oricine, lipsit de pericole şi cu eficienţă garantată, fără efecte secundare negative, cu condiţia corectei înţelegeri şi corectei practici.

Câteva observaţii despre AS: Este pentru uz strict individual. Nu implică efort fizic sau mental (decât în faza pregătitoare intelectuală). E nevoie de răbdare, perseverenţă, insistenţă, să nu renunţi niciodată. Nu implică renunţări, auto-chinuiri, împărţirea averii la săraci, retragerea în mănăstiri sau păduri, renunţarea la viaţa sexuală sau la consumul anumitor alimente (carne). Nu implică studii teologice, din contră, e chiar mai bine fără, deoarece teologia studiată în şcoală mai tare te afundă în ignoranţă şi chiar îţi poate întări egoul.

În loc să clarifice lucrurile, studiile teologice mai tare sporesc confuzia în minţile bieţilor studenţi. De altfel, cei mai mulţi dintre ei nu vor să înţeleagă religia cu adevărat: ori o văd doar ca o meserie, adică o modalitate de a câştiga bani; ori abordează religia doar ca o teorie, fără finalitate practică; ori înţeleg greşit că doar în "lumea de dincolo" te poţi mântui: da, în lumea de dincolo, dar în lumea de dincolo de ego; da, după moarte, dar după moartea egoului, nu după moartea corpului fizic.

5.4.5 – Tehnologia (procesul) eliberării spirituale

constă în scufundarea înspre Centrul Spiritual (aşa-numitul "botez" = pasul 5), adică iniţierea Acţiunii Spirituale (AS); apoi, AS va fi continuată şi finalizată de Sinele Impersonal (pasul 6), adică vor urma scufundări repetate la "adâncimi" din ce în ce mai mari în tine însuţi, adică în propria subiectivitate. Cu cât adâncimea la care te scufunzi (de fapt "eşti scufundat", deoarece de acum înainte nu mai faci tu acţiunea de scufundare) este mai mare, cu atât Conştiinţa se trezeşte mai mult, ego-ul se micşorează şi Fericirea se revelează progresiv. Dacă te scufunzi la adâncimea maximă (ai ajuns pe "fundul oceanului"), Conştiinţa se trezeşte 100%, ego-ul este complet distrus şi Fericirea/Pacea este totală, este "pacea lui Dumnezeu, care întrece orice pricepere/închipuire" (Filipeni 4:7) (întrece orice imaginaţie/proiecţie mentală/limitare), ai atins Infinitul.

Scopul este de a atinge "fundul oceanului" şi de a rămâne acolo permanent, adică de a atinge iluminarea totală şi permanentă. Aceasta este ceea ce Isus numeşte "a-ţi câştiga sufletul"; acest lucru se realizează cu răbdare, în timp ("Prin răbdarea voastră, vă veţi câştiga sufletele voastre" – Luca 21:19).

Putem considera că fiecare nivel al oceanului simbolic în care te scufunzi corespunde unui anumit grad de conştienţă: dacă suprafaţa oceanului corespunde stării de veghe VGH (VGH este starea în care te afli de când te scoli dimineaţa şi până te culci seara) care are, să zicem, 50% conştienţă (conştienţa nu este măsurabilă, dar asociem VGH acest 50% doar pentru a înţelege mai bine), fundul oceanului corespunde Trezirii totale = 100% conştienţă. Scopul este să te scufunzi la "adâncimi" din ce în ce mai mari şi să te menţii acolo din ce în ce mai mult timp. La început, vei reuşi să te scufunzi la adâncimi mici şi vei sta foarte puţin timp acolo, deoarece vei fi aruncat imediat la "suprafaţă" (ca un corp care pluteşte şi este împins în apă, dar forţa arhimedică îl aruncă imediat la suprafaţă). Din cauza asta, ego-ul se mai numeşte şi conştiinţa de suprafaţă, deoarece omul egocentric trăieşte tot timpul "la suprafaţa oceanului", adică în starea obişnuită de 50% conştienţă – el nu are profunzime, stările lui psihologice sunt superficiale. Dacă reuşeşti să te scufunzi la adâncimea maximă, ai obţinut unirea cu Tine – iată adevărata yoga ("Eu şi Tatăl una suntem" – spune Isus în Ioan 10:30, adică Isus ne spune aici că obţinuse unirea cu Sinele Impersonal = "Tatăl"). Un iluminat este permanent unit cu El însuşi/este permanent în starea de yoga/stă permanent pe "fundul oceanului".

AS este coborârea minţii în Inimă (Sine), adică coborârea punctului de conştienţă de la "suprafaţă" (de la nivelul corporal, al identificării cu corpurile materiale inerte) spre "adâncimi" din ce în ce mai mari, adică spre Locuinţa permanentă. Astfel, fragmentele de conştiinţă care sunt risipite la diverse "adâncimi", adică sunt prinse în identificare cu diversele corpuri materiale (fizic, eteric, astral, mental, cauzal), sunt "centralizate" în Centrul Spiritual, adică sunt readuse din exil (ego-ul te exilează la suprafaţa oceanului simbolic) către adevărata locuinţă care este sediul Conştiinţei: iată mitul păsării Phoenix care renaşte din propria cenuşă. "Locuinţa" ta permanentă este pe "fundul oceanului", acolo "locuieşte" Eul tău adevărat, acolo este "Casa" unde trebuie să revină fiul risipitor, adică tu însuţi.

Stările de conştiinţă egocentrice sunt simbolizate prin apă, deoarece sunt la fel de fluide şi schimbătoare ca apa (în tratatele de yoga gândurile se mai aseamănă cu aerul, deci tot cu un fluid); "botezul cu apă" este un simbol al scufundării în adâncurile propriului psihism fluid pentru a găsi pe "fundul" acestuia Starea de iluminare. Starea de iluminare este asemuită cu o stâncă (<u>Luca 6:46–49</u>), deoarece este la fel de stabilă şi neschimbătoare ca stânca. Ego-ul locuieşte la "suprafaţa apei", şi ca atare este tot timpul ameninţat de furtuni, vânturi, ploi. La suprafaţă este tot timpul agitaţie, valuri, rişti să te îneci; în profunzimi este tot timpul linişte, indiferent de ce se întâmplă la suprafaţa apei. Iluminarea completă se obţine gradat, în timp, prin scufundări în tine însuţi la adâncimi din ce în ce mai mari şi menţinându-te din ce în ce mai mult timp în "submersie".

Mişcarea în interiorul Sferei egocentrice (vezi 6.2) este o mişcare continuă, deoarece treci de la o limitare la altă limitare (de la o stare egocentrică la altă stare egocentrică). Când obţii iluminarea, există o discontinuitate, deoarece părăseşti cu totul Sfera egocentrică (mai exact Sfera egocentrică dispare complet). La începutul Căii Spirituale (CS) te mişti în limitare (în Sfera egocentrică), iar conştiinţa se lărgeşte treptat, până la un moment dat când are loc o discontinuitate: treci din limitare (FN = Finitul Nemăsurabil) în nelimitare (∞S), adică "cazi" în Tine Însuţi. Aşa se face "lărgirea" conştiinţei: prin scufundări în tine însuţi la adâncimi din ce în ce mai mari. Dacă ai ajuns pe "fundul oceanului", ai obţinut lărgirea maximă a Conştiinţei, adică ai atins Infinitul Supraconştient (∞S). Acesta este un Infinit al profunzimii şi implicit al Fericirii şi al lipsei complete a suferinţei. Când atingi Infinitul, ai scăpat de suferinţă, deoarece suferinţa nu poate exista în Infinit, ci doar în Finit (FN). Atât timp cât nu atingi ∞S, nu poţi scăpa cu adevărat de suferinţă; singura posibilitate de a scăpa de suferinţă este să te adânceşti în tine însuţi, deoarece numai acolo este Infinitul = lipsa suferinţei.

Pentru cei mai mulţi este greu să ne dăm seama "unde" este Centrul Spiritual. Acest lucru este una dintre dificultăţile majore pe CS; totuşi, prin insistenţă şi perseverenţă, acest Centru începe să devină din ce în ce mai clar. Conştientizarea cât de slabă a acestui Centru este esenţială pentru practicarea AS. Studiind simbolul grafic al AS, vedem nişte săgeţi care converg către Centrul celor 5 cercuri concentrice: acest Centru este ţinta spre care va trebui să ne scufundăm. Trebuie să ştim că acest Centru este propriul Sine, nu este spaţial şi nici obiectivabil, dar totuşi există şi este unicul "loc" aspaţial – orice alt loc este localizabil în Spaţiul tridimensional. Acest Centru trebuie simţit ca fiind Noi Înşine sau Esenţa de care nu ne putem separa, propria Fiinţă care nu poate fi obiectivată, dar cu siguranţă există ca un punct matematic abstract fără formă sau dimensiuni în adâncurile propriului psihic; se mai numeşte "comoara din ţarină" (<u>Matei 13:44</u>), ţarina fiind propriul psihic în adâncurile căruia se află comoara Sinelui. Sinele este Esenţa oricărei fiinţe, deci şi a omului. În cazul omului, Sinele stă "ascuns" în cele 5 învelişuri/corpuri materiale: fizic, eteric, astral, mental şi cauzal. Mulţi pot fi nedumeriţi: cum să "încapă" Sinele Infinit într-un corp finit? Răspunsul este că Infinitul Sinelui este un Infinit al profunzimii şi nu al extensiei spaţiale, deci această problemă nu se pune; ea s-ar fi putut pune dacă Sinele ar fi fost o formă tridimensională, dar aşa problema este pusă greşit. Aşa cum Infinitul inconştient (∞i) al somnului fără vise (SFV) "încape" în corpul finit, tot aşa şi Infinitul Supraconştient (∞S) "încape" în corp. În realitate, după cum am spus, problema este pusă greşit, deoarece Sinele nu locuieşte în Spaţiul tridimensional, şi deci nu se pune problema de a "încăpea" sau nu într-o formă tridimensională finită.

<u>În mod (aparent) paradoxal, ţelul spiritual (Sinele) este foarte aproape</u> ("Împărăţia cerurilor este aproape" – <u>Matei 3:2</u>); e un fel de a spune că e "aproape", pentru că distanţa dintre Noi (Eu) şi Sine este chiar zero. Noi "visăm" visul acestei vieţi: credem că suntem un corp fizic (din cauza identificării exclusive cu corpul) care s-a născut la o anume dată şi urmează să moară la o dată ulterioară şi care face tot felul de lucruri. Este ca şi cum (vorba lui Osho) cineva ar fi tot timpul acasă, ar dormi şi ar visa tot felul de lucruri (când vise frumoase, când coşmaruri; ar visa că călătoreşte prin diferite ţări, unde întreprinde diverse acţiuni), iar când se trezeşte constată cu stupoare că în tot acest timp el nu şi-a părăsit pentru nici măcar o secundă propriul pat. Din acest motiv, se spune că iluminarea se aseamănă cu trezirea dintr-un coşmar înfricoşător, şi că unii oameni, când ajung la iluminare, izbucnesc într-un râs zgomotos, sănătos, puternic: pentru că îşi dau seama că ceea ce

căutau ei (Fericirea) era foarte aproape: propriul Sine. Tot ceea ce căutau înnebuniți în Realitatea Obiectivă (RO), descoperă acum în propriul Sine: comoara Infinită a Fericirii. Este de necrezut: ceea ce credeai că este foarte îndepărtat, este de fapt foarte aproape; tocmai faptul că este foarte aproape te făcea să nu-l găsești, deoarece tu credeai că este foarte departe. Tot timpul cu privirea ațintită asupra RO, "orbit" de lumea formelor, nu puteai "vedea" Lumina lăuntrică, Fericirea, care de fapt este identitatea ta reală, este Tu Însuți. Îți dai seama că lucrurile sunt așa cum trebuie să fie, și întotdeauna au fost așa, numai <u>tu</u> nu erai cum trebuia să fii, și din cauza asta sufereai. Exilul autoimpus (impus de propriul ego) era doar aparent, adică nu era un exil definitiv, fără posibilitatea de întoarcere Acasă. Fiul risipitor (adică tu) se putea întoarce oricând Acasă, doar că nu știai acest lucru. Astfel ai petrecut viață după viață în ignoranță (intelectuală și de Sine), ai suportat necaz după necaz, suferință după suferință, crezând că viața ți-a fost dată pentru a suferi de către un dumnezeu sadic, care găsește plăcere în a-și chinui "supușii". Niciodată nu ți-a trecut prin minte că la mijloc este o gravă eroare de înțelegere, că "defecțiunea" nu trebuia căutată în lumea "exterioară", obiectivă, ci în tine însuți, în propriul întuneric "interior" = propria Ignoranță de Sine. Niciodată nu ți-a trecut prin minte că Fericirea pe care ai căutat-o atâta amar de timp (de-a lungul nenumăratelor reîncarnări) în afara ta, în locuri îndepărtate, este în tine însuți, și de fapt chiar Tu ești Fericirea (la fel cum cerbul moscat aleargă înnebunit după parfumul degajat de el însuși deoarece are impresia că vine de la altcineva). Când auzeai de Viața Veșnică, te gândeai că așa ceva sunt doar povești de adormit copiii, ceva prea frumos pentru a fi adevărat, în cel mai bun caz ceva imaginar, fără nicio legătură cu viața reală de zi cu zi. "Unde este această Viață Veșnică?", te întrebai tu, fără a bănui că aceasta este o Realitate Subiectivă/o trăire lăuntrică și nu ceva care poate fi văzut/observat/măsurat.

<u>CS are drept scop "ceva" care nu este localizat în Spațiul tridimensional</u>, ci în afara spațiului, adică Scopul Spiritual este aspațial. Din cauza asta spune Krishnamurti că "nu există nicio cale către Adevăr"; asta înseamnă că nu există o cale obiectivă, dar cu siguranță poți ajunge la Adevăr (Sine) într-un mod pur subiectiv, adică CS este strict "interioară", adică subiectivă, non-obiectivabilă. Tocmai acest lucru derutează pe cei mai mulți oameni. Neînțelegând că țelul spiritual nu este localizat în spațiu, unii se concentrează asupra diferitelor părți ale corpului fizic (<u>de exemplu</u>: inima fizică, deoarece ei cred că cuvântul "inimă" din expresia "coborârea minții în inimă" înseamnă inima fizică; vârful nasului; "al treilea ochi" dintre sprâncene etc.) sau asupra unor obiecte exterioare corpului fizic. Bineînțeles că nu vor avea succes procedând astfel, iar cauza este că fie metoda nu este bună (fiind o metodă lumească), fie este vorba de o greșită înțelegere a AS/CS.

Calea spre Fericire (CS) este simbolizată grafic prin săgețile care converg spre Centrul Spiritual. Ceea ce nimeni nu pare să înțeleagă este că CS sau adevărata religie nu este doar ceva teoretic sau o credință, ci este o modalitate de transformare profundă la nivel subiectiv (adică al trăirii, al simțirii) prin care suferința, chinul dispar complet și definitiv și simultan cu aceasta survine Fericirea fără margini, Pacea, împlinirea deplină. Tot ce este prezentat aici la nivel teoretic are ca ultimă finalitate transformarea radicală, profundă la nivel subiectiv a celui care citește aceste lucruri. Altfel, dacă mă mulțumesc doar să memorez sau chiar să înțeleg la nivel intelectual, dar nu transpun această înțelegere într-o muncă asupra mea având ca finalitate eliminarea completă a propriei suferințe, înseamnă că n-am înțeles cu adevărat ce este spiritualitatea și rămân în continuare sclavul propriului ego și implicit sclavul suferinței. Și eventual voi abandona preocupările spirituale, pretextând că este o pierdere de timp fără nicio finalitate practică. În realitate, adevărata spiritualitate este cel mai practic lucru din lume, cu condiția să o înțelegi corect (în sensul de mai sus). Dacă nu obții rezultate practice benefice, înseamnă că nu ai înțeles corect; ca urmare, fă efortul de a înțelege corect și nu abandona preocupările spirituale. **În concluzie, voi face efortul de a înțelege și pune în practică AS**, ale cărei simboluri sunt prezentate în 5.1. După cum se vede, trebuie vizat Centrul propriei persoane. Acest Centru este sediul Conștiinței (al Eului real) și <u>nu</u> este situat în Spațiul tridimensional, ca atare nu ne vom concentra asupra niciunui punct din corpul fizic sau din afara lui. Acest proces de introversiune sau de scufundare (coborâre) a minții în Sine (Inima spirituală) este exact procesul care are loc atunci când adormim, numai că AS înseamnă parcurgerea acestui drum în stare de veghe și în mod voluntar (când adormim, această coborâre a minții în Sine este involuntară). Acest proces nu implică niciun efort al corpului fizic sau al minții. Este numit și procesul de întoarcere a minții/conștiinței asupra ei însăși sau asupra Sursei minții/conștiinței.

Aceasta este <u>adevărata</u> Cale ortodoxă/dreaptă (orto = perpendicular, drept): se țintește <u>direct</u> Centrul Spiritual sau sediul Eului real, adică vom călători voluntar spre miezul propriei ființe, acolo unde locuiesc Eu cel adevărat. Ca atare, singurul lucru pe care îl vom face va fi să încercăm să "plonjăm" spre Eul real, de dincolo de toate învelişurile sau corpurile materiale finite şi inerte; altfel spus, vom încerca să plonjăm înspre Noi înşine, să ne scufundăm în profunzimile psihicului având drept ţintă Lăcaşul Conştiinţei sau Casa unde locuiesc Eu cel real. Ne ajută în acest demers faptul de a şti că ţinta vizată, adică Centrul Spiritual, este "locul" unde pătrundem în timpul somnului fără vise (SFV). Spun încă o dată că nu ne vom concentra asupra niciunui punct din corpul fizic sau din afara lui, deoarece sediul Eului nu este în spaţiul fizic. De ce? Pentru că Eul Superior sau Sinele este Infinit, iar tot ceea ce este în Spaţiul tridimensional este limitat. Ca atare, Sinele (Conştiinţa) nu "locuieşte" în Spaţiul fizic tridimensional, ci în afara spaţiului şi implicit în afara timpului. Şi atunci unde este sediul Sinelui? După cum îi spune şi numele, sediul este în Sine, în Eu, în Centrul Spiritual al persoanei (<u>NU</u> în centrul de greutate al corpului fizic despre care învăţăm la orele de fizică). Putem avea o intuiţie a Centrului Spiritual gândindu-ne că pătrundem acolo în timpul SFV, când suntem însă total inconştienţi; tot ce avem de făcut este să pătrundem acolo în mod voluntar, pentru a obţine Supraconştiinţa.

CS <u>nu</u> este o cale a efortului fizic sau mental şi niciodată iluminarea nu va fi obţinută prin efort fizic sau mental – decât cu totul întâmplător. Expresii ca "a coborî" (mintea în inimă); "a urca" (la cer); "a te scufunda" (în profunzimile psihicului) înseamnă toate acelaşi lucru, dar <u>nu</u> trebuie luate ad litteram, cu sensul din lumea fizică: a coborî şi a te scufunda = a te deplasa pe verticală în sensul gravitaţiei; a urca = a te deplasa pe verticală în sens opus gravitaţiei. Acestea sunt doar <u>metafore ale AS</u> care simbolizează procesul de revenire în Centrul Spiritual situat în afara Spaţiului tridimensional. Scopul final este ca cel care citeşte aceste rânduri să facă el însuşi această călătorie minunată la sfârşitul căreia va întâlni Fericirea fără margini (o carte a lui Ilie Cioară se numeşte chiar aşa: "Minunata călătorie spre adâncurile propriei fiinţe"). Pe scurt, CS are ca punct de plecare Spaţiul tridimensional, iar ca punct de sosire o destinaţie aspaţială, deci CS te scoate din spaţiu şi implicit din timp. Prin contrast, o cale lumească este o modificare spaţio-temporală a materiei.

Practica spirituală constă în a încerca să "simţim" Centrul (Sinele) şi să ne "cufundăm" acolo – asta-i tot! Ca o confirmare a ceea ce tocmai am spus este faptul că esenţa învăţăturii lui Nisargadatta Maharaj din cartea "Eu sunt Acela" este focalizarea minţii pe "Eu Sunt"; dar cum sintagma "Eu Sunt" simbolizează Sinele, rezultă că este vorba despre aceeaşi învăţătură pe care o prezint şi eu aici. Toată teoria de până acum are drept unic scop realizarea acestei "scufundări" în noi înşine în mod practic, efectiv.

CS este strict individuală, subiectivă, non-obiectivabilă (deoarece te scoate din spaţiul obiectiv) şi pur practică (teoria este necesară doar la început, pentru înţelegerea intelectuală). Pe măsură ce vom realiza practic această scufundare la "adâncimi" din ce în ce mai mari, suferinţa va fi treptat distrusă, iar Fericirea (Pacea) va surveni tot treptat. Trecerea de la egocentrism (limitare) la Infinit se face brusc: la un moment dat "cazi" în Tine Însuţi (şi eventuala trecere inversă este tot bruscă).

Greutatea CS constă în subtilitatea ei, din cauza faptului că noi suntem obişnuiţi să "privim" <u>exclusiv</u> într-un singur sens: spre Realitatea Obiectivă (RO). Nu înseamnă că dacă ne angajăm pe acest Drum Spiritual nu vom mai privi spre RO; vom mai privi, dar va dispărea caracterul exclusiv al acestei orientări, adică vom avea în vedere (vom lua în calcul) şi celălalt sens de orientare: spre Subiectivitate, spre Sine. Direcţia este aceeaşi, doar că acum vom merge şi în celălalt sens, adică spre "interior", spre Subiectivitatea pură. La fel ca o autostradă pe care până acum mergeam într-un singur sens – spre Lumea obiectelor, acum vom merge şi în celălalt sens – spre Eul real, spre Centrul Fiinţei.

Unii vor fi nedumeriţi: am înţeles, egoul trebuie dizolvat, iar unica modalitate este AS. Dar "cum" se face asta? Aici chiar că nu te poate ajuta nimeni; tot ce poţi face este să insişti, să încerci şi să tot încerci. Ce să încerci? Să înţelegi întâi intelectual, apoi să transpui la nivel practic, "interior", AS, simbolizată grafic prin săgeata care străpunge cele 5 cercuri pentru a ajunge în Centru, în Sine. Este aşa-zisa "scufundare a minţii în inimă" sau mutarea punctului de conştienţă de la nivelul psiho-somatic până la nivelul Sinelui. Acest lucru este perfect realizabil, nu este o fantasmagorie şi nici măcar nu este atât de greu cum pare la prima vedere.

<u>Şi totuşi, cum se face?</u> Răspuns: insistând, insistând şi iarăşi insistând, tu singur cu tine însuţi, fără a aştepta vreun ajutor exterior, conform celor 2 paşi de mai sus (teorie + practică). Şi dacă nu reuşeşti totuşi? Înseamnă că ori n-ai înţeles corect, ori n-ai practicat corect. Trebuie să încerci şi să tot încerci. Cât timp? Până când reuşeşti "botezul", apoi trebuie să ai răbdare până obţii iluminarea totală şi permanentă. După cum vezi, totul depinde numai şi numai de tine. Dacă reuşeşti, succesul îţi aparţine în întregime; dacă eşuezi, eşecul îţi aparţine, de asemenea, în întregime. Cu cât îţi dai seama mai repede că neasumarea responsabilităţii pentru propriile trăiri este contraproductivă, cu atât va fi mai bine pentru tine.

Tragedia omului afectat de Ignoranță de Sine este faptul că Ignoranța de Sine generează nefericire (suferință, durere), boli (fizice și psihice) și sărăcie; în plus, imensa majoritate a celor ignoranți de Sine nu sunt interesați cu adevărat de spiritualitate, adică nici nu știu, nici nu vor să știe nimic despre Cunoașterea de Sine sau Calea Spirituală/Acțiunea Spirituală (CS/AS). Un astfel de om îndură suferință după suferință, fără a putea întrezări un sfârșit al acestor suferințe. Viața unui astfel de om nu are nicio perspectivă reală – singura perspectivă a unui astfel de om este cimitirul. Un astfel de om 100% lumesc se programează singur la nefericire, boală, durere. Cum se întâmplă asta? Foarte simplu: dezinteresul total pentru AS/CS îl conduce pe omul ignorant de Sine pe "calea cea lată care duce la pierzare" (Matei 7:13), adică la suferință.

Prin contrast, un om care se preocupă în mod serios de spiritualitate, chiar dacă pe moment nu face progrese prea mari pe CS, își propune drept țel al vieții cel mai înalt țel posibil: Fericirea Infinită (în profunzime) și eternă (adică permanentă). Chiar și "simpla" fixare ca țel al vieții a celui mai mare țel posibil este o schimbare importanta; încet-încet, un astfel de om își transformă viața în Bine, iar dacă insistă suficient de mult pe drumul corect al Cunoașterii de Sine = CS/AS, are șansa obținerii chiar în această viață a Iluminării sau Eliberării. CS se mai numește "Calea celor puțini" (Matei 7:14); pe această Cale, "mulți sunt chemați, dar puțini sunt aleși" (Matei 22:14). În realitate, toți suntem chemați, iar cei puțini care sunt aleși sunt de fapt autoaleși, adică se aleg singuri, deoarece nimeni nu ne blochează accesul pe CS – decât noi înșine.

În Bhagavad-Gita, Capitolul 7, versetul 2, se spune: "Îți voi dezvălui, în întregime, această Cunoaștere împreună cu înțelegerea, pe care, aflând-o, nu mai rămâne nimic altceva de cunoscut aici (în lumea aceasta)." – este vorba (probabil) de Cunoașterea de Sine și de înțelegerea intelectuală a Cunoașterii de Sine și a CS/AS. În versetul următor (3) se spune: "Dintre miile de oameni, câte unul doar se înfrânează pentru desăvârșirea spirituală; iar dintre cei care se înfrânează pentru desăvârșirea spirituală câte unul doar mă cunoaște cu ade-vărat." – adică foarte puțini oameni sunt interesați cu adevărat de spiritualitate, iar dintre aceștia și mai puțini parcurg CS până la capăt. Aceasta se întâmplă nu pentru că CS este blocată, ci din cauză că aproape nimeni nu este interesat de AS/CS, și e evident că nu poți obține ceea ce nu-ți propui să obții, iar cei ce sunt interesați, o fac în mod greșit. Acest lucru este exprimat și în **Biblie** prin Pilda nunții fiului de împărat (Matei 22:1–14), în care un împărat (Dumnezeu Tatăl = Sinele Impersonal) face nuntă fiului său și își trimite de mai multe ori robii (mesagerii spirituali) să cheme pe cei poftiți la nuntă (la iluminare), dar nimeni nu vrea să vină: ei pleacă nepăsători "unul la holda lui, și altul la negustoria lui" (sunt preocupați exclusiv cu treburi lumești), iar alții îi omoară pe mesageri (de multe ori cei care au adus mesajul iluminării au sfârșit prin a fi uciși). În final, nimeni din cei invitați nu ajunge la petrecere – nimeni nu este interesat de/nu ajunge la "ospățul" iluminării.

Scopul teoriei spirituale este obținerea cunoașterii intelectuale (a Teoriei Fericirii), iar **scopul practicii spirituale** este obținerea Cunoașterii Spirituale (a Cunoașterii de Sine). În spiritualitate există, deci, 2 tipuri de "a ști" și 2 "științe": "știința" intelectuală și "Știința" Spirituală. Pornind de la cele 2 tipuri de "a ști", există 2 tipuri principale de oameni: cei care știu și cei care nu știu. Cei care **știu** sunt cei care dețin cunoașterea intelectuală a Teoriei Fericirii, respectiv cei care dețin Cunoașterea de Sine. Cei care **nu știu** se împart în alte 3 categorii: cei care **știu că nu știu**, cei care **nu știu că nu știu** și cei care **nu știu, dar cred că știu** (cei care se înșală singuri sau cei "sincer înșelați"). Cei care știu că nu știu sunt într-o situație mai proastă decât cei care știu, dar măcar au drumul liber pentru a avansa la cei care știu (bineînțeles, prin efort propriu: întâi teoria spirituală, apoi practica spirituală). Cei care nu știu că nu știu sunt oamenii lumești, pe care nu îi interesează spiritualitatea. Sincer înșelații sunt cei care cred că "au fost deja mântuiți" sau cei care înțeleg greșit teoria spirituală (și eventual recurg la practici greșite = metode lumești). Sincerii înșelați sunt în cea mai proastă situație (nici oamenii lumești nu stau prea bine), pentru că dacă am impresia că știu (în cele 2 variante), dar în realitate nu e așa, nu voi face niciun efort să mă străduiesc să știu cu adevărat deoarece cred că dețin deja cunoașterea; astfel, mă blochez singur. Dacă cineva încearcă să mă facă să înțeleg eroarea în care mă aflu, în mod inconștient și automat resping spusele respectivului ca fiind "o prostie", fără să investighez dacă așa stau lucrurile sau nu (tot greșit este și să accept orbește ceea ce spune cineva fără să investighez eu însumi).

Aceasta este trista situație a omului lumesc, aceasta este tragedia vieții lui (prin "om lumesc" vom înțelege un om ignorant de Sine care în plus nu este interesat deloc de spiritualitate): chiar dacă îi vorbești despre CS cu lux de amănunte, el tot nu va considera aceasta ca fiind un scop dezirabil; va prefera să continue cu măruntele lui preocupări, să-și "omoare" timpul cu tot felul de lucruri inutile, numai și numai pentru a nu fi nevoit să se confrunte cu monştrii lui interiori – adică va continua să fugă de el însuşi, aşa cum a făcut toată viaţa. El nu va avea curajul sau măcar interesul să studieze această CS, ci îşi va găsi tot felul de scuze şi justificări întortocheate şi/sau absurde. Nu-şi dă seama că doar el are de pierdut dacă nu urmează CS; va prefera să procedeze ca struţul, adică va considera că dacă uită de aceste probleme, lucrurile s-au rezolvat.

Bineînţeles, lucrurile nu s-au rezolvat, suferinţa continuă pe mai departe, însă omul va afirma că "totul este bine", chiar dacă toate evidenţele sunt împotriva lui: faţa lui va spune altceva, comportamentul lui va spune altceva – acest om se păcăleşte singur. Iată de ce se spune că iadul este veşnic; în realitate nu este veşnic, oricând poţi ieşi din el. Mai corect ar fi să spunem că <u>iadul este pe termen nedefinit, adică dacă nu-ţi dizolvi egoul, iadul continuă pe termen nedefinit.</u> Pentru omul lumesc, adică pentru practic toată lumea, iadul este într-adevăr veşnic. Omul fără nicio nelinişte spirituală trăieşte într-un iad constant. Dacă-i vorbeşti despre CS, despre Fericire, el va avea în general 2 reacţii: unii vor spune că viaţa lor e OK, n-au nevoie de aşa ceva numit "fericire". Alţii vor spune: da, viaţa e grea, dar ce pot face? – trebuie să câştige bani, să plătească facturi, să-şi cumpere apartament etc. N-au timp acum de aşa ceva numit CS; poate mai târziu, când problemele se mai liniştesc, sau mai bine la bătrâneţe, când o să fie pensionari şi o să aibă mai mult timp; sau şi mai bine aşteaptă să-i salveze Isus la "a doua venire". Iadul pare veşnic pentru omul lumesc, fără nelinişti spirituale, pe deplin mulţumit (dpdv spiritual) cu viaţa lui de mâna a doua. În sinea lui, acesta îşi dă seama că viaţa sa, aşa cum o trăieşte el acum, nu poate duce la nimic bun, însă acoperă repede aceste gânduri cu preocupări, griji etc. El se autojustifică: da, viaţa e absurdă în modul în care o trăiesc, dar ce altceva pot să fac? Nu pot să fac nimic, aşa că merg înainte. Unde înainte? – întreb eu – către cimitir! <u>În realitate, poţi să faci ceva,</u> tocmai despre acest lucru este vorba în prezenta lucrare, însă un om care toată viaţa s-a autoconvins că nu poate face nimic altceva decât să meargă pe căile lumeşti, când îi vorbeşti despre CS, nu va putea accepta aşa ceva, deoarece "este un adevăr unanim acceptat că nu există decât căile lumeşti, iar eventuala mântuire nu se obţine decât după moartea corpului fizic". Chiar dacă îi explici logic CS, omul lumesc nu vrea sau nu poate să priceapă şi chiar îţi va "demonstra" de ce "toate lucrurile astea sunt nişte prostii". Din cauza asta spun că prostia (în sensul de Ignoranţă de Sine) este singura boală incurabilă (de altcineva în afară de tine): dacă această boală primordială este vindecată, toate celelalte boli sunt vindecate, în sensul că nicio boală a corpului fizic sau a corpurilor subtile nu te mai afectează dacă îţi dizolvi egoul; dar dacă nu îţi dizolvi egoul, eşti afectat de orice neplăcere care apare la nivel fizic sau mental. Omul lumesc este pe deplin mulţumit cu viaţa lui, sau dacă nu e mulţumit încearcă rezolvarea problemelor prin alte căi decât CS, adică prin metode lumeşti (de aici şi numele de "om lumesc"); pentru el CS nu e dezirabilă, nu prezintă interes, este total neinteresantă.

Caracterul neobişnuit al CS ca şi faptul că pare aridă sunt mai mult decât suficiente pentru a face pe 98% din cei care aud despre CS să n-o ia în seamă – dar asta pentru că o abordează doar teoretic. Dacă ar simţi transformarea pe care o aduce CS, şi-ar schimba total părerea; dar pentru a simţi o schimbare, trebuie să o accepte mai întâi la nivel intelectual. Acest tip de om este un om pierdut, un om care se programează singur la suferinţă, chin, durere. De asta spun că singura boală incurabilă (de către alţii) şi cea mai gravă este prostia = Ignoranţa de Sine – nici măcar Dumnezeu Atotputernic nu poate forţa un om lumesc să obţină Cunoaşterea de Sine dacă el nu vrea. <u>"Care chin ?" – vor întreba unii, "Viaţa e frumoasă aşa cum e, cu bucuriile şi necazurile ei."</u> Aceste vorbe sunt dovada unei crase Ignoranţe de Sine, deoarece omului lumesc chiar şi suferinţa i se pare "frumoasă". Dacă cei care spun asta ar trăi chiar şi pentru 2 secunde o stare de trezire a conştiinţei (chiar şi parţială), şi-ar da seama că tot ce preţuiau ei până atunci sunt doar gunoaie în comparaţie cu Fericirea iluminării; atunci şi-ar da seama de durerea în care au trăit ei până atunci şi care era pentru ei starea "normală" de existenţă. Ar face orice pentru a retrăi chiar şi pentru o fracţiune de secundă acea beatitudine, care ar deveni de atunci încolo ţelul vieţii lor, dar trăită permanent: 24 de ore pe zi, 7 zile pe săptămână. Anumite texte orientale spun că cea mai intensă plăcere senzuală nu este decât o umbră în comparaţie cu Beatitudinea Infinită a Iluminării, la fel ca lumina unei lumânări în faţa Soarelui.

Cei care renunţă la căutarea Fericirii, mulţumindu-se cu plăceri, sunt nişte bieţi sărmani nefericiţi, indiferent ce ar putea crede sau spune. Ei nu numai că nu ştiu, dar ignoră faptul că nu ştiu. Chiar dacă spun că sunt fericiţi sau sunt convinşi de acest lucru, chipul lor, înfăţişarea lor spun exact contrariul. Ei confundă Fericirea cu plăcerea, pot chiar avea teorii despre Adevăr, Dumnezeu etc., însă doar teoria nu a salvat niciodată pe nimeni. Pare uşor să te mulţumeşti doar cu teoria, chiar poţi să fii convins că "ai fost deja salvat, mântuit" şi poţi încerca să convingi şi pe alţii de acest lucru, însă în realitate te afli încă sub stăpânirea egoului, a suferinţei. Poate fi greu să accepţi asta, dar este primul pas spre adevărata Iluminare. Esenţa Căii secrete spre Fericire este dizolvarea ego-ului prin Acţiunea Spirituală (AS). Adică dacă dizolvi egoul, ai atins Fericirea, iar dacă faci orice altceva în afară de dizolvarea egoului, de fapt nu ai obţinut nimic cu adevărat valoros.

Singurul lucru pe care trebuie să-l ţin minte despre spiritualitate este concentrat în cuvintele "dizolvarea egoului prin Acţiunea Spirituală (AS)" – restul sunt digresiuni. Iluminatul îşi vede semenii în suferinţă şi vrea să-i aducă şi pe ei acolo unde este el, adică la starea de Fericire; în acest scop, el îşi transmite mesajul spiritual cu ajutorul unor simboluri (în principal cuvinte). Inevitabil, simbolurile lui pot să nu fie înţelese sau pot fi înţelese greşit, dar el nu poate transmite înţelegerea lui semenilor săi decât prin intermediul unor simboluri pe care fiecare le poate interpreta în felul lui propriu. "Lumina a venit la întuneric, dar întunericul nu a înţeles-o" – adică omul obişnuit, stăpânit de tenebrele Ignoranţei de Sine, nu poate pricepe mesajul spiritual din cauza confuziei interioare în care trăieşte în mod constant. El are tot felul de păreri şi credinţe greşite despre "iluminare", "eliberare" sau "mântuire" care îl blochează pe CS, dar nu-şi dă seama de acest lucru şi opune în mod inconştient şi involuntar rezistenţă la adevăratul mesaj spiritual, care este un mesaj simplu. Propriul ego, care este el însuşi complicat, complică şi urâţeşte tot ce atinge, transformă lucrurile simple în lucruri complicate şi lucrurile complicate în lucruri şi mai complicate.

Cei mai mulţi oameni nici măcar nu iau în seamă mesajul spiritual, care li se pare o prostie, o aberaţie, un misticism fără nicio aplicabilitate practică. Ei dau astfel cu piciorul la o învăţătură care îi poate scăpa de chinul în care trăiesc în mod constant (mai puţin în timpul somnului fără vise). Inconştienţa este atât de mare, încât mulţi nici nu acceptă că viaţa lor este ratată, este un eşec complet, o suferinţă continuă. Dacă întrebi un om obişnuit ce face, el va spune "bine"; în realitate, numai bine nu face, dar inconştienţa sau orgoliul (ambele generate de ego) îl împiedică să recunoască că suferă. "<u>Oficial îmi este bine</u>", în realitate îmi merge prost, însă imaginea pe care o afişezi pentru ceilalţi trebuie să fie impecabilă, ceilalţi trebuie să vadă "cât de fericit eşti tu". Fiecare om obişnuit/lumesc/egocentric procedează aşa, pentru că orice om lumesc are o panoplie de măşti pe care le foloseşte în funcţie de împrejurări şi de interesul personal, acest interes personal fiind "dumnezeul" omului egocentric. Deci nu există atei, chiar şi cei consideraţi atei au un "dumnezeu" la care se închină: propriul ego/interes egocentric. În realitate, acest ego hidos care-l stăpâneşte pe omul obişnuit este un tiran, şi nu cel mai bun prieten, aşa cum crede, în mod inconştient, orice om ignorant (practic toată lumea). Deci posedaţii nu îi întâlnim numai în povestirile biblice – ei circulă pe stradă, sunt în jurul nostru; <u>noi</u> suntem posedaţii, suntem posedaţi de propriul ego şi nici măcar nu ne dăm seama. Acest lucru este cel mai grav: că noi nu conştientizăm care este adevărata sursă a dezastrului – adică propriul şi mult-iubitul ego.

Orice mare realizare ştiinţifică a fost făcută prin punerea sub semnul întrebării a unor lucruri considerate până atunci ca fiind adevăruri evidente, de necontestat. De exemplu, Teoria Relativităţii Restrânse a fost elaborată de Einstein pornind de la punerea sub semnul întrebării a faptului că 2 evenimente care sunt simultane într-un sistem de referinţă (SR) trebuie să fie simultane în orice SR (lucru care derivă din presupunerea implicită că timpul este absolut, adică este acelaşi pentru toate SR). Această ipoteză acceptată tacit până atunci şi fiind considerată adevărată în afara oricărei îndoieli conducea la nişte contradicţii de nerezolvat (conflictul dintre legea propagării luminii în vid şi principiul relativităţii în sens restrâns care spune că Legile Naturii au aceeaşi formă matematică în orice SR inerţial). Ce era de făcut în acest caz: să renunţăm la logica faptelor în scopul de a salva şubreda teorie a absolutizării timpului şi simultaneităţii a 2 evenimente?

Exact acest lucru se întâmplă la nivelul Religiei şi Spiritualităţii: acceptarea inconştientă şi automată a unor principii şi teorii false în realitate – dar fiind considerate "adevăruri de necontestat", "dogme adevărate mai presus de orice îndoială", conduce la un lanţ de absurdităţi, contradicţii şi neînţelegeri din care nu se poate ieşi. Soluţia veritabilă ar fi anularea "axiomelor" de la care s-a pornit, dar cum acestea nu sunt puse la îndoială, se ajunge la interpretări aberante ale Scripturilor, care la rândul lor conduc la acţiuni aberante.

Dacă am urma principiul aplicat în cazul Fizicii, adică am "îndrăzni" să punem sub semnul îndoielii anumite aserţiuni considerate ca fiind adevărate, dar care sunt false, am putea descoperi adevăratul înţeles al Cărţilor Sfinte, care este cu totul altul decât ceea ce ni se "serveşte" în mod oficial de către cei care au pretenţia că "digeră" în locul nostru învăţătura spirituală sau se consideră (unicii) intermediari între noi şi Divinitate.

<u>Dar pentru a face acest lucru trebuie să ai curaj</u>, şi după cum vedem aproape nimeni nu are acest curaj. Cei care insistă în nişte înţelegeri greşite ale Scripturilor ajung la tot felul de contradicţii, iar când nu pot explica un lucru sau altul pe baza greşitei lor înţelegeri, ei recurg la formula salvatoare "de nepătruns sunt

căile Domnului" – care pentru ei este ieşirea perfectă din orice încurcătură. Astfel, ei sacrifică faptele şi logica firească a lucrurilor pe altarul dogmelor lor. Singurul lucru de nepătruns este propriul nostru întuneric interior, propria confuzie, propria ignoranţă, propriul talmeş-balmeş mental. Desigur, e un mare curaj să recunoşti deschis, faţă de tine în primul rând, că de fapt n-ai înţeles nimic în domeniul religiei (al adevăratei religii).

E mai uşor să continui să dormi somnul dogmei, să crezi ceva pentru că şi alţii cred, să faci ceva pentru că şi alţii fac la fel, ceea din păcate vedem că se întâmplă. Nu degeaba în Biblie se foloseşte simbolul turmei de oi (conduse de păstor): ceea ce face o oaie, fac şi celelalte – dacă o oaie cade în prăpastie, şi celelalte fac la fel; este spiritul de turmă. La fel sunt şi oamenii adormiţi, inconştienţi – ca nişte oi. Adică omul obişnuit, "normal", face ceea ce vede la ceilalţi, chiar dacă este greşit – el nu îndrăzneşte să gândească cu propriul cap, din cauza fricii şi a faptului că nu înţelege "mecanismul" existenţei. El nu îndrăzneşte să-şi asume responsabilitatea propriei vieţi şi preferă să fie condus de alţii – astfel trăieşte şi moare ca un sclav. Omul obişnuit îşi iroseşte toată "muniţia" trăgând în aer, adică nu caută cauza-rădăcină a Răului acolo unde există: în el însuşi.

Întotdeauna, "alţii sunt de vină": guvernul, corupţia, oamenii răi, situaţia economică, "poate că dacă ar fi avut şi el puţin noroc ar fi fost altfel", e prea cald sau prea frig etc. (se pot găsi nenumărate justificări).

Astfel, nu face decât să-şi justifice propria suferinţă: cum ar putea el să fie fericit atât timp cât ceilalţi nu se schimbă (rămân la fel de răi) sau nu se îmbunătăţeşte situaţia economică? Nu, gândeşte el, întâi să se schimbe toată lumea, după aceea (poate) se va schimba şi el; între timp, lucrurile pot continua la fel. Deoarece toţi gândesc în acest mod, nu e de mirare că situaţia dezastruoasă se perpetuează. Şi atât timp cât nimeni (sau prea puţini) nu vrea să-şi asume responsabilitatea propriei vieţi, situaţia se va perpetua la nesfârşit.

Paranteză: Răul este generat de cauze "exterioare" – adică cauze din Realitatea Obiectivă (RO) – doar pentru ignorantul de Sine; pentru cel care obţine Cunoaşterea de Sine, nicio cauză exterioară nu îl mai poate face să sufere. Rezultă că **adevărata cauză a Răului** – adică cauza-rădăcină a Răului – **este ego-ul** (Ignoranţa de Sine), **iar cauzele externe sunt doar cauze aparente ale Răului** (am închis paranteza).

Iată (doar) câteva aberaţii făcute/crezute de cei care nu înţeleg sau înţeleg greşit spiritualitatea: considerarea suferinţei ca fiind calea spre mântuire – de exemplu chinuirea propriului corp fizic (aşa-zişii "asceţi"): cu cât te chinui mai mult, cu atât vei fi "mai bine văzut de Dumnezeu"; tot felul de ritualuri bisericeşti seci şi transformarea bisericii într-o organizaţie lumească, cu ierarhii; dependenţa de duhovnici, "maeştri" etc. din cauza fricii, a lenei de a gândi cu propriul cap şi a nevoii de a fi condus de altcineva (nu-şi dau seama că se află exact în situaţia biblică în care un orb condus de alt orb cad amândoi în groapă – în loc de "groapă" citeşte "suferinţă"); exclusivismul religios gen "numai noi vom fi mântuiţi, ceilalţi merg cu toţii în iad" şi credinţe aberante gen "am fost deja mântuit" sau "singurul mântuitor" care "îşi va salva aleşii la a 2-a venire"; importanţa (excesivă) acordată "problemei": care este ziua liberă stabilită de Domnul, Sâmbăta sau Duminica?; răspândirea unor învăţături pur lumeşti care niciodată nu vor conduce la succesul spiritual (acelaşi lucru se întâmpla şi pe vremea lui Isus). În general, ca şi pe vremea lui Isus, oamenii "strecoară ţânţarul şi înghit cămila" (Matei 23:24), adică dau o importanţă nefiresc de mare unor lucruri pur lumeşti, total fără semnificaţie din punct de vedere al AS/CS, dar nu fac ceea ce trebuie, adică nu muncesc pentru disoluţia propriului ego. Ei cântă tot felul de cântece "religioase", citesc pasaje din Biblie (de multe ori le ştiu pe de rost şi le pot recita ca papagalii, fără să înţeleagă nimic din semnificaţia lor reală), fac rugăciuni fierbinţi în grup pentru mântuire, îşi dau fiecare cu părerea cam ce ar însemna nu-ştiu-care verset, în general se simt bine în grupul lor care le conferă o falsă securitate (ei gândesc că toţi acei oameni nu se pot înşela în grup – ba da, se pot înşela şi chiar se înşală cu toţii – sunt acei sincer înşelaţi de care am pomenit mai înainte).

Cele de mai sus nu sunt un atac la adresa credincioşilor vreunui cult; este doar o constatare a stării de fapt, iar cei care se supără şi nu vor să accepte că se înşală, se păcălesc singuri. Pentru a păşi pe Calea eliberatoare (CS), primul pas este să recunoşti că eşti în eroare, pentru a te debloca (la fel cum dacă eşti dependent de alcool sau de droguri primul pas este să recunoşti acest lucru); altfel, dacă continui să fii convins că mergi pe calea cea bună, fără ca în realitate să fie aşa, îţi tai singur craca de sub picioare (în mod inconştient) şi apoi te întrebi de ce suferi sau susţii că nu suferi; convingerea mentală că nu suferi, chiar verbalizată, este în evidentă contradicţie cu realitatea, însă nu este evidentă şi pentru cel în cauză. Nici ateii (care se identifică practic cu oamenii lumeşti) nu sunt într-o situaţie mai bună – şi ei suferă la fel de mult. Ei fac altă greşeală: sunt obsedaţi de RO şi încearcă îmbunătăţirea traiului exclusiv pe cale materială. Şi mai este o categorie de rătăciţi: cei care încearcă să se ilumineze prin recurgerea la tot felul de practici pseudo-esoterice (adică tehnici lumeşti), care niciodată nu vor conduce la succes şi care pot fi chiar periculoase. Astfel de persoane pot urma diverse căi pseudo-spirituale şi pot chiar crede că se află pe calea cea bună, în realitate aflându-se pe un drum înfundat sau chiar periculos. Ei încearcă să se auto-realizeze prin intermediul tehnicilor lumeşti şi susţin sus şi tare că metoda lor este cea mai bună şi că îi va conduce în mod sigur pe culmile iluminării, fără să şi realizeze ceea ce susţin. Dacă îi întrebi de ce nu au obţinut încă iluminarea (eliberarea) dacă metoda lor este atât de bună, îţi vor răspunde fie că este vorba doar de timp până vor obţine eliberarea, fie că deja au obţinut eliberarea; în ambele cazuri este clar – dar doar pentru cei care au înţeles că nicio tehnică lumească nu poate conduce la iluminare – că se înşală singuri şi/sau vor să-i înşele pe ceilalţi.

Nu am nimic nici cu credincioşii şi nici cu actualele practici religioase, fiecare poate să facă ce vrea. Nu neg faptul că practicile religioase pot alina suferinţele; ceea ce vreau să spun este că niciodată practicile religioase (aşa cum sunt practicate astăzi, în 2019) nu pot conduce la iluminare (mântuire). Este ca în cazul unui bolnav cronic: medicamentele pe care le ia nu-i vindecă boala, dar îi atenuează suferinţele şi îi ţin boala sub control. Eu nu susţin că nu trebuie să mai ia medicamentele; ceea ce vreau să spun este că oricât de mult timp ar lua medicamentele, acestea nu-i vor vindeca boala. La fel cum în domeniul sănătăţii bolnavul cronic trebuie să continue să-şi ia medicamentele, dar în paralel trebuie să se preocupe şi de modul cum poate obţine adevărata vindecare, şi în domeniul religiei credinciosul nu trebuie să întrerupă actualele practici religioase (decât dacă sunt periculoase) pe care le face (dacă nu vrea acest lucru), dar în paralel (în timp ce continuă practicile religioase) să se preocupe şi de Acţiunea Spirituală (AS). Trecând de la practicile religioase la categoria mai largă de căi lumeşti: omul nu trebuie să nu mai practice acţiuni lumeşti, dar în paralel să se preocupe şi de AS prezentată în această carte. Este indiscutabil că căile lumeşti sunt necesare şi pot atenua suferinţele, dar **niciodată** nu vor rezolva problema fundamentală a omului: obţinerea Fericirii.

A-ţi asuma responsabilitatea propriei vieţi înseamnă în primul rând responsabilitatea pentru ceea ce trăieşti la nivel subiectiv, "interior", şi abia apoi responsabilitatea pentru RO. Dacă la nivel obiectiv nu poţi avea control 100% tot timpul, la nivel subiectiv POŢI avea control 100% tot timpul – nu imediat, bineînţeles, trebuie să munceşti pentru asta, dar măcar, pentru început, propune-ţi ca scop al vieţii acest lucru: fac tot ceea ce trebuie pentru ca, într-o bună zi, să deţin controlul 100% asupra trăirilor mele, adică să obţin o stare perfect stabilă de Fericire din care nimic nu mă poate clinti. Dacă cineva ar obiecta că aşa ceva este prea greu sau irealizabil, îi voi spune că nu este aşa de greu precum pare, şi pe deasupra este perfect realizabil, indiferent cine ai fi şi unde ai trăi; important este interesul pentru acest lucru, discernământul (să nu urmezi nişte în-văţături greşite), corecta înţelegere şi corecta practică, perseverenţa, răbdarea, să nu renunţi niciodată. Orice obiecţie care s-ar putea ridica împotriva CS poate fi combătută, aşa că, în final, ceea ce contează este: **vrei cu adevărat să păşeşti pe Calea eliberatoare sau vrei să găseşti justificări pentru a nu o parcurge?** Pentru că dacă vrei să găseşti justificări pentru a nu parcurge CS, găseşti, însă în realitate singurul păcălit vei fi doar tu, pentru că prin astfel de justificări nu vei face decât să-ţi justifici propria suferinţă – vei reuşi să "demonstrezi" şi să "justifici" de ce nu poţi fi tu fericit. Îţi vei tăia singur craca de sub picioare, dar în mod inconştient. Aceasta este trista situaţie în care ne aflăm (practic) fiecare din noi. "Dacă n-ar fi de plâns, ar fi de râs"; fiecare trăieşte zilnic într-o tragicomedie care pare să se repete pe termen nedefinit, altfel spus "O poveste fără sfârşit" a suferinţei. Cu cât omul îşi va da seama mai repede că este singurul responsabil pentru propria suferinţă, cu atât îşi va da seama că doar el şi numai el o poate şi rezolva. Pentru a putea schimba situaţia, trebuie mai întâi să acceptăm, fiecare dintre noi, înspre propriul său interes, ca şi în interesul celor din jurul său, acest adevăr; altfel suferinţa va continua neschimbată (ca până acum) sau chiar mai rău.

Sau poate există cineva care susţine că nu suferă? În acest caz, sunt 2 variante: a) într-adevăr nu suferă, adică este un iluminat (această variantă nu este exclusă, dar este foarte puţin probabilă deoarece iluminaţii sunt foarte rari) şi b) în realitate suferă, dar nu ştie că suferă sau crede că nu suferă (această variantă este mult mai probabilă decât prima variantă) – în cazul acesta se păcăleşte singur, adică se află în situaţia omului care "nu ştie", dar "nu ştie că nu ştie" sau "crede că ştie" (aici "a şti" se referă la Cunoaşterea de Sine – vezi cele 2 tipuri de "a şti" prezentate la începutul acestui subcapitol). Însă din momentul în care am acceptat că propria suferinţă are drept cauză-rădăcină propriul egocentrism (propriul ego), înseamnă că tot eu pot să şi rezolv această suferinţă prin dizolvarea propriului ego. Deja a avut loc o schimbare de atitudine: nu mai dau vina pe alţii sau pe circumstanţe, ci îmi dau seama că propria Fericire stă în puterile mele şi nu depinde de nimeni şi nimic din "exteriorul" meu şi dintotdeauna a fost aşa, doar că abia acum descopăr acest lucru.

5.4.7 – Credinţa - locul şi rolul ei în practica spirituală

În practica spirituală, credinţa intervine în <u>2 locuri</u>: după asimilarea teoriei spirituale (pasul 2 = "să crezi", teoria fiind pasul 1 = "să ştii") **şi după pasul 5 = "să poţi"**, adică după începerea pasului 6 (vezi în 0.1 şi 5.2.2 cei 6 paşi de obţinere a Fericirii). În primul caz credinţa este obligatorie, adică în lipsa acestei credinţe evoluţia spirituală este blocată, în timp ce în cazul al doilea nu este obligatorie, dar este de dorit.

În primul caz (credinţa de tip 1), adică în cazul pasului 2 = "să crezi", este vorba despre credinţa în existenţa Scopului Spiritual (Cunoaşterea de Sine = Fericirea) şi a Căii/Acţiunii Spirituale (CS/AS), aceste 2 elemente fiind abordate din punct de vedere teoretic în pasul 1 ("să ştii") = asimilarea teoriei spirituale.

În <u>Marcu 16:16</u> se spune că "Cine va crede şi se va boteza, va fi mântuit; dar cine nu va crede, va fi osândit." Aici, "va crede" = pasul 2, "se va boteza" = pasul 5, iar "va fi mântuit" = pasul 6; faptul că "<u>cine nu va crede, va fi osândit</u>" exprimă tocmai obligativitatea pasului 2 = credinţa în existenţa Scopului Spiritual şi a AS/CS, deoarece dacă nu crezi în existenţa acestor 2 realităţi, nu poţi avansa din punct de vedere spiritual.

În al doilea caz (credinţa de tip 2), adică referitor la credinţa de după reuşita pasului 5, este vorba de apariţia aşa-numitelor "descărcări karmice", adică a reglărilor de karmă care apar după ce reuşeşti declanşarea AS, şi care se manifestă prin diverse probleme şi suferinţe care apar şi care sunt mai dureroase decât în mod obişnuit. Credinţa care te ajută să treci peste această etapă dureroasă <u>nu este obligatorie</u> – deoarece această etapă va trece chiar dacă nu crezi că ea va trece şi chiar dacă nu îţi dai seama că suferinţele care apar sunt spre Bine – <u>dar este de dorit</u>, deoarece această credinţă te ajută să treci mai uşor prin aceste suferinţe.

Despre credinţa de tip 1 (credinţa în existenţa Scopului Spiritual şi a Căii Spirituale): această credinţă (pasul 2) este o credinţă raţională, iar scopul e experimentarea obiectului acestei credinţe (pasul 6) – adică e necesară credinţa raţională şi nu credinţa oarbă, iar credinţa raţională este necesară, dar nu şi suficientă.

<u>Credinţa raţională</u> este credinţa care apare după ce ţi-ai exercitat la maxim propria inteligenţă, şi ai ajuns la concluzia că există o stare psihică complet lipsită de suferinţă: starea de Infinit Supraconştient (∞S). Mai departe: această stare poate şi trebuie să fie atinsă în timpul vieţii, şi <u>nu</u> după moartea corpului fizic; această stare poate fi atinsă de oricine, cu condiţia să înţeleagă care este calea corectă. Calea corectă este una singură şi această unică cale este 100% sigură şi 100% eficientă – cu condiţia s-o înţelegi corect şi s-o practici corect.

Apoi mai înţelegi că singura modalitate de a ajunge în această stare este să o experimentezi în mod direct şi nu doar să te gândeşti la ea, iar în final ajungi la concluzia că şi tu poţi atinge această stare şi că depinde numai şi numai de tine dacă o vei atinge sau nu.

După aceea înţelegi că, deşi ai raţionat corect asupra acestei stări de fericire, nu ai experimentat-o încă. Acum e necesar să apară o puternică credinţă raţională care să te facă să crezi că această stare chiar există în Realitate, chiar dacă încă nu ai experimentat-o, şi să te determine să vrei să pui în practică AS pe care ai înţeles-o în etapa teoretică, iar apoi să te facă să perseverezi până la obţinerea succesului practic = pasul 5. Tot ce mai ai apoi de făcut este să ai răbdare până la obţinerea succesului deplin = finalizarea pasului 6.

<u>Credinţa oarbă</u> (caz extrem de des întâlnit) are ca obiect nişte aspecte total irelevante din punct de vedere spiritual şi în plus este prin excelenţă o credinţă absurdă, aberantă, fără explicaţii satisfăcătoare, fără nici cea mai mică urmă de logică: "cred pentru că aşa am citit eu în Biblie sau într-o altă carte, cred pentru că aşa spune preotul, cred pentru că aşa cred şi ceilalţi etc." – sunt nenumărate "justificări" ale credinţei oarbe. Astfel de persoane sunt oricum în afara problematicii spirituale, deoarece lipseşte înţelegerea teoretică corectă a Scopului Spiritual şi a Căii Spirituale, adică lipseşte baza teoretică corectă. Credinţa raţională este absentă, deci nici nu poate fi vorba despre experimentarea obiectului credinţei raţionale, adică a Scopului Spiritual.

<u>Credinţa raţională este necesară, dar nu şi suficientă</u>. Există oameni (şi nu puţini) pentru care religia este echivalentă cu credinţa în Dumnezeu (de regulă e vorba de o credinţă oarbă deoarece lipseşte înţelegerea teoretică corectă a lui Dumnezeu, dar trec acum peste acest lucru). Dacă mă limitez să cred, dar nu fac nimic pentru a mă transforma, mă asemăn cu un om care crede că există undeva o ţară care se numeşte China, dar nu întreprinde călătoria până acolo. Adică dacă eu cred că există o realitate numită "Dumnezeu", sau "fericire", sau "viaţa veşnică" (pot s-o numesc oricum, nu contează), dar nu fac nimic pentru a experimenta această realitate, continui să sufăr, fiind de fapt în aceeaşi oală cu cel care <u>nu</u> crede că există Dumnezeu.

Astfel, atât credincioşii, cât şi ateii suferă la fel de mult. Un singur lucru mă poate salva: dizolvarea propriului ego, dar acest lucru nu vreau sau nu pot să-l fac, şi pe deasupra mai găsesc şi justificări pentru această neputinţă sau indiferenţă. <u>Atitudinea corectă este aceasta</u>: nu pot deocamdată să dizolv egoul sau nu înțeleg deocamdată ce înseamnă chestia asta, dar simt că aici se ascunde ceva valoros și fac în așa fel încât într-o bună zi (și ce bună!) să pot. Numai un înțelept nu suferă (în prezenta lucrare prin înțelept vom înțelege un singur tip de om: cel care și-a dizolvat egoul); în rest, pe cei cu egoul intact îi vom plasa în aceeași oală – în "oala suferinței" (de fapt se plasează singuri acolo prin simpla existență a propriului ego).

Dacă au egoul nedizolvat, suferința fizică sau mentală îi afectează pe toți: credincioșii suferă împreună cu ateii; bogații împreună cu săracii; savanții, geniile și erudiții împreună cu prostănacii și analfabeții; cei frumoși împreună cu cei urâți; tinerii împreună cu bătrânii; intelectualii împreună cu cei care muncesc fizic; șefii împreună cu subordonații; cei care mănâncă carne împreună cu vegetarienii; românii împreună cu nemții, francezii, britanicii, rușii, americanii etc.; bolnavii împreună cu cei sănătoși (chiar dacă ești considerat sănătos din punct de vedere medical nu înseamnă că ești și fericit); creștinii împreună cu evreii, musulmanii, hindușii, budiștii etc. (nu contează ce religie ai atâta timp cât ai egoul intact, adică nu deții Cunoașterea de Sine – suferința zilnică este aceeași).

În concluzie, credința în Fericire este necesară, dar nu și suficientă – este doar primul pas în practica spirituală. **Scopul este să obțin <u>efectiv</u> Fericirea**, adică să experimentez această unică Fericire pe care am înțeles-o doar teoretic în prima fază. Iată care este dureroasa situație în care se află credincioșii care abundă în diversele religii (nici ateii nu sunt într-o situație mai bună – și ei suferă la fel de mult): ei se mulțumesc să creadă că există Dumnezeu, fără să facă nimic pentru a-L cunoaște cu adevărat pe Dumnezeu, adică fără să parcurgă Calea Spirituală prin care se obține Cunoașterea de Sine = Fericirea.

<u>5.4.8 – Alimentația pe Calea Spirituală</u>

Voi spune de la început că **pe Calea Spirituală (CS) mâncarea nu are niciun rol** (în mod direct), adică poți să mănânci liniștit "de dulce" (carne, pește, lapte, ouă etc.), dar fără să faci abuzuri, adică fără să mănânci prea mult și nici prea puțin. <u>Și Isus spune același lucru</u>: "Nu ce intră în gură spurcă pe om" (<u>Matei 15:11</u>) pentru că "orice intră în gură merge în pântece, și apoi este aruncat afară în hazna" (<u>Matei 15:17</u>).

Bineînțeles că și aici cei care nu înțeleg sau nu vor să înțeleagă acest lucru simplu – că alimentația nu are niciun rol pe CS – vor da tot felul de interpretări alambicate acestor pasaje doar pentru a-și justifica părerile lor preconcepute; acești oameni nu vor să afle cu adevărat cum stau lucrurile cu mâncarea pe CS, ei vor doar să-și justifice părerile lor greșite și atât. <u>Ramana Maharshi spune la fel</u> despre rolul mâncării pe CS: "Mănâncă ceea ce-ți place în cantități moderate". Deci nici vorbă de posturi negre sau de alte "culori", nici vorbă să-ți violentezi organismul cu regimuri draconice de autoînfometare. Din punctul meu de vedere, faptul că te forțezi să nu mănânci carne sau lactate înseamnă că nu-ți respecți propriul corp fizic, deci în ultimă instanță nu te respecți pe t(T)ine. Corpul fizic nu trebuie văzut ca un dușman, singurul dușman (de fapt adversar) este propriul ego; singurul lucru care trebuie sacrificat este propria suferință și nu un aliment sau altul.

Pe CS, orice forțare în acest domeniu al alimentației sau în orice alt domeniu lumesc trebuie evitată după părerea mea, deoarece creează niște obsesii inutile. Referitor la alimentație, este suficient să respecți niște reguli simple, de bun simț: să nu mănânci prea mult sau prea puțin, să eviți tutunul și alcoolul etc.

Dacă vorbim despre fumat, de exemplu, nu există nimeni sănătos la cap care să spună că tutunul este bun pentru sănătate, deci aici avem un consens: fumatul trebuie evitat complet. Dar în alte cazuri lucrurile nu mai sunt așa de simple, trebuie nuanțate; de exemplu, sunt unii care susțin cu înverșunare că consumul de carne este 100% dăunător și trebuie evitat complet. Eu am rezerve aici, chiar e posibil ca renunțarea la consumul de carne să-ți facă rău. Bineînțeles că în cazul în care mănânci carne trebuie să eviți consumul exagerat, dar a susține eliminarea completă a cărnii din alimentație mi se pare un lucru greșit. Oricum, din punct de vedere al CS, mâncarea nu are niciun rol, deoarece CS nu are nici impuneri (obligații), nici restricții lumești.

Da, din punct de vedere medical poți fi nevoit să renunți la anumite alimente, dar este din punct de vedere medical și <u>nu</u> din punct de vedere spiritual. Adică medicul îți poate impune niște restricții alimentare, dar **a posti din punct de vedere alimentar pentru a progresa pe Calea Spirituală mi se pare total absurd**, deoarece postul alimentar este o tehnică fizică și am văzut că orice tehnică lumească este potențial periculoasă din punct de vedere al sănătății și nici nu este eficientă din punct de vedere spiritual.

În spiritualitate un singur lucru este necesar, <u>un singur lucru trebuie înțeles, un singur lucru trebuie practicat</u>: **dizolvarea efectivă, totală și permanentă a propriului ego prin Acțiunea Spirituală**; orice altceva este de natură lumească și nu poate ajuta la obținerea iluminării (Fericirii) – decât cel mult indirect.

5.4.9 – Spiritualitate şi morală

Spiritualitatea vizează Binele cu majusculă (Cunoaşterea de Sine = Fericirea) **şi Acţiunea Spirituală/Calea Spirituală (AS/CS)** prin care se obţine acest Bine, **iar morala vizează un "bine" cu b mic** (un bine moral stabilit de societate sau de un grup de oameni) **şi acţiuni lumeşti** (acţiuni fizice şi mentale) care sunt impuse (sunt obligatorii) sau interzise de către morală cu scopul obţinerii binelui moral. Un om obişnuit, adică ignorant de Sine, urmăreşte obţinerea de plăceri, adică urmăreşte un "bine" personal care nu de puţine ori intră în contradicţie cu "binele" stabilit de morală, adică binele personal poate provoca un rău altor oameni, acesta fiind şi motivul pentru care a apărut morala. Putem generaliza regulile de morală şi obţinem astfel toate regulile (ex. regulile de circulaţie auto), regulamentele (ex. regulamentele sportive, militare sau bisericeşti), codurile de legi (civile şi penale) etc. care stabilesc obligaţii şi interdicţii pentru buna funcţionare a societăţii sau a unor grupuri de oameni. Deocamdată, ne limităm la morală ca fiind cel mai de jos nivel al obligaţiilor şi interdicţiilor, pentru a înţelege mai bine legăturile dintre spiritualitate şi morală, iar după ce am înţeles aceste legături, le putem extinde şi generaliza la toate celelalte niveluri (reguli, regulamente, legi civile şi penale etc.). Spiritualitatea veritabilă şi morala nu numai că nu sunt unul şi acelaşi lucru, dar ele nu au nici măcar un punct comun: spiritualitatea şi morala fac parte din 2 dimensiuni diferite, precum axele Oy şi Ox, şi asta deoarece morala este 100% lumească, în timp ce spiritualitatea <u>veritabilă</u> este 100% divină.

Singura legătură dintre spiritualitate şi morală este că, dacă reuşeşti practicarea AS şi implicit obţii Cunoaşterea de Sine (chiar şi parţial la început), toate acţiunile tale lumeşti se vor optimiza (adică se vor "corecta") automat, adică vei deveni automat un om moral. Am pus "corecta" între ghilimele deoarece această corecţie a acţiunilor lumeşti nu va coincide neapărat 100% cu normele obişnuite de morală, generate şi acceptate de marea masă a oamenilor ignoranţi de Sine care alcătuiesc societatea actuală, adică moralitatea unui om spiritual ("om spiritual" = om care deţine Cunoaşterea de Sine – chiar şi parţial) nu va fi obligatoriu identică cu moralitatea unui om obişnuit (ignorant de Sine). Moralitatea unui om spiritual este o moralitate superioară, adică o moralitate văzută "prin ochii lui Dumnezeu", şi asta pentru că omul spiritual devine Dumnezeu încarnat (Dumnezeu în corp material), adică devine "Fiul lui Dumnezeu".

În practica spirituală, morala are un rol ajutător, adică cel care se dedică AS respectă normele morale din considerente 100% practice, ca fiind de ajutor pentru parcurgerea CS prin faptul că respectarea moralei reduce perturbaţiile care apar din exterior asupra sa, acest lucru ajutându-l indirect (în yoga celor 8 paşi aceştia sunt, oarecum/grosier, primii 2 paşi: yama şi niyama). Două comportamente morale, asemănătoare din punct de vedere exterior, pot avea motivaţii diferite: în timp ce omul care vizează ţelul spiritual respectă morala pentru a nu-şi îngreuna practica spirituală, omul care nu vizează ţelul spiritual va fi moral din motive diferite: să nu se facă de ruşine, să nu-şi piardă respectabilitatea, să nu-şi strice imaginea în ochii celorlalţi etc.

Abordarea corectă a moralităţii este următoarea: pune pe primul loc în lista de priorităţi practicarea AS (AS vizează transformarea radicală a Realităţii Subiective RS), iar din momentul în care ai succes, se îmbunătăţesc <u>automat</u> şi celelalte aspecte din viaţă, adică aspectele RO (Realităţii Obiective). Nu mai încercaţi să păreţi morali, pentru că veţi reuşi cel mult să vă mascaţi meschinăria, şi nici să "gândiţi pozitiv/moral"; concentraţi-vă toate eforturile pentru înţelegerea şi practicarea în mod corect a AS, iar când veţi reuşi aceasta, veţi fi morali şi buni în mod natural, neforţat, spontan, fără a face eforturi în acest sens. Cei care nu ştiu acest lucru (practic toată lumea) procedează <u>exact pe dos</u> (din această cauză şi viaţa lor este <u>exact pe dos</u>): pun pe primele locuri ale listei lor de preocupări căile lumeşti = căile de transformare a RO (plăcerile, banii etc.), iar AS este împinsă spre coada listei sau neglijată complet (varianta cu neglijată complet este cea mai întâlnită).

Aceşti oameni pun carul înaintea boilor, adică abordează greşit problema. Iată 2 exemple:

a) <u>moraliştii preconizează îmbunătăţirea din punct de vedere moral a omului cu ajutorul regulilor de comportament</u>, adică prin obligaţii şi restricţii. Ei nu au succes întotdeauna, şi chiar dacă au succes, moralitatea care se obţine astfel (prin constrângeri) este o moralitate superficială. Moraliştii nu abordează corect problema: mai întâi omul trebuie să-şi anuleze suferinţa interioară prin practicarea AS, şi apoi el va fi moral în mod natural, fără a face eforturi în acest sens, adică moralitatea sa va fi una naturală şi NU una cultivată, artificială. Niciun om care suferă (adică niciun om ignorant de Sine) nu poate fi cu adevărat bun sau moral; în cel mai bun caz, el va mima bunătatea şi morala, dar această prefăcătorie nu este ceva benefic.

b) tot din această cauză, <u>crearea "omului nou" de către comunişti a dat greş</u>: se preconiza transformarea omului prin modificarea RO, adică se spunea că dacă omul va trăi bine din punct de vedere material, se va schimba şi din punct de vedere moral – lucru total greşit, cum de altfel s-a şi văzut. Acum înţelegem şi de ce: transformarea <u>radicală</u> a omului din punct de vedere "lăuntric", adică din punct de vedere al RS, al trăirilor sale, nu se poate face DECÂT prin AS şi nu poate fi declanşată prin nicio modificare a RO.

Falsa spiritualitate îţi poate "servi" norme morale pe post de "învăţătură spirituală"; sunt acele "porunci omeneşti" la care se face referire în <u>Matei 15:9</u> – "Degeaba Mă cinstesc ei, învăţând ca învăţături nişte porunci omeneşti." Orice morală este agresivă, are restricţii şi obligaţii, îţi spun "Fă aia!" sau "Nu fă aialaltă!". Ignoranţa umană a transformat chiar şi mesajul spiritual din discret în agresiv: se spune "<u>trebuie</u> să-L iubeşti pe Dumnezeu", "<u>trebuie</u> să-ţi iubeşti aproapele" etc. Orice om simte repulsie atunci când i se interzice să facă ceva sau este obligat să facă ceva; e normal ca omul să simtă repulsie atunci când i se servesc asemenea "porunci ale lui Dumnezeu". <u>Mesajul spiritual veritabil este discret</u>, nu este agresiv, este o invitaţie la Fericire, la trăirea unei vieţi lipsite de suferinţă. Dacă un mesaj este agresiv, atunci ori sunt nişte norme de morală, ori este un fals mesaj spiritual, bazat pe nişte interpretări greşite ale scripturilor, ori, dacă mesajul spiritual este veritabil (necesitatea disoluţiei ego-ului prin AS), cel care îl propagă nu-l aplică asupra sa.

Spiritualitatea <u>autentică</u> te învaţă cum să fii fericit şi <u>nu</u> cum să fii moral, deoarece un om fericit va fi moral în mod natural. Religiile actuale (care sunt de fapt pseudo-religii) te învaţă exact invers: cum să fii moral şi nu cum să fii fericit; din cauza asta nici nu au succes, deoarece un om nefericit nu poate fi moral. Azi, religiile sunt o colecţie de norme: îţi spun ce să faci şi ce să nu faci la nivel lumesc, dar nimeni nu-ţi spune ce să faci ca să fii fericit, adică faptul că nu poţi fi cu adevărat fericit decât dacă îţi dizolvi propriul ego şi că ego-ul poate fi dizolvat doar prin AS. Este o rătăcire generală: toţi oamenii încearcă să fie fericiţi făcând sau nefăcând ceva cu mintea sau corpul; în cel mai bun caz vor obţine astfel doar plăceri, însă Fericirea autentică nu se obţine aşa. Fericirea se poate obţine DOAR prin AS, iar AS nu este o metodă fizică sau mentală. Asta nu înseamnă că nu trebuie să mai facem nimic în afară de AS, dar trebuie să fim conştienţi despre ce putem obţine prin tehnici fizice sau mentale şi ce putem obţine prin AS. Orice acţiune greşită a omului provine dintr-o stare de suferinţă interioară; pentru a corecta acţiunea, trebuie anulată mai întâi suferinţa interioară, deoarece niciodată omul nu se va transforma lăuntric prin corectarea acţiunilor sale lumeşti. Spiritualitatea autentică nu este interesată de acţiunile corpului sau ale minţii, deci nu-ţi spune ce să faci sau ce să nu faci la nivel fizic sau mental (doar falsa spiritualitate îţi spune: "Fă asta!" sau: "Nu fă aia!"). Spiritualitatea autentică vizează <u>în exclusivitate</u> starea ta "interioară"/subiectivitatea ta, altfel spus "cum te simţi". Soluţia pentru eliminarea suferinţei (adevăratul pain-killer pentru fiecare din noi) este evidentă, dar nu este evidentă pentru toţi. Spiritualitatea veritabilă nu este o colecţie de norme, de "porunci". Singura "poruncă" a lui Dumnezeu este: "FII FERICIT!" Cum? Prin disoluţia propriului ego, care se obţine prin AS. <u>Trebuie să fie parcurse 2 etape</u>: înţelegerea intelectuală a AS + transpunerea acestei înţelegeri la nivel practic, existenţial, asupra propriei persoane. E nevoie de corectă înţelegere, corectă practică, perseverenţă, să nu disperi niciodată; insistând, se obţine primul succes practic = "botezul", apoi, treptat, se obţine succesul complet.

5.4.10 – "Obişnuit" şi "normal"

Pentru mulţi oameni, cei doi termeni sunt sinonimi; în realitate, ei sunt <u>complet</u> diferiţi:
- **"obişnuit"** înseamnă ceea ce întâlneşti peste tot, adică **Ignoranţa de Sine**;
- **"normal"** = natural = starea din care orice suferinţă este absentă = Fericirea, adică **Cunoaşterea de Sine** = iluminarea (în tradiţia spirituală hindusă, iluminarea se mai numeşte "sahaja" = starea naturală).

Adevărata normalitate este, deci, ceva complet necunoscut, adică starea noastră zilnică este total anormală, chiar dacă am putea crede contrariul, deoarece este plină de suferinţă. Starea noastră zilnică este deci obişnuită şi nu normală. Obişnuitul include plictiseala şi urâtul zilnic, în timp ce normalul înseamnă Fericire/Pace; în acest sens, putem spune că Fericirea este starea normală şi nu obişnuită. Omul denumeşte starea lui obişnuită "normalitate"; în realitate, această stare "normală" este o formă de suferinţă, dar pentru că nu are termen de comparaţie, omul consideră că "aşa trebuie să fie". El numeşte anormalul (Ignoranţa de Sine) "normal" şi normalul (Supraconştientul) "anormal", deoarece pentru un om ignorant Necunoscutul nu poate fi decât "rău" pentru simplul motiv că este necunoscut. Omul preferă un rău cunoscut unui Bine necunoscut, deoarece se teme de tot ceea ce nu se încadrează în concepţiile lui înguste. Pe undeva, această teamă este de înţeles, dar nu poate constitui o justificare pentru a nu parcurge Calea Spirituală (CS) decât pentru oamenii mediocri, care nu îndrăznesc să facă ceva care nu se încadrează în "ceea ce este unanim acceptat".

Când vom încerca să atingem iluminarea, s-ar putea să fim dezamăgiți că iluminarea este <u>doar</u> "normală"; noi am vrea să fie supranormală, paranormală, dar nu normală. Acest lucru derivă din faptul că noi echivalăm normal = obișnuit, adică în mintea noastră normalul înseamnă ceea ce trăim zilnic: o viață de mâna a doua, fără sare și piper, presărată cu puține plăceri și multe dureri. Dacă normalul înseamnă această suferință zilnică, atunci într-adevăr iluminarea este supranormală, dar numai din acest punct de vedere; dacă schimbăm referința și considerăm că starea noastră zilnică este obișnuită și nu normală, atunci iluminarea este normalitatea, și spun acest lucru pentru a nu se crea impresia că iluminarea, fiind supranormală, nu poate fi obținută de un om obișnuit = "normal" ci doar de un supraom supranormal. **Vom face deci următoarea convenție**: <u>considerăm ca iluminarea este supranormală</u> doar pentru a stârni interesul de a o atinge (în sensul că iluminarea este complet diferită de ceea ce trăim zilnic) și <u>considerăm că iluminarea este normală</u> pentru a nu ne speria de iluminare și pentru a avea încredere că orice om obișnuit o poate obține. Convenția de mai sus o facem și pentru că s-ar putea crea impresia că iluminarea înseamnă "stricarea" "normalității" în care trăim pentru a atinge o stare necunoscută, denumită exotic "iluminare" sau "nirvana", care ne smulge din comoditatea noastră și ne sperie. <u>În realitate, este exact invers</u>: <u>părăsim starea prezentă de suferință pentru a atinge adevărata normalitate</u> care, chiar dacă pentru moment este complet necunoscută, am ajuns prin investigare intelectuală la concluzia că este Fericirea/Pacea deplină; adică iluminarea, în loc să ne producă teamă, ne scapă de orice teamă. Deci <u>noi nu ne speriem de fapt de iluminare</u> (deoarece nu ne putem speria de Fericire), <u>ci ne speriem de imaginea pe care ne-o facem despre iluminare.</u>

Ne-am putea speria de suferința care precedă iluminarea – aici, într-adevăr, teama ar putea fi justificată, deoarece parcurgerea CS determină la un moment dat o intensificare a suferinței (vezi simbolismul coborârii în infern înainte de înviere). Având în vedere cele de mai sus, unii vor prefera să continue în aceeași notă ca și până acum, adică în acea mediocritate care nu-ți aduce o mare fericire, dar nici nu-ți aduce mari suferințe (deși uneori îți poate aduce și mari suferințe). Ei vor spune: ce rost are să-ți bați capul cu asemenea probleme spirituale abstracte care pe deasupra nici nu pot fi văzute sau obiectivate? Mai bine să-mi văd de viața mea ca și până acum, deoarece asemenea probleme spirituale îmi creează un disconfort pe care mai bine îl evit prin ignorarea totală a unor astfel de subiecte. Astfel de oameni mulțumiți cu mediocritatea lor sunt (auto) excluși de la adevărata Viață = Fericirea. Dar, după cum am mai spus, pe CS responsabilitatea este strict individuală și nimeni nu poate obține ceea ce nu-și dorește să obțină.

Un lucru similar cu frica de fericire se poate întâmpla și în lumea animală: când o pisică care a fost crescută în casă este scoasă afară pentru prima dată, va face câțiva pași terorizată de noua ipostază, apoi va fugi înapoi înăuntru; la fel, când o pasăre crescută în colivie va fi eliberată, va zbura înapoi în colivie. Adică obișnuința este mai puternică decât fericirea la început și simți o dorință intensă să lași totul baltă și să dai înapoi (vezi povestea cu cei trei fii de împărat și cu ursul de sub pod), dar dacă îți dorești din toată inima Fericirea, vei avea curajul și răbdarea să străbați această perioada dificilă = coborârea în propriul infern înainte de obținerea iluminării și în final vei obține comoara comorilor = iluminarea spirituală. Iată că iluminarea este răsplata pentru cei inteligenți, curajoși și răbdători și care au puterea să creadă în succesul spiritual.

Un iluminat veritabil este discret, "obișnuit", normal, poate trece ușor neobservat/poate fi ușor trecut cu vederea de cei mai mulți, deoarece nu iese în evidență prin nimic, este mai "obișnuit" decât un om obișnuit. Privit din exterior, iluminatul nu iese prin nimic în evidență față de cei din jurul său. Dacă stai lângă un iluminat, e posibil să nu simți nimic deosebit. Dacă iluminatul nu spune nimic, nimeni nu-și dă seama de starea lui, iar dacă spune, te miri cum poate cineva care stă la 0,5 metri de tine să aibă ceva deosebit: Eliberarea/Iluminarea, deoarece te uiți la el și vezi un om ca toți oamenii? Cum poate fi el un iluminat? Tu credeai că Eliberarea este ceva grandios, măreț, și acum vezi că un iluminat este la fel ca orice om, văzut din afară. Cum poate fi Infinitul lângă tine și să nu-ți dai seama? Ești puțin bulversat, tot ce credeai tu despre iluminare/îndumnezeire vezi că este fals. După ce bulversarea trece, apare o speranță: poate că și tu te poți ilumina!

"Lumina" este prea dureroasă pentru cei care au trăit toată viața în "întuneric", dar doar la început. Cel care perseverează constată că frica inițială dispare, iar lucrurile se normalizează; este ca în parabola Zen în care la început "râurile sunt râuri, iar munții sunt munți; apoi râurile nu mai sunt râuri, iar munții nu mai sunt munți; apoi din nou râurile sunt râuri și munții sunt munți". Faza în care "râurile nu mai sunt râuri, iar munții nu mai sunt munți" simbolizează tocmai bulversarea totală pe care o resimte cel care face primii pași pe CS, frica intensă care apare acum pentru că este ceva total neobișnuit. Chiar dacă teoria spirituală a fost asimilată corect, pot apărea mari îndoieli cu privire la existența stării de iluminare şi la posibilitatea obţinerii ei; aici intră în funcţie credinţa raţională care trebuie să te ajute să mergi înainte şi să nu renunţi. Cel care este convins că este pe calea cea bună merge mai departe, chiar dacă simte o dorinţă intensă să lase totul baltă şi să dea înapoi. Este ca în basmul în care fiii mare şi mijlociu de împărat, când se întâlnesc cu ursul de sub pod, se înfricoşează şi se refugiază în Palatul părintesc: sunt cei care nu au curajul să meargă mai departe atunci când apare frica la contactul cu ceva cu totul nou. Mezinul care înfruntă ursul şi merge mai departe simbolizează pe cel care merge mai departe pe CS, învingându-şi frica, pentru că este convins că este pe calea cea bună, chiar dacă îşi dă seama că este total singur pe această cale; pentru el perspectiva de a reveni la viaţa de dinainte, de Ignoranţă de Sine, este mai rea decât varianta de a merge înainte. El înfruntă teroarea pe care o resimte acum; în final, dacă are răbdare şi nu dă înapoi, constată că lucrurile se normalizează, iar el atinge un nou nivel al Fiinţei în care trăieşte constant de acum înainte. Intuiţia lui a fost bună: calea era corectă, iar lucrurile se normalizează în cele din urmă – din nou "râurile sunt râuri şi munţii sunt munţi". Însă doar cel pentru care varianta de a da înapoi este mai rea decât varianta de a merge înainte o va alege pe a doua, ceilalţi vor da înapoi şi vor reveni la starea de Ignoranţă de dinainte, având acum o nouă frică – frica de a parcurge CS. Doar cel care a suferit destul mergând pe căile lumeşti va fi gata să sacrifice totul pentru CS, ceilalţi au nevoie de suferinţă suplimentară pentru a se hotărî să parcurgă CS. **Observaţie**: posibilitatea de a da înapoi din drumul spiritual (cum simbolic fac cei 2 fii de împărat) există doar pe parcursul primilor 4 paşi din cei 6 (vezi 5.2.2); dacă ai reuşit pasul 5, nu mai poţi da înapoi chiar dacă (prin absurd) ai dori aceasta – acum eşti "prins între colţii tigrului" şi "nu mai ai scăpare": "tigrul" = Sinele Impersonal; "eşti prins între colţii tigrului" înseamnă că ai intrat în sfera de influenţă a Sinelui Impersonal (se derulează pasul 6), iar faptul că "nu mai ai scăpare" înseamnă că egoul tău nu mai are scăpare, deoarece va fi ucis de Sinele Impersonal/Fericirea nu-ţi mai poate scăpa – adică dacă ai ajuns la pasul 6, obţinerea Fericirii este doar o problemă de timp/este sigură.

    Iată sensul afirmaţiei "Dumnezeu pe cine iubeşte, îl încearcă" (cu suferinţe): cei care suferă intens au mai mari şanse să se orienteze către CS, dar nu toţi cei care suferă intens vor face acest lucru; cei mai mulţi oameni care suferă intens suferă degeaba sau se orientează spre spiritualitate în mod greşit, adoptând doctrine false şi practici greşite. De altfel, omul se poate hotărî să parcurgă CS oricând, nu este obligatoriu să suferi intens pentru a-ţi orienta interesul spre spirit, poţi face acest lucru oricând. Aceasta doar teoretic, pentru că pe unii oameni nici cele mai atroce suferinţe nu-i vor determina să se orienteze către CS, ei vor acuza totul: soarta, viaţa, ceilalţi oameni, chiar pe Dumnezeu, dar niciodată nu se vor acuza pe ei înşişi = propriul ego.

    Omul obişnuit/egocentric este un om anormal, deoarece egoul este o boală, boala existenţială. Dacă atingi iluminarea nu te transformi într-un Superman, nu începi să zbori prin aer sau să devii invizibil; iluminarea este ceva mult mai simplu şi mult mai practic decât orice putere paranormală: iluminarea îţi anulează complet chinul interior/durerea/suferinţa pe care o suportă constant omul egocentric. Spiritualitatea este deci cel mai practic lucru din lume: ce poate fi mai practic decât să atingi Pacea/ Fericirea, să-ţi elimini total chinul interior? Iluminarea nu te face să poţi învia morţii, singurul "mort" care va învia vei fi tu! Eliberarea este Starea Naturală şi nu trebuie să ne temem de ea. În general, noi avem nişte păreri fantasmagorice despre Eliberare; nu credem că O putem obţine în timpul vieţii/nu credem că este pentru noi, în această viaţă, avem impresia că este doar pentru Buddha. Mai credem că nu putem s-o obţinem decât dacă ne retragem prin păduri, cu multe eforturi/chinuri/sacrificii; în realitate nu este aşa, şi aceste păreri greşite ne blochează accesul la Calea eliberatoare. **În concluzie**, prin parcurgerea cu succes a CS, un om obişnuit devine/se transformă într-un om normal. Iluminarea nu te transformă într-un om supranormal sau paranormal, te transformă într-un om normal, deoarece starea de iluminare este singura stare de conştiinţă normală (sahaja cum spun orientalii).

5.4.11 – Pentru un iluminat (înţelept) veritabil, orice restricţie încetează,

    adică nicio condiţie "exterioară"/a Realităţii Obiective RO, oricât de potrivnică, nu-l poate clinti pe acesta din starea de Fericire. Pentru a ajunge la iluminare nu trebuie să schimbi legile fizicii, va fi suficient să ieşi de sub influenţa lor. Corpul unui iluminat va continua să se supună legilor fizicii şi în final va muri, ca orice corp, însă starea "interioară"/subiectivă de Fericire este indestructibilă. Cele 5 corpuri ale omului sunt desenate cu linii de culoare neagră, negrul fiind simbolul inconştientului. Acest lucru exprimă faptul că materia este 100% inconştientă, oarbă, mecanică; singura "inteligenţă" a materiei este reprezentată de LUN (Legea Universală a Naturii, vezi Cap. 2), care provine de fapt din Spirit. Materia rămâne inconştientă şi dacă Spiritul se trezeşte şi îşi schimbă culoarea simbolică de la negru la gri şi apoi la alb; aceasta este o diferenţă importantă între Spirit şi Materie: în timp ce Spiritul (personal) se poate trezi, materia rămâne tot timpul inconştientă.

Indiferent cu câte corpuri se identifică conştiinţa personală (CPN sau CPI, vezi Cap. 3), esenţială este culoarea simbolică din centrul celor 5 cercuri = SRS, deoarece aceasta este starea de conştiinţă a omului.

Se observă că omul iluminat (CPI) trăieşte constant în starea de Supraconştiinţă sau Fericire indiferent dacă se identifică sau nu cu vreunul din corpuri. La omul iluminat, starea de Supraconştiinţă poate exista în paralel cu conştiinţa corporală, şi anume în Savikalpa Samadhi (SVK) şi Sahaja Samadhi (SHJ). În Nirvikalpa Samadhi (NVK) doar starea de Supraconştiinţă subzistă, fără conştiinţa corporală sau a mediului înconjurător. Este starea despre care se spune în tratatele de yoga că "yoghinul adevărat veghează (este treaz) chiar şi atunci când toţi ceilalţi dorm", adică în centrul fiinţei "arde" lumina Conştiinţei chiar dacă toate corpurile iluminatului sunt cufundate în tenebrele somnului. Prin contrast, omul ignorant de Sine este "adormit" chiar şi în timpul stării de veghe (VGH) (deoarece în centrul fiinţei avem culoarea gri).

La omul ignorant de Sine (CPN), tranziţia prin cele 3 stări de conştiinţă obişnuite are loc în mod involuntar: omul stă în VGH aproximativ 16 ore, după care se pune în pat şi trece în starea de somn cu vise (SCV) în mod involuntar, apoi în timpul somnului oscilează tot involuntar între stările de somn cu vise şi somn fără vise (SFV), apoi dimineaţa se trezeşte tot involuntar şi ciclul se reia. Pentru a ieşi din acest cerc (ciclu) vicios (îl numesc vicios deoarece toate cele 3 stări de conştiinţă care alcătuiesc acest ciclu aparţin Ignoranţei de Sine şi deci nu conţin Fericirea), este necesar ca în timpul VGH să practicăm în mod voluntar Acţiunea Spirituală (AS) = coborârea minţii în Sine (Inimă), prin care distrugem Ignoranţa de Sine/dezrădăcinăm egoul/distrugem întreg mănunchiul stărilor egocentrice de conştiinţă – egoul fiind cauza-rădăcină a oricărei suferinţe.

Omul iluminat nu suferă, deşi percepe durerea fizică sau psihică: asta pentru că o eventuală suferinţă a corpului sau a minţii este percepută de iluminat la periferia fiinţei sale, în timp ce El este în Centru. Durerea este totdeauna la periferie, în timp ce tu te poţi afla la periferie sau în Centru: dacă eşti la periferia fiinţei vei suferi, dacă eşti în Centru nu vei mai suferi. Dacă nu-ţi dizolvi egoul eşti la periferie şi implicit vei suferi, dacă îţi dizolvi egoul ajungi în Centru şi nu mai suferi, deoarece te-ai "extras" din toate cele 5 corpuri cu care ignorantul de Sine se identifică total şi involuntar. Deci iluminarea nu înseamnă că modifici legile Naturii (RO), ci înseamnă că ieşi de sub influenţa lor. Cum? Prin dizolvarea egoului, sau altfel spus călătorind de la periferie în Centru. În mod aparent paradoxal, iluminatul percepe suferinţa, dar nu suferă. Adică iluminatul, dacă se loveşte la un picior spre exemplu, ştie că piciorul său a suferit o lovitură, deoarece ansamblul celor 5 corpuri ale sale funcţionează normal: senzaţia de durere fizică de la picior este transmisă de sistemul nervos către creierul fizic, iar acesta o transmite mai departe către corpurile subtile eteric şi astral. În timp ce omul ignorant de Sine "locuieşte" la periferie, adică la nivelul celor 5 corpuri ale sale, şi din această cauză va resimţi senzaţia subiectivă de durere la picior, iluminatul care s-a retras în profunzimile Sinelui se percepe ca fiind separat de ansamblul celor 5 corpuri şi nu va suferi, chiar dacă va percepe că piciorul său a suferit o lovitură. Bineînţeles că şi în cazul iluminatului este posibil să înceapă să curgă sânge din piciorul lovit, deoarece am stabilit că iluminarea nu modifică legile fizicii, dar nici în această situaţie el nu va suferi deloc, chiar dacă va percepe perfect faptul că piciorul său sângerează. Cei din jurul său vor vedea un om care sângerează la picior şi care eventual va putea şi striga de "durere", fără ca el să resimtă însă nici cea mai mică urmă de durere.

Deci doar din punctul de vedere al celor din jurul său iluminatul va suferi, în realitate el nu suferă deloc. Bineînţeles că iluminatul care s-a lovit la picior va face tot ceea ce este necesar pentru a opri sângerarea, dar într-o stare interioară de calm, fără nici cea mai mică urmă de suferinţă. Acum înţelegem de ce Isus, presupunând că a atins iluminarea completă înaintea crucificării, nu putea să sufere în timpul crucificării; doar pentru cei din jurul său el a suferit, deoarece aceştia percepeau un corp fizic care era zdrobit prin crucificare.

Generalizând, un înţelept veritabil se poate comporta cum doreşte; el poate părea celor din jurul său că este nervos, supărat, iritat, plictisit, fără ca acesta să fie în realitate aşa. Explicaţia este că doar corpurile sale sunt într-o stare de enervare, supărare, iritare, plictiseală, în timp ce starea lui subiectivă este de Fericire constantă. În cazul unui om ignorant de Sine, starea de enervare a corpurilor sale spre exemplu s-ar reflecta într-o stare psihologică de enervare tocmai din cauza existenţei unei legături între cele 2 realităţi ale sale: Realitatea Obiectivă (RO) şi Realitatea Subiectivă (RS), această legătura între RO şi RS fiind tocmai egoul. În cazul înţeleptului, raţionamentul acesta nu mai funcţionează, deoarece legătura dintre RO şi RS a fost tăiată. Cei din jur percep un om obişnuit, care se comportă obişnuit: mănâncă, doarme, se supără etc., adică se comportă la fel ca toată lumea, fără a ieși prin nimic în evidență. Diferența dintre înțelept și ignorantul de Sine este la nivelul RS/al trăirilor lui "interioare": înțeleptul trăiește 24 h/zi, 7 zile/săptămână într-o stare de Pace/Fericire/Relaxare. Ignorantul de Sine nu poate pricepe cum cineva lângă care trăiește zi de zi a scăpat de suferință, deoarece el vede că acesta înfruntă greutățile vieții la fel ca și el; asta doar aparent, deoarece starea de conștiință a înțeleptului nu este accesibilă ignorantului de Sine, și deci ignorantul de Sine nici nu poate înțelege această stare (pentru a o înțelege cu adevărat ar trebui să fie și el în această stare, iar pentru a ajunge și el în această stare ar trebui să-și dizolve egoul prin practicarea AS). Din această cauză se spune că "lumina a venit la întuneric, dar întunericul nu a înțeles-o": "lumina" = starea de iluminare, iar "întuneric" = egoul/ignorantul de Sine, care nu poate înțelege starea de iluminare deoarece nu o experimentează.

Sinele este identitatea noastră reală, adică Ceea ce nu se poate separa de noi și nici noi nu ne putem separa de Ea. Și de unde știm că Sinele nu este corpul? Deoarece în SFV noi existăm fără a fi identificați cu vreun corp, adică avem o existență acorporală. Rezultă că, deoarece ne putem separa de corp, corpul nu este identitatea noastră reală, deoarece am stabilit că nu ne putem separa de identitatea reală. Ignoranța de Sine constă astfel în deturnarea simțului identității/al Sinelui real către non-Sine, adică către corpul material (compus din cele 5 învelișuri grosiere și subtile). <u>Formula fundamentală a Ignoranței de Sine se poate sintetiza în expresia "Eu sunt (doar) corpul"</u>. Vor spune unii: păi știu că sunt corpul pentru că dacă mă lovesc, mă doare; ca atare rezultă că corpul este identitatea mea reală. Voi combate această afirmație, răsturnând-o: tocmai din cauză că te identifici cu corpul te doare când te lovești. Dacă vrei să nu te mai doară, elimină identificarea cu corpul compus din cele 5 învelișuri. Iluminatul simte și el durerea, dar nu se identifică cu ea, și ca atare nu suferă (în cazul iluminatului doar corpul simte durerea și nu iluminatul, pentru că nu se identifică cu corpul).

Întrebare: de unde știm că încetarea identificării cu corpul conduce la încetarea suferinței? **Răspuns**: pentru că în timpul SFV încetează identificarea cu toate cele 5 corpuri și ca urmare (sau mai corect spus concomitent) dispare orice suferință. Deci încetarea identificării cu corpul = dispariția ego-ului este concomitentă cu încetarea oricărei suferințe. Distrugerea egoului nu înseamnă că nu ne mai putem folosi mintea și corpul; le putem folosi, chiar mult mai bine ca înainte, adică ne vom mai identifica cu mintea și corpul, dar va dispărea identificarea <u>exclusivă</u> cu mintea și corpul; Conștiința va fi acum trezită și se va putea identifica sau nu cu corpul și mintea după cum dorește. **În concluzie**, un iluminat/un eliberat în viață/un jivan-mukta (în terminologia orientală) își poate folosi sau nu mintea și corpul, după cum dorește, fără ca acest lucru sau vreo circumstanță "exterioară"/obiectivă să-i afecteze starea "interioară"/subiectivă de Fericire, în care se află în mod constant: 7 zile/săptămână, 24 de ore/zi, chiar și când corpul său (format din cele 5 învelișuri) doarme.

<u>5.4.12 – Fericire și plăceri</u>

Există 2 direcții de acțiune: <u>căile lumești – prin care se urmăresc plăcerile, și Calea Spirituală (CS) – care are drept scop Fericirea.</u> Corespunzător, vom avea **2 tipuri de dezechilibre**: <u>omul dedicat 100% căilor lumești și omul dedicat căii spirituale și care neglijează aproape total căile lumești</u> (călugării, pustnicii, schimnicii, sihaștrii etc.). Dacă în primul caz avem de-a face cu o singură anomalie – desconsiderarea totală a CS, în cazul al doilea avem de-a face cu o dublă anomalie: călugărul (de ex.) neglijează și căile lumești, și nici pe adevărata CS nu merge, deoarece practica lui "spirituală" constă exclusiv în tehnici lumești, care am văzut că sunt căi false spre iluminare. Deci un călugăr este dublu dezavantajat, adică este într-o situație mai proastă chiar decât un om lumesc, din prima categorie. Deja omul lumesc este într-o situație proastă prin faptul că neglijează CS, dar călugărul este într-o situație și mai proastă. Călugărul n-a înțeles că <u>nu</u> corpul fizic îi blochează drumul spre mântuire, ci identificarea cu acesta; el n-a înțeles că <u>nu</u> mintea (în sens material) îi blochează drumul spre mântuire, ci identificarea cu aceasta. Ca atare, el recurge la tot felul de practici aberante, care îl îndepărtează și mai mult de adevărata mântuire. Astfel, el își va pedepsi corpul și mintea, deoarece crede că acestea sunt obstacolele spre mântuire. Se va scula noaptea pentru a participa la slujbe, deoarece asta a înțeles el din îndemnul lui Isus "vegheați"; în realitate, acest îndemn se referă la trezirea Conștiinței și NU la trezirea obișnuită din somnul de noapte. Va recurge la tot felul de posturi alimentare, care, alături de perturbarea somnului prin participarea la slujbele de noapte, îi vor șubrezi sănătatea atât fizică, cât și psihică. Și cum crede el că îl vor ajuta pe drumul spre împărăția cerurilor un corp și o minte slăbite prin tot felul de practici aberante? Nu-l vor ajuta, ba chiar îl vor împiedica, deoarece pe Calea spre Fericire trebuie să ai un corp și o minte cât mai sănătoase. În tratatele de yoga se spune că "adevăratul yoghin este cel care nu doarme nici prea mult, nici prea puțin; nu mănâncă nici prea mult, nici prea puțin șamd", adică pe CS trebuie să fii echilibrat. Și mai este un dezavantaj pentru (unii din) cei care se izolează: ei taie orice legătură cu sursele de informare (cărți, internet etc.) care îi pot ajuta în domeniul spiritual pe care îl vizează în mod exclusiv, sau nu recurg decât la Biblie; n-ar fi nici asta rău dacă ar interpreta corect ce scrie în Biblie, dar acest lucru nu se întâmplă, și se adoptă interpretările standard ale Bibliei, care sunt 100% greșite și îi conduc către tot felul de practici – care mai de care mai dăunătoare pentru sănătatea lor fizică și psihică sau în cel mai bun caz inutile.

Precizez că nu am nimic cu nimeni, nu atac pe nimeni, ci prezint o altă perspectivă asupra spiritualității, mult mai simplă și cu eficiență garantată în distrugerea suferinței. Singurul dușman, de fapt adversar, pe Calea Spirituală (CS) este suferința = Ignoranța de Sine. De ce nu dușman, ci adversar? Deoarece suferința te ajută prin faptul că te forțează să-ți pui întrebări cu privire la menirea ta și la sensul acestei vieți; asta doar teoretic, pentru că marea majoritate a oamenilor, deși suferă, nu-și pun asemenea întrebări. Pentru acești oameni, adică practic pentru toată lumea, suferința nu-și mai îndeplinește menirea ei, adică nu îi determină să-și pună anumite întrebări existențiale care să îi ducă în final la atingerea iluminării; pentru ei, suferința se transformă din adversar în dușman. Nimeni nu s-a iluminat fără suferință; acesta este rolul autentic al suferinței: să te forțeze să cauți o stare existențială superioară = Supraconștiința. Însă în zilele noastre suferința nu are acest rol, ci conduce la diverse acțiuni aberante, care nu fac decât să sporească suferința. Orice acțiune aberantă a omului provine numai și numai din starea lui de suferință interioară, pe care, necunoscând metoda corectă de a o elimina (CS/Acțiunea Spirituală), încearcă să o elimine prin metode lumești. Metodele lumești își au rolul lor în atenuarea suferințelor și obținerea plăcerilor, însă sunt ineficiente în obținerea Fericirii.

Și iată acum calea omului echilibrat: el nu neglijează nici căile lumești, nici CS, adică "dă Cezarului ce-i al Cezarului și lui Dumnezeu ce-i al lui Dumnezeu" (Marcu 12:17). El nu-și provoacă singur suferințe cu credința aberantă că acesta este drumul spre mântuire, din contră, el înțelege că Mântuirea este totuna cu Fericirea, și face tot ce depinde de el pentru a obține atât Fericirea, cât și plăcerea, dar având tot timpul în minte că Fericirea primează în fața plăcerii. Adică dacă este în situația în care satisfacerea unei plăceri ar provoca suferință lui sau altei persoane, el nu va face acea acțiune; dar dacă plăcerea respectivă nu dăunează nici lui, nici altcuiva, o va satisface. **Iată atitudinea corectă:** nu se neglijează nici plăcerile, nici Fericirea, dar Fericirea trebuie să fie pe primul loc. Atitudinea greșită este să urmărești DOAR plăcerile, asta este cu adevărat grav. Pentru că un astfel de om nu se va da în lături de la satisfacerea unei plăceri/interes, chiar dacă asta dăunează altuia sau chiar lui însuși. Ex.: un hoț va fura doar pentru a-i fi lui bine; un bețiv sau un fumător va bea sau va fuma chiar dacă știe că prin asta își dăunează lui însuși; un om rău/violent va face rău altora în mod gratuit/din invidie/încercând să scape de problemele sale psihologice; un ziar/post TV/site de internet va scrie/prezenta lucruri neadevărate/manipulatoare pentru a face tiraj/audiență sau pentru a răspunde unor comenzi (politice etc.) șamd. Deci nu este nimic greșit în a căuta plăcerea, cu condiția ca pe primul loc să fie Fericirea. Aceasta este atitudinea corectă, dar cei care nu înțeleg pot cădea în două extreme: omul lumesc care vizează în exclusivitate propria plăcere, și asceții care își provoacă singuri suferințe cu credința absurdă că "calea spre rai este prin suferință". Omul echilibrat înțelege că nu trebuie respinse nici plăcerile, nici Fericirea, cu condiția ca ordinea priorităților să fie: 1) Fericirea; 2) plăcerile. Această ordonare a priorităților este necesară pe drumul eliberator, deoarece îl ajută pe cel care s-a hotărât să meargă pe CS, și asta pentru că el înțelege că orice plăcere personală care produce suferință lui sau altuia îl perturbă pe CS: dacă suferă el însuși e clar că nu e bine, iar dacă îl face pe altul să sufere, acest lucru îi va crea probleme care nu-l vor lăsa să se ocupe liniștit de CS. Deci această ordonare a Fericirii și plăcerilor îi este de cel mai mare folos pentru atingerea țelului spiritual, adică scopul este pur practic și nu din rațiuni de morală, iar acest lucru derivă din faptul că acest om și-a propus ca scop al vieții parcurgerea CS. Un altul, care nu-și propune parcurgerea CS, nu va ordona în acest fel prioritățile, și ca urmare va produce deseori suferințe atât lui însuși, cât și celor din jur.

Iată cum "simplul" fapt de a-ți propune atingerea țelului spiritual îți transformă încet-încet viața. Asta până se obține succesul deplin pe CS; din acel moment, omul echilibrat s-a transformat într-un înțelept, care trăiește în mod constant starea de Fericire. Pentru un astfel de om, atât plăcerile, cât și durerile au fost complet abolite, și doar Pacea/Fericirea a rămas, adică pentru un înțelept veritabil orice restricție încetează. Deci omul echilibrat nu va renunța la plăceri, el va renunța doar la acele plăceri care produc suferințe lui sau altei persoane, deoarece înțelege că acest lucru îl ajută în practica spirituală, iar omul lumesc va face unele acțiuni care îi produc plăcere chiar dacă acestea îl afectează pe el sau pe altul; aceasta este pe scurt diferența de comportament dintre un om fără aspiraţii spirituale şi un om care este hotărât să parcurgă CS, care determină disoluţia efectivă, totală şi permanentă a propriului ego. Oamenii obişnuiţi (ignoranţi de Sine) se diferenţiază deci prin faptul că cel care caută înţelepciunea urmăreşte Fericirea care implică încetarea suferinţei, în timp ce omul lumesc urmăreşte DOAR plăcerile. Cel care caută Fericirea înţelege că există o stare fără suferinţă şi se străduieşte s-o obţină, chiar dacă va trebui să renunţe la plăceri, este gata să sacrifice toate plăcerile în scopul eliminării chinului. Omul lumesc este un vânător de plăceri, pe care le plăteşte cu dureri; în goana sa după plăceri, acesta poate comite greşeli care îi agravează karma şi îl afundă mai tare în suferinţe.

Pe CS, lucrurile se simplifică din ce în ce mai mult; pe căile lumeşti, lucrurile se complică din ce în ce mai mult: se merge de la simplu la complicat şi de la complicat la şi mai complicat. Oamenii nu vor cu adevărat să se elibereze, tot ce vor este "să fie lăsaţi în durerea lor". Pacea/liniştea/echilibrul nu par ţeluri dezirabile, care merită să fie atinse. În schimb, plăcerile par interesante, pare că merită să faci orice ca să le obţii. Iluminarea este starea normală (şi nu supranormală sau paranormală), adică starea (singura) lipsită de suferinţă = singura stare fără ego (în afară de somnul fără vise). Sunt stări egocentrice în care plăcerea este foarte intensă, însă chiar şi aceste stări au un grad de suferinţă, şi în plus sunt urmate de alte suferinţe. <u>Starea naturală este o stare de echilibru/linişte/pace/normalitate/firesc.</u> Teoria este necesară pentru a înţelege că singura stare dezirabilă este starea fără ego/fără limitare; orice altă stare are un grad de suferinţă, chiar dacă este o plăcere intensă. Însă oamenii lumeşti urmăresc plăcerile, chiar dacă sunt urmate de suferinţe uneori atroce.

Nu trebuie să-ţi fie frică că alţii îţi "fură" Fericirea; indiferent de ce fac ceilalţi, sarcina care-ţi stă în faţă rămâne aceeaşi: dizolvarea propriului ego prin Acţiunea Spirituală (AS). Dacă nu înţelegi acest lucru, apare invidia dacă alţii au succes spiritual, deoarece ai impresia că, cumva, aceştia îţi fură din propria fericire, îţi diminuează fericirea ta, ca şi cum fericirea ar fi o cantitate constantă, iar cei care iau primii din această grămadă constantă fac ca următorii care iau din grămadă să aibă mai puţin. Asta ar putea fi adevărat în cazul plăcerilor, dar <u>niciodată</u> în cazul Fericirii. În spiritualitate, fiecare are Fericirea sa, pe care numai el o poate accesa; nimeni nu îţi poate "fura" Fericirea ta, după cum nici tu nu poţi "fura" Fericirea altora. Adevărat este şi faptul că, dacă nu accesezi Fericirea, moştenirea ta "pregătită ţie înainte de începutul lumii", nu este decât vina ta şi numai a ta. <u>Referitor la credinţa falsă "din cauza altora nu pot fi fericit"</u>, aceasta provine dintr-o altă credinţă falsă: "fericire = plăcere". Plăcerea proprie poate fi blocată de alţii, dar Fericirea, nu – nu este condiţionată de nimeni/nimic şi depinde doar de mine. Dacă eu echivalez în mod greşit "fericire = plăcere", ajung la concluzia falsă "din cauza altora nu pot fi fericit", care conduce la un blocaj ce pare fără ieşire. Afirmaţia corectă este "din cauza altora nu pot obţine toate plăcerile pe care le vreau", dar echivalarea greşită şi inconştientă "fericire = plăcere" conduce la suferinţă/durere. **Iată rădăcina acestor rele:** credinţa falsă "fericire = plăcere", care este generată de ego (egoul îţi propune, şi de obicei accepţi imediat, fără nicio obiecţie, ca scop principal al vieţii plăcerea), astfel încât ajungem şi pe această cale la concluzia că "egoul este unica sursă a durerii" şi de aici la practica spirituală care îţi propune eliminarea egoului prin AS = Unica Cale spre Fericire. Dar câţi înţeleg aceste lucruri? Practic, nimeni. Un om lumesc nu va pune niciodată la îndoială faptul că unicul scop al vieţii este plăcerea. Chiar dacă încerci să-i explici eroarea în care se află, va crede că îi vrei răul şi va respinge automat ceea ce spui ca fiind o "mare prostie". Cum poţi ajuta un astfel de om? Nu poţi.

Cunoaşterea de Sine este Pace transcendentală sau "pacea care întrece orice închipuire" – pentru că închipuirea aparţine minţii/egoului, iar Sinele transcende mintea/egoul. Pacea <u>nu pare</u> un ţel care să merite să fie urmărit, <u>pare</u> plictisitoare; mult mai interesante <u>par</u> plăcerile. Întotdeauna căile lumeşti par la început mai interesante, mai promiţătoare, dar în final conduc la suferinţă. Calea Spirituală pare la început aridă, neinteresantă, însă dacă este urmată conduce la Pace/Fericire. Numai un ignorant de Sine poate să spună că plăcerea este mai importantă decât Pacea. Starea de iluminare este Starea Perfectă; dintre toate stările psihice, este singura care merită să fie obţinută. **Pentru a O obţine, trebuie renunţat la toate celelalte stări psihice** (vezi Pilda comorii ascunse şi a mărgăritarului din <u>Matei 13:44–46</u> în care un om renunţă la toată averea în favoarea comorii ascunse, respectiv a unei singure pietre preţioase – simbolizează pe omul inteligent care renunţă la toate stările limitate/egocentrice de conştiinţă în favoarea Unicei Stări Perfecte = ∞S = Fericirea). Aceasta este alegerea corectă: aleg Fericirea în defavoarea plăcerilor – iată ce este "despătimirea" sau "renunţarea la plăceri". Adevăratul interes al oricărui om este Fericirea şi nu plăcerea. Orice om este egoist, însă **sunt 2 tipuri de egoism**: <u>egoismul incorect</u> în care omul caută plăcerile şi <u>egoismul corect</u> în care omul caută Fericirea. Şi omul iluminat este egoist, însă el practică egoismul corect, spre deosebire de marea masă care practică egoismul incorect. Cunoaşterea de Sine este o stare de echilibru, discretă, "silenţioasă". Deocamdată nu ştim cum este, ştim doar (prin deducţie teoretică) că este singura stare din care suferinţa lipseşte complet.

Un om inteligent îşi fixează ca ţel unic această stare, care în final trebuie experimentată şi nu doar teoretizată. Teoria ne ajută să ne fixăm ca unic ţel această stare deocamdată necunoscută de Infinit Supraconştient (∞S), deoarece înţelegem că este unica stare dezirabilă, adică din noianul de stări psihice este unica stare fără suferinţă (în afară de inconştienţă). Există deci o ordine şi în această mulţime a stărilor psihice, iar această ordine te face să-ţi dai seama că există o stare de Conştiinţă Infinită, opusă inconştienţei din somnul fără vise, complet lipsită de suferinţă, deocamdată necunoscută, dar care poate fi experimentată prin practicarea AS.

5.4.13 – Diverse

Ignoranţa de Sine nu are început, dar poate avea un sfârşit. Cunoaşterea de Sine poate avea un început, şi, odată obţinută definitiv, nu are sfârşit. Eliberarea este subtilă, pentru că şi sclavia în care te ţine egoul este subtilă (ca dovadă, observaţi cât de puţini oameni sunt preocupaţi de Calea Spirituală).

Şi din punct de vedere lingvistic ajungem la necesitatea dizolvării egoului. Să considerăm afirmaţia "Eu sufăr". În această propoziţie, "eu" înseamnă egoul. Căile lumeşti urmăresc eliminarea celui de-al doilea termen ("sufăr") cu păstrarea primului termen ("eu"), în timp ce Calea Spirituală urmăreşte eliminarea primului termen ("eu"). De ce Fericirea coincide cu abolirea egoului? Deoarece Fericire = încetarea suferinţei, iar suferinţa nu poate exista decât unde este un ego, adică unde este "cineva" care poate experimenta suferinţa. Suferinţa nu se poate aplica decât "cuiva", adică unui ego; "Nimicul" (identic cu Infinitul) nu poate suferi.

Învăţătura dizolvării egoului este mult mai profundă decât pare la prima vedere; de fapt, este cea mai radicală învăţătură posibilă, deoarece presupune trecerea din Finit (Finitul Nemăsurabil FN = ego) în Infinit (∞S = Infinitul Supraconştient). Suferinţa nu există decât în limitare (Finit); dacă vrei să scapi de suferinţă, pătrunde în nelimitare (Infinit)! Cum? Prin scufundarea minţii în Sine. Unde este Infinitul? În Sine, în Tine, în Centrul tău: Tu eşti Infinitul, Tu eşti Acela ("Tat Tvam Asi"). Nu trebuie să ne speriem de cuvântul "Infinit": este un Infinit al profunzimii şi ca atare este Pace profundă. Doar introversiunea conştiinţei poate revela Adevărul = Pacea = Fericirea. Nu încercaţi să vă imaginaţi Fericirea, deoarece veţi crea astfel nişte idoli mentali şi veţi uita că Fericirea nu poate fi imaginată, ci doar experimentată/trăită! Consacraţi-vă introversiunii conştiinţei şi nu mai jonglaţi cu concepte, deoarece orice concept vă menţine în Finit (FN) şi implicit în sclavia ego-ului şi a suferinţei! **Ego = durere = FN; disoluţia ego-ului = disoluţia durerii = trecerea** (la nivelul stărilor de conştiinţă) **de la Finit la Infinit**. Există 2 stări de conştiinţă Infinite: inconştientul (∞i) şi Supraconştientul (∞S), iar stările de conştiinţă Finite (FN) formează o mulţime nenumărabilă. O stare de conştiinţă este ori Finită (egocentrică), ori Infinită (fără ego) ("Nu puteţi sluji lui Dumnezeu şi lui Mamona" – Matei 6:24 sau "Cine nu este cu Mine, este împotriva Mea" – Matei 12:30), adică nu este variantă de mijloc, nu poţi fi "cu fundul în 2 luntri". Ego = legătura dintre Conştiinţa Personală (CP) şi Materie (FM = Finitul Măsurabil = Materia). Ego $\equiv$ CP este "crudă/necoaptă". CP trebuie să se "coacă"; prin coacere, CP se "separă" de Materie $\equiv$ CP se "separă" de cele 5 corpuri materiale (dispare egoul = identificarea exclusivă a CP cu cele 5 corpuri materiale). Astfel, CP se transformă/avansează de la stadiul de CPN (CP Neiluminată) la stadiul de CPI (CP Iluminată). CPI se coace lent, dar se obţine brusc, ca un fruct care se coace lent, dar cade brusc.

Ce înseamnă excentric, dezaxat sau dezechilibrat? Înseamnă că eşti în afara "centrului", a "axei" sau a punctului de echilibru, adică nu eşti "centrat" în Sine, în Tine însuţi, nu te afli în Centrul fiinţei, adică eşti egocentric, deoarece egoul înseamnă descentrare energetică – vezi Cap. 3 (conştiinţa egocentrică se mai numeşte şi conştiinţă de suprafaţă). Deci oricine posedă un ego este un excentric, un dezaxat şi un dezechilibrat în adevăratul sens al cuvântului. **Ce înseamnă schizofrenic?** Schizofrenia înseamnă scindare; astfel, orice egocentric este de fapt un schizofrenic (chiar şi fără patalama de la medicul psihiatru), deoarece egoul te scindează, te face să nu fii unit cu Tine însuţi. Deci (aproape) toţi oamenii sunt schizofrenici, adică "nebuni", pentru că (aproape) toţi oamenii posedă ego. Chiar şi fără diagnostic de la psihiatru, un om este nebun atât timp cât nu şi-a dizolvat egoul (adică practic toată lumea). Cineva primeşte diagnosticul de "schizofrenic" doar dacă nebunia lui depăşeşte o anumită limită, în rest este considerat "om normal", adică nebunia lui nu iese din limite, are un nivel "acceptabil". Egoul este un factor de instabilitate, de dezechilibru, de scindare interioară, te face schizofrenic, chiar şi fără diagnostic de la psihiatru, deoarece face să nu fii unit cu Tine, adică să nu fii în starea de "yoga" sau starea "religioasă". Atât "yoga" cât şi "religie" înseamnă acelaşi lucru:

unire. Unire cu cine? Unire cu Tine, cu Sinele tău. Iluminarea înseamnă că te unești cu Tine însuți, vindecând astfel sciziunea interioară sau schizofrenia. Aceasta este yoga adevărată: unirea cu Tine însuți, care se realizează prin disoluția egoului. Țelul spiritual este echilibrarea ființei umane prin dizolvarea egoului, egoul fiind fundamentul sau rădăcina oricărui dezechilibru, adică "părintele" tuturor dezechilibrelor din ființa umană.

Ce înseamnă "criză de identitate"? Nimic altceva decât că nu știi cine ești cu adevărat, adică în realitate ești Sinele, dar crezi că ești corpul, adică ego-ul (ca și cum ai crede că ești cineva, dar în realitate ești altcineva). <u>Oricine are egoul nedizolvat</u> (adică aproape toată lumea) <u>suferă de amnezie</u>. Adică cum? Adică a uitat cine este (este un fel de a spune că a uitat, pentru că nu a știut niciodată), deoarece fiecare om egocentric consideră că este (doar) corpul + mintea (materială), în realitate fiind Sinele. Aceasta este ceea ce unii numesc "uitarea de Sine", care este totuna cu Ignoranța de Sine, adică îți "ignori" Sinele, identitatea ta reală. Este o poveste în care Chuang Tzu povestește discipolilor săi că a avut un vis în care visa că este un fluture. Dilema lui era următoarea: este Chuang Tzu care a visat că este un fluture, sau este un fluture care visează că este Chuang Tzu? (adică ce este real: veghea sau visul?) Nimeni n-a putut da un răspuns, decât o singură persoană: nu ești nici fluture, nici Chuang Tzu; ești Sinele care nu are nici început, nici sfârșit (adică nici veghea, nici visul nu sunt reale – doar Sinele este real). Identitatea reală a oricui este Sinele Infinit = Dumnezeu. Remediul împotriva uitării de Sine este amintirea de Sine, care este o altă denumire pentru Cunoașterea de Sine.

Pe Calea Spirituală (CS) sarcina noastră este una simplă, iar complicațiile cad în sarcina lui Dumnezeu. "Nepătrunse sunt căile Domnului" este adevărat doar din punct de vedere al optimizării aspectelor lumești "Sănătate" și "Bani", adică CPI (Conștiința Personală Iluminată) optimizează aceste 2 aspecte în moduri pe care nu le putem înțelege decât principial și care sunt destul de complicate. Însă aceste procese complicate de optimizare a Realității Obiective (RO) nu cad în sarcina noastră, ci în sarcina CPI, astfel încât noi nu trebuie să ne batem capul cu aceste complicații. Dacă ne referim însă la CS, aceasta este simplitatea întruchipată, iar singurul lucru "de nepătruns" în acest caz este propria noastră Ignoranță de Sine = Sfera egocentrică (vezi Cap. 6), dar și aceste complicații ale egoului sunt rezolvate de Sinele Impersonal, dar doar după ce noi am declanșat procesul de iluminare prin "botez". <u>În concluzie</u>, ceea ce trebuie să facem noi este un lucru simplu (dar nu neapărat și ușor): "botezul" = scufundarea înspre Centru. După aceea, cele 2 tipuri de complicații sunt rezolvate de Dumnezeu: complicațiile de la nivelul RS (Realității Subiective) de către Dumnezeul Impersonal (Sinele Impersonal), iar complicațiile de la nivelul RO de către Dumnezeul Personal (CPI).

"Dacă faci ce-ai mai făcut, vei obține ce-ai mai obținut; dacă vrei să obții ce n-ai mai obținut, fă ce n-ai mai făcut." Parafrazând, vom spune: dacă practici tehnici fizice sau mentale, vei obține rezultate fizice sau mentale; dacă vrei să obții iluminarea (care nu este nici de natură fizică, nici mentală), trebuie să faci ce n-ai făcut niciodată până acum ≡ să practici Acțiunea Spirituală AS, care nu este o tehnică fizică sau mentală.

"Țelul spiritual nu se atinge prin dificultate sau plictiseală." "Dificultate" = <u>efort</u> fizic sau mental, deoarece dificultatea este asociată cu efortul; "plictiseală" = <u>inactivitate</u> fizică sau mentală, deoarece plictiseala este asociată cu inactivitatea. Adică țelul spiritual nu poate fi atins nici prin acțiune lumească, nici prin inacțiune lumească, ci doar prin AS, care nu este o metodă lumească. O altă interpretare este că țelul spiritual nu poate fi atins prin suferință, deoarece atât dificultatea cât și plictiseala sunt forme de suferință.

"Dacă tu faci 1 pas către Dumnezeu, Dumnezeu face 10 către tine." Într-adevăr, dacă reușești să scufunzi mintea în Sine oricât de puțin, Dumnezeu = Sinele Impersonal te ajută după aceea să finalizezi AS. Cel mai greu este să declanșezi AS, după aceea ești ajutat de propria Conștiință (care te atrage înspre Ea) și lucrurile decurg automat (în acest sens vezi și Pilda fiului risipitor din <u>Luca 15:11–32</u>: când fiul se întoarce acasă, tatăl îi iese în întâmpinare <u>încă de departe</u>, simbol al faptului că, dacă scufunzi cât de puțin mintea în Sine, după aceea Conștiința = Tatăl = Sinele Impersonal va face munca spirituală în locul tău/pentru tine).

Punctul de neîntoarcere ("the point of no return") **este pasul 5** (botezul), deoarece odată ce ai declanșat procesul propriei iluminări spirituale prin "botez", acest proces este ireversibil, adică nu te mai poți întoarce înapoi. Chiar dacă prin absurd ai dori să te întorci la starea de dinainte de pasul 5, acest lucru nu mai e posibil; am spus "prin absurd", deoarece niciun om sănătos la cap n-ar avea vreun motiv pentru a dori să se întoarcă la starea existențială mizerabilă de dinainte de botez, chiar dacă după botez vor urma perioade foarte dificile. Cu multă răbdare, aceste perioade dificile vor trece, iar apoi va urma Binele mult dorit și mult așteptat.

"Free your mind!" (sau în versiunea românească "Gândește liber!"): acest slogan care apărea într-o perioadă la un canal TV de muzică este de fapt un îndemn la eliberarea de sub dominația minții, a ego-ului.

"O altă cale: cea dreaptă!" Acest slogan electoral al unui partid politic din România post-decembristă poate fi interpretat în sensul că Calea Spirituală, adică Calea cea dreaptă/ortodoxă (orto = drept, perpendicular în geometrie), este o altă Cale, nouă, care nu a mai fost încercată până acum. Cei care au alcătuit acest slogan electoral nu s-au gândit probabil câtuşi de puţin la aşa ceva, dar în mod inconştient au rostit un mare adevăr.

"Ultima soluţie, înc-o Revoluţie!" Tot în mod inconştient, cel care a lansat acest slogan ne transmite că soluţia radicală este o Revoluţie, dar nu o revoluţie "exterioară", obiectivă, cu răsturnarea ordinii sociale, ci o Revoluţie a Conştiinţei, care nu poate fi obţinută decât prin dizolvarea egoului.

Imnul României ("Deşteaptă-te, române!") începe cu "Deşteaptă-te, române, din somnul cel de moarte". Ce poate însemna acest lucru decât Trezirea Conştiinţei din somnul mortal în care te ţine propriul ego?

"Just do it!" Indiferent cum crezi că e Acţiunea Spirituală (AS): simplă sau complicată, uşoară sau grea, trebuie să o practici şi să laşi deoparte toate părerile despre AS. Dacă spun că AS e grea, atunci mulţi vor spune că nu are rost să se apuce să facă ceva greu; dacă spun că AS e uşoară, atunci se vor mira cum de nu o pot face dacă e uşoară. Deci, în final, trebuie să practici AS fără a te mai gândi dacă e grea sau uşoară, sau cum spun americanii "Just do it!" (Pur şi simplu fă-o!).

"Cel care se identifică cu corpul fizic (adică cel cu egoul nedizolvat, ignorantul de Sine) **care produce excremente este mai în eroare decât porcul care le ia drept hrană."** Acest enunţ dur al spiritualităţii orientale ne vorbeşte în mod plastic despre gravitatea Ignoranţei de Sine.

Nimeni nu blochează accesul omului la calea eliberatoare decât propriul orgoliu/**propriul ego.** Însă oamenii preferă să păstreze ego-ul şi să sufere, decât să distrugă ego-ul şi să fie fericiţi. Acest lucru este ilustrat simbolic în Evanghelie atunci când mulţimea (simbolizând omul obişnuit, ignorant de Sine, care reprezenta atunci, ca şi acum, în anul 2019, imensa majoritate), pusă să aleagă între Baraba (simbol al egoului, deoarece Baraba era un criminal) şi Isus (simbol al Sinelui), îl alege fără nicio ezitare pe Baraba.

Cine este "stăpânitorul lumii acesteia" de care se vorbeşte în Ioan 14:30? Nu este altul decât egoul. De ce este egoul stăpânitorul lumii? Deoarece (aproape) toată lumea este stăpânită de ego (doar cel ce este iluminat nu se află sub stăpânirea egoului, dar iluminaţii sunt foarte rari, practic inexistenţi). **"şi nu ne duce în ispită, ci izbăveşte-ne de cel rău."** (Matei 6:13) Cine este "cel rău"? Tot egoul. Noi cerem Tatălui, adică Sinelui Impersonal, să ne izbăvească de sub stăpânirea egoului. Ce este ispita? Ispita înseamnă tentaţia alegerii plăcerii în defavoarea Fericirii = tentaţia alegerii binele cu b mic (plăcerea) în defavoarea Binelui cu B mare (Fericirea). Şi cine este ispititorul? Tot egoul (omul obişnuit/egocentric urmăreşte doar propria plăcere).

"Alter ego" putem considera că **înseamnă "altered ego" sau "Eu alterat"** (în engleză "to alter" = a altera, a modifica). Deci ego-ul este un Eu alterat, sau altfel spus ego-ul poate fi considerat un "Sine alterat".

"Dacă voieşte cineva să vină după Mine, să se lepede de sine" (Luca 9:23). Adică cine vrea să urmeze învăţătura lui Isus, trebuie să-şi "lepede" sinele (cu s mic), adică să-şi lepede egoul, adică să-şi dizolve egoul.

"dacă grăuntele de grâu ... nu moare, rămâne singur; dar dacă moare, aduce multă roadă." (Ioan 12:24). Adică dacă nu moare "sămânţa" egoului, nu se poate naşte "planta" Fericirii (Cunoaşterii de Sine).

Alchimia învaţă despre "transformarea plumbului în aur": plumbul personalităţii trebuie transformat în aurul spiritului, adică suferinţa trebuie "transmutată" în Fericire. "Plumb" simbolizează ego-ul (care mai este numit şi falsa personalitate sau falsa identitate), adică suferinţa, iar "aur" simbolizează Sinele, adică Fericirea.

De ce Sinele mai este simbolizat prin expresia "Împărăţia cerurilor"? Deoarece la fel cum cerul fizic sau atmosfera sau spaţiul tridimensional (pare că) este infinit în întindere, la fel şi Sinele este Infinit, dar în profunzime. Din păcate, mulţi "credincioşi" au interpretat ad litteram această simbolistică, înţelegând în mod greşit că împărăţia cerurilor este undeva prin văzduh, în spaţiul interstelar sau în nu-ştiu-care galaxie. Ei nu au înţeles că acesta este doar un simbol, iar simbolul este o realitate obiectivă care trebuie pusă în legătură cu o realitate subiectivă. Toate simbolurile Sinelui sunt doar nişte indicatoare (semne), care indică spre "ceva" care nu poate fi cunoscut în mod real decât în mod subiectiv, prin experimentare, non-obiectiv.

"Space: the final frontier. ... To boldly go where no man has gone before!" Celebrul slogan din Star Trek înseamnă că spaţiul tridimensional ("Space") este frontiera (ultimă) dintre lumesc (Realitatea Obiectivă) şi Divin (Spaţiul Realităţii Subiective SRS, unde locuieşte Sinele Impersonal = Dumnezeu Tatăl), adică dacă obţii iluminarea ai trecut dincolo de spaţiu şi timp şi ai pătruns în Eternitate (în SRS). Pentru a pătrunde în SRS îţi trebuie curaj ("to boldly go"), iar faptul că în SRS "niciun om/nimeni nu a mai ajuns înaintea ta" ("no man has gone before") înseamnă că nu poţi pătrunde acolo decât dacă îţi dizolvi egoul/dacă devii un "nimeni".

"**Dincolo de nori e lumea mea**": aceste versuri dintr-o melodie a unei formaţii muzicale româneşti înseamnă că Locuinţa noastră eternă este dincolo de norii minţii, în Conştiinţă. **Fiecare trăieşte în propria "atmosferă" mentală;** dacă atmosfera mentală se schimbă, se schimbă totul. Analogie cu atmosfera fizică, concretă (adică aerul): la fel cum atmosfera fizică este ceţoasă, întunecată, e frig, plouă, la fel este şi atmosfera noastră mentală obişnuită: gri, confuză, dureroasă, ceţoasă, întunecată. Pentru a schimba acest lucru, trebuie să ţintim Unica Stare lipsită de suferinţă. Această Unică Stare Fericită este comparată cu Soarele, cu aurul alchimic, cu lumina, cu claritatea, deoarece împrăştie ceaţa stărilor limitate de conştiinţă.

De ce Sinele mai este asemănat cu Soarele ("Soarele Sacru Absolut")? Deoarece (printre alte motive – vezi pagina 38) Sinele este în centrul structurii omului, fiind înconjurat de cele 5 corpuri, la fel cum Soarele este în centrul Sistemului solar, fiind înconjurat de planetele care se învârt în jurul lui.

Cel ce s-a iluminat prin AS nu este neapărat superior celorlalţi, dar este cu siguranţă cel mai norocos om, deoarece a găsit Fericirea (norocos e un fel de a spune, deoarece el a muncit mult pentru acest "noroc").

Ramana Maharshi spune că nu trebuie să ne batem capul cu problema crimei şi a criminalilor, deoarece fiecare din noi (cu excepţia iluminaţilor) este în orice moment un "asasin" al Sinelui Personal: Sinele Personal este "ucis" de propriul ego, adică starea naturală de Preafericire a fost înăbuşită de Ignoranţa de Sine. Pe de altă parte, despre un om care a obţinut iluminarea Ramana Maharshi spune că (citez aproximativ) "chiar dacă ucide toate fiinţele din cele 5 Universuri Materiale, nu păcătuieşte, deoarece egoul lui a fost deja distrus".

Oamenii sunt răi din cauza chinului interior în care trăiesc în mod constant şi pe care nu ştiu cum să-l elimine. Neştiind că suferinţa nu poate fi eliminată complet decât prin dizolvarea propriului ego, ei recurg la tot felul de acţiuni aberante în scopul de a scăpa de suferinţă, dar acestea nu fac decât să sporească suferinţa şi astfel omul ignorant (intelectual şi spiritual) merge din rău în mai rău.

Sinele mai este denumit şi "Eu sunt", iar egoul este simbolizat prin expresia "Eu sunt corpul", aici corpul nefiind doar corpul fizic, ci ansamblul celor 5 corpuri (adică ansamblul corp fizic + corp subtil). Astfel, egoul nu este altceva decât identificarea (exclusivă) cu corpul, sau credinţa inconştientă "Eu sunt (doar) corpul". Iată ce spune Isus în <u>Ioan 8:24</u>: "dacă nu credeţi că Eu sunt, veţi muri în păcatele voastre". Dacă "traducem", obţinem: "Dacă nu veţi conştientiza/realiza propriul Sine care este simbolizat prin Eu sunt, veţi muri în suferinţele voastre", adică dacă nu vă veţi dizolva egoul, veţi trăi în suferinţă şi veţi muri în suferinţă, deoarece conştientizarea Sinelui este echivalentă cu dizolvarea egoului. Neînţelegerea celor care îl ascultau reiese din versetul care urmează: "Cine eşti Tu?", neînţelegere care s-a propagat până în zilele noastre. În general, întreaga învăţătură a lui Isus din Noul Testament a fost ori neînţeleasă, ori înţeleasă greşit.

Despre liberul arbitru (LA) în spiritualitate: LA este esenţial pe Calea Spirituală (CS), deoarece determină dacă un om va fi interesat sau nu de CS, adică este la libera lui alegere să se preocupe sau nu de CS. Acesta este un mesaj pozitiv, deoarece rezultă implicit că dacă vrei să te preocupi de CS, nu te poate opri nimeni (în afară de tine) – vezi şi "mulţi chemaţi, puţini aleşi", adică toţi sunt chemaţi, dar cei foarte puţini care sunt aleşi sunt de fapt auto-aleşi, adică sunt cei care au decis să-şi folosească LA pentru a-şi orienta interesul către CS. Invers, dacă nu vrei să te preocupi de CS, nimeni nu te poate obliga să o faci.

Einstein: "Dumnezeu este subtil, dar nu rău intenţionat" poate fi tradus astfel: Dumnezeu (iluminarea/Fericirea) este subtil, dar intenţiile lui sunt bune deoarece El a creat Cosmosul (vezi Cap. 2) şi Scenariul Cosmic (vezi Cap. 6), al căror scop este ca oricine să obţină Fericirea. În plus, Fericirea nu este nici departe, nici complicat de obţinut. Orice altă părere este greşită şi determină pe cei mai mulţi oameni să considere că toate chestiunile spirituale sunt în cel mai bun caz nişte prostii, nişte misticisme care nu au nicio legătură cu viaţa zilnică, iar în cel mai rău caz sunt nişte chestii periculoase care nu urmăresc decât să le spele creierul; în plus, chiar dacă ar fi adevărate, îi privesc doar pe călugări sau asceţii din păduri eventual, oricum nu au timp de aşa ceva şi în orice caz, nimeni, niciodată, nu a obţinut nimic cu aceste chestii aride, eventual doar Isus sau Buddha. Şi iată cum un astfel de om se autoexclude de pe CS, verificându-se încă o dată aserţiunea "Mulţi chemaţi, puţini aleşi": cei puţini aleşi sunt auto-aleşi, pentru că nimeni nu ne blochează accesul la CS decât noi înşine. Singurul obstacol în calea propriei Fericiri este propriul nostru ego/Ignoranţă de Sine. Neînţelegerea sau înţelegerea greşită a învăţăturilor spirituale ne determină să nu parcurgem CS şi acest lucru ne menţine prizonieri în temniţa suferinţei, iar cei care au de pierdut suntem noi înşine, sau mai exact <u>eu</u>. Dacă înţeleg că doar <u>eu</u> am de pierdut dacă nu parcurg CS, înseamnă că cel mai important lucru pe care îl pot face în această viaţă este să muncesc pentru dizolvarea egoului ca fiind unica modalitate de acces la Fericire.

Iată mitul păsării Phoenix care renaște din propria cenușă: pasărea Phoenix este Conştiinţa care se trezeşte prin adunarea şi focalizarea tuturor "bucăţilor" de conştiinţă în Centrul Spiritual (= Spaţiul Realităţii Subiective SRS). Prin Acţiunea Spirituală (AS), toate fragmentele de conştiinţă sunt reunite în acelaşi punct: în Centru, şi astfel se trezeşte Conştiinţa. Centrul este singurul "loc" unde pot fi reunite fragmentele de conştiinţă, deoarece Centrul este singura locaţie în afara Spaţiului tridimensional, iar Sinele, fiind Infinit, nu poate locui în Spaţiul tridimensional deoarece orice poate fi localizat în Spaţiul tridimensional este finit. Aceasta este unirea cu Tine sau yoga sau Religia autentică: unificarea prin AS a părţilor de conştiinţă risipite.

De ce acelaşi Adevăr este exprimat verbal diferit de diverşi iluminaţi? Doi iluminaţi trăiesc în "interiorul"/subiectivitatea lor aceeaşi Fericire, dar o exprimă diferit pentru că au structuri diferite ale corpurilor mental şi fizic. Adică aceeaşi trăire este exprimată diferit, fără ca prin aceasta trăirile lor subiective să difere.

Isus numeşte Calea Spirituală (CS) **"Calea cea îngustă care duce la viaţă"** (<u>Matei 7:13–14</u>). Dacă traducem, obţinem întâi "Calea cea îngustă care duce la Fericire". Apoi, vom interpreta cuvântul "îngustă": îngustă înseamnă că este o cale subtilă, care necesită atenţie şi nu forţă. Cum mergi pe un drum îngust? – cu mare atenţie, pentru a nu devia nici spre stânga, nici spre dreapta. Deci CS nu este grea, ci subtilă; sau putem spune că greutatea ei constă în subtilitate. CS se aseamănă mai degrabă cu mersul pe un drum îngust decât pe un drum dificil, cu băgatul aţei în ac decât cu căratul unei pietre de moară. Rezultă că pe CS nu vom depune efort lumesc, nu ne vom încrâncena, nu vom transpira, ci vom începe prin a ne ascuţi treptat înţelegerea intelectuală prin reflecţie continuă asupra acestui subiect (Ramana spune că prin reflecţie continuă mintea se ascute ca briciul pe tocilă). **Simbolistica din** <u>Matei 21:1–9</u> **când Isus intră glorios în Ierusalim călare pe un măgar este următoarea:** <u>măgarul simbolizează corpul mental</u> = suportul material al minţii, deoarece mintea în starea de neiluminare este la fel de îndărătnică ca un măgar (simbolismul măgarului îl foloseşte şi Mahomed: compară pe cel care acumulează cunoştinţe spirituale, dar nu le pune în practică, cu un măgar încărcat de cărţi – simbolul minţii împovărate de cunoştinţe); <u>Ierusalimul simbolizează Ierusalimul ceresc sau starea de iluminare/Fericire/absenţă a egoului</u> (toate aceste denumiri înseamnă acelaşi lucru). <u>Explicaţie</u> (traducerea acestei scene pe care mulţi o ştiu, dar puţini o înţeleg): Isus ajunge la starea de iluminare cu ajutorul minţii (a corpului mental), pe care o supune. Deci ca să ajungi la iluminare trebuie să-ţi supui mintea, care nu se poate realiza decât prin transcenderea ei/prin dezidentificarea de ea/prin accesul la planul Supramental (planul Conştiinţei). Deşi îţi supui mintea, te foloseşti de ea (de minte, de intelect) în prima fază prin studierea din punct de vedere intelectual a ceea ce este iluminarea, ca şi a modalităţii prin care poţi realiza efectiv iluminarea. Adică îţi foloseşti mintea pentru a înţelege că trebuie să treci dincolo de minte.

<u>Rezumând încă o dată, esenţa oricărei religii sau căi spirituale autentice este doar dizolvarea eului, care se obţine doar prin Acţiunea Spirituală (AS).</u> De ce este anihilarea eului/egoului esenţa oricărei căi spirituale? Deoarece absenţa egoului este singura stare în care suferinţa încetează complet – în orice altă stare a conştiinţei, suferinţa continuă să existe sub diverse aspecte, mai "vizibile" sau mai subtile. Prin urmare, cel care vrea să obţină eliberarea de suferinţă trebuie, în mod aparent paradoxal, să înceteze să existe ca ego, ca personalitate. Aceasta nu înseamnă nicidecum provocarea de suferinţe corpului fizic/subtil sau anihilarea corpului fizic/subtil, ci <u>anihilarea identificării (exclusive) cu corpul fizic şi cu corpul subtil</u>, identificarea cu corpul fizic şi cel subtil fiind sinonimă cu eul. Altfel spus, putem spune că ego = identificarea (exclusivă) cu corpul material – format din cele 5 corpuri mai grosiere/mai subtile. Materia este partea limitată şi măsurabilă a existenţei şi are diverse grade de subtilitate: materia fizică este cea mai grosieră, apoi avem materia eterică (aşa-numita bioenergie, denumită prana în yoga şi ki sau chi în Medicina chinezească, care circulă prin meridianele de acupunctură sau nadis-urile yoghine), materia astrală, materia mentală şi materia cauzală care este cea mai subtilă materie. Contrar a ceea ce se crede în mod curent, propriul egoism (în acest context, prin "egoism" vom înţelege existenţa egoului) este duşmanul cel mai mare al fiecăruia dintre noi şi nu cel mai bun prieten. Nu există ego fără suferinţă şi nici suferinţă fără ego; aici nu este vorba în primul rând de suferinţa pe care o creăm celorlalţi prin egocentrismul nostru (deşi există şi aceasta), ci de suferinţa pe care ne-o creăm nouă înşine prin propriul egoism. Desigur, eul produce şi momente plăcute, şi aici este problema, fiindcă nu vrem să renunţăm la plăcerile noastre. Diferenţa dintre plăcere şi Fericire este că plăcerea este o stare egocentrică, depinde de anumite condiţii considerate ca fiind pozitive şi niciodată nu durează foarte mult, fiind urmată inevitabil de momente neplăcute sau chiar de suferinţe intense, în timp ce Fericirea este acauzală (adică nu are o cauză obiectivă, "externă"), stabilă şi nu este urmată de suferinţă. Plăcerea este condiţionată de anumite condiţii, în timp ce Fericirea nu este condiţionată de nimic şi prin aceasta nu este afectată de prezenţa sau absenţa anumitor condiţii favorabile sau nu. Fericirea este o stare superioară plăcerii, deoarece plăcerea este limitată, iar Fericirea este nelimitată şi este un sinonim al Sinelui care nu are început sau sfârşit.

Egoul poate fi definit 100% clar şi precis/exact/matematic doar pe ansamblu, ca fiind mulţimea tuturor stărilor de conştiinţă de tip FN (Finit şi Nemăsurabil). "Moartea egoului" are un înţeles exact/matematic, dar care trebuie realizat prin experienţă intimă/trăire. Cunoaşterea Fericirii/Adevărului diferă astfel fundamental de cunoaşterea din matematică/fizică/chimie/etc., care este o cunoaştere intelectuală. În demersul de cunoaştere a Adevărului, intelectul te conduce până în pragul în care înţelegi că egoul trebuie dizolvat, şi înţelegi în acelaşi timp că "moartea egoului" are sens, dar acest sens trebuie descoperit prin experimentare directă. Se spune că Adevărul nu poate fi nici dăruit, nici luat cu forţa. Cineva îţi poate explica calea de urmat, dar fiecare trebuie să meargă de unul singur pe acest drum; şi nu e vorba că un înţelept nu are bunăvoinţa să îţi explice Adevărul, dar din principiu (tehnic vorbind) nu poate fi explicat prin cuvinte, deoarece orice cuvânt face parte din dimensiunea/tărâmul finitului, iar Adevărul este Infinitul. Este perfect posibil însă să experimentăm Adevărul. Putem înţelege acum de ce se folosesc atât de mult parabolele/simbolurile în toate Cărţile Sfinte şi povestirile iniţiatice: încearcă să vorbească despre "ceva" invizibil şi necunoscut omului obişnuit/ignorant de Sine. Adevărul/Fericirea mai este denumit şi Incognoscibilul, deoarece nu poate fi cunoscut real în mod obişnuit, prin dualitatea cunoscător/lucru cunoscut, ci numai non-dual, când cunoscătorul/egoul dispare.

Un concept/adevăr exprimat atât de concis prin cuvintele "dizolvarea egoului" a fost răstălmăcit şi interpretat în multe moduri greşite. Astfel se explică apariţia atâtor religii, curente religioase, secte, grupări spirituale, filozofii, dogme, teorii esoterice, care susţin fiecare că este deţinătoarea (exclusivă) a "adevărului"; apar contradicţii atât între diferitele religii (de fapt pseudo-religii), cât şi în cadrul aceleiaşi religii. Ne dăm astfel seama că de fapt propriul nostru ego, ca şi neînţelegerea sau înţelegerea greşită a învăţăturilor spirituale, a religiilor, a filozofiilor şi a esoterismului sunt responsabile pentru suferinţa noastră şi nicidecum un iluzoriu dumnezeu pe care îl acuzăm de toate relele reale sau închipuite. Nici circumstanţele vieţii, situaţia economică, frigul sau căldura, guvernul etc. nu sunt în realitate adevărata cauză a necazurilor noastre, ci propria noastră stare de adormire spirituală, de ne-trezire a Conştiinţei este unica cauză care atrage asupra noastră orice necaz, orice circumstanţă potrivnică, în concluzie, orice suferinţă. **Ramana Maharshi spune** că atunci când Janaka, un străvechi rege înţelept, care este un ideal pentru Vede – acela al armonizării dintre starea de Eliberare spirituală şi eficacitatea socială, a exclamat: "Am găsit hoţul care a acţionat în mod constant pentru a mă ruina! El va fi imediat executat!", el făcea aluzie la ego, la mental (ego = mental şi e diferit de corpul mental).

Trecând acum la practică, trebuie văzut cum putem integra în viaţa noastră zilnică aceste cunoştinţe teoretice obţinute. În primul rând, nu este nevoie să ne retragem într-o mănăstire, deoarece dacă putem dezintegra egoul în izolare, de ce nu l-am putea dezintegra şi în lume? Din contră, viaţa în lume asigură condiţii mai bune de dezintegrare a egoului decât în izolare, ca să nu mai vorbim de celelalte avantaje materiale. În al doilea rând, nu este nevoie să alocăm un timp anume pentru asta – în care, de exemplu, să stăm "în meditaţie" într-o anumită poziţie, eventual cu ochii închişi şi ascultând un anume tip de muzică; e suficient să îndeplinim activităţile zilnice impuse de desfăşurarea normală a vieţii, şi în acelaşi timp să încercăm să înţelegem ce înseamnă dizolvarea egoului şi cum o putem realiza. Am stabilit că pentru aceasta nu trebuie să ne izolăm într-o mănăstire sau să "medităm" cu ochii închişi (dacă cineva vrea să facă aceste lucruri nu-l opreşte nimeni, dar eu nu le consider necesare). Nici nu trebuie să rămânem celibatari (din nou, dacă cineva vrea să facă acest lucru nu îl/o opreşte nimeni) sau să trecem la vegetarianism (aceeaşi observaţie) sau să ţinem posturi alimentare în scop spiritual. Esenţa spiritualităţii este, după cum am mai spus, anihilarea egoului prin Acţiunea Spirituală (AS), iar orice altceva nu face parte din Calea Spirituală propriu-zisă, putând fi, eventual, doar un adjuvant. **Esenţa spiritualităţii este dizolvarea egoului** prin trăire directă şi nu trebuie să uităm niciodată acest lucru, altfel riscăm să rătăcim prin hăţişurile unor învăţături sau practici pseudo-spirituale.

Nu trebuie să neglijăm sau să dispreţuim partea materială ("Daţi Cezarului ce este al Cezarului şi lui Dumnezeu ce este al lui Dumnezeu": Cezarul simbolizează partea materială a existenţei, iar Dumnezeu simbolizează partea spirituală a existenţei). La nivel exterior ne vom comporta normal, firesc, făcând tot ceea ce trebuie făcut la nivel fizic, încercând în acelaşi timp să pătrundem înţelesul expresiei "moartea egoului" atât prin înţelegere intelectuală în prima fază, apoi şi prin experimentare directă. Viaţa trebuie să decurgă normal, preocupările spirituale nu trebuie să producă "seisme" în viaţa de zi cu zi; integrarea acestei preocupări spirituale în viaţa de zi cu zi trebuie să se facă în mod firesc. **"Simplul" fapt de a-ţi propune parcurgerea Scenariului Cosmic** (vezi Cap. 6) – prin disoluţia efectivă a ego-ului – **ca ţel al vieţii este deja o schimbare importantă;** acest ţel nu trebuie niciodată abandonat definitiv, chiar dacă la început <u>pare</u> ceva fantasmagoric, o absurditate, ceva imposibil de pus în practică. Trebuie insistat cu răbdare, fără să disperi niciodată, având credinţa că nu este ceva iluzoriu şi că poate fi realizat chiar aici, pe Pământ, şi că este de fapt unicul scop pentru care ne-am născut. Chiar dacă <u>aparent</u> nu există niciun progres, să ne amintim ce spunea Ramana Maharshi: "Prin forţa lucrurilor, progresul este lent, imperceptibil, însă niciun efort nu este făcut în zadar. Trebuie să crezi că poţi reuşi! Puţinele reuşite se datorează perseverenţei pe drumul corect." Cei care au reuşit au crezut că pot reuşi – iată adevărata credinţă! Cel mai greu este până obţii "botezul"; apoi trebuie doar să ai răbdare şi să faci faţă "descărcărilor karmice" care vor urma. **În concluzie, orice durere este cauzată de ego**, <u>adică egoul este cauza-rădăcină a oricărei suferinţe, chiar dacă cauzele aparente ale suferinţei se află în Realitatea Obiectivă.</u> Bineînţeles că nu toţi vor fi de acord cu această afirmaţie, dar asta îi priveşte numai şi numai pe ei. Fiecare este prizonierul propriei Ignoranţe de Sine, adică al propriului ego, sau altfel spus fiecare este propriul său prizonier; acesta este adevărul gol-goluţ, chiar dacă nu ne dăm seama, nu înţelegem, nu vrem să acceptăm sau respingem din start această idee ca fiind o prostie, fără măcar să vedem dacă e aşa sau nu. Este exact ca în cazul în care necunoaşterea legii nu te scuteşte de a suferi consecinţele ei în cazul în care o încalci.

Putem răspunde la celebra întrebare "Care este sensul/scopul vieţii?", la care poate mulţi dintre noi credem că nu are răspuns sau am renunţat să mai căutăm răspunsul. Răspunsul este scurt: **sensul/scopul vieţii este anihilarea propriului eu – prin AS.** Însă această anihilare a eului nu trebuie să fie doar o idee în mintea noastră, ci trebuie realizată efectiv, adică trebuie <u>efectiv</u> să ucidem eul, şi nu doar să ne gândim la acest lucru.

Deci, singura minune care îşi merită numele este moartea propriului ego, şi nicidecum mersul pe apă, levitaţia, teleportarea, dedublarea astrală, telepatia sau alte asemenea puteri paranormale. Iluminaţii care ştiu ce vorbesc nu vorbesc decât despre transformarea conştiinţei prin anihilarea egoului, şi ne sfătuiesc să nu acordăm nici cea mai mică atenţie dezvoltării puterilor paranormale dintr-un motiv care acum ne este clar: în timp ce uciderea eului ne asigură Fericirea fără margini, dezvoltarea puterilor paranormale are ca suport egoul şi nu face decât să ne menţină în interiorul Sferei egocentrice (vezi 6.2) – unde stăpână este durerea.

Există nişte legende orientale, care pot avea şi un substrat real, în care este vorba despre anumite fiinţe excepţionale care au făcut aşa de mult bine în timpul vieţii pământeşti, încât după moarte au ajuns în anumite tărâmuri paradisiace, unde totul era numai bucurie şi fericire, şi s-au menţinut în aceste tărâmuri timp de mii de ani pământeşti; însă când karma lor pozitivă s-a consumat, deoarece nu aveau egoul dizolvat, au trebuit să revină pe Pământ la o nouă încarnare şi să reînceapă viaţa în această "vale a plângerii". Astfel, **legea karmei** (legea destinului) **poate fi depăşită într-un singur mod cu adevărat: prin dizolvarea egoului**, deoarece legea karmei are ca fundament egoul (numit şi "individualitate"/"personalitate"); egoul fiind dizolvat, karma îşi pierde înţelesul, deoarece karma negativă sau chiar pozitivă nu se poate aplica decât "cuiva". Deci, îndemnurile unora de a depăşi karma făcând fapte bune care să le echilibreze pe cele rele nu sunt corecte; normal că este mai bine să facem fapte bune decât rele, dar nu trebuie să sperăm niciodată că în acest mod vom reuşi să anihilăm karma – în cel mai bun caz putem ajunge în situaţia persoanelor din legendele menţionate.

Atât timp cât egoul nu este anihilat/dizolvat, vom reveni mereu şi mereu la reîncarnare pe Pământ, ca într-un blestem. Partea proastă este că nici măcar nu reuşim să identificăm cauza-rădăcină a suferinţelor noastre, atenţia noastră îndreptându-se în altă parte. Dacă considerăm simbolic egoul ca fiind rădăcina unui copac sau port-altoiul, orice lucru rău care ni se întâmplă este alimentat de/se altoieşte pe această rădăcină comună. În loc să tăiem răul din rădăcină, noi nu facem decât să ne ocupăm de fiecare crenguţă în parte; este evident că această atitudine nu e înţeleaptă, această muncă fiind fără sfârşit – asemenea lui Sisif, care împinge bolovanul în vârful muntelui, după care bolovanul cade din nou la vale şi lucrurile se reiau de la început.

Ceea ce propun în prezenta lucrare este să luăm în considerare de la început rădăcina tuturor relelor, adică propriul ego, acest lucru scutindu-ne de nenumărate ocolişuri şi rătăciri – pentru a ţine minte mai uşor, putem memora o frază scurtă de genul "Unicul lucru necesar pentru încetarea suferinţei este anihilarea egoului prin Acţiunea Spirituală (AS)" sau orice altă formulare echivalentă. Altfel, riscăm să ne rătăcim prin hăţişurile atâtor învăţături şi cărţi (pseudo) spirituale care au apărut ca ciupercile după ploaie în România după 1990 şi care propun fel de fel de practici – din care unele sunt periculoase pentru sănătatea fizică şi/sau psihică a practicanţilor, iar altele conduc în nişte fundături din care nu se mai poate ieşi sau se iese cu greutate.

5.5 – Din experienţa personală pe Calea Spirituală

Până la Revoluţia din 1989 nu am avut nicio preocupare în domeniul spiritual, aceasta probabil şi din cauza faptului că în România comunistă nu apăreau cărţi din acest domeniu. După 1990, odată cu "explozia" cărţilor în domeniul esoterismului, misticii, religiei, spiritualităţii, ca şi a diverselor şcoli de yoga, am fost atras imediat de acestea şi am început să "devorez" orice informaţie din acest domeniu, cu scopul de a înţelege aceste lucruri. Cred că în total am cumpărat sute sau chiar mii de cărţi de acest tip; în acest scop, treceam în mod regulat pe la librării şi standurile de cărţi şi urmăream ultimele noutăţi apărute. În aprilie-mai 1990 am avut prima iluminare parţială şi temporară, obţinută însă în mod indirect (am mai avut după aceea astfel de iluminări parţiale şi temporare în 1991, 1992, 1994 şi 1998). Partea bună era că simţisem "gustul" iluminării, chiar şi parţială; partea proastă era că nu ştiam cum să o fac să apară din nou după ce a dispărut, deoarece încă nu ajunsesem să înţeleg modalitatea directă de declanşare a iluminării = Acţiunea Spirituală (AS).

Paranteză: dacă iluminarea (parţială) este obţinută spontan sau indirect, nu are decât o valoare experimentală, deoarece nu poţi determina reapariţia ei, tocmai pentru că a apărut spontan sau indirect şi nu cunoşti tehnica de declanşare a procesului de iluminare. În schimb, dacă aceeaşi iluminare parţială este obţinută în mod voluntar, adică prin "botez" = prin AS, tot ce mai de făcut este să ai răbdare pentru ca Sinele Impersonal, adică "Mântuitorul", să finalizeze ceea ce tu ai declanşat, adică AS; la finalul AS vei obţine Cunoaşterea de Sine deplină = iluminarea completă şi definitivă (am închis paranteza). Situaţia era deci următoarea: ştiam că există iluminarea şi ce "gust" are, dar acum ea dispăruse şi nu ştiam ce să fac pentru a o obţine din nou. Ignoranţa de Sine şi suferinţa asociată erau mult mai apăsătoare, deoarece acum ştiam că e posibil să scapi de ele. Singura şansă era să citesc cât mai mult în acest domeniu pentru a afla, eventual, modalitatea de a obţine din nou iluminarea spirituală. Trebuie să precizez că nu aveam nicio garanţie că chiar există o modalitate de obţinere a iluminării, care trebuia să fie şi sigură şi eficientă, şi asta pentru că diverşii autori de cărţi spirituale nu reuşeau să se pună de acord asupra acestui lucru. Mulţi dintre ei nici măcar nu ofereau o metodă sau chiar susţineau că nu există nicio metodă, adică nu puteai face nimic în acest sens şi drept urmare tot ce aveai de făcut era să aştepţi o eventuală favoare în acest sens din partea Existenţei, care însă ar fi putut să nu vină niciodată (privind în jur am constatat că pentru practic toţi oamenii această iluminare spontană nu vine niciodată). Alţi autori erau la cealaltă extremă şi ofereau o puzderie de metode fizice sau mentale, dar care, presupunând că reuşeai să te decizi pe care să o alegi, nu ofereau nicio garanţie că vei avea vreodată succes în obţinerea Fericirii; în plus, am înţeles că aceste metode nu erau nici sigure din punct de vedere al sănătăţii.

Lucrurile păreau a sta deci cât se poate de prost: aveam de ales între a nu face nimic din punct de vedere spiritual şi a aştepta o ipotetică "iluminare" care urma să cadă ca o pleaşcă din cer (dar asta doar dacă aveam noroc, şi privind în jur am văzut că nimeni nu are acest noroc) şi a alege una din sutele şi miile de tehnici fizice sau mentale care, pe lângă faptul că nu garantau obţinerea succesului, nu erau nici sigure din punct de vedere al sănătăţii. Niciuna din cele 2 variante nu mă satisfăcea, aşa că am continuat să citesc cam tot ce apărea în domeniul spiritual, deşi repet că nu aveam nicio garanţie că ceea ce căutam eu chiar există: o metodă sigură, eficientă şi dacă era posibil să fie şi unică, pentru a nu trebui să aleg între mai multe metode.

În plus, nimeni din jur nu părea să deţină soluţia la această problemă, asta bineînţeles în cazul în care era interesat de subiect (imensa majoritate a oamenilor nici măcar nu-şi bat capul cu aceste probleme). Nici măcar cei care susţineau că obţinuseră iluminarea (extrem de puţini şi aceştia chiar la nivel mondial) nu reuşeau să ofere soluţia salvatoare, adică o metodă sigură şi eficientă de obţinere a iluminării şi care ar fi fost bine să fie şi unică pentru a nu fi forţat să alegi dintre mai multe metode. Teoretic, era posibil ca ceea ce căutam eu nici măcar să nu existe, ceea ce ar fi fost într-adevăr cât se poate de prost. Am continuat deci să citesc, chiar dacă repet că nu aveam garanţia că voi ajunge undeva cu acest citit. După parcurgerea acestui imens volum de informaţii, am început să elimin ceea ce era neclar sau inutil/fără relevanţă, adică am luat în calcul toate scrierile spirituale disponibile (citite) şi, prin filtrare (înlăturarea elementelor neclare) şi distilare (înlăturarea elementelor irelevante) = sporirea succesivă a concentraţiei informaţiilor spirituale, am obţinut în final puritatea/concentraţia maximă a învăţăturii spirituale: dizolvarea propriului ego (prin AS, dar acest lucru l-am înţeles ulterior) este unica modalitate de obţinere a Fericirii. Învăţătura necesităţii disoluţiei propriului ego ca unică cale spre Fericire am cules-o la început din cărţile lui Ramana Maharshi. Apoi, am verificat această învăţătură din punct de vedere intelectual, adică am întors-o pe toate feţele ca să văd dacă rezistă, şi a rezistat: unicul lucru necesar/lucrul necesar şi suficient pentru încetarea suferinţei este dizolvarea propriului ego.

Era deja un mare succes, deoarece redusesem enorma cantitate de învăţături spirituale la un singur precept exprimabil prin 2 cuvinte: <u>Dizolvă eul</u>! Era un principiu arid, dar era unul singur şi pe deasupra prin explorarea acestui principiu din punct de vedere intelectual ajunsesem la concluzia că era şi eficient dacă era pus în practică. Mă bazam la început pe cărţile lui Ramana Maharshi, unde nu se punea accentul decât pe acest unic lucru: dizolvarea egoului. Ulterior, am primit confirmări şi din cărţile altor autori: Ilie Cioară, Samael Aun Weor, Eckhart Tolle, Jean Klein, Osho, Krishnamurti, Nisargadatta Maharaj etc., ca şi din Noul Testament. Am fost plăcut surprins să văd că acest principiu este universal – adică este prezent în orice religie, filozofie, curent esoteric, yoga etc., şi este singurul principiu comun tuturor învăţăturilor spirituale. Prin că-utarea punctelor comune mai multor învăţături spirituale (făcând intersecţia mulţimilor de concepte şi teorii spirituale), obţii o colecţie de precepte şi teorii comune. Mărind numărul de învăţături spirituale luate în calcul, această colecţie de precepte comune se reduce din punct de vedere cantitativ, iar <u>dacă iei în calcul suficient de multe învăţături spirituale, aceste învăţături comune se reduc la un singur principiu: dizolvarea propriului ego este unica modalitate de obţinere a Fericirii</u>. Situaţia este următoarea: principiul necesităţii dizolvării egoului se găseşte în orice învăţătură spirituală serioasă şi nu există un alt principiu care să se găsească în toate învăţăturile spirituale serioase. Şi din acest punct de vedere, deci, putem trage concluzia că acesta este singurul principiu spiritual autentic (falsele principii spirituale, care abundă, sunt toate, fără ex-cepţie, principii lumeşti deghizate). În concluzie, îndemnul "dizolvă-ţi egoul!" este singurul îndemn spiritual, iar orice alt îndemn, oricât de spiritual ar părea/ar fi considerat, nu este decât un îndemn lumesc care nu poate conduce niciodată la iluminare/mântuire/Fericire. Rezultă că <u>singura practică spirituală autentică este munca pentru dizolvarea egoului</u> (prin AS), <u>iar orice altă practică nu este în realitate decât o practică lumească, care în cel mai bun caz este o pierdere de timp, iar în cel mai rău caz reprezintă un potenţial pericol pentru sănătatea fizică sau psihică</u> a practicantului. În iunie 2001 m-am întâlnit cu Ilie Cioară, care m-a încurajat să perseverez în Cunoaşterea de Sine (chiar dacă atunci nu am înţeles exact cum). M-a ajutat şi faptul că Ilie Cioară te încuraja să nu depinzi de nimeni pe Calea Spirituală (CS) şi să nu vorbeşti decât atunci când experimentezi tu însuţi. După ce am "clocit" îndelung acest principiu al "dizolvării egoului", **pe <u>3 decembrie 2008</u>** am pus pe hârtie primele idei, adică **am început scrierea acestei cărţi**, dar fără să-mi fi propus aceasta, ci doar datorită faptului că am început să înţeleg din punct de vedere intelectual ce înseamnă dizolvarea egoului. Am făcut acest lucru nu cu intenţia de a scrie o carte, ci doar pentru a fixa pe hârtie nişte idei, pentru ca să înţeleg eu însumi mai bine. Apoi, deoarece inspiraţia venea din ce în ce mai mult, am continuat să transpun ideile pe hârtie, deoarece simţeam că sunt prea valoroase pentru a nu fi scrise, dar (la început) tot doar în scopul de a le înţelege eu mai bine. Scrisul a continuat pe parcursul anilor 2009–2019 şi în final a rezultat această carte.

În acelaşi timp, mai exact pe <u>10 decembrie 2008</u>, am reuşit să am succes şi practic, adică **am declanşat procesul ireversibil al propriei iluminări spirituale** prin inversarea sensului de curgere al propriei conşti-inţe spre Centrul Spiritual = Sine-le Impersonal, adică în termeni creştini "m-am botezat". Ţin minte că era aproximativ ora 18.00–18.30, iar eu stăteam într-un fotoliu şi citeam o carte (care era din domeniul spiritual, dar nu are importanţă numele deşi ştiu exact despre ce carte este vorba). Am reuşit astfel să fac pasul 5 = "să poţi" (vezi Introducerea şi 5.2.2). Imediat după pasul 5 a început pasul 6, care este şi cel final şi care este făcut de către Sine-le Impersonal (supranumit din acest motiv şi "Mântuitorul"). Bineînţeles, din punct de vedere "exterior", adică din punct de vedere al Realităţii Obiective (RO), nimeni nu a sesizat nimic şi nici nu avea cum, deoarece declanşarea iluminării este un proces strict subiectiv, adică are loc strict în Realitatea Subiectivă (RS). Însă din punctul meu de vedere avusese loc un eveniment foarte important (chiar dacă era doar la nivelul RS), aş îndrăzni să spun cea mai importantă acţiune pe care o poate realiza cineva (chiar dacă pentru ceilalţi nu pare să se fi întâmplat nimic). Acest botez este într-adevăr începutul adevăratei vieţi spiri-tuale (nu întâmplător Noul Testament începe cu botezul lui Isus); din acel moment, viaţa începe să ţi se schimbe în Bine la toate nivelurile: Fericire, "Sănătate" şi "Bani". E adevărat că urmează o perioadă extrem de dificilă înainte de a obţine acel Bine, dar cumva intuieşti că aceste suferinţe, care sunt mai mari decât cele obişnuite, vor trece în final, iar viaţa ta va fi atunci complet transformată în Bine. Această intuiţie ar trebui în mod normal să determine apariţia credinţei că după aceste suferinţe pe alocuri greu de îndurat va urma Fericirea mult-dorită, credinţă care te face să suporţi cu curaj această perioadă grea care urmează după botez.

La mine, această perioadă grea de după botez a durat, cu intensitate descrescătoare tinzând spre zero, până în prezent (peste 11 ani). Deşi AS pare simplă teoretic, nu este neapărat şi uşoară, adică "simplu" şi "uşor" nu sunt echivalente în acest caz. În cazul meu, înainte de a reuşi practicarea AS au fost mulţi ani de căutări şi suferinţe (la suferinţele obişnuite se adăugau şi suferinţele generate de căutarea spirituală + faptul că gustasem Fericirea, parţială, e adevărat, dar autentică, însă accesul la Fericire îmi era acum blocat), asta şi din cauza faptului că nu existau modele teoretice clare ale AS şi nici măcar nu ştiam dacă există o astfel de AS care să fie sigură, eficientă şi unică. Adică eu m-am aflat într-o situaţie mult mai proastă decât un cititor al acestei cărţi, deoarece nu dispuneam nici măcar de o teorie clară şi precisă a AS şi a Cunoaşterii de Sine.

Cititorul se află într-o situaţie mult mai bună decât mă aflam eu, deoarece are deja la dispoziţie o Teorie a Fericirii care este clară, precisă, concisă şi simplă, adică nu mai trebuie să treacă prin ce am trecut eu: poate începe cu studiul intelectual al prezentei lucrări, fără să fie nevoit să mai parcurgă sutele şi miile de cărţi pe care le-am citit eu – a căror citire oricum nu garantează obţinerea Teoriei Fericirii. Iar dacă eu, care am pornit de la zero, am avut succes pe CS, atunci astăzi nimeni nu poate invoca vreo scuză pentru a nu avea succes pe CS, deoarece se află într-o situaţie incomparabil mai bună decât m-am aflat eu la vremea mea. Pe scurt, dacă eu am reuşit în circumstanţe dificile – fără a avea teoria pusă la punct, oricine altcineva poate şi trebuie să reuşească în circumstanţe mult mai favorabile – având o teorie clară, precisă, concisă şi simplă.

Când mi-am dat seama ce înseamnă practic să scufund mintea în Inimă, nu mi-a venit să cred ce simplu este, era ceva incredibil: acea faimoasă "Eliberare" este de fapt ceva simplu (dar nu şi uşor) şi poate fi realizată chiar acasă la tine, în fotoliu, sau pe stradă, în timp ce mergi – nu trebuie să te închizi într-o mănăstire. Mi-am dat atunci seama de imensa eroare în care trăiesc oamenii, de imensul "cor al orbilor" în care până nu demult "cântam" şi eu. Şocul este enorm, pentru că mi-am dat seama că Eliberarea/mântuirea nu este deloc complicat de obţinut, aşa cum credeam şi eu din cauza curentului general de opinie. Totul este foarte simplu, dar această simplitate nu este uşoară şi nu este suficient să fie înţeleasă doar la nivel intelectual, ci este indispensabilă practica. "Un gram de practică valorează cât tone de teorie", faimosul precept din yoga, îl înţeleg acum, dar după ce l-am aplicat; înţelegerea doar intelectuală a acestui precept nu este adevărata înţelegere. Pe de altă parte, tonele de teorie, cel puţin în cazul meu, au avut şi ele importanţa lor (am citit sute de cărţi de spiritualitate din care am extras în final principiul dizolvării egoului ca fiind punctul comun al oricărei religii, căi spirituale, yoga etc.). Ce simplu este totul! îmi spuneam încontinuu. Încercând să explic aceasta celorlalţi, constatam că nimeni nu înţelege. Cuvintele pe care le rosteam şi care pentru mine erau evidente, constatam că nu erau înţelese sau erau înţelese greşit. Învăţăturile spirituale au devenit acum clare, am înţeles că nu sunt nişte simple texte, ci exprimă o realitate pe care de abia acum o înţeleg şi eu, dar nu la nivel de "literă", ci în "spirit". Dintr-odată, am înţeles de ce "orice teorie este gri, numai arborele vieţii este aurit". Dacă încerc să explic celorlalţi, constat că nu sunt înţeles. Şi atunci, mă întreb: eu greşesc sau ceilalţi? Eu sunt nebun sau ceilalţi? Oare nu mă înşel singur? Ceea ce trăiesc e adevărat sau mă autoiluzionez? Oare fac bine ceea ce fac? Şi atunci, reiau întreaga teorie, întregul raţionament. Îmi dau seama că degeaba aştept confirmări din partea celorlalţi, niciodată n-o să vină, şi chiar dacă vin, nu ăsta e criteriul; **doar propria mea experienţă e criteriul**, iar propria mea experienţă este strict subiectivă, numai eu o trăiesc. Şi totuşi, reluând încă o dată teoria, totul e bine, nu găsesc nicio fisură, ajung la aceeaşi concluzie: propriul ego trebuie dizolvat.

Reluând pe scurt: singura practică spirituală pe care am urmat-o ani de zile a fost cititul de cărţi despre spiritualitate şi încercarea de a înţelege spiritualitatea din punct de vedere intelectual. În acest scop, am selectat din imensul volum de informaţii din acest domeniu ceea ce este clar şi relevant, adică din multitudinea de informaţii citite am procedat prin filtrare şi distilare (concentrare) la reducerea preceptelor spirituale. În final, am avut plăcuta surpriză să constat că **totul se reduce la un singur precept care poate fi exprimat în două cuvinte: disoluţia egoului**. Apoi, am supus acest unic principiu la tot felul de teste ca să văd dacă stă în picioare, şi am avut încă o surpriză plăcută: stă în picioare indiferent la ce teste îl supui. Deja lucrurile se simplificaseră foarte mult, redusesem enorma cantitate de informaţii spirituale la un singur lucru exprimabil prin două cuvinte: moartea egoului. Iar când am fost absolut sigur că aceasta este esenţa oricărei căi spirituale, religii, filozofii, am început să mă străduiesc să înţeleg modalitatea practică de a face acest lucru.

Şi am început să caut, tot intelectual, care este modalitatea practică, lipsită de riscuri şi eficientă, de a dizolva propriul ego. Mult timp părea că nu fac niciun progres, şi totuşi nu am renunţat, am continuat să caut, doar intelectual la început, cum poate fi dizolvat eficient egoul. Şi am reluat anumite cărţi pe care le mai citisem, însă acum le citeam cu un scop clar: dorinţa de a înţelege modalitatea de dizolvare a propriului ego. Mult timp problema părea fără soluţie, dar eu mă încăpăţânam să nu renunţ, dar fără a-mi fixa un termen limită. Îmi spuneam că nu contează timpul, pur şi simplu aveam să continui până reuşeam. Chiar dacă urma să treacă toată viaţa fără a reuşi, tot nu conta, mai erau şi reîncarnările viitoare. Deja obţinusem un mare succes prin faptul că descoperisem că există un lucru comun în orice religie, filozofie, curent spiritual, yoga, şi anume necesitatea dizolvării efective, totale şi permanente a propriului ego ca Unică Cale spre Fericire.

Deja înţelesesem care este ţelul, singurul lucru care trebuia clarificat era modalitatea de a atinge acest ţel. Deja eram ferit de a urma căi false sau periculoase, ceea ce era un foarte mare avantaj, chiar şi numai prin faptul că nu-mi puneam în pericol sănătatea fizică sau psihică. Singurul lucru pe care urma să-l fac era să caut modalitatea de a dizolva practic propriul ego, iar acesta era doar un efort de înţelegere, nu trebuia să car pietre de moară şi nici nu trebuia să-mi aloc un timp special pentru aceasta; oricând aveam puţin timp, mă gândeam la această disoluţie a egoului. După cum am spus, mult timp părea că nu fac niciun progres, şi totuşi nu am renunţat. Şi apoi a început să apară, puţin câte puţin, înţelegerea intuitivă, apoi înţelegerea intelectuală. Apoi, la fel ca un bulgăre de zăpadă care se măreşte pe măsură ce se rostogoleşte, înţelegerea a apărut din ce în ce mai clară, şi nu numai cea intelectuală: am avut un prim succes practic, adică am reuşit să scufund puţin mintea în Inimă şi să obţin o mică trezire a conştiinţei. Chiar dacă succesul părea mic, a fost suficient pentru a înţelege totul, atât teoretic cât şi practic. Intelectual, tot ce era legat de spiritualitate era limpede ca apa de izvor. În plus, obţinusem un gram de practică care valora cât tone de teorie; da, dar fără parcurgerea acelor tone de teorie nu puteam face acel gram de practică, adică acele tone de teorie au avut rolul lor, chiar dacă acum îşi pierduseră din importanţă şi importanţa lor avea să se reducă în continuare pentru a tinde spre zero. Ce era mai greu trecuse, acum totul era doar o problemă de răbdare. Acum puteam să citesc din nou anumite cărţi şi să le înţeleg prin prisma noii viziuni obţinute. Tot ceea ce înainte era neclar acum era foarte clar; chiar puteam să-mi dau seama că unele lucruri din cărţi erau greşite, sau irelevante/inutile/fără importanţă pe CS.

Câteva experienţe "ciudate" după declanşarea procesului de iluminare (produsă pe 10.12.2008):

În decembrie 2008 am avut o viziune (ca atunci când vizualizezi ceva cu ochii închişi, doar că la mine a fost ceva involuntar) cu un boboc de floare care era pe punctul de a înflori. După câteva zile, am constatat surprins că bobocul din viziune era identic cu bobocul florii de la capul patului meu (o crăciuniţă cu flori roşii) care a înflorit de Crăciun. Mai târziu, am interpretat această viziune ca simbolizând procesul propriei iluminări spirituale care tocmai începuse pe 10.12.2008. **În dimineaţa de 05.05.2009**, într-o stare la graniţa vis/veghe, **am simţit ceva greţos ieşind din mine** (din corpul meu). Ulterior, am înţeles că erau energii dăunătoare care îmi parazitaseră corpurile subtile timp de mulţi ani. În acea zi, m-am simţit foarte liniştit, cu o pace a minţii nemaiîntâlnită până atunci. **În noaptea de 20 spre 21 decembrie 2009 am avut un vis simbolic**: se făcea că un personaj malefic era decapitat, iar capul era aruncat către mine şi eu îl prindeam. Imediat după acel vis m-am trezit spontan şi am constatat surprins că ceasul indica exact ora 3.33 noaptea. După trezire, am interpretat acest vis ca simbolizând decapitarea/moartea propriului ego, iar ora 3.33 am interpretat-o ca simbolizând faptul că visul pe care tocmai îl avusesem conţinea un simbolism spiritual: cele 3 cifre de 3 simbolizează cele 3 energii fundamentale ale RS (E1, E2, E3 – vezi 3.4), din care se obţin cele 3 stări ale Conştiinţei Personale Neiluminate (CPN) şi cele 3 stări ale Conştiinţei Personale Iluminate (CPI).

Săptămâni şi luni în şir am simţit energia eterică circulând prin corp (simţeam nişte înţepături mai ales în palme). Au fost pocnituri în mobilă şi pocnituri ale oaselor, plus dureri descendente progresiv cap-spate-genunchi, după care durerile au dispărut (energia eterică dăunătoare s-a eliminat din corp în sens descendent).

Pentru câteva zile am avut un fenomen curios: când mâncam, înghiţeam la fiecare înghiţitură şi aer (cu toate eforturile de a nu înghiţi aer) pe care îl simţeam în mod dureros cum cobora la nivelul pieptului. După circa o săptămână, acest fenomen curios şi deranjant a dispărut la fel de brusc cum şi apăruse.

Aceste experienţe ciudate (şi altele), împreună cu diverse suferinţe fizice şi mentale, le-am încadrat la capitolul "fermentaţii alchimice". Toate aceste fermentaţii alchimice au început pe 10 decembrie 2008 (când am reuşit AS/pasul 5), şi au continuat, cu intensităţi diferite şi mai mult sau mai puţin continuu, până în prezent, adică mai mulţi ani după aceea (peste 11) – perioadă în care am scris şi cartea. Aceasta este faza despre care se spune în Zen că "Munţii nu mai sunt munţi şi râurile nu mai sunt râuri", tocmai pentru a exprima toate bulversările care au loc atât la nivelul stărilor de conştiinţă, cât şi la nivelul celor 5 corpuri materiale. Aducerea celor 5 corpuri materiale la parametri normali din punct de vedere anatomic şi fiziologic este numită şi "crearea hainelor de nuntă" sau "crearea corpurilor existenţiale superioare". Probabil (doar bănuiesc, nu sunt 100% sigur) la acest lucru se referă şi Isus în Matei 24:13, unde spune că "Dar cine va răbda până la sfârşit, va fi mântuit", adică cine are răbdarea şi tăria să înfrunte şi să traverseze aceste transformări alchimice la nivel de conştiinţă şi de corpuri materiale, va obţine în final iluminarea spirituală deplină. Tot la această etapă dificilă se referă (probabil) şi simbolismul coborârii în infern înainte de înviere: înviere = iluminare, iar coborârea în infern simbolizează coborârea în propriul infern din propriile adâncuri psihice pentru a face "curăţenie", înainte de obţinerea iluminării complete şi definitive. **De mai multe ori s-a întâmplat** în cursul nopţii să experimentez **o scufundare involuntară**/neiniţiată de mine **a minţii în Sine**/Inimă, simţită ca un vârtej/curent către Centrul Spiritual – vezi şi "Ajută-te, şi Eu te voi ajuta." şi "Dacă tu faci 1 pas către Dumnezeu, Dumnezeu va face 10 paşi către tine."; <u>acestea fac parte din pasul 6</u>, realizat de Sinele Impersonal.

    <u>În continuare, voi prezenta</u> (doar) **<u>câteva efecte benefice ale iluminării</u>** din tripleta Fericire-"Sănătate"-"Bani" experimentate de către mine. Clasificarea lor în aceste 3 componente are un scop didactic, pentru a le înţelege mai bine din punct de vedere intelectual (vezi 5.2 şi 5.3). Din punct de vedere practic, ele nu pot fi întotdeauna separate, deoarece sunt experimentate simultan; în plus, aceste efecte benefice sunt amestecate cu fermentaţiile alchimice, adică cu suferinţe fizice şi psihice, ceea ce le face şi mai greu de separat. Tocmai de aceea le voi prezenta compact, fără a le încadra pe fiecare într-una din cele 3 componente.

    Chiar prezenta lucrare este un exemplu despre abilităţile mentale care apar după declanşarea iluminării, lucrare care poate nu ar fi fost scrisă în absenţa iluminării (chiar şi parţială). Bineînţeles, este necesar un fundament intelectual preexistent iluminării (adică nu oricine obţine iluminarea ar putea/ar fi putut scrie o astfel de carte), dar fundamentul intelectual ar fi rămas poate nevalorificat în absenţa iluminării.

    S-a produs o întinerire generală a corpului fizic, ceea ce conduce la ideea că durata de viaţă va creşte.

    S-a optimizat funcţionarea aparatului digestiv, inclusiv reglarea tranzitului intestinal (dispare şi eventuala constipaţie), iar acest lucru evident că reduce sau anulează riscul unor viitoare boli la nivelul aparatului digestiv, din care una dintre cele mai grave şi din ce în ce mai des întâlnite este cancerul de colon. Aspectul (forma şi culoarea) şi mirosul fecalelor au devenit mai puţin respingătoare, iar evacuarea lor este mai curată; acestea sunt semne clare ale normalizării funcţionării aparatului digestiv şi implicit al întregului corp (şi aceasta fără a renunţa la consumul de carne, ci doar ca un efect al dizolvării egoului!). Iată de ce "<u>nu</u> ce intră în gură spurcă pe om": nu cred că vegetarienii/veganii/cei care ţin post se pot lăuda cu asemenea efecte la nivelul aparatului digestiv, şi asta pentru că, din punctul meu de vedere, <u>nu</u> alimentaţia este cauza primordială a bolilor, ci egoul. Deci degeaba eşti vegetarian sau vegan, ţii post sau urmezi diverse diete (inclusiv pentru slăbit), dacă nu dizolvi egoul: dizolvaţi egoul, apoi şi corpul va fi sănătos. Dacă dizolvi egoul chiar şi parţial, poţi mânca liniştit carne, bineînţeles, fără a face excese, dar problema exceselor de orice fel se va rezolva treptat de la s(S)ine pe măsura parcurgerii CS. Oamenii nu sunt inteligenţi, deoarece nu pun problema în mod corect: încearcă să se purifice sau să se transforme prin dietă, lăsând egoul intact. Omul inteligent se preocupă de dizolvarea egoului, iar când va avea succes chiar şi parţial, toate binecuvântările vor începe să curgă asupra lui, inclusiv lucrurile pentru care ceilalţi consumă mult efort, timp şi suferinţă, cum ar fi: slăbitul prin diete şi exerciţii fizice epuizante, posturile şi renunţarea la carne etc. Toate acestea se pot obţine pe cale naturală, fără a lua niciun medicament, singurul "medicament" autoadministrat fiind Cunoaşterea de Sine – medicament fără efecte secundare negative şi gratuit, impunând însă efortul intelectual de a o înţelege, insistenţă şi perseverenţă, răbdare, să nu disperi şi să nu renunţi niciodată. Aceasta nu se va obţine peste noapte, deci dacă deja urmezi un tratament el nu trebuie întrerupt, însă în paralel cu tratamentul pe care îl vei continua cu conştiinciozitate, te vei preocupa şi de AS/CS, bineînţeles, doar dacă vrei. **A dispărut grăsimea** de la nivelul feţei/membrelor/abdomenului **şi s-a reglat greutatea corporală**, faţa şi corpul devenind mai armonioase.

    A sporit imunitatea organismului, lucru de care mi-am dat seama din faptul că răcelile pe care le aveam înainte în mod regulat s-au redus treptat ca număr până la dispariţie (însă doar după o perioadă în care am avut nişte răceli mai rele şi mai extinse în timp decât de obicei, perioadă pe care am încadrat-o la "fermentaţii alchimice"). **Au dispărut treptat dureri fizice** (după mulţi ani de zile în care m-au chinuit) <u>de cap, spate, genunchi</u>. **Timbrul vocal s-a schimbat**, iar vocea a devenit mai plăcută (nemaifiind gâtuită de emoţii negative). **Capacitatea de efort fizic şi intelectual a crescut; a sporit inteligenţa** fizică, emoţională, intelectuală.

    S-au îmbunătăţit cele 5 simţuri: văd mai bine, aud mai bine etc. **S-au îmbunătăţit somnul şi memoria**.

    Au dispărut complexe de inferioritate şi de superioritate. Au dispărut ataşamente şi suferinţele asociate acestora. **Am obţinut o senzaţie generală de "uşor"**; chiar şi corpul fizic îl simt mai uşor, dar acest lucru nu poate fi explicat în totalitate prin scăderea greutăţii corporale. Acum am înţeles de ce egoul este simbolizat prin plumb iar dizolvarea egoului este simbolizată prin transformarea plumbului în aur. Abia acum mi-am dat seama ce greutate purtam mai înainte: nu doar greutatea corpului supraponderal, ci şi o greutate psihică pe care am conştientizat-o abia când am scăpat de ea. Au fost şi momente când am avut senzaţia că mă voi desprinde de pământ şi voi pluti prin aer. Acest lucru nu s-a întâmplat, dar a rămas starea generală de uşor: totul este uşor, începând cu propriul corp fizic. Acum am înţeles de ce spune Isus "Jugul meu este uşor": viaţa în stare de iluminare este uşoară în întregime. **Am început să simt un calm şi o stabilitate psihică din ce în ce mai mare**, vezi şi parabola cu construirea casei pe stâncă versus construirea casei pe nisip din <u>Matei 7: 21–29</u>: în timp ce iluminatul îşi clădeşte casa psihismului pe o fundaţie stabilă = Propria Conştiinţă Trezită, ignorantul de Sine construieşte pe fundaţia fragilă şi extrem de instabilă a stărilor sale egocentrice de conşti-inţă. "Mare i-a fost prăbuşirea" casei celui care construieşte pe nisip, adică mari sunt chinurile prin care trec cei cu egoul nedizolvat. **S-au atenuat până spre dispariţie stările negative**: frici, griji, anxietate, ruşine nejustificată, timiditate, tristeţe, depresie etc., adică dispar treptat toate stările psihice apăsătoare, ceţoase, întunecate, dureroase şi sporeşte Pacea. **Am obţinut o claritate mentală** pe care nu o aveam înainte.

Am început să funcţionez prin intuiţie, să "văd" anumite lucruri fără să le procesez în prealabil prin minte, mă orientez mai uşor în viaţa zilnică; viaţa a început să mă ajute în moduri ciudate, apar sincronicităţi favorabile pentru mine. **Viziunea asupra vieţii s-a schimbat** treptat, dar radical: nu mai văd Pământul ca pe o "vale a plângerii", ci ca pe un loc al Fericirii unde vreau să trăiesc cât mai mult, dar fără a mă crampona totuşi de viaţa pământeană atunci când va trebui să părăsesc Pământul prin moartea fizică. Ca urmare, a dispărut dorinţa ca viaţa de pe Pământ să treacă mai repede pentru a ajunge (cum cred unii şi cum credeam şi eu) în raiul post-mortem. Raiul poate fi peste tot, cu condiţia să obţii Cunoaşterea de Sine – chiar şi în acele circumstanţe în care în stare de Ignoranţă de Sine credeai că este iadul. <u>Veţi descoperi "pe propria piele" şi alte efecte minunate</u> care vor apărea în urma succesului pe CS; efectele de mai sus le-am expus doar pentru a trezi interesul cititorului în practicarea AS, pentru ca apoi să experimenteze singur aceste efecte benefice.

<u>**Am ales să public această carte pentru ca aceste informaţii să ajungă şi la ceilalţi**</u>, pentru a fi de folos şi altora. Faptul că m-am hotărât să dau publicităţii acest material o fac pentru un motiv simplu şi practic: ca să ştie şi alţii că este posibil să scape de suferinţă şi să afle cum. Rezultă că pe mine nu mă interesează ca cititorii să fie de acord cu ce este scris aici, nici nu urmăresc să conving pe nimeni de adevărul celor expuse aici: îi las să se convingă singuri dacă ce scrie aici este logic, de bun simţ sau nu. Chiar dacă (să zicem prin împingere la extrem) nimeni nu acceptă ceea ce este scris aici, pe mine nu mă afectează. Valoarea unei cărţi nu este dată de câţi oameni o cumpără sau sunt de acord cu ce scrie în ea, ci este intrinsecă cărţii. De exemplu, faptul că Teoria Relativităţii a lui Einstein nu este înţeleasă de foarte mulţi oameni nu înseamnă că este ceva fără valoare; pe de altă parte, faptul că mulţi oameni citesc ziare de scandal sau romane siropoase nu înseamnă că acestea sunt valoroase. Altfel spus, valoarea unei cărţi nu este dată de numărul celor care o citesc sau o apreciază, ci este intrinsecă cărţii; adică valoarea, care este calitativă, nu poate fi garantată printr-un număr (al cititorilor), care este cantitativ. Deci dacă această carte este cumpărată doar de (să zicem, iarăşi, prin ducere spre extrem) 5 persoane în total, asta nu înseamnă că ce scrie aici nu este adevărat sau că informaţiile nu sunt valoroase – din punctul meu de vedere ele sunt valoroase, pentru că dacă sunt puse în practică te scapă de suferinţă, şi ce altceva poate fi mai important în viaţă decât să scapi complet de suferinţă?

Însă pe Calea Spirituală nu există obligaţii sau restricţii, fiecare e liber să facă ce vrea. <u>Dacă cineva nu vrea să scape de suferinţă e doar problema lui, nimeni nu se va supăra din cauza asta!</u> Scopul pentru care public cartea este ca aceste informaţii să ajungă la cât mai mulţi. Nimeni nu mă obligă să scot această carte, este o "obligaţie" autoimpusă sau mai bine spus o bucurie. Bucuria de a înţelege aceste lucruri, şi teoretic şi practic, este atât de mare, încât consider că e bine să le ştie şi alţii.

Scopul întregii cărţi este de a explica mesajul "Dizolvă egoul prin AS!", adică am scris această carte în scopul de a explica acest mesaj spiritual concentrat şi aparent arid. Cine este interesat poate citi cartea şi apoi putem lămuri eventualele neclarităţi; e mai simplu aşa decât să explic de fiecare dată aceleaşi lucruri la nesfârşit. Motivul pentru care am scris cartea este, deci, unul practic, considerând că este modalitatea optimă ca mesajul spiritual să ajungă la cât mai mulţi oameni. Când văd enorma suferinţă din jurul meu, nu pot să ţin aceste informaţii doar pentru mine şi să mă bucur doar eu în taină de comoară descoperită ("comoara din ţarină"). În acelaşi timp, îmi dau seama că nu pot transmite direct înţelegerea mea (deşi aş vrea); tot ce pot să transmit sunt nişte cuvinte şi desene, adică nişte simboluri lingvistice şi grafice. Dacă cineva se hotărăşte să parcurgă CS nu-mi face mie o favoare, ci lui îşi face o favoare, iar dacă respinge învăţătura disoluţiei egoului nu-mi face mie o defavoare, ci lui îşi face o defavoare. Eu nu am niciun interes personal ca oamenii să practice AS, interesul este al fiecăruia în parte. Mesajul spiritual veritabil este discret, nu este agresiv, deoarece interesul ca acest mesaj să fie înţeles şi urmat nu este al celui care aduce mesajul, ci interesul este în întregime al ignorantului de Sine să-şi dizolve Ignoranţa (egoul). Nu-mi fac iluzii că lumea o să se îmbulzească acum să parcurgă CS, dar după cum am spus eu nu am niciun interes personal în acest scop. Eu îmi fac doar "numărul", iar numărul meu este să scriu această carte şi să clarific eventualele neclarităţi care vor apărea pentru cei care vor fi interesaţi cu adevărat de CS. De altfel, CS se mai numeşte şi "Calea celor puţini" (vezi Matei 7:14).

Eu nu fac decât să trag un semnal de alarmă: **omule, trezeşte-te!** Poţi şi trebuie să obţii Fericirea acum, în această viaţă, nu trebuie să aştepţi o iluzorie eliberare post-mortem/după moartea corpului fizic.

Nu corpul tău fizic trebuie să moară, ci egoul tău trebuie să moară! Iar moartea egoului tău nu depinde decât de tine, nu depinde nici de guvern, nici de parlament, nici de vecinul tău, nici de situaţia economică, nici de nimeni şi nimic decât de tine! **Dacă tu nu-ţi dizolvi egoul, nimeni n-o s-o facă în locul tău!** Ieşi din postura de victimă a vieţii şi revendică-ţi Fericirea care este independentă de condiţiile obiective! Pe CS nu contează ce fac sau nu fac ceilalţi, contează doar ceea ce faci tu – adică dacă iei sau nu hotărârea fermă de a lichida definitiv acest ego hidos care te menţine în sclavie şi implicit în suferinţă. Nu-i mai acuza pe ceilalţi pentru nefericirea ta, întoarce-ţi privirea către adevărata cauză-rădăcină a suferinţei tale, adică propriul şi mult-iubitul tău ego! Acesta este diavolul, satana, antihristul, propriul tău ego este fără îndoială toate acestea! Atât timp cât nu adopţi această perspectivă, nu vei putea scăpa niciodată de suferinţă, chin, durere!

Dacă nu iei în calcul necesitatea dizolvării propriului ego, ce perspectivă crezi că ai în afară de cimitir? Ce speri să obţii în această viaţă? Dă-ţi seama că atât timp cât nu te angajezi pe CS, nu ai nicio şansă la Fericire! Odată ce te-ai născut, unul dintre puţinele lucruri sigure este moartea corpului tău fizic; **dacă între momentele naşterii şi cel al morţii corpului tău fizic nu te preocupi de Cunoaşterea de Sine, înseamnă că trăieşti degeaba, eşti un ratat!!! – chiar dacă acumulezi grămezi de bani sau câştigi Premiul Nobel!**

5.6 – Concluzii pentru Capitolul 5

Acţiunea Spirituală (AS), simbolizată vizual/geometric/grafic alăturat, şi lingvistic prin multe alte simboluri (vezi paragraful 5.1), are 3 caracteristici principale, **cu condiţia să fie corect înţeleasă şi corect practicată:**

1) **AS este 100% sigură** din punct de vedere al sănătăţii fizice şi psihice;

2) **AS este 100% eficientă** în obţinerea Fericirii, având ca efecte indirecte pozitive optimizarea aspectelor "Sănătate" şi "Bani";

3) **AS este unică**, adică este unica acţiune voluntară a fiinţei umane care este 100% sigură şi 100% eficientă (în sensurile de mai sus).

Practicantul spiritual trebuie doar să facă primul pas pe Calea Spirituală, prin care declanşează procesul ireversibil al propriei iluminări spirituale.

Acest proces urmează să fie finalizat de către Sinele Impersonal – reprezentat în interiorul celor 5 cercuri concentrice care simbolizează cele 5 corpuri ale fiinţei umane – care este numit din acest motiv şi "Mântuitorul".

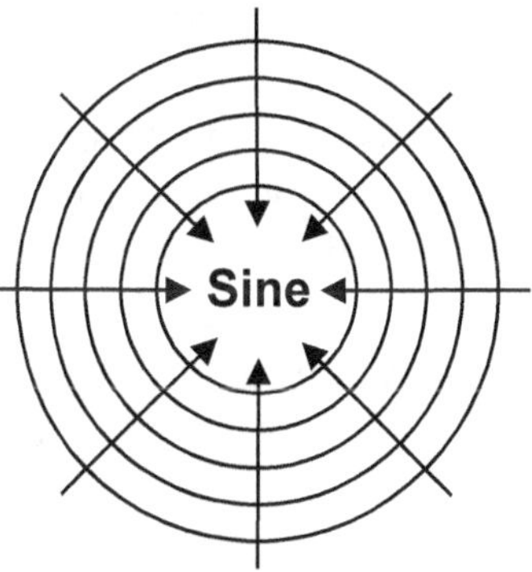

1) **AS este 100% sigură** – deoarece nu modifică deloc (în mod direct) anatomia sau fiziologia celor 5 corpuri materiale (fizic, eteric, astral, mental, cauzal), şi ca urmare nu prezintă niciun pericol fizic sau psihic.

Un potenţial pericol fizic sau psihic pentru sănătatea practicantului ar fi putut apărea în cazul în care s-ar fi modificat, în orice fel şi câtuşi de puţin, structura obiectivă (anatomia) sau funcţionarea (fiziologia) a cel puţin unuia din cele 5 corpuri, ceea ce se întâmplă în cazul acţiunilor fizice sau mentale.

2) **AS este 100% eficientă** – deoarece este centrarea voluntară a conştiinţei individuale. Studiind tranziţia conştiinţei individuale neiluminate (CPN) prin cele 3 stări de conştiinţă (somn fără vise, somn cu vise şi veghe), am văzut că prin centrarea involuntară se obţine Infinitul inconştient (∞i), de unde rezultă că prin centrarea voluntară se va obţine Infinitul Supraconştient (∞S), adică Cunoaşterea de Sine = Fericirea.

3) **AS este unică** – deoarece orice altă acţiune voluntară este o acţiune fizică sau mentală, şi nicio tehnică fizică sau mentală (lumească) nu este nici 100% sigură, deoarece determină schimbări în anatomia sau

fiziologia celor 5 corpuri şi drept urmare este potenţial periculoasă din punct de vedere fizic sau psihic pentru practicantul acelei tehnici lumeşti, <u>şi nici 100% eficientă</u>, deoarece nu se poate stabili o legătură cauzală între practicarea unei tehnici lumeşti şi declanşarea iluminării. <u>Obţinerea iluminării prin practicarea unei tehnici lumeşti este întâmplătoare/nesigură</u> (nu ai nicio garanţie că practicând o tehnică lumească vei obţine iluminarea: poţi practica o tehnică lumească toată viaţa sau mai multe vieţi la rând fără să obţii iluminarea) <u>şi nerepetabilă</u> (chiar dacă cineva a obţinut iluminarea în urma practicării unei tehnici lumeşti, nu ai garanţia că dacă practici şi tu aceeaşi tehnică vei obţine iluminarea: la fel, poţi practica tehnica respectivă toată viaţa sau mai multe vieţi la rând fără să obţii iluminarea). Tocmai din acest motiv, am asemănat practicarea unei tehnici lumeşti cu scopul de a obţine iluminarea cu jocul la LOTO – chiar ai mai multe şanse să obţii marele premiu la 6/49 decât să obţii iluminarea prin practicarea unei tehnici lumeşti, oricare ar fi, de-a lungul întregii vieţi.

Din punct de vedere <u>vizual</u>, trebuie să reţinem simbolul de pe pagina anterioară. **Din punct de vedere <u>lingvistic</u>**/literal, trebuie să ţinem minte o frază scurtă, cum ar fi "<u>esenţa spiritualităţii este transformarea conştiinţei prin dizolvarea egoului, iar aceasta se poate face doar prin AS</u>" sau orice formulare lingvistică echivalentă (vezi 5.1). O observaţie importantă este că **simbolul vizual, ca şi toate simbolurile lingvistice, sunt echivalente, adică fac trimitere** la aceeaşi realitate, şi anume **la AS**, pe care trebuie să o realizăm fiecare la nivel individual în mod practic, rolul tuturor acestor simboluri fiind de a ne ajuta să înţelegem mai întâi la nivel intelectual, apoi să practicăm AS simbolizată prin toate aceste simboluri.

Chiar dacă la început aceste simboluri pot părea foarte abstracte şi am putea crede că noi niciodată nu o să înţelegem nici măcar intelectual acest lucru, nemaivorbind de punerea în practică, nu trebuie să disperăm niciodată, ci trebuie să insistăm cât mai des asupra acestor simboluri (fiecare îşi poate alege ce simbol doreşte), precum o apă care cade mereu pe o piatră, reuşind în final să o erodeze. Nimeni nu trebuie să ia această carte drept bună fără să o treacă prin filtrul propriei înţelegeri, adică nu trebuie să o "înghită pe nemestecate". Aici nu fac decât să expun concluziile la care am ajuns după nenumărate studii, cercetând spiritualitatea din mai multe puncte de vedere, pentru a fi util celor care sunt descumpăniţi de multitudinea de învăţături spirituale existente "pe piaţă" şi care caută o cale de ieşire din probleme, aceştia scutind astfel timp şi suferinţă.

Orice cale spirituală care nu ţine cont de necesitatea dizolvării egoului este sortită eşecului. Această dizolvare a egoului trebuie realizată însă la nivel practic, profund, şi nu trebuie să rămână la stadiul de concept, altfel nu putem fructifica ceea ce am înţeles intelectual. Bineînţeles că, foarte probabil, nu vom putea realiza de la început această dizolvare a egoului, dar **nu trebuie să disperăm şi nici să renunţăm** la dorinţa de a obţine realizarea spirituală, insistând cu răbdare, cu tenacitate, cât mai mult posibil, asupra acestei noţiuni, mai întâi la nivel intelectual, apoi şi la nivel practic. **Pentru aceasta**, nu este nevoie <u>nici</u> să ne retragem din lume într-o mănăstire sau să renunţăm la viaţa socială, <u>nici</u> să ne alăturăm vreunui grup religios sau de altă natură, <u>nici</u> să mergem la biserică, <u>nici</u> să rămânem celibatari, <u>nici</u> să renunţăm la carne sau să postim, <u>nici</u> să medităm cu ochii închişi pe un scaun, <u>nici</u> să stăm în cap sau în alte poziţii ciudate, <u>nici</u> să ne împărţim averea săracilor, <u>nici</u> să ne chinuim corpul fizic sau să ne provocăm suferinţe de orice fel, <u>nici</u> să facem orice altceva la nivel fizic sau mental, **deoarece** practicarea AS (care trebuie făcută în mod individual) nu implică să facem sau să încetăm de a face ceva la nivel fizic sau mental. **AS înseamnă să ne dizolvăm egoul** <u>prin centrarea voluntară a conştiinţei, iar aceasta nu se realizează prin tehnici fizice sau mentale, ci este o dezidentificare treptată de corp şi minte</u>. Nu este nici interzis să facem lucrurile de mai sus, fiecare poate să facă ce vrea, dar practica spirituală nu implică obligativitatea sau interdicţia unor acţiuni fizice sau mentale. Poate că mulţi dintre noi nu ne dăm seama de oportunitatea AS, viaţa zilnică nu înseamnă neapărat că experimentăm o suferinţă intensă tot timpul. Starea obişnuită a omului este o stare fără mari dureri şi fără mari bucurii, dar care este totuşi "fără sare şi piper", adică o viaţă de mâna a doua. O bucurie prea mare este greu de suportat ca şi o suferinţă prea mare – singura stare pozitivă este Fericirea, care este în acelaşi timp şi Pace. Deşi se întâmplă să trecem şi prin mari dureri, nici măcar acest lucru nu reuşeşte să ne orienteze către spiritualitate.

Rămâne, deci, la alegerea fiecăruia dintre noi, <u>dacă</u> vrea să se angajeze pe o Cale care îl va duce, la sfârşitul ei, la o stare deocamdată necunoscută – în care orice suferinţă încetează, adică la "Binele cel mai înalt", <u>sau</u> preferă să ducă o viaţă în interiorul cetăţii egocentriste – o viaţă tristă, fără nicio perspectivă reală, într-un cenuşiu zilnic în care se află tot timpul în umbra ameninţării suferinţei, bolii şi morţii.

Capitolul 6
Scenariul Cosmic (sau aşa-zisul "Plan Divin de Mântuire").
Teoria Generală a Realităţii Subiective

Cuprins

6.1 – Scenariul Cosmic (Planul Divin de Mântuire)

Scenariul Cosmic (SC), **reprezentat grafic/vizual mai jos, este pe scurt următorul**: Infinitul inconştient Impersonal (∞i-I, vezi 3.4) generează Conştiinţe Personale Neiluminate (CPN), care trebuie să se transforme în Conştiinţe Personale Iluminate (CPI); aceasta se realizează prin unirea cu Infinitul Supraconştient Impersonal (∞S-I), obţinându-se astfel starea de Infinit Supraconştient Personal (∞S-P) = Fericirea Perfectă.

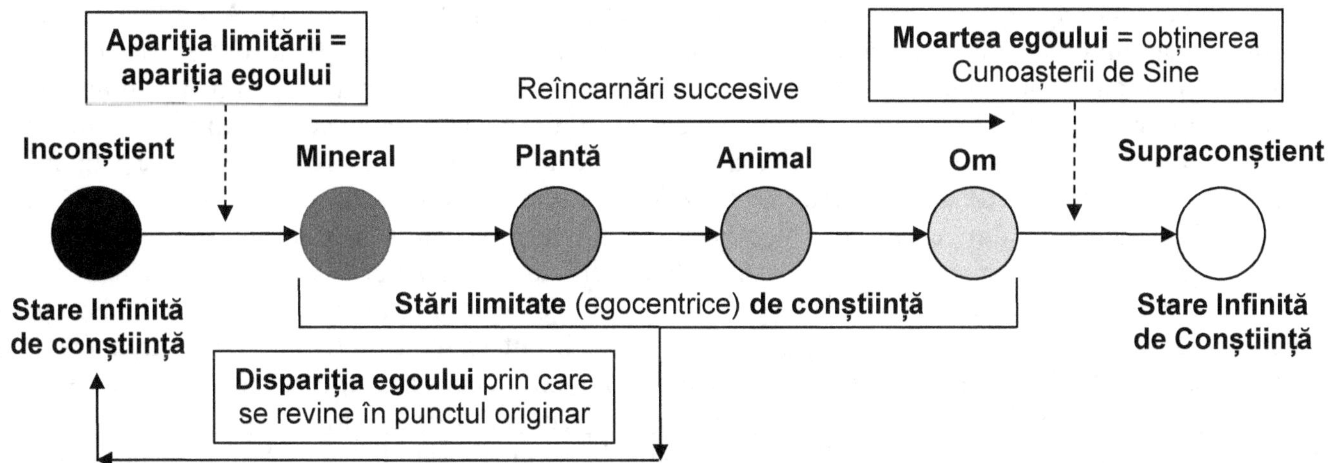

Infinitul inconştient (∞i) este simbolizat prin culoarea neagră, constă în absenţa atât a Răului cât şi a Binelui (∞i = non-R non-B), are gradul/nivelul minim de conştienţă (0, vezi prefixul "in") şi are 2 variante:

1) Infinitul inconştient Impersonal (∞i-I) este unic şi nu are nici început, nici sfârşit (este necreat şi etern);

2) Infinitul inconştient Personal (∞i-P) reprezintă experimentarea la nivel personal a ∞i-I. Există 2 tipuri de ∞i-P: cel mai relevant este **Somnul fără vise (SFV)** = ∞i-P în cazul prezenţei unui corp material (format din 3 componente în cazul mineralelor, plantelor şi animalelor şi din 5 componente în cazul omului – vezi şi Anexa 2), iar al doilea tip de ∞i-P este în cazul absenţei unui corp material. ∞i-P poate fi în număr oricât de mare şi are mai multe apariţii şi dispariţii, iar dispariţia sa definitivă coincide cu obţinerea efectivă, totală şi definitivă a stării de Conştiinţă Personală Iluminată (CPI) = obţinerea Cunoaşterii de Sine.

Cele 2 variante – Impersonală şi Personală – ale ∞i sunt identice din punct de vedere "energetic", adică ambele constau în absenţa atât a Răului, cât şi a Binelui (∞i = non-R non-B). Diferenţele constau în faptul că ∞i-I este unic şi nu are nici început, nici sfârşit (∞i-I este una din cele 2 energii necreate şi eterne, cealaltă fiind Infinitul Supraconştient Impersonal ∞S-I), în timp ce ∞i-P poate fi în număr oricât de mare şi are mai multe apariţii şi dispariţii. Deoarece ∞i-I şi ∞i-P sunt identice din punct de vedere energetic, le-am simbolizat pe ambele prin culoarea neagră (cercul de culoare neagră conţine suprapuse ambele variante de inconştient), însă **doar ∞i-P se poate transforma în ∞S-P** (∞i-I nu poate nici dispărea, nici apărea). ∞i-I se mai numeşte şi inconştient colectiv ("colectiv" = Impersonal, vezi Jung), iar ∞i-P se mai numeşte şi inconştient individual.

Infinitul Supraconştient (∞S) este simbolizat prin culoarea albă, constă în absenţa Răului şi prezenţa Binelui [∞S = (non-R B) = B], are gradul/nivelul maxim de conştienţă şi are 2 variante:

1) Infinitul Supraconştient Impersonal (∞S-I) e unic şi nu are nici început, nici sfârşit/e necreat şi etern;

2) Infinitul Supraconştient Personal (∞S-P) reprezintă experimentarea la nivel personal a ∞S-I şi este esenţa regimului de Conştiinţă Personală Iluminată (CPI). ∞S-P poate fi în număr oricât de mare şi poate avea un început, iar odată obţinut definitiv nu are sfârşit, fiind numit din acest motiv şi Viaţa/Fericirea Veşnică. Cele 2 variante – Impersonală şi Personală – ale ∞S sunt identice din punct de vedere "energetic", adică

ambele constau în prezența Binelui (∞S = B). Diferențele constau în faptul că ∞S-I este unic și nu are nici început, nici sfârșit (∞S-I este cealaltă energie necreată și eternă alături de ∞i-I), în timp ce ∞S-P poate fi în număr oricât de mare și este o energie creată (poate avea un început) și eternă (odată obținută definitiv nu are sfârșit). Deoarece ∞S-I și ∞S-P sunt identice din punct de vedere energetic, le-am simbolizat pe ambele prin culoarea albă (cercul de culoare albă conține suprapuse ambele variante de Supraconștient), însă **doar** ∞**S-P poate apărea din** ∞**i-P** (∞S-I nu poate nici apărea, nici dispărea). ∞S se mai numește (pe lângă multe alte denumiri) și "Sine" cu majusculă = **Sine-le Superior**. Vom avea deci un Unic Sine Impersonal care este necreat și etern și nenumărați Sine Personali, fiecare Sine Personal însemnând experimentarea Unicului Sine Impersonal la nivel personal = Cunoașterea de Sine = CPI = experimentarea Fericirii Perfecte. ∞S-I se mai numește și Supraconștient colectiv, iar ∞S-P se mai numește și Supraconștient individual. Dumnezeu/∞S există deci sub forma ∞S-I care este necreat și etern și sub formă potențială ca ∞S-P în subiectivitatea entităților care sunt astfel Dumnezei potențiali, acest potențial devenind realitate doar după ce egoul este distrus.

Stadiile intermediare dintre inconștient și Supraconștient, reprezentate grafic prin cele 4 nuanțe de gri, sunt stări de conștiință limitate, adică stări de tip Finit și Nemăsurabil (FN – vezi 3.4). Acestea constau în prezența Răului (FN = R), ceea ce exclude automat prezența Binelui (FN = R non-B). Aceste stări limitate de conștiință au un grad de conștiență intermediar între inconștient și Supraconștient (din acest motiv sunt simbolizate prin culoarea gri) și sunt doar de tip personal (nu există în variantă impersonală). În interiorul mulțimii stărilor de conștiință de tip FN se disting 4 submulțimi, care corespund celor 4 tipuri fundamentale de entități de pe Pământ: mineralele, plantele, animalele și oamenii. În cazul fiecăreia din cele 4 tipuri de entități, am reprezentat stările de conștiință din **Starea de veghe (VGH)** = stările de conștiință cu cel mai ridicat grad de conștiență din cele de tip FN, adică nu am avut în vedere starea de **Somn cu vise (SCV)**. Nuanța de gri se deschide pe măsură ce avansăm de la mineral la om (mineralele au cea mai închisă nuanță de gri, iar oamenii cea mai deschisă nuanță de gri): aceasta simbolizează că mineralele au cel mai scăzut grad de conștiență, iar oamenii cel mai ridicat grad de conștiență. Limitarea conștiinței personale înseamnă stări de conștiință limitate (FN)/stări de conștiință egocentrice și prezența ego-ului: ego/eu/sine-le inferior = FN.

Apariția ego-ului/FN se face: a) prin trecerea de la inconștient (∞i-P) la stări de tip FN – are 2 variante, reprezentate grafic, care corespund celor 2 tipuri de ∞i-P: (1) trecerea de la SFV la SCV și (2) apariția pentru prima dată a unui ego prin prima "încarnare" a unei Conștiințe Personale într-un corp de mineral, **a 2-a variantă fiind relevantă în SC**; b) prin trecerea de la Supraconștient (∞S-P) la stări de tip FN, adică tranziția CPI→CPN $\equiv$ "căderea" din starea de iluminare – a treia variantă, nereprezentată grafic.

Dispariția ego-ului/FN se face prin **trecerea de la FN la** ∞**i** sau prin **trecerea de la FN la** ∞**S**.

Trecerea de la FN la inconștient (∞i-P) înseamnă practic trecerea de la SCV la SFV (deoarece ∞i-P înseamnă practic SFV) și este un proces obișnuit, care are loc zilnic pentru orice om obișnuit/neiluminat, ca și pentru animale, plante și minerale. **Alte variante** ale tranziției de la FN la ∞i-P corespund celui de-al doilea tip de ∞i-P, primul tip fiind SFV. Există astfel încă 2 tipuri de tranziție de la FN la ∞i-P (în afară de tranziția de la SCV la SFV): a) în timpul Zilei Cosmice (Ziua Cosmică este perioada de existență a Realității Obiective RO) și b) la sfârșitul Zilei Cosmice. În ambele cazuri este vorba de **distrugerea forțată a ego-ului** prin care se revine la Startul SC sau "a doua moarte" (vezi Apocalipsa 20:14 și pagina 154; prima moarte este cea a corpului fizic): în primul caz este vorba de entitățile care sunt readuse la Start din diverse motive (unii spun că doar oamenii extrem de malefici care nu ar avea altfel nicio șansă de mântuire, alții spun că și cei care nu obțin Cunoașterea de Sine după un anumit număr de încarnări sub formă umană); în al doilea caz este vorba de toate entitățile care nu au obținut Cunoașterea de Sine în timpul Zilei Cosmice care este pe sfârșite, deoarece în timpul Nopții Cosmice (nemaifiind RO = Materia) nu sunt posibile decât 2 cazuri: ori Supraconștient, ori inconștient. Cei care au obținut Cunoașterea de Sine definitivă rămân în Supraconștient, iar toți ceilalți nu mai au decât varianta de inconștient, adică readucerea forțată la începutul SC: "Oricine n-a fost găsit scris în cartea vieții/∞S, a fost aruncat în iazul de foc." (Apocalipsa 20:15). Pentru noi însă nu sunt relevante aceste ultime 2 cazuri, deoarece primul nu este acceptat din punct de vedere teoretic de toată lumea, iar al doilea este prea îndepărtat în timp (Pământul mai are de trăit cel puțin încă câteva miliarde de ani în mod normal).

În concluzie, cea mai relevantă variantă a trecerii de la FN la inconștient este trecerea de la SCV la SFV.

Trecerea de la FN la Supraconștient (∞S-P) este infinit mai interesantă decât trecerea de la FN la ∞i-P, deoarece este un proces la finalul căruia se obține ∞S-P = Cunoașterea de Sine = experimentarea Fericirii.

Am numit în acest caz dispariția egoului = <u>moartea egoului</u> deoarece este o dispariție <u>definitivă</u> a egoului, în timp ce în varianta trecerii de la FN la ∞i-P egoul va apărea din nou, mai devreme sau mai târziu.

<u>**Pentru a înțelege esența Scenariului Cosmic**</u> (SC), am reprezentat grafic SC doar la nivelul SRS (Spațiul Realității Subiective) și nu am mai complicat diagrama prin detalierea SC și la nivelul SRO (Spațiul Realității Obiective) (SRS este interiorul cercului în care sunt culorile negru, 4 nuanțe de gri și alb, iar cercul reprezintă SRO – vezi 2.4). Toate stările de conștiință din SC sunt "suprapuse" în SRS, adică negrul, cele 4 nuanțe de gri și albul trebuie gândite ca fiind suprapuse în interiorul cercului. **Din punct de vedere al SRS**, <u>toate cele 3 tipuri de stări de conștiință</u>/energii ale Realității Subiective RS (inconștientul ∞i, stările de tip FN și Supraconștientul ∞S) <u>se găsesc în interiorul SRS</u>, iar în interiorul SRS nu mai există vreun alt tip de energie. Altfel spus, <u>Materia = energia de tip FM</u> (Finită și Măsurabilă), care este al patrulea și ultimul tip de Energie Fundamentală (alături de cele 3 Energii Fundamentale ale RS: ∞i, FN și ∞S – vezi 3.4) <u>este complet absentă din SRS</u>. **Din punct de vedere al SRO**, <u>inconștientul este complet absent din SRO</u> – se găsește doar în SRS, <u>ego-ul/stările de tip FN se găsește obligatoriu în SRO</u> – este prezent și în SRS, și în SRO, iar <u>Supraconștientul se poate găsi sau nu în SRO</u> – poate fi doar în SRS, sau și în SRS și în SRO.

<u>**Pe măsură ce urcăm pe scara evoluției**</u> – de la mineral → plantă → animal → om, apar corpuri materiale din ce în ce mai subtile: mineralele, plantele și animalele au corp fizic, corp eteric și corp astral (vezi Anexa 2), iar omul are în plus față de cele 3 corpuri corpul mental (corpul gândirii/rațiunii) și corpul cauzal (corpul voinței). Apariția acestor 2 corpuri/învelișuri subtile ale Conștiinței Personale (CP) are ca scop trezirea progresivă a CP, atingerea iluminării nefiind posibilă decât din stadiul de om. Prin materie vom înțelege nu doar materia fizică (materia compusă din atomii din Tabelul Periodic al Elementelor al lui Mendeleev), ci și materia care alcătuiește corpurile subtile ale omului: eteric, astral, mental și cauzal.

Alte observații despre Scenariul Cosmic (SC)

Scenariul Cosmic (SC) mai este numit de unii și "Planul Divin de Mântuire", deoarece Supraconștientul se mai numește și "<u>Dumnezeu</u>", obținerea Cunoașterii de Sine se mai numește și "<u>Mântuire</u>", iar SC este "<u>Planul</u>" elaborat de Supraconștientul Impersonal (numit și "Dumnezeu Tatăl"), care creează și susține Cosmosul prin intermediul "extensiei" Sale în Spațiul tridimensional (extensie care se numește "Dumnezeul Mamă" = "Conștiința Cosmică Impersonală" = "Duhul Sfânt") în scopul derulării acestui Plan de Mântuire.

Scenariul Cosmic (SC) este o consecință directă a Axiomei Fundamentale a Realității (AFR – vezi 3.4). Din AFR rezultă necesitatea apariției și sensul de parcurgere al SC: inconștientul este începutul (startul), iar Supraconștientul este sfârșitul (finish-ul). Din ∞i-I vor apărea individualități (ego-uri), cu scopul final de a ajunge în starea de ∞S-P. Pentru aceasta, este nevoie ca gradul de conștiență să crească în mod gradat, iar de aici rezultă necesitatea reîncarnărilor succesive ca mineral, plantă, animal și om. Odată ajuns în stadiul de om, apare posibilitatea obținerii iluminării = posibilitatea încheierii SC prin atingerea stării de ∞S-P.

Scenariul se numește "Cosmic" deoarece este valabil în orice loc din Cosmos (Cosmos = Realitatea Obiectivă RO = Materia structurată spațio-temporal, alcătuită din 5 Universuri Materiale Paralele UMP). SC este valabil pentru orice formă de viață din cuprinsul Universului Fizic (UF) sau al oricărui UMP, ceea ce diferă fiind doar forma și componența corpurilor materiale. Atât punctul de plecare în SC (∞i) cât și punctul de sosire (∞S) sunt aceleași, deoarece Infinitul nu diferă în cuprinsul Cosmosului. Eventualii extratereștri se încadrează și ei în acest SC și au același Dumnezeu ca și pământenii, adică ∞S-I. Chiar dacă extratereștrii au reușit călătorii interstelare sau dacă pământenii vor reuși vreodată aceste călătorii, aceasta nu va egala ca importanță parcurgerea completă a SC, deoarece SC este singurul lucru care poate asigura încetarea totală a suferinței. Învățătura necesității dizolvării egoului este universală: este valabilă pentru orice om, indiferent cine ar fi, unde și când ar trăi, și se aplică chiar și eventualilor extratereștri – și ei trebuie să-și dizolve egoul (calitatea de "extra"-terestru este de fapt relativă; pentru cineva de pe altă planetă, pământenii sunt "extra"- de pe planeta respectivă). Sinele Impersonal (∞S-I) este universal, este Esența din orice formă de viață: mineral, plantă, animal, om sau extraterestru. Ceea ce diferă este gradul de trezire al Conștiinței Personale (CP): într-un mineral (de exemplu o piatră), CP este aproape 100% adormită, adică este aproape ca în somnul fără vise – să zicem că are 1% Conștiință; la o plantă să zicem că ajunge la 10%; la un animal ajunge la 25%; la un om obișnuit ajunge la 50%, iar la un iluminat Conștiința este 100% trezită. Procentele alese sunt aleatoare, în realitate stările de conștiință nu sunt măsurabile, dar am ales aceste procente pentru a înțelege mai bine.

SC prezintă din punct de vedere "energetic" (adică din punct de vedere al stării de conştiinţă) **evoluţia Conştiinţelor Personale (CP)** de la gradul de conştienţă minim (zero) = inconştientul, la gradul de conştienţă maxim = Supraconştientul, trecând prin stadiile intermediare de mineral, plantă, animal şi om. Din punct de vedere "spaţial", însă, avem următoarea situaţie: la început, CP <u>se află în SRS</u> (Spaţiul Realităţii Subiective) în stare de inconştienţă; apoi, în stadiile de mineral-plantă-animal-om, CP <u>iese din SRS</u> intrând în SRO (Spaţiul Realităţii Obiective), pentru ca în stadiul de Supraconştiinţă să <u>revină în SRS</u>. Avem astfel **o plecare şi o întoarcere** <u>în SRS</u>, dar **doar din punct de vedere spaţial**, deoarece din punct de vedere energetic avem o evoluţie de la inconştient la Supraconştient. Adică atunci când revenim în SRS suntem altfel decât eram când am plecat: când am plecat eram inconştienţi, iar după ce ne-am întors suntem Supraconştienţi.

<u>Neînţelegerea acestor lucruri</u> îi face pe unii să susţină teoria – greşită – cum că rostul oricărei CP ("scântei divine") este de a reveni în starea din care a plecat cândva pentru a începe peregrinarea prin materie. De fapt, întoarcerea este doar din punct de vedere spaţial, deoarece din punct de vedere energetic starea este diferită la întoarcere; altfel, ce rost ar avea să pleci, iar când te întorci să fii ca atunci când ai plecat – ar fi absurd. În realitate, când pleci eşti inconştient, iar când te întorci eşti Supraconştient; dacă ai fi de la început supraconştient, nu ar avea niciun rost să te învârţi prin Manifestare (RO) pentru a te întoarce tot supraconştient.

<u>O eroare similară</u> fac şi cei care explică în mod greşit cum că omul trăia cândva în Rai, dar pentru că l-a supărat pe Dumnezeu, Acesta l-a izgonit de acolo, condamnându-l la suferinţă. Iar acum omul trebuie să se întoarcă în starea originară. Asemenea explicaţii greşite îi fac pe mulţi să se revolte împotriva lui Dumnezeu: dacă era aşa de bine în Rai, de ce a fost nevoie ca omul să fie alungat de acolo, să se învârtă în aceste Universuri Materiale unde suferă, pentru ca în final, după multe-multe vieţi trăite în suferinţă, să revină acolo unde era de la bun început? Nu înseamnă că Dumnezeu este rău-voitor dacă îl condamnă pe om la suferinţă în mod gratuit, fără nicio justificare, deoarece omul nu câştigă nimic prin această suferinţă, întrucât atunci când revine în Rai este la fel ca atunci când a plecat? Neputând explica această contradicţie, oamenii care nu înţeleg găsesc "explicaţii" gen "Nepătrunse sunt căile Domnului" sau altele la fel de ilogice. Cei care ascultă astfel de "înţelepţi" e normal să se revolte împotriva unui asemenea "Dumnezeu" absurd şi împotriva unei vieţi pe care n-o înţeleg. Ei pot ajunge nişte pesimişti iremediabili care nu înţeleg cum funcţionează Cosmosul şi care este scopul acestuia. În realitate, la mijloc este o greşită înţelegere: omul este "izgonit" din rai (mai corect spus pleacă el însuşi), dar din raiul inconştient (este denumit totuşi rai pentru că nu există suferinţă în inconştienţă), cu unicul scop de a obţine Supraconştiinţa – adică te întorci în Rai, dar altfel decât ai plecat.

<u>Iată aventura fiului risipitor/a CP</u> (vezi <u>Luca 15:11–32</u>), adică a fiecăruia dintre noi: <u>fiul risipitor este acasă</u>, în raiul inconştient/edenul originar, adică CP este inconştientă; <u>fiul risipitor pleacă de acasă</u> în lume (RO) prin identificarea cu corpuri materiale ≡ gustă din Pomul binelui şi răului (relative) ≡ apare egoul (stările limitate de conştiinţă) ≡ apare suferinţa; <u>fiul risipitor se întoarce Acasă</u> (pocăirea/revenirea la Dumnezeu) ≡ CP se întoarce în SRS (Centrul Spiritual) prin autoscufundarea în Sine ≡ se dizolvă egoul ≡ dispare suferinţa ≡ apare Fericirea ≡ CP se trezeşte şi trece de la stadiul de CPN (CP Neiluminată) la CPI (CP Iluminată).

<u>Despre expresia "paradisul pierdut"</u> Nu mi se pare o expresie corectă, deoarece nu poţi pierde ceva ce n-ai avut niciodată; iar inconştientul nu poate fi numit paradis, deoarece chiar dacă acolo nu există suferinţă, nu există nici Fericire. Deci expresia menţionată mai sus se referă de fapt la pierderea "paradisului" inconştient = Infinitul inconştient, dar după cum am spus eu nu consider că acesta este paradisul. Adevăratul Paradis, adică Infinitul Supraconştient, odată cucerit, nu mai poate fi pierdut niciodată (vezi şi Vangelis – "Conquest of Paradise"; Paradisul poate fi cucerit <u>doar</u> prin dizolvarea propriului ego). Folosirea expresiei incorecte "paradisul pierdut" creează confuzie şi chiar revoltă în minţile unora, deoarece, gândesc ei şi pe bună dreptate, dacă la un moment dat am fost în paradis, de ce a fost nevoie să-l mai părăsim pentru a suferi inutil doar pentru că "aşa a vrut Domnul" sau pentru că am încălcat o poruncă absurdă de a nu gusta dintr-un anume pom fructifer care creştea în grădina raiului? În realitate, aici, ca în multe alte cazuri, este vorba de o greşită înţelegere şi o greşită interpretare a Scripturii: noi părăsim "raiul", dar "raiul" inconştient = Infinitul inconşti- ent, care <u>nu</u> este adevăratul Rai = Infinitul Supraconştient, de "bună voie" şi nu pentru că am fi încălcat vreo anume poruncă absurdă a unui dumnezeu dictatorial care găseşte plăcere în a-şi chinui supuşii, deoarece înţelegem acum că este singura cale prin care putem atinge Infinitul Supraconştient/Fericirea. Adică stadiul intermediar al stărilor de conştiinţă egocentrice/stadiul binelui şi răului este o etapă obligatorie în tranziţia de la inconştient la Supraconştient. Nici vorbă de "păcatul originar" sau de conceptul de "neascultare a poruncii

lui Dumnezeu de a gusta din toţi pomii în afară de unul – cel al cunoaşterii binelui şi răului". Asemenea aberaţii sunt generate de mintea întunecată a ignorantului de Sine, care nu înţelege nimic din mesajul spiritual sau chiar, mai rău, îl înţelege greşit, deoarece îl ia ad litteram şi nu-şi dă seama că este un limbaj simbolic.

Infinitul inconştient (∞i-P) **se asociază cu diverse corpuri materiale** (de minerale, plante, animale şi oameni), adică suferă nenumărate încarnări (lanţul de reîncarnări), <u>cu scopul final de a ajunge în starea de Infinit Supraconştient</u> (∞S-P). Altfel spus, Infinitul "coboară" în Materie (FM = Finitul Măsurabil), adică se asociază cu Materia sau se încarnează în (se îmbracă cu) diverse corpuri materiale, cu unicul scop de a stră-bate drumul de la inconştient (∞i) la Supraconştient (∞S). Rolul Materiei (FM) este acela de a permite apariţia egoului (ego = Finitul Nemăsurabil FN) ca stadiu intermediar între ∞i şi ∞S. Partea materială (obiectivă) a omului este ansamblul tuturor corpurilor (fizic, eteric, astral, mental, cauzal), văzut ca un corp material cu diverse grade de subtilitate, caracteristica lor comună fiind faptul că sunt materiale (FM); partea imaterială (subiectivă) a omului este CP (Conştiinţa Personală). Putem considera că motivul apariţiei egoului este ca, prin suferinţele cauzate, fiinţa egocentrică să fie forţată să caute o stare superioară, lipsită de suferinţă, în care se poate ajunge numai prin dizolvarea (moartea) egoului (aşa-numita moarte mistică): fiul risipitor se întoarce acasă forţat de suferinţele prin care trece; în plus, el este mai bine primit de tatăl său decât fiul care a rămas acasă, adică starea de ∞S este mai bună decât starea de ∞i în care se află fiul care a preferat să rămână acasă.

<u>În concluzie</u>, se pleacă dintr-o stare lipsită de ego şi se ajunge tot într-o stare lipsită de ego, dar o altă stare, superioară celei din care s-a plecat. Reîncarnările continuă în mod nedefinit, până în momentul în care se reuşeşte dizolvarea ego-ului sau "a doua naştere". Este posibilă şi reîntoarcerea în punctul iniţial fără a se fi reuşit Autorealizarea (∞S-P), adică "a doua moarte". În momentul în care cineva ajunge la Eliberare (∞S-P), lanţul de încarnări se sfârşeşte, iar începând cu momentul morţii fizice, toate corpurile (învelişurile) CP se desfac în atomii componenţi – care sunt astfel restituiţi Naturii (Natură = Realitatea Obiectivă RO), de unde au şi fost luaţi – în timp ce CP, acum pe deplin trezită (iluminată), se integrează în ∞S-I, atingând stadiul de Viaţă (Fericire) veşnică (∞S-P). Iluminarea/Trezirea (sinonime pentru ∞S-P) trebuie realizată în timpul vieţii fizice, nerealizarea acestui lucru conducând inevitabil spre o nouă încarnare în Universul Fizic.

<u>La sfârşitul unei Zile Cosmice</u> (când dispare materia), deoarece egoul nu poate exista decât dacă există şi materie, apare obligativitatea de a te înscrie ori în inconştient, ori în Supraconştient. Aceasta ar putea fi despărţirea în oi şi capre din <u>Matei 25:31–46</u>: oile în dreapta – simbol al celor care au parcurs "calea cea dreaptă"/Calea Spirituală $\equiv$ cei care au obţinut iluminarea, şi caprele în stânga – adică cei care nu au reuşit să-şi dizolve egoul şi acum vor fi nevoiţi să suporte "a doua moarte" = distrugerea forţată a egoului.

Arhitectura fiinţei umane este prezentată pe coperta 1: în Centru este Sinele Impersonal, care este înconjurat de cele 5 corpuri materiale; cel mai subtil este corpul cauzal, iar cel mai grosier este corpul fizic. Aceste corpuri inerte sunt însufleţite de Conştiinţa Personală (CP). După cum am spus, motivul pentru care CP îmbracă aceste corpuri din materie inertă este pentru trezirea sa la Viaţă/Fericire. Sinele (Conştiinţa) este adevărata Casă, este Acasă, este Locuinţa eternă de unde pleacă fiul risipitor (CP) în lume (RO) pentru îm-plinirea menirii sale: a se întoarce cândva Acasă, dar altfel decât atunci când a plecat. Cei care rămân acasă, în inconştienţă, nu suferă, dar nici nu trăiesc cu adevărat – ei sunt într-un perpetuu somn fără vise. Cei care pleacă de Acasă, în lume, vor suferi inevitabil, dar au şansa (pe care, după cum vedem, aproape nimeni nu vrea s-o fructifice) de a se trezi la adevărata Fericire, o Fericire Infinită şi eternă. Noi toţi suntem fii risipitori, care nu vrem să ne întoarcem Acasă, pentru că dormim somnul Ignoranţei de Sine, care este un coşmar.

Adevăratul nimic = Marele Nimic (Vidul) este Infinitul, <u>cu cele 2 aspecte</u>: inconştient (Vidul întune-cat) şi Supraconştient (Vidul Iluminator). SC urmăreşte evoluţia de la Nimicul (Vidul) inconştient (întunecat) către Nimicul (Vidul) Supraconştient (Iluminator): acesta este <u>unicul</u> rost al existenţei Manifestării (Realităţii Obiective), adică al Universurilor Materiale grosiere şi subtile. Nimicul (Vidul) Iluminator este un Infinit al profunzimii, al Păcii, al Fericirii. Pentru a face un joc de cuvinte, putem spune că Nimicul (Infinitul) nu poate fi distrus, deoarece nu poţi distruge ceea ce "nu există"; adică Nimicul este deja "distrus" şi deci nu poate fi distrus încă o dată. Celebra dilemă a lui Shakespeare: "<u>a fi sau a nu fi</u>" poate fi pusă sub forma următoare: "a fi" sub formă de ego = "a nu fi" sub formă de Sine/"a fi" sub formă de Sine = "a nu fi" sub formă de ego.

Cosmosul este o imensă maşinărie (care funcţionează conform Legii Universale a Naturii, vezi Cap. 2) **care are drept scop producerea de Viaţă/Fericire Veşnică**. Atât timp cât propriul ego animalic (îl numesc aşa deoarece venim cu el din regnul animal) nu este distrus definitiv, dificultăţile vor continua mai departe pe termen nedefinit, naşterile şi morţile se vor succeda implacabil; nu contează că noi protestăm, ţipăm, ne revoltăm, asta nu contează. Un singur lucru contează, un singur lucru ne poate salva: dizolvarea propriului ego. Este la fel de exact şi ştiinţific ca şi ecuaţia 1 + 1 = 2, sau şi mai exact; este o lege de nezdruncinat, de care nimeni nu poate scăpa decât într-un singur mod: prin accesul la Cunoaşterea de Sine = distrugerea Ignoranţei de Sine = distrugerea propriului ego (egocentrism) – egoul fiind cauza-rădăcină a oricărei suferinţe fizice, mentale sau emoţionale. Existenţa nu este sensibilizată de faptul că pe noi nu ne interesează această problemă a dizolvării propriului ego, că nu înţelegem sau nu vrem să înţelegem acest lucru, că suferim, că acuzăm pe ceilalţi oameni, soarta, circumstanţele politice, economice, vremea etc. Un singur lucru poate sensibiliza Existenţa: dizolvarea efectivă a propriului ego, dar acest lucru noi nu-l vrem şi nu ne interesează.

Despre prima şi a doua naştere şi prima şi a doua moarte

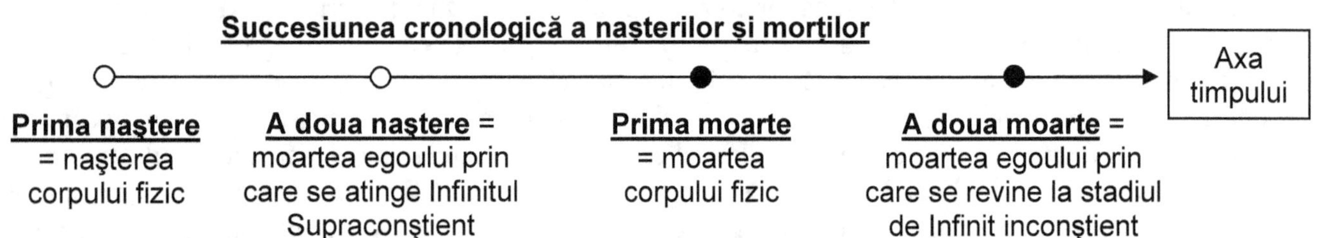

Prima naştere a avut deja loc pentru toţi oamenii care trăiesc în Universul Fizic (UF).

Prima moarte urmează să aibă loc pentru toţi oamenii care trăiesc în UF.

A doua naştere nu este automată sau obligatorie şi se întâmplă doar pentru cei care îşi dizolvă egoul.

A doua moarte are loc după moartea corpului fizic doar pentru cei la care are loc o distrugere forţată a egoului (de exemplu din cauza maleficităţii lor accentuate – vezi pagina 150).

Se observă din diagrama de mai sus că a doua naştere sau naşterea din nou (adică iluminarea) trebuie să aibă loc obligatoriu înainte de prima moarte (adică moartea corpului fizic), neîndeplinirea acestui lucru conducând obligatoriu la o nouă primă naştere când totul se ia de la început (şi cu riscul ca după prima moarte să treci prin moartea a doua şi să suferi distrugerea forţată a egoului, revenind astfel la startul SC).

Orice om trece prin prima naştere şi prima moarte, anumiţi oameni trec prin a doua naştere care conduce la iluminare, iar alţii trec prin a doua moarte care conduce la stadiul iniţial de inconştienţă. Şi în cazul naşterii din nou, şi în cazul morţii a doua are loc distrugerea egoului, dar în timp ce în cazul naşterii din nou se ajunge la Supraconştienţă, în cazul morţii a doua se ajunge la inconştienţă.

Iluminarea se mai numeşte simbolic "a doua naştere" deoarece a) este naşterea unui nou Sine Personal şi b) are loc după prima naştere (naşterea corpului fizic) care a avut deja loc. A doua naştere nu este ceva obligatoriu, automat, trebuie să munceşti pentru ea, şi după cum vedem are loc pentru foarte puţini oameni (aproape pentru nimeni). Distrugerea egoului prin care se revine în punctul iniţial al SC se mai numeşte "a doua moarte" deoarece a) are o conotaţie negativă, deoarece se face prin suferinţă şi înseamnă un eşec în parcurgerea SC şi b) se întâmplă după prima moarte (moartea corpului fizic), când pentru anumiţi oameni are loc distrugerea forţată a egoului prin care se revine la stadiul iniţial de inconştient (aceasta se face în aşa-numitele infernuri, vezi şi Divina Comedie a lui Dante). Pentru a scăpa de prima naştere şi de a doua moarte este necesar şi suficient să realizezi a doua naştere, adică să-ţi dizolvi egoul Efectiv, Total şi Permanent.

Prima naştere Fenomenul care are loc la naşterea unei persoane (mai corect spus la încarnarea unei persoane, deoarece doar corpurile fizic şi eteric se nasc) este următorul: ansamblul format din CPN (Conştiinţa Personală Neiluminată) şi tripleta corp astral-corp mental-corp cauzal (de care CPN este legată din cauza ego-ului) se conectează (printr-un nou cordon de argint) la un embrion uman care se va transforma într-un nou ansamblu (corp fizic + corp eteric) în pântecul unei viitoare mame. Toţi cei care trec prin prima naştere sunt obligatoriu ignoranţi de Sine/CPN, deoarece cei care au obţinut Cunoaşterea de Sine/CPI nu mai suferă o primă naştere (nu se mai reîncarnează). Altfel spus, simplul fapt că te naşti în Universul Fizic (UF) este un simptom al Ignoranţei de Sine, pentru că dacă ai fi obţinut Cunoaşterea de Sine în precedenta viaţă fizică (încarnare) nu te-ai mai fi născut acum în UF. Iar dacă în actuala viaţă fizică (care se derulează între prima naştere şi prima moarte) nu vei obţine Cunoaşterea de Sine, vei renaşte în UF cel puţin încă o dată, şi tot aşa pe termen nedefinit – până vei reuşi dizolvarea egoului/a doua naştere/obţinerea Cunoaşterii de Sine.

Prima moarte în cazul unei persoane obişnuite/care nu a obţinut Cunoaşterea de Sine <u>decurge astfel</u>: corpul fizic îşi încetează funcţionarea şi începe să se descompună în elementele chimice din care era alcătuit (carbon, hidrogen, azot, oxigen etc.). În acelaşi timp, şi corpul eteric începe să se descompună lent (cam în 40 de zile), fiind vizibil câteodată în preajma mormântului sub formă de fantomă, după care şi acesta dispare.

Ceea ce rămâne este "sufletul mortului", adică CPN (Conştiinţa Personală Neiluminată) cu celelalte 3 învelişuri/corpuri rămase: astral, mental şi cauzal. Acest suflet al mortului se desprinde definitiv de corpul fizic în momentul morţii prin secţionarea cordonului de argint care făcea legătura între corpul fizic şi ansamblul corpurilor astral-mental-cauzal (în timpul somnului cu vise şi a dedublării, cordonul de argint asigură legătura şi revenirea corpului astral în corpul fizic). În cazul morţii unei persoane obişnuite, deci, egoul subzistă morţii corpului fizic, şi tot egoul este cel care determină revenirea la o nouă încarnare pe Pământ.

Reîncarnarea Cei care mor nu-şi pierd viaţa, cum se spune de obicei, ci îşi pierd 2 din cele 5 corpuri: corpul fizic şi corpul eteric. Expresia "a-şi pierde viaţa" arată identificarea involuntară şi exclusivă cu corpul fizic. Pentru a reveni în <u>Universul Fizic (UF)</u>, trebuie să aibă loc operaţia inversă pierderii celor 2 corpuri, adică crearea corpurilor fizic şi eteric. Iată de ce celulele sexuale, adică ovulul şi spermatozoidul (şi implicit şi embrionul care se formează) au o dublă structură: fizică şi eterică. Şi tot acum înţelegem de ce corpul eteric se mai numeşte şi corpul (centrul) sexual. Prin moartea obişnuită, adică prin pierderea (distrugerea) corpurilor fizic şi eteric, nu se distruge şi egoul – acesta supravieţuieşte morţii celor 2 corpuri şi tot egoul este cel care determină revenirea în UF printr-o naştere obişnuită sau aşa-zisa reîncarnare. Apare o întrebare pe care am auzit-o de multe ori, dar răspunsurile oferite nu sunt satisfăcătoare: <u>dacă există fenomenul de reîncarnare, de ce nu ne amintim vieţile (încarnările) trecute</u>? Răspunsul este simplu: cele mai relevante (importante) amintiri se stochează în corpurile fizic şi eteric, dar corpurile fizic şi eteric nu se păstrează de la o reîncarnare la alta, deoarece sunt distruse prin moarte. Apoi, sunt refăcute de la zero la următoarea încarnare din ovulul şi spermatozoidul viitorilor părinţi fizici (spermatozoidul şi ovulul au o dublă structură fizică + eterică). Astfel, toate amintirile stocate în corpurile fizic şi eteric sunt complet pierdute. Doar ceea ce ţine de corpurile astral, mental şi cauzal se păstrează de la o încarnare la alta: pe lângă amintirile emoţionale şi mentale, se "reportează" şi abilităţile psihice dobândite în vieţile anterioare (astfel se explică capacităţile mentale aparent inexplicabile ale unor copii, ca şi alte fenomene asemănătoare – de exemplu cazurile în care anumite persoane încep să vorbească brusc limbi considerate moarte sau pe care nu le-au studiat deloc în actuala viaţă fizică).

Prima moarte în cazul unei persoane care a obţinut Cunoaşterea de Sine (a doua naştere) **în timpul vieţii fizice recent încheiate** În cazul unui om care în timpul vieţii fizice a realizat spargerea (anihilarea) egoului, legătura dintre CP (Conştiinţa Personală) şi ansamblul celor 5 corpuri (fizic-eteric-astral-mental-cauzal) a fost desfăcută. După momentul morţii corpului fizic, celelalte 4 corpuri se descompun de asemenea (pe rând) în atomii componenţi (atomi eterici, astrali, mentali, cauzali), care sunt astfel restituiţi Naturii (RO), de unde au fost şi luaţi. CP atinge stadiul de ∞S-P sau CPI (Conştiinţă Personală Iluminată), adică îşi încheie victorioasă călătoria îndelungată prin materie, şi implicit nu se va mai reîncarna, deoarece motivul care a determinat până acum acest lucru – egoul – nu mai există. Rezultă că **moartea egoului este infinit mai importantă decât moartea corpului fizic**, deoarece prima are ca efect încetarea totală a suferinţei, în timp ce ultima nu înseamnă decât distrugerea învelişului celui mai grosier al omului, iar suferinţa continuă atât în Universul Astral (UA = "Lumea cealaltă"/"Lumea de dincolo") – în care se stabileşte omul după moartea corpului fizic, cât şi atunci când va reveni la o nouă încarnare – pe Pământ, în UF. Deci, în timpul vieţii fizice, cel mai important lucru pe care îl putem face este să muncim pentru anihilarea propriului ego/eu inferior, esenţă a egoismului/egocentrismului – interesul maxim al fiecăruia din noi este să ne dezintegrăm eul.

Pentru cei care au obţinut a doua naştere în timpul vieţii fizice, are loc după moartea corpului fizic un proces asemănător cu a doua moarte, cu diferenţa foarte importantă că cei care au obţinut iluminarea permanentă în timpul vieţii fizice vor pierde succesiv celelalte 4 corpuri (învelişuri) rămase şi în final vor rămâne în starea de Infinit Supraconştient, iar cei care suferă a doua moarte vor pierde celelalte 4 corpuri în mod forţat, trecând prin mari suferinţe, iar în final vor reveni în starea de Infinit inconştient. Cei care au obţinut a doua naştere în timpul vieţii fizice nu vor suferi la pierderea celor 5 corpuri, deoarece ei şi-au distrus egoul, adică au tăiat legătura dintre CP şi cele 5 corpuri, în timp ce cei care vor suferi a doua moarte nu şi-au dizolvat egoul în timpul vieţii fizice şi implicit vor suferi când vor fi dezbrăcaţi forţat de cele 5 corpuri, deoarece legătura dintre CP şi corpuri (adică egoul) nu a fost tăiată.

În mod simbolic şi sugestiv (după cum spune Osho): cei care s-au iluminat sunt ca o nucă de cocos coaptă – la care miezul (CPI = Sinele) s-a separat de coajă (cele 5 corpuri), şi deci miezul nu este afectat la spargerea cojii, în timp ce cei care urmează să treacă prin a doua moarte sunt ca un fruct crud – la care miezul (CPN) este lipit de coajă (cele 5 corpuri), şi implicit vor suferi atunci când coaja va fi curăţată în mod forţat.

Cel care a obţinut eliberarea completă în timpul vieţii trece prin următoarele procese: la un moment dat, îşi pierde corpul fizic (trece prin moartea obişnuită). Acum mai are doar 4 din cele 5 învelişuri corporale: eteric, astral, mental şi cauzal. În acest stadiu era Isus după crucificare, adică în corp eteric (a trecut prin pereţii încăperii încuiate în care se aflau discipolii). După un alt interval de timp (cam 40 de zile), pierde şi corpul eteric, deci mai rămâne cu 3 din cele 5 învelişuri corporale: astral, mental şi cauzal. Apoi, pierde şi învelişul astral şi rămâne cu 2 învelişuri corporale: mental şi cauzal. În mod similar, pierde apoi şi corpul mental şi rămâne doar cu corpul cauzal. În final, pierde şi ultimul înveliş – corpul cauzal – şi obţine stadiul de "Videha Mukti" sau eliberarea fără corp (în timpul vieţii în UF era în stadiul de Jivan Mukti = eliberat în corp). În momentul în care pierde şi ultimul înveliş material (corpul cauzal), respectivul fericit dispare definitiv din Manifestare (RO) şi rămâne pentru totdeauna în Infinitul Supraconştient = Oceanul Infinit de Beatitudine, de unde nu va mai reveni niciodată în niciun Univers Material printr-o naştere/încarnare. Acesta este fericitul destin care îl aşteaptă pe cel care îşi dizolvă egoul: acesta nu va mai suferi niciodată, deoarece şi-a împlinit menirea sa, a parcurs SC – vezi şi Apocalipsa 3:12: "Pe cel ce va birui (cel care îşi va dizolva egoul), îl voi face un stâlp în Templul Dumnezeului Meu, şi nu va mai ieşi afară din el (nu se va mai reîncarna)."

Scenariul Cosmic mai poate fi numit şi "Povestea Fără Sfârşit". Aceste 2 denumiri exprimă aspecte diferite ale aceluiaşi lucru. Când spunem "scenariu", înţelegem că Cosmosul (format din cele 5 Universuri Materiale) este o imensă scenă pe care jucăm cu toţii în Drama vieţii. Când spunem "poveste", aceasta ne duce cu gândul la basmele cu Făt-Frumos, Zmeul şi Ileana Cosânzeana: Zmeul este egoul; Ileana Cosânzeana este propria Conştiinţă; Zmeul ţine în captivitate pe Ileana Cosânzeana, adică egoul ţine în captivitate Conştiinţa. Făt-Frumos simbolizează eroul care îl ucide pe Zmeu (adică îşi ucide egoul), eliberează pe Ileana Cosânzeana (prin dizolvarea egoului Conştiinţa se eliberează), se căsătoreşte cu Ileana Cosânzeana (se uneşte cu propria Conştiinţă) şi obţine Tinereţe fără Bătrâneţe (Sănătate) şi Viaţa fără de moarte (Fericirea Veşnică). De ce Făt-Frumos? Deoarece cel care îşi dizolvă egoul (chiar şi parţial) devine frumos din toate punctele de vedere: fizic, emoţional şi mental (corespunzător celor 5 corpuri), pentru că am văzut că distrugerea progresivă a egoului armonizează indirect toate cele 5 corpuri ale omului din punct de vedere anatomic şi fiziologic.

Despre "sfârşitul lumii" Dacă nebunia omului nu va provoca un cataclism nuclear sau de altă natură, singurul sfârşit al lumii în sensul de Realitate Obiectivă (RO) este peste aproximativ 5 miliarde de ani, atunci când Soarele se va stinge din cauza epuizării combustibilului nuclear. Deci pe cei care aşteaptă sfârşitul lumii în acest sens de RO trebuie să-i "dezamăgesc": au de aşteptat cam 5 miliarde de ani. Dar nu acest sfârşit al lumii este relevant în spiritualitate, ci "sfârşitul lumii" în care "lume" înseamnă lume subiectivă şi nu lume obiectivă. Prin "lume" vom înţelege "limitare" = finit, iar finitul are 2 aspecte: Finitul Măsurabil (FM = materia = RO) şi Finitul Nemăsurabil (FN = egoul). Există deci 2 tipuri de lumi: lumea obiectivă = RO şi lumea subiectivă = "lumea" stărilor limitate (egocentrice) de conştiinţă = "lumea" suferinţei. Corespunzător, vom avea 2 tipuri de "sfârşit al lumii": sfârşitul RO (de peste 5 miliarde de ani) şi sfârşitul lumii subiective a stărilor egocentrice = sfârşitul suferinţei = sfârşitul egoului, care se obţine prin parcurgerea Căii Spirituale (CS). Această încetare a suferinţei este strict individuală, subiectivă, invizibilă, non-obiectivabilă şi poate fi resimţită doar de cel care parcurge CS, adică sfârşitul lumii subiective vine în mod individual, pentru fiecare în parte, nu pentru toţi odată. **Oricine obţine iluminarea experimentează sfârşitul lumii subiective.**

Pentru ceilalţi, lumea (subiectivă) continuă neschimbată, chinul zilnic continuă implacabil; pentru cei ignoranţi de Sine, lumea (subiectivă) nu se sfârşeşte decât atunci când îşi vor dizolva egoul, niciodată înainte. Sfârşitul lumii înseamnă practic sfârşitul lumii subiective şi NU sfârşitul lumii obiective, dar omul ignorant, când citeşte sau aude despre "sfârşitul lumii", trage automat concluzia că RO trebuie să se sfârşească (printr-un cataclism cosmic). Iată deci simbolismul "sfârşitului lumii": ceea ce trebuie să se sfârşească este lumea subiectivă a egoului şi NU lumea obiectivă (adică RO). RO şi egoul sunt numite amândouă "lume", deoarece ambele sunt limitate, iar "lume" este sinonim cu "limitare". Limitarea are 2 aspecte: lumea obiectivă = RO şi lumea subiectivă = egoul = mulţimea stărilor egocentrice (limitate) de conştiinţă = "lumea" subiectivităţii limitate. RO nu poate dispărea (decât peste 5 miliarde de ani), ceea ce poate şi trebuie să dispară este propria "lume" a stărilor limitate de conştiinţă = propria subiectivitate egocentrică, adică în ultimă instanţă propria suferinţă trebuie să dispară şi NU Universul obiectiv. Dar cei care nu înţeleg acest lucru trag concluzia greşită că sfârşitul lumii înseamnă un cataclism universal în care Pământul va dispărea; întâlnim aici, din nou, binecunoscuta meteahnă cu "litera şi spiritul" învăţăturii spirituale (binecunoscută doar pentru cei care o înţeleg).

Scenariul Cosmic (SC) funcţionează din timpuri fără început şi nu se va sfârşi niciodată. Isus spune în <u>Luca 21:33</u> că "Cerul (Universurile subtile) şi pământul (Universul Fizic) vor trece, dar cuvintele Mele (învăţătura spirituală $\approx$ SC) nu vor trece." SC există deci "de când lumea şi pământul" şi va continua să existe la nesfârşit, chiar dacă din când în când se suspendă în timpul Nopţii Cosmice, când materia dispare. După Noaptea Cosmică vine invariabil şi Ziua Cosmică, când materia reapare şi SC se reia. SC este fără început şi sfârşit sau Povestea fără sfârşit. Povestea nu se termină niciodată la nivel cosmic, problema este dacă la nivel individual ea se derulează în Fericire sau nu. Iar când spun "la nivel individual", este vorba de <u>mine</u>, dar nu neapărat de cel ce scrie aceste rânduri, ci de oricine, deoarece fiecare se desemnează pe sine prin "<u>eu</u>". <u>Chiar dacă la nivel cosmic SC nu se sfârşeşte niciodată</u>, **la nivel individual SC se poate sfârşi oricând**. Adică o **Conştiinţă Personală (CP) oarecare poate ajunge la Supraconştiinţă oricând**, chiar dacă tot timpul vor fi CP în Manifestare/Realitatea Obiectivă RO şi implicit în stare de Ignoranţă de Sine/suferinţă. Lumea (subiectivă) se sfârşeşte doar pentru CP care se eliberează, pentru celelalte suferinţa continuă până când reuşesc a doua naştere/disoluţia efectivă, totală şi permanentă a egoului. Ceea ce spun unii, cum că anumite fiinţe divine au ales să nu se elibereze până când nu se vor elibera toate fiinţele (CP) din Manifestare, este greşit, deoarece niciodată nu se vor elibera toate fiinţele. Şi chiar dacă, prin ducere la extrem, va veni o zi când toate CP din RO se vor fi eliberat, vor apărea imediat alte CP în RO care vor începe SC, deoarece **Infinitul inconştient Impersonal** (∞i-I) **este o sursă INEPUIZABILĂ de CP inconştiente care intră în SC**.

Deci SC există dintotdeauna şi va exista pentru totdeauna. O CP oarecare, însă, poate termina oricând SC/se poate elibera oricând prin disoluţia propriului ego, chiar dacă celelalte CP sunt încă prinse în SC – al cărui scop este obţinerea <u>Vieţii Veşnice</u>/a <u>Fericirii Infinite</u> (în profunzime) şi Eterne (din punct de vedere al timpului obiectiv; timpul subiectiv încetează odată cu obţinerea Eliberării). Cosmosul (format din cele 5 Universuri Materiale Paralele 5UMP) este un "utilaj tehnologic" care are ca "materie primă" CP inconştiente care încep urcuşul spre Supraconştiinţă, iar ca "produs final" CP care termină SC, atingând Viaţa Veşnică.

Singura modalitate de a ieşi din această maşinărie infernală (Cosmosul) este de a-ţi dizolva total şi definitiv ego-ul; altfel, eşti măcinat la nesfârşit între fălcile acestui monstru mecanic care este Cosmosul. Iată ce este iadul: să suferi la nesfârşit fără a întrezări un sfârşit al suferinţei. <u>Se spune că iadul este veşnic; în realitate</u> nu este veşnic, <u>oricând poţi ieşi din el</u>, dar pare a fi astfel pentru fiinţele ignorante care nu au nici cea mai mică nelinişte spirituală. O formulare mai corectă ar fi "<u>iadul este pe termen nedefinit</u>", adică el continuă să existe atât timp cât nu obţii Cunoaşterea de Sine. Rostul existenţei Cosmosului este de a ajuta la transformarea CP inconştiente în CP supraconştiente. ∞i-I este un izvor nesecat de CP, deci UMP vor trebui să existe într-o porţiune sau alta a spaţiului tridimensional infinit. Chiar dacă vine Noaptea Cosmică când întregul Cosmos sau anumite părţi din el dispar, această situaţie nu poate dura decât un timp limitat (şi eventual doar în anumite regiuni ale spaţiului), după care inevitabil vine şi Ziua Cosmică, în care reapare materia pentru a permite reînceperea SC. Fiecare din noi este o CP care a intrat în RO pentru a atinge Supraconştiinţa/Viaţa Eternă, dar, după cum se vede, aproape nimeni nu vrea să atingă acest ţel/să-şi împlinească menirea existenţială.

<u>Am spus că Cosmosul este o imensă maşinărie/instalaţie tehnologică al cărui produs finit este Viaţa Veşnică</u>. Acesta este scopul pentru care a apărut Cosmosul (creat de ∞S-I) , însă pentru a atinge acest ţel este nevoie şi de cooperarea noastră (Dumnezeu îţi dă, dar nu-ţi bagă şi-n traistă). Voi repeta, chiar cu riscul de a deveni enervant, că <u>unica</u> modalitate de a ieşi din SC şi de a termina cu aceste naşteri şi morţi (adică a rupe definitiv lanţul de reîncarnări = samsara) $\equiv$ a obţine Viaţa Eternă/Fericirea Infinită (în profunzime) şi Eternă sau unica modalitate prin care suferinţa încetează definitiv este <u>doar</u> prin disoluţia propriului ego, care se realizează <u>doar</u> prin Acţiunea Spirituală (AS). Aceasta nu este doar o teorie, ci trebuie să ne dizolvăm <u>efectiv</u> propriul ego. Altfel, atât timp cât egoul subzistă, ne vom învârti la nesfârşit în lumea cauzei şi efectului = lumea Manifestării = Universurile Materiale grosiere sau subtile, vom suferi naşteri şi morţi fără a putea întrezări vreodată sfârşitul acestor suferinţe. Varianta de a reveni în punctul iniţial (în inconştienţă) prin ceea ce se numeşte "a doua moarte" este exclusă ca fiind o soluţie reală; chiar dacă nu există suferinţă acolo, nu există nici Fericire, adică este mai degrabă o stare negativă, identică cu starea pe care o trăieşte fiecare om în

timpul somnului profund fără vise (SFV). Calea de Eliberare este strict individuală, nimeni nu se poate elibera în locul altuia, fiecare trebuie să meargă singur-singurel pe acest drum al Revoluției Conştiinţei. Dacă cineva ajunge la Iluminare, doar acea persoană se iluminează, ceilalţi rămân exact la fel. Pentru cel care se eliberează, iau sfârşit suferinţa, samsara (lanţul de încarnări), chiar şi lumea se sfârşeşte pentru acela; pentru ceilalţi totul continuă nemodificat: chinul zilnic rămâne acelaşi, pentru ei nimic nu s-a schimbat.

Chiar dacă toate UMP ar dispărea, ar fi distruse, ar fi aneantizate (în timpul Nopţii Cosmice), SC ar impune reapariţia lor, mai devreme sau mai târziu, tocmai datorită faptului că SC este etern valabil. De ce? Pentru că Absolutul inconştient (∞i-I) este o sursă inepuizabilă de CP (scântei divine) care încep călătoria în materie cu scopul de a ajunge la Iluminare (∞S-P). Iar pentru asta este nevoie de materie pentru a putea fi create corpuri (învelişuri) finite ale CP, cu care CP să se identifice pentru a putea lua astfel naştere egoul ca stadiu intermediar între inconştient şi Supraconştient. Oricât de multe CP s-ar desprinde din ∞i-I, ∞i-I rămâne tot timpul acelaşi, adică nu este împuţinat de CP care se desprind din el. La fel, ∞S-I (Absolutul Supraconşti-ent) nu câştigă nimic prin faptul că o CP (scânteie divină) termină SC şi se integrează în ∞S-I/Supraconştiinţă.

În concluzie, SC impune ca necesară existenţa UMP (a materiei), ca mijloc de atingere a Vieţii Veşnice de către valurile de CP care se desprind continuu din ∞i-I şi încep astfel peregrinarea în materie prin intrarea în SC. Absolutul (Infinitul Impersonal), sub cele 2 aspecte ale sale – inconştient şi Supraconştient – rămâne tot timpul Acelaşi, indiferent câte CP se desprind din Absolutul inconştient sau câte CP se integrează în Absolutul Supraconştient: nici Absolutul inconştient nu pierde nimic din cauza CP inconştiente care se desprind din acesta, nici Absolutul Supraconştient nu câştigă nimic datorită CP supraconştiente care se integrează în Acesta. Câştigul sau pierderea este doar la nivel personal: au de câştigat (Fericirea) CP care obţin iluminarea şi au de pierdut CP care ratează (indiferent dacă au încercat sau nu) obţinerea iluminării.

Putem aborda acum o problemă pe care probabil mulţi oameni şi-au pus-o sau şi-o mai pun încă: **de ce nu rezolvă Dumnezeu problema suferinţei?** – adică de ce nu-i conduce forţat pe oameni la Fericire, altfel spus (în lumina celor de mai sus) de ce nu-i conduce forţat pe oameni la sfârşitul SC (deoarece după cum se vede oamenii nici măcar nu sunt interesaţi de acest lucru)? Problema aceasta mi-am pus-o şi eu, şi concluzia la care am ajuns este următoarea: teoretic, nu sunt decât 2 posibilităţi: 1) Dumnezeu poate, dar nu vrea (să facă ce am spus mai sus) şi 2) Dumnezeu nu poate. Dintre aceste 2 posibilităţi, varianta a 2-a mi se pare cea corectă. Cum adică, vor sări unii, vrei să spui că Dumnezeu nu este atotputernic (din moment ce nu poate să-i ilumineze în mod forţat pe oameni)? Da, din acest punct de vedere nu este atotputernic; totuşi, dacă cineva face primul pas (adică realizează spargerea egoului = pasul 5, vezi 5.2.2), Dumnezeu va face restul, adică va finaliza procesul de iluminare declanşat de practicantul spiritual. În plus, nu putem accepta varianta 1, deoarece ar însemna că Dumnezeu este răuvoitor (ceea ce este inacceptabil), iar aşa-zisa "neputinţă" a lui Dumnezeu este o neputinţă doar din punctul nostru de vedere, deoarece Dumnezeu nu este afectat deloc de ceea ce noi numim "neputinţa lui Dumnezeu de a ne ilumina fără ca noi să facem nimic în acest sens".

Cred că putem fi de acord cu toţii că varianta corectă este varianta a 2-a. Să ne punem acum problema de ce Dumnezeu nu ne poate ilumina forţat este o altă problemă şi nu cred că ne-ar ajuta prea mult pe Calea Spirituală să dezbatem aceasta, atât timp cât am înţeles că aşa stau lucrurile. Chiar dacă am reuşi să înţelegem de ce stau lucrurile aşa (ceea ce n-ar fi poate imposibil), sarcina spirituală care ne stă în faţă rămâne aceeaşi, şi anume declanşarea procesului de obţinere a Cunoaşterii de Sine. Toată discuţia de mai sus am făcut-o pentru a înţelege că Dumnezeu nu este responsabil nici pentru suferinţa noastră şi nici pentru incapacitatea noastră de a elimina suferinţa; dacă noi declanşăm procesul de iluminare, El va prelua responsabilitatea finalizării acestui proces. Altfel spus, Dumnezeu este în totalitate de partea noastră în lupta cu suferinţa – deoarece El a creat şi susţine SC prin care noi trebuie să obţinem Fericirea Perfectă, şi ne poate ajuta să scăpăm de suferinţă – cu condiţia să facem noi primul pas.

Oamenii se revoltă nu atât din cauza suferinţei, ci din cauză că nu înţeleg care este rostul acestei suferinţe şi nici nu cunosc modalitatea corectă de a o înlătura (AS = centrarea voluntară a conştiinţei). Ca urmare, când încearcă să înlăture suferinţa prin mijloace inadecvate şi nu reuşesc (este inevitabil eşecul atât timp cât nu te angajezi pe Calea directă de iluminare), ajung la concluzia, falsă în realitate, dar corectă din punctul lor de vedere, că nu poţi fi fericit în această lume, ci doar, eventual (dar nici atunci nu-i sigur), în lumea "de dincolo", după moartea corpului fizic. Cei care ajung la sinucidere au o oarecare intuiţie că pentru a fi fericit trebuie să ucizi ceva, dar, din păcate, neînţelegând că este vorba de uciderea propriului eu, îşi ucid corpul fizic.

6.2 – Teoria Generală a Realităţii Subiective (TGRS = Teoria Generală a Absolutului)

Generalizând Scenariul Cosmic (SC) din 6.1, obţinem diagrama de mai jos ca **simbol grafic al TGRS**:

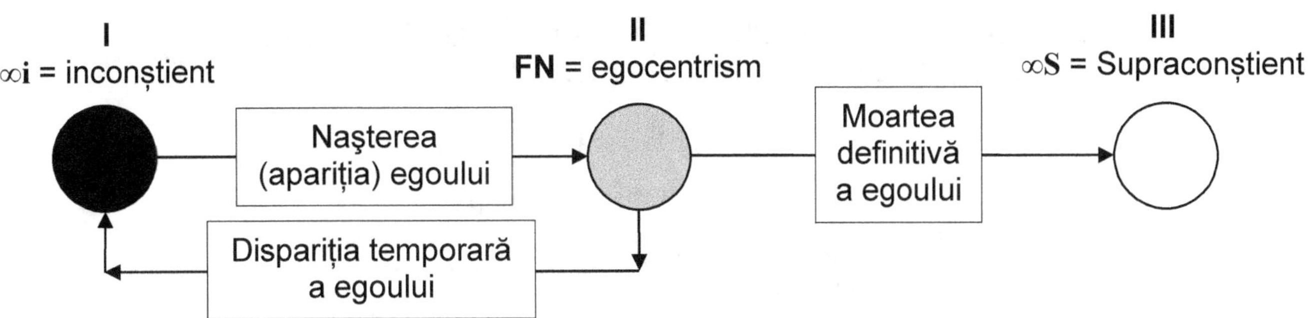

Se observă că am înlocuit stadiile de mineral, plantă, animal şi om prin formularea mai generală de FN = egocentrism, unde FN înseamnă Finit şi Nemăsurabil, adică una din cele 4 Energii Fundamentale ale Realităţii (vezi 3.4). Acesta este simbolul grafic (vizual) al Teoriei Generale a Realităţii Subiective (TGRS), pe care o putem numi şi "Teoria Generală a Absolutului" (prin analogie cu Teoria Generală a Relativităţii elaborată de Einstein), şi aceasta pentru că Absolutul este alcătuit din cele 2 Infinituri – inconştient şi Supraconştient – în variantele lor Impersonale. TGRS a fost valabilă în trecut, este valabilă în prezent şi va continua să fie valabilă şi în viitor, în orice punct din Cosmos. TGRS conţine 3 stadii sau stări ale Realităţii Subiective:

1) Stadiul I = Infinitul inconştient (∞i): stare Infinită, deci non-egocentrică (lipsită de ego), stare în care nu există suferinţă, dar nici Fericire, identică cu somnul profund fără vise (SFV).

2) Stadiul II = Finitul Nemăsurabil (FN): conţine totalitatea stărilor limitate (egocentrice), deci stări ale conştiinţei în care există ego şi implicit suferinţă. Este un stadiu intermediar între stadiul I şi stadiul III.

3) Stadiul III = Infinitul Supraconştient (∞S): stare Infinită, deci non-egocentrică, o stare lipsită de suferinţă, dar superioară Stadiului I deoarece conţine Fericirea (vezi parabola cu fiul risipitor care este primit mai bine de tatăl său decât fiul care a rămas acasă, adică Stadiul III este superior Stadiului I).

Am atribuit următoarele culori simbolice celor 3 stadii/stări ale conştiinţei: Stadiul I = negru (absenţa oricărei culori); Stadiul III = alb (prezenţa tuturor culorilor); Stadiul II = gri (între negru şi alb).

Corespondenţa cu cele 4 stări de conştiinţă ale omului prezentate în Capitolul 1 este următoarea: VGH (starea de veghe) şi SCV (somnul cu vise) fac parte din Stadiul II, SFV corespunde Stadiului I, iar Cunoaşterea de Sine corespunde Stadiului III. Realitatea Subiectivă (RS) conţine deci 3 tipuri fundamentale de stări de conştiinţă (vezi 3.4): Infinitul inconştient (∞i), Infinitul Supraconştient (∞S) şi Finitul Nemăsurabil (FN).

Cele 3 stări ale conştiinţei din TGRS sunt complet separate între ele, adică nu au niciun punct comun. La un moment dat, o entitate oarecare din Cosmos nu se poate afla decât într-o singură stare de conştiinţă din cele 3. Iată de ce se spune în Luca 16:13 că "Nicio slugă nu poate sluji la 2 stăpâni; ... Nu puteţi sluji lui Dumnezeu şi lui Mamona." – adică nu te poţi afla decât într-o singură stare la un moment dat: ori te afli în stadiul III (adică "slujeşti lui Dumnezeu", deoarece Dumnezeu = Supraconştientul), ori te afli în Stadiul II, al stărilor egocentrice (adică "slujeşti lui Mamona", deoarece Mamona = egoul, adică îţi "slujeşti" propriul ego).

Stadiul III din TGRS este cel mai valoros dintre toate cele 3 stadii şi este singurul care merită să fie obţinut. Stadiul III este denumit în multe feluri; urmează denumiri pentru ambele variante ale ∞S (SRS), Impersonală E2-I şi Personală E2-P (vezi 3.4): Infinit Supraconştient/Supraconştiinţă, Sine/Eul Superior/Eul transcendental/Eul real, Paradis, Conştiinţă Pură, Împărăţia Cerurilor, Eliberare (Moksha), Centrul (Inima) spiritual(ă), Dumnezeu/Tatăl Ceresc, Iahve/Iehova ("Eu Sunt"), Nevăzutul/Invizibilul, Necunoscutul/Incognoscibilul, Nenumitul, Nirvana, Hristos, Allah, Buddha, Esenţa tuturor lucrurilor, Adevăr, Absolut, Atman, Brahman, Shiva, Kether, Ain Soph, Starea de yoga, Supremul, Tao, Iluminare, Fericire, Viaţă Veşnică, Energie necreată, Transcendent, Pace, Lumina Eternă, Iubire, Vidul (Nimicul) Iluminator sau Neant, Starea de absenţă a egoului, Tinereţe fără bătrâneţe şi viaţă fără de moarte etc. Toate aceste nume se referă la o Aceeaşi Realitate. Nu trebuie să fim derutaţi de această multitudine de denumiri (şi altele), ci trebuie să înţelegem că este vorba despre acelaşi "lucru". Nicio denumire nu poate să dea decât o orientare destul de vagă, iar toate aceste explicaţii sunt menite să ne determine să parcurgem Calea Spirituală, la finalul căreia vom putea cunoaşte acel "lucru" prin experienţă directă, singura modalitate în care putem cunoaşte cu adevărat Stadiul III.

Să detaliem stadiul II din TGRS, adică mulţimea stărilor psihologice de tip FN/egocentrice. Stadiile I şi III sunt cele mai simple stări, complicaţiile se întâlnesc numai în stadiul II.

<u>Mulţimea stărilor de conştiinţă de tip Finit şi Nemăsurabil (FN) sau Spaţiul Finitului Nemăsurabil (SFN) = Spaţiul (Sfera) egocentric(ă)</u>

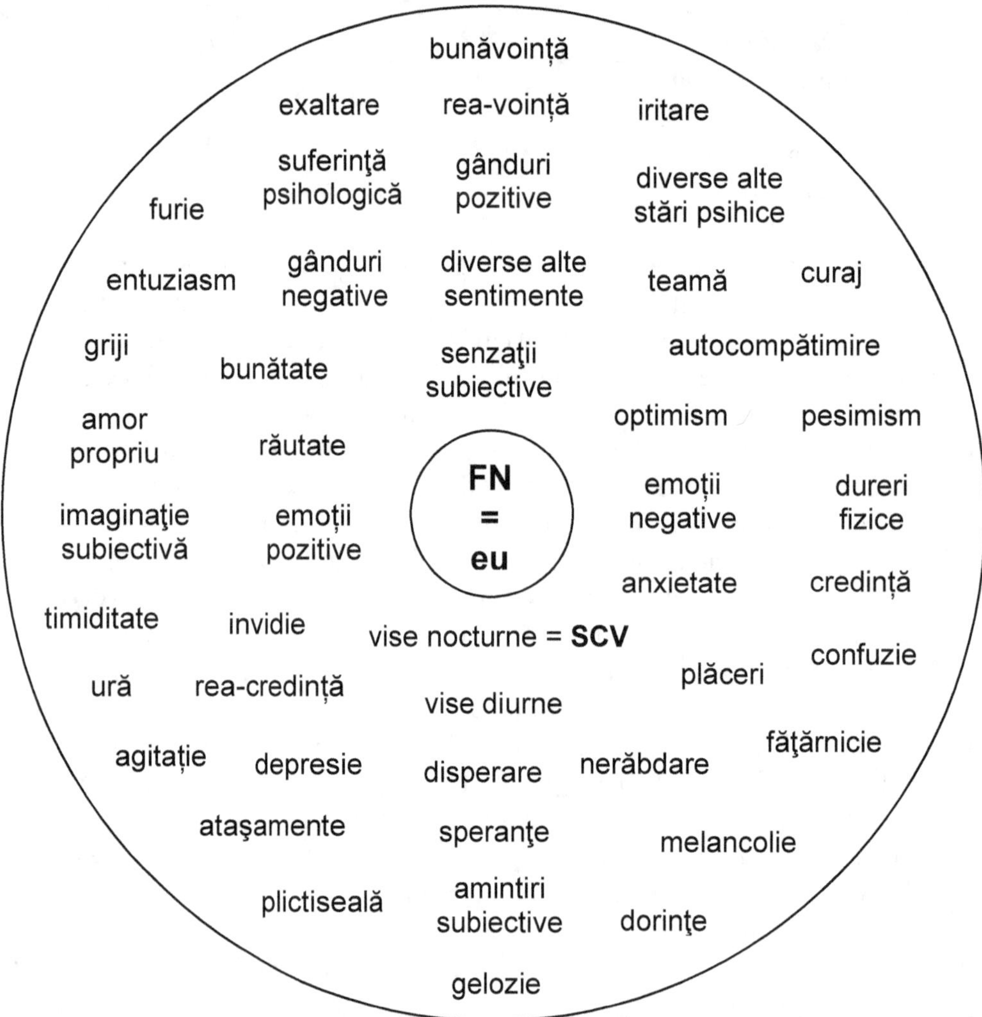

Stările de conştiinţă de tip FN (Finit şi Nemăsurabil), adică stările de conştiinţă limitate sau egocentrice (deoarece FN = ego), **formează o mulţime nenumărabilă**, adică continuă. Asta înseamnă că nu putem identifica în mod clar şi precis o anume stare de conştiinţă limitată/egocentrică din această mulţime; doar întreaga mulţime poate fi identificată 100% clar şi 100% precis ca fiind mulţimea energiilor (stărilor de conştiinţă) de tip FN, FN fiind una din cele 4 Energii Fundamentale ale Realităţii (celelalte 3 Energii Fundamentale sunt ∞i, ∞S şi FM – vezi 3.4). Energiile (stările de conştiinţă) de tip FN au în comun faptul că sunt de tip FN.

Din acest motiv, am reprezentat grafic mulţimea energiilor de tip FN ca un Spaţiu/o Sferă care are un centru în care se află ceea ce le este comun: caracteristica de a fi FN. La fel cum centrul unei sfere este un punct privilegiat care se află în relaţii echivalente cu toate punctele sferei prin faptul că este egal depărtat de acestea, la fel şi centrul mulţimii stărilor de conştiinţă limitate este într-o relaţie privilegiată şi egală cu toate aceste stări de conştiinţă limitate prin faptul că FN este caracteristica lor comună. Deoarece FN = eu-l inferior/ego-ul, această mulţime a energiilor de tip FN putem spune că se structurează într-un Spaţiu egocentric sau o Sferă egocentrică. După cum îi spune şi numele, Sfera egocentrică are un nucleu/un centru care este ego-ul/eu-l inferior. Aceasta este structura mentalului sau a minţii egocentrice, dacă definim mentalul/mintea egocentrică ca fiind mulţimea tuturor stărilor limitate de conştiinţă ale unei persoane. Iată de ce se spune uneori că ego = mental (<u>NU</u> corpul mental, care aparţine Realităţii Obiective RO). Ramana Maharshi spune că egoul are o poziţie privilegiată faţă de orice alt "gând", deoarece egoul este legat în mod egal de fiecare "gând"/stare de conştiinţă – după cum se poate vedea în simbolismul grafic/vizual de mai sus.

Mulțimea stărilor de conștiință/energiilor de tip FN este formată din 2 submulțimi (vezi Cap. 1): **VGH** (starea de veghe) **și SCV** (somnul cu vise) (în diagrama de la pagina 160 "vise nocturne = SCV"), adică **FN = VGH ∪ SCV**. VGH și SCV sunt mulțimi disjuncte, adică VGH ∩ SCV = Ø. Atât VGH, cât și SCV au aceeași structură de Spațiu egocentric ca și mulțimea reunită a tuturor stărilor de conștiință de tip FN. Deoarece în SCV și VGH există atât o descentrare spațială, cât și una energetică (vezi Cap. 3), energiile de tip FN = energii de tip E3 (vezi 3.4) = Răul/suferința sunt asociate obligatoriu cu percepții ale Realității Obiective (RO) = energii de tip E6, adică energiile Realității Subiective (RS) de tip E3 și E6 sunt experimentate simultan de persoana egocentrică. Altfel spus, orice suferință "pură" (FN = energie de tip E3) este experimentată obligatoriu împreună cu o percepție a RO (energie de tip E6), adică Răul nu există în stare pură (E3), ci doar împreună cu/amestecat cu percepții ale RO (E3+E6). Separarea celor 2 tipuri de stări de conștiință/energii ale RS E3 și E6 este făcută doar în scop didactic. În SFN, deci, deși teoretic avem doar energii de tip FN "pure" = E3, practic vor fi și energii de tip E6. Prin iluminare, doar Răul (E3) dispare, fiind înlocuit de Bine = E2-P, în timp ce percepția RO rămâne, deoarece energiile de tip E6 sunt înlocuite de energii de tip E7.

Spațiul egocentric sau Spațiul Finitului Nemăsurabil (SFN) este unul din cele 3 Spații fundamentale, celelalte 2 fiind <u>SRS</u> (Spațiul Realității Subiective) și <u>SRO</u> (Spațiul Realității Obiective). Fluctuațiile energiilor de tip FN generează Timpul Subiectiv = TFN (Timpul Finitului Nemăsurabil), care este unul din cele 2 Timpuri fundamentale, celălalt fiind Timpul Obiectiv = TFM (Timpul Finitului Măsurabil) (vezi 3.4). În interiorul SFN găsim toate stările psihice (gânduri, sentimente, senzații, percepții etc.) din timpul stării de veghe (VGH), precum și visele din timpul nopții (SCV), deoarece toate acestea sunt stări egocentrice, adică au drept suport <u>eul</u>: <u>eu</u> gândesc, <u>eu</u> simt, <u>eu</u> imaginez, <u>eu</u> visez, <u>eu</u> sufăr etc. Eul inferior (egoul) este rădăcina oricărei stări psihice diurne sau nocturne ale omului obișnuit (ignorant de Sine), mai puțin somnul fără vise (SFV), care aparține Stadiului I al TGRS, unde nu există ego, nici suferință (nimeni nu suferă în timpul SFV).

Se observă că existența oricărei stări limitate de conștiință depinde de existența egoului (sau cum spune Ramana că "fiecare gând este legat de gândul eu"), și de aici rezultă că singura modalitate de a elimina suferința sau stările limitate de conștiință este prin dizolvarea egoului. Orice altă abordare este sortită din start eșecului, deoarece orice cale spirituală care nu ține cont de necesitatea dizolvării egoului nu taie Răul din rădăcină, ci nu face decât să te învârtă în interiorul Sferei egocentrice. Deci abordarea corectă (singura) nu este prin luarea în vizor a fiecărei stări limitate de conștiință pe rând (aceasta este o muncă sisifică și fără vreo finalitate), ci prin vizarea cauzei-rădăcină a suferinței sau "rădăcina arborelui samsarei", iar aceasta este propriul ego. Osho spune: "Atunci când luciditatea voastră va fi totală, mentalul se va evapora", adică Sfera egocentrică va dispărea împreună cu toate suferințele asociate. Putem defini Sfera egocentristă "Sfera binelui și a răului" sau "Pomul cunoașterii binelui și răului". Este vorba de un bine și un rău relative, adică limitate.

Mai putem denumi binele relativ "plăcere" și răul relativ "durere". Binele absolut/Binele superior = Binele cu B mare îl vom denumi "Fericire". De fapt, <u>plăcerea</u> = binele cu b mic = binele limitat <u>este</u> în realitate <u>o formă de Rău</u>. Cum adică, se vor mira mulți? <u>Din 2 motive:</u> a) <u>nicio plăcere nu este deplină,</u> <u>desăvârșită</u>, deoarece este limitată. Orice plăcere conține o doză mai mare sau mai mică de durere, după cum și orice durere conține o doză mai mare sau mai mică de plăcere – este ca în simbolismul yin-yang, în care partea albă are un mic nucleu negru, iar partea neagră are un mic nucleu alb – adică plăcerea și durerea sunt tot timpul amestecate; exemple sugestive: o mare bucurie este greu de suportat – ca și o suferință, sau expresia "o dulce durere". Din această cauză, sadicii și masochiștii se completează reciproc (vezi expresia "sado-maso"). Singura stare pozitivă este Binele = Pacea/Liniștea/Fericirea. b) <u>orice plăcere este urmată</u> <u>invariabil de durere</u> (plăcerile nu sunt stabile). Astfel, un bine care este urmat de rău nu este adevăratul bine.

În concluzie, atât plăcerea, cât și durerea sunt aspecte ale Răului. Putem defini Răul din acest punct de vedere superior ca fiind limitarea conștiinței, iar absența Răului ca fiind Infinitul (Nelimitarea). Însă omul ignorant de Sine echivalează binele cu plăcerea, adică numește Răul bine și invers – numește Binele sau Fericirea "rău", deoarece se teme de acest Infinit pe care nu-l înțelege. Orice stare psihică limitată (FN) este o stare a egoului (o stare egocentrică), deci are un anume grad de suferință. Doar Infinitul, cu cele 2 aspecte ale sale – inconștientul și Supraconștientul – nu conține suferința. Scopul Căii Spirituale este trecerea de la limitat la Nelimitat, adică de la Rău la Bine sau "de la moarte la Nemurire".

Mai putem denumi Stadiul II al TGRS: Sfera egocentrică, domeniul relativității subiective (în contrast cu domeniul Absolutului care conține Stadiile I și III din TGRS) sau lumea subiectivă. Stările egocentrice sunt limitate, iar Nelimitatul/Infinitul se întâlneşte numai în Stadiile I şi III ale TGRS. Sfera egocentrică este limitată de însăşi conţinutul ei; oricât am extinde suprafaţa ei, va rămâne limitată prin faptul că are un centru. Fiecare persoană egocentrică este precum un cal priponit care nu se poate mişca decât atât cât îi permite funia, priponul fiind ego-ul; persoana egocentrică evoluează astfel numai în interiorul Sferei egocentriste.

Sfera egocentristă mai poate fi numită şi Sfera contrariilor, deoarece contrariul oricărei energii din interiorul Sferei egocentrice este tot în interiorul Sferei egocentrice. Din Sfera egocentrică fac parte gândurile pozitive, ca şi gândurile negative, stări considerate "pozitive", precum plăcerea, speranţa etc. ca şi opusul lor: suferinţa, disperarea etc., pe scurt conţine atât "binele" cât şi "răul". Adevărata mutaţie interioară nu înseamnă a ne mişca de la o stare mai rea la o stare mai bună din interiorul Sferei egocentrice, ci de a părăsi total Sfera egocentrică, lucru posibil doar prin dizolvarea totală a egoului. Egoul este bătrân, deoarece apariţia lui a avut loc cu mult timp în urmă, atunci când scânteia divină/Conştiinţa Personală (CP) care astăzi îmbracă un corp uman a început îndelungata peregrinare în lumea materială prin încarnarea într-un corp de mineral, având drept scop final parcurgerea completă a Scenariului Cosmic (SC) prin atingerea stadiului de Viaţă Veşnică.

Iată simbolismul prin care Adam şi Eva gustă din pomul cunoaşterii binelui şi răului: aceasta înseamnă accederea în Stadiul II ≡ apariţia/naşterea egoului sau a Sferei egocentriste în care coexistă binele şi răul, însă un bine şi un rău limitate/relative. CP pătrunde în domeniul relativităţii (Stadiul II), cu unicul scop de a depăşi acest stadiu pentru a pătrunde în Stadiul III. Pentru a depăşi Stadiul II trebuie însă să renunţăm atât la durere, cât şi la plăcere; cramponarea de plăcere ne menţine înăuntrul Sferei egocentriste.

Ne putem întreba: cum e posibil ca eu-l/ego-ul să fie rădăcina oricărei suferinţe, când suferinţa are de fapt alte cauze aparente: nu am bani, sunt bolnav, sunt ameninţat de tot felul de pericole, ziua de mâine este nesigură, este prea frig/prea cald, plouă prea mult/prea puţin, circumstanţele îmi sunt potrivnice etc.? Dintr-un anumit punct de vedere (cel obişnuit) aşa este, însă cauza-rădăcină a tuturor acestor necazuri este în realitate una singură: eul/egocentrismul. Atât timp cât eu-l va continua să existe, nu vom face decât să ne mişcăm în interiorul Sferei egocentriste, unde vom întâlni diverse stări psihice: mai bune, mai puţin bune sau chiar dezastruoase. Dacă însă dizolvăm eu-l, vom ieşi din Sfera egocentristă pentru a ne stabili în Sfera Absolutului = Stadiul III al TGRS, unde "orice durere încetează", indiferent de condiţiile "exterioare"/obiective.

Un înţelept (cineva care şi-a dizolvat eul) se stabileşte într-o stare perfect stabilă de Fericire, din care nu-l poate clinti nicio condiţie obiectivă, oricât de potrivnică, nici măcar bolile şi nici chiar moartea propriului corp fizic. Dacă îşi dizolvase egoul, Isus nu a suferit în timpul crucificării – suferinţele şi moartea propriului corp fizic nu au fost resimţite, deoarece moartea egoului înseamnă încetarea identificării cu corpul fizic.

Sinteză pentru cele 3 tipuri de stări de conştiinţă din TGRS

	Rău	Bine	Culoare simbolică	Simbolism numeric
Infinitul inconştient	NU	NU	Negru	∞i
Finitul Nemăsurabil (egoul)	DA	NU	Gri	FN
Infinitul Supraconştient	NU	DA	Alb	∞S

Acesta este tabelul care simbolizează 100% clar şi 100% precis cele 3 tipuri de stări de conştiinţă din TGRS, adică cele 3 Energii Fundamentale ale Realităţii Subiective (RS), prin cele 3 tipuri de simboluri:

1) simbolismul lingvistic: este simbolismul uzual şi se bazează pe litere şi cuvinte. Foloseşte 2 cuvinte: "Bine" (cu majusculă) şi "Rău" (cu majusculă). Binele şi Răul se exclud reciproc. Finitul (Nemăsurabil FN) înseamnă prezenţa Răului, care exclude deci prezenţa Binelui. Infinitul (∞i şi ∞S) înseamnă absenţa Răului. În plus, Infinitul inconştient (∞i) înseamnă absenţa Binelui, în timp ce Infinitul Supraconştient (∞S) înseamnă prezenţa Binelui. Răul (cu majusculă) conţine binele (cu b mic) şi răul (cu r mic), adică plăcerea şi durerea. Binele (cu majusculă) se mai numeşte (vezi Capitolul 1 şi pagina 159): Fericire, Beatitudine, Pace, Iubire etc.

2) simbolismul vizual: foloseşte setul de 3 culori negru/gri/alb. Negrul = absenţa oricărei culori şi simbolizează inconştientul (∞i), care este absenţa oricărei conştienţe. Albul = prezenţa tuturor culorilor şi simbolizează Supraconştientul (∞S), care are gradul maxim de conştienţă. Griul, care se află între negru şi alb, simbolizează FN, care se află din punct de vedere al gradului de conştienţă între ∞i şi ∞S.

3) simbolismul numeric: foloseşte cele 2 tipuri de Infinit – ∞i şi ∞S, şi unul din cele 2 tipuri de Finit – Finitul Nemăsurabil FN (celălalt tip de Finit este Finitul Măsurabil FM = Materia – vezi 3.4).

Cele 3 tipuri de simbolistici sunt echivalente între ele, adică fac trimitere la aceleaşi realităţi. Primul tip (cel lingvistic) are avantajul că poate fi folosit (mai uşor) din punct de vedere verbal. Al doilea tip (cu culorile) are avantajul că este mai intuitiv pentru că este vizual. Al treilea tip (cel numeric) are avantajul că este mai concis şi poate fi folosit mai uşor în scris. Toate cele 3 tipuri de simboluri sunt 100% clare şi 100% precise şi în plus sunt şi simple. Astfel, am redus enorma cantitate de simboluri ale stărilor de conştiinţă/energiilor RS la cele 3 simbolistici de mai sus, adică am făcut ordine în acest domeniu extrem de vast al simbolizării stărilor de conştiinţă, altfel spus am sistematizat simbolistica stărilor de conştiinţă (ale trăirilor).

<u>Observaţie importantă</u>: trebuie să fim foarte atenţi pentru a nu confunda realitatea simbolizată cu simbolul (vezi şi 5.4.2). Acestea sunt lucruri total diferite, deoarece singura legătură dintre ele este cea simbolică, adică simbolurile sunt folosite pentru a aborda din punct de vedere intelectual diferite aspecte ale Realităţii (Realitatea = Realitatea Obiectivă RO + Realitatea Subiectivă RS). <u>Exemplu</u>: a nu înţelege diferenţa dintre simbol şi realitatea simbolizată este ca şi cum ai spune că cuvântul "apă" este totuna cu apa propriu-zisă, sau altfel spus ca şi cum ai încerca să-ţi potoleşti setea cu 3 litere: 2 vocale (a şi ă) şi o consoană (p).

Alte observaţii despre Teoria Generală a Realităţii Subiective (TGRS)

Folosind TGRS, Scenariul Cosmic (SC) este următorul: Infinitul Impersonal cu cele 2 aspecte ale sale – inconştientul şi Supraconştientul – nu are nici început, nici sfârşit, şi constituie Absolutul. Infinitul Supraconştient Impersonal elaborează SC în scopul trezirii Infinitului inconştient la viaţă/Fericire. Pentru aceasta, apare necesitatea existenţei unui stadiu intermediar între inconştient şi Supraconştient, iar acesta este stadiul II al TGRS = stadiul stărilor limitate/egocentrice de conştiinţă = stadiul binelui şi răului/al plăcerii şi durerii. Pentru ca stadiul II al TGRS să existe, este nevoie să apară Materia, care formează Realitatea Obiectivă (RO). RO este alcătuită exclusiv din Materie. Materia ca aspect unic al RO are 3 caracteristici principale: este limitată, măsurabilă şi continuă, adică simbolic $E = (0, +\infty)$, sau pe scurt este Finită şi Măsurabilă (FM).

Unica Lege Spirituală (ULS) **este: ego = suferinţă, Non-ego = Fericire**. ULS este o lege matematică, exactă, care se aplică automat, fără să fie nimeni care să aibă grijă să o aplice. ULS vrea să spună că limitarea conştiinţei/ego-ul/Finitul Nemăsurabil (FN) înseamnă suferinţă; drept urmare, oricine vrea să scape de suferinţă cu adevărat (în mod complet), trebuie să treacă din limitare/finit (FN) în Nelimitare/Infinit (∞S).

Orice om egocentric trece în starea de veghe (VGH) şi în somnul cu vise (SCV) printr-o succesiune de stări psihice, a căror caracteristică principală este limitarea şi implicit suferinţa. Această succesiune de stări psihice este denumită de către Patanjali "fluctuaţii mentale", iar încetarea acestor fluctuaţii mentale este scopul practicii yoga. Se spune la începutul Yoga Sutras că "Yoga înseamnă încetarea <u>fluctuaţiilor</u> minţii." Din punctul meu de vedere, mai corect ar fi "Yoga înseamnă încetarea <u>limitărilor</u> minţii." Practic, este acelaşi lucru, dar teoretic ne putem închipui o situaţie în care fluctuaţiile minţii încetează, dar limitarea rămâne, adică omul are o aceeaşi stare psihică limitată care se păstrează constantă: fluctuaţiile = variaţiile minţii au încetat, dar, starea respectivă fiind limitată, limitarea rămâne. Aceasta este doar o situaţie teoretică care nu se întâlneşte în practică, dar am dat acest exemplu forţat pentru a sublinia că <u>esenţială este încetarea limitării mentale</u> (deoarece limitare mentală = suferinţă) <u>şi nu a fluctuaţiilor mentale</u>. Mesajul transmis prin această definire a scopului practicii yoga este că <u>trebuie să accezi în Stadiul III al TGRS</u> = Infinitul Supraconştient (∞S), <u>unde încetează atât fluctuaţiile</u> (∞S este neschimbător, este etern Acelaşi), <u>cât şi limitările</u> (∞S este Nelimitat).

În simbolismul copacilor regăsim Teoria Generală a Realităţii Subiective (TGRS):

a) <u>trunchiul</u> simbolizează <u>Infinitul inconştient</u>: şi trunchiul şi inconştientul au culoarea neagră; ambele durează non-stop: trunchiul durează şi vara şi iarna, şi ziua şi noaptea; inconştientul durează şi pe durata Zilei Cosmice şi pe durata Nopţii Cosmice;

b) <u>frunzele</u> simbolizează <u>egocentrismul/FN</u>: egocentrismul este la jumătatea distanţei între inconştient/negru şi Supraconştient/alb, iar verdele (culoarea frunzelor) se află la jumătatea distanţei între negru (absenţa oricărei culori) şi alb (prezenţa tuturor culorilor), deoarece verdele (V) se află la jumătatea ROG<u>V</u>AIV = spectrul culorilor; egocentrismul poate exista numai pe durata Zilei Cosmice – adică pe jumătate din timp, la fel şi verdele (frunzele) există numai pe jumătate din timp – sezonul cald (aprilie–octombrie) = 6 luni/an;

c) <u>florile/fructele</u> simbolizează <u>Infinitul Supraconştient/Iluminarea</u>: florile copacilor sunt de regulă albe şi Iluminarea este simbolizată tot prin culoarea albă; despre cineva care a atins Iluminarea se spune că "a înflorit"; Iluminarea este comparată uneori cu un nectar/fruct delicios – nectarul Nemuririi/fructul Iluminării.

Mulți ar putea spune că demersul spiritual este unul egoist. Acestora le pot răspunde că parcurgerea Căii Spirituale până la capăt conduce la anihilarea a însăși esenței egoismului, adică a egoului. Pe de altă parte, într-adevăr această Cale este egoistă, dar este vorba despre un egoism "corect", spre deosebire de egoismul "incorect" care este practicat de imensa majoritate a oamenilor. Care este diferența dintre cele 2 forme de egoism? <u>Egoismul "corect"</u> conduce la anularea propriei suferințe, și în acest mod înțeleptul, adică practicantul egoismului corect, este singurul în măsură să îi ajute pe cei din jurul său, deoarece ce fel de ajutor poate să dea acela care nu se poate ajuta cu adevărat nici pe sine însuși? Astfel, înțeleptul este un focar de Fericire și contribuie la micșorarea suferinței universale. Pe de altă parte, <u>egoismul "incorect"</u> nu duce la încetarea nici a propriei suferințe și nici a celor din jurul său, cel care are egoul intact fiind un centru al răutății. Fiecare dintre noi ar trebui să muncească, deci, pentru dizolvarea propriului ego, atât în folosul său propriu, cât și al celor din jurul său. Înțelegem astfel că veritabilul "sacrificiu de sine" înseamnă chiar asta: sacrificiul sinelui/egoului, neavând nimic dureros, din contră, conducând la încetarea durerii. Pe de altă parte, "sacrificiul de sine" așa cum este înțeles în mod curent, dar greșit, produce suferință celor care îl practică.

Există 2 modalități distincte pentru a ne îmbunătăți viața: <u>căile lumești</u> și <u>Calea Spirituală</u>.

Căile lumești sunt căile prin care acționăm la nivel lumesc sau calea acțiunilor lumești/calea acțiunilor fizice și mentale: mergem la școală, începem activitatea profesională, ne formăm o familie etc. și sunt căile pe care, vrând-nevrând, trebuie să mergem cu toții din momentul în care ne naștem până în momentul morții.

Căile lumești ne mențin în Sfera egocentrică, adică ne mișcă în interiorul Sferei egocentrice de la anumite stări mai puțin bune către alte stări (de dorit) mai bune. Nu trebuie să ne așteptăm ca aceste căi lumești să ne aducă o fericire durabilă, deoarece sunt căi ale imperfecțiunii sau "calea cea lată care duce la pierzare" (<u>Matei 7:13</u>). Omul care merge <u>doar</u> pe aceste căi "își construiește casa pe nisip", iar "prăbușirea ei va fi mare" (<u>Matei 7:21–29</u>). Cu toate acestea, căile lumești nu trebuie disprețuite sau neglijate, așa cum au făcut și încă mai fac anumiți asceți sau călugări care se izolează de lume. Nu este nimic rău în a căuta să ne îmbunătățim viața în mod lumesc, în a căuta stările mai bune din interiorul Sferei egocentrice/Sfera lumescului/lumea subiectivă/"domeniul Cezarului"; ceea ce este rău este de a urma în mod <u>exclusiv</u> căile lumești. După ce ieșim din Sfera egocentrică prin obținerea iluminării, acțiunile lumești, chiar dacă va trebui să le practicăm în continuare, nu vor mai genera suferință ca atunci când nu eram iluminați.

Calea Spirituală este "Calea cea îngustă" prin care ieșim din Sfera egocentrică pentru a pătrunde în Stadiul III și este o Cale a Perfecțiunii, deoarece conduce la încetarea completă a suferinței/obținerea Fericirii. Perfecțiunea există, dar numai la nivel "interior"/subiectiv, și fiecare trebuie să o realizeze de unul singur.

<u>Vor spune unii</u>: bine, bine, am înțeles, dar <u>de ce există totuși suferință? Dacă Dumnezeu este bun, de ce permite suferința?</u> Cei care spun asta înseamnă că nu au înțeles cu adevărat Scenariul Cosmic. Ne reamintim că nicio Conștiință Personală (CP) nu poate sări direct din Stadiul I în Stadiul III al TGRS. Este ca atunci când vrem să trecem un râu, dar este prea lat. Atunci vom lua un bolovan și îl vom arunca în mijlocul râului; vom sări mai întâi de pe malul nostru pe acel bolovan, apoi vom sări de pe bolovan pe celălalt mal.

Acesta este râul Samsarei/Manifestării/materiei (FM)/Realității Obiective (RO): ca să ajungem de pe un mal = Stadiul I – al inconștientului, pe celălalt mal = Stadiul III – al Supraconștiinței/Fericirii/Vieții Veșnice, avem nevoie de un bolovan = un stadiu intermediar, și acesta este tocmai Stadiul II – al stărilor egocentrice/FN/binelui și răului/Răului. <u>Paranteză</u>: comparația/metafora nu este 100% exactă/corectă, deoarece RO/râul este creată/apare tocmai pentru a putea permite existența Stadiului II/bolovanul din mijlocul râului; adică bolovanul nu poate exista în absența râului, ceea ce este paradoxal – deoarece concluzia ar fi că râul este creat/apare tocmai pentru a putea fi traversat. Dincolo însă de acest simbolism inexact, realitatea simbolizată este perfect coerentă și necontradictorie (<u>am închis paranteza</u>). Iată de ce nu se poate fără suferință/Rău.

Dar atenție! Stadiul II este menit să fie un stadiu intermediar și <u>provizoriu (temporar)</u>, din care trebuie să ieșim cât mai repede pentru a accede la Stadiul III/Fericire. Din păcate, cei mai mulți oameni au transformat acest stadiu într-un stadiu permanent, uitând că suferința nu este menită să fie o realitate permanentă, ci una tranzitorie. Ei au uitat (dacă au știut vreodată) că suferința nu le este aplicată de un dumnezeu sadic, ci are rolul de a-i trezi, de a-i determina să-și pună întrebări despre o Realitate mai înaltă pe care o pot atinge (Cunoașterea de Sine/Fericirea) și care este de fapt însăși menirea vieții lor. Iată de ce abundă astăzi pesimismul, disperarea, negativismul, nihilismul. Acestea sunt răspândite de oameni considerați "înțelepți" de către ceilalți, și care, culmea, chiar găsesc adepți care răspândesc aceste "învățături" despre absurdul existenței umane. De fapt, este inevitabil ca cineva care nu are în vedere perspectiva spirituală autentică să ajungă mai devreme sau mai târziu la disperare şi la concluzia că "totul e deşertăciune". Într-adevăr, totul e deşertăciune, dar doar pentru cei care nu văd alternativa Vieţii Eterne, şi **nu** după moartea corpului fizic, ci aici şi acum, chiar în timpul acestei vieţi. Într-adevăr, după moarte ajungi în rai, dar **nu** după moartea corpului fizic, ci după moartea egoului. Iar această moarte a egoului trebuie realizată în timpul vieţii fizice, deci înainte de moartea corpului fizic. "Cine moare înainte de a muri nu mai moare după ce moare", adică cel care îşi dizolvă egoul înainte de moartea corpului fizic nu mai este afectat de moartea corpului fizic – iată adevărata nemurire.

Cine suntem, de unde venim şi încotro ne ducem (unde trebuie să ajungem)? Răspuns: suntem (fiecare din noi) o Conştiinţă Personală (CP) limitată, venim din inconştienţă şi mergem către Supraconştiinţă = Fericirea Perfectă! Deoarece nu se poate sări direct din somnul fără vise (SFV) la Supraconştiinţă = starea de Trezire Totală, este nevoie de o stare intermediară de "visare", care este tocmai stadiul stărilor egocentrice.

Din acest motiv se spune că nu este nicio diferenţă fundamentală între starea de veghe (VGH) şi starea de somn cu vise (SCV), adică VGH este un fel de vis mai lung. Aşa ceva pare la prima vedere o aberaţie, ceva de neînţeles, însă după o analiză mai aprofundată ajungi să constaţi că aşa este. Tot în acest spirit putem înţelege afirmaţia "Cosmosul este iluzoriu". Cosmosul (adică Realitatea Obiectivă RO) este iluzoriu într-un anumit sens: nu că nu ar exista, dar pentru un iluminat, RO nu-i mai poate impune nicio constrângere. În SFV, Cosmosul nu mai este perceput. În starea de Samadhi, Cosmosul, chiar dacă este perceput în Savikalpa şi Sahaja, nu-l poate face pe iluminat să sufere, deoarece Cosmosul este la periferie, în timp ce iluminatul este în Centru, adică în Spaţiul Realităţii Subiective (SRS). Iluminatul a ieşit din Manifestare (RO) şi a revenit Acasă, în Nemanifestat, în Sine, în Conştiinţă, în Infinit: fiul risipitor s-a întors Acasă definitiv, deoarece a atins starea de Vid iluminator. Singura legătură care îl mai ţine legat de Lumea Obiectivă (RO) este corpul său material (ca ansamblu al celor 5 corpuri), dar fără a-i mai impune nicio constrângere. Acesta este în starea de Eliberat în viaţă sau Eliberat în corp (Jivan mukta). După dispariţia corpului său material încincit, el dispare definitiv din Manifestare = Cosmosul Obiectiv (RO) şi intră în starea de Eliberare fără corp sau Videha Mukti. După aceasta, El nu mai poate fi perceput în cele 5 Universuri Materiale (5UMP = RO). Acest Fericit a încheiat lanţul de reîncarnări şi nu mai revine pe Pământ, unde "orice naştere este o moarte". El s-a transformat în Dumnezeu (o stare de Conştiinţă Infinită), care în aspectul Său Manifestat se află în orice lucru (Conştiinţa Cosmică), iar în aspectul Său Nemanifestat este Esenţa oricărei forme de viaţă (Sinele).

Aceasta este perspectiva care ne aşteaptă pe fiecare dintre noi, acesta este destinul nostru măreţ: să devenim nu mai puţin decât Dumnezeu Însuşi (mai mult nu se poate, deoarece Dumnezeu este Infinitul), Lumina Eternă, să atingem stadiul de Fericire Veşnică. Având permanent în minte acest ţel, nu trebuie să uităm că deocamdată suntem nişte oameni-diavoli atât timp cât nu ne-am dizolvat egoul. Da, putem ajunge la stadiul de Om-Dumnezeu, dar deocamdată suntem la stadiul de om-diavol. Pentru a ajunge la Îndumnezeire, trebuie să ne dizolvăm propriul ego efectiv, complet şi definitiv.

Adevărata Casă a noastră (a fiecăruia dintre noi), adevăratul Acasă **este Spaţiul Realităţii Subiective** (SRS). Este lăcaşul Conştiinţei, adică al Eului real, este locul unde locuiesc Eu cel adevărat şi mai este simbolizat prin sintagma "Grădina raiului". Este locuinţa noastră eternă care nu se află în spaţiu, ci în afara spaţiului (nu poate fi localizată în spaţiul tridimensional) şi deci în afara timpului, adică este aspaţială şi atemporală. De aici pleacă în lume (adică în Realitatea Obiectivă RO) fiul risipitor (adică CP), care se autoexilează în lumile materiale grosiere sau subtile prin apariţia ego-ului. Noi toţi suntem fii risipitori şi rătăcitori, "amnezici" în ceea ce priveşte identitatea noastră reală şi rostul nostru în această viaţă.

Destinul nostru, al fiecăruia dintre noi, ca şi destinul oricărei forme de viaţă – adică al regnurilor mineral, vegetal şi animal, este să revenim Acasă pentru totdeauna prin obţinerea iluminării. Momentan, noi suntem auto-exilaţi în lumile materiale, adică în cele 5 Universuri Materiale Paralele (5UMP). Scopul acestei auto-exilări este Trezirea Conştiinţei, adică obţinerea Fericirii Infinite şi eterne. Însă, după cum se vede, aproape nimeni nu se preocupă de acest lucru, adică despre cum putem reveni Acasă în stare de Supraconştiinţă. Rătăcirea omului pe Pământ este cvasi-generală: (aproape) nimeni nu ştie de ce trăieşte şi unde trebuie să ajungă. Se verifică din plin aserţiunea (Matei 22:14): mulţi (toţi) chemaţi, puţini aleşi (care sunt autoaleşi).

Conştiinţa Personală Neiluminată (CPN) iese din SRS (pleacă de Acasă) prin intrarea ei în corpurile materiale, **simultan cu apariţia egoului. CPN revine** Acasă, **în SRS**/Sine, transformându-se în CPI (Conşti-inţă Personală Iluminată), prin retragerea voluntară din formele (corpurile) materiale, **simultan cu dispariţia**

egoului. Egoul poate fi înţeles ca "amestecul" dintre CPN şi corpuri, sau ca CPN care "impregnează" corpurile. Dispariţia egoului înseamnă că CPN se retrage/se extrage voluntar din corpuri (din forme) intrând în Sine, ceea ce înseamnă trezirea conştiinţei. Cu cât CPN se extrage mai mult din corpuri, cu atât creşte gradul de trezire al CPN. Dacă CPN se retrage complet din corpuri intrând complet în Sine, egoul dispare complet, gradul de trezire ajunge la 100%, suferinţa este abolită complet şi survine Fericirea (CPN devine CPI).

Când ai trezit 100% Conştiinţa ai revenit Acasă, unde vei rămâne pentru totdeauna, chiar şi când vei mai face incursiuni în Realitatea Obiectivă (RO). Când CP nu era trezită, orice incursiune în RO însemna părăsirea Casei şi suferinţă. Acum, eşti fericit indiferent dacă mai vizitezi sau nu RO, deoarece te-ai întors Acasă pentru totdeauna. Faptul de a mai vizita sau nu RO nu mai are pentru tine nicio importanţă, adică îţi este perfect egal dacă eşti doar Acasă, sau fiind Acasă mai faci şi vizite în afara Casei (în RO). Oricum, după ce cele 5 corpuri dispar rând pe rând şi definitiv, vor dispărea şi vizitele pe care atunci când aveai corpurile le mai făceai în afara Casei (în RO), iar Tu vei locui pentru totdeauna în Casa Ta Eternă (SRS), aspaţială şi atemporală, şi vei fi efectiv Dumnezeu cel Veşnic, imanent şi transcendent. Aceasta este perspectiva celor care îşi vor dizolva propriul ego efectiv, complet şi definitiv: se vor transforma în Dumnezeu cel Veşnic care impregnează orice punct din spaţiul tridimensional (este imanent) şi care transcende RO (este transcendent).

6.3 – Concluzii pentru Capitolul 6

Starea de pornire în Scenariul Cosmic (SC) este o stare non-egocentrică, identică cu starea conştiinţei din somnul fără vise (SFV). În această stare nu există suferinţă, dar cu toate acestea nu este o stare dezirabilă, deoarece nu există nici Fericire. Îi asociem culoarea neagră şi o denumim Infinitul inconştient (∞i). O mai numim starea de "vid întunecat", în contrast cu starea de "vid iluminator" care este starea cea mai înaltă a conştiinţei. Este starea din care pleacă orice Conştiinţă Personală (CP) sau "scânteie divină" cu scopul de a se autorealiza, adică de a ajunge în starea de Infinit Supraconştient (∞S). Apariţia egoului este redată simbolic în Biblie prin pasajul în care Adam şi Eva gustă din fructul pomului cunoaşterii binelui şi răului, deoarece apariţia egoului coincide cu apariţia binelui şi răului (binele şi răul există numai în raport cu "mine"). Această stare în care există egoul este o stare intermediară între starea de început (∞i) şi starea spre care se tinde (∞S). Tranziţia prin această stare este un lucru necesar, chiar dacă implică suferinţă, deoarece este imposibil să se treacă direct din ∞i în ∞S. Cu alte cuvinte, "gustarea din pomul cunoştinţei binelui şi răului" şi "izgonirea din rai" (dar din "raiul" inconştient) fac parte din SC. Apariţia egoului semnifică că din "oceanul" de inconştienţă se diferenţiază o CP care se asociază cu un corp fizic de mineral, adică se "încarnează" într-un corp de mineral. Egoul apare astfel din asocierea ∞i cu Finitul Măsurabil (FM = materia), adică cu diverse corpuri materiale.

Care este scopul pentru care există Cosmosul = Realitatea Obiectivă (RO) formată din cele 5 Universuri Materiale? – altfel spus "De ce există ceva mai degrabă decât nimic"? **Răspuns**: pentru a permite derularea SC, prin care inconştientul încearcă să ajungă la Supraconştient (Fericire). Cum? Prin dizolvarea efectivă, totală şi permanentă a propriului ego, care se realizează prin centrarea voluntară a conştiinţei individuale. Fiecare dintre noi se află angrenat în acest SC prin care Existenţa/Realitatea (cu ambele aspecte ale sale: RO + Realitatea Subiectivă RS) încearcă să ne conducă spre Fericire, fiind nevoie însă şi de cooperarea noastră (Dumnezeu îţi dă, dar nu-ţi bagă şi-n traistă). Egoul este axul Roţii karmice; dacă am dizolvat egoul, am "stricat" Roata karmică care astfel se opreşte (şirul de reîncarnări ajunge la sfârşit, adică lanţul de reîncarnări se rupe). Egoul este de asemenea centrul Sferei ego-centrice (după cum îi spune şi numele); dacă dizolvăm egoul, dispare Sfera egocentrică, altfel spus dispar stările limitate de conştiinţă, adică dispare suferinţa/Răul.

Iată filozofia după care decurge Scenariul Cosmic, care este o Poveste care nu are nici început, nici sfârşit. În momentul de faţă, noi suntem prinşi în Roata karmică sau Lanţul de reîncarnări, din care nu putem ieşi decât prin dizolvarea efectivă, totală şi definitivă a propriului ego. Atât timp cât propriul ego nu este dizolvat, ne vom învârti la nesfârşit în această Roată a karmei (Roata Samsarei) şi vom îndura suferinţe fără sfârşit. Acesta este iadul: a te învârti la infinit în Roata Samsarei fără a te interesa cum poţi ieşi din ea.

Însă dacă te preocupi de Calea Spirituală, poţi ieşi destul de rapid din Roata karmică, cu 2 condiţii: a) să ştii cum (să faci pasul 1 din cei 6 paşi de obţinere a Fericirii – vezi Introducerea) şi **b) să fii serios şi perseverent în practica spirituală** (să faci paşii 2, 3, 4 şi 5). **Cum** poţi ieşi din Roata karmică este expus în această carte; restul îţi revine ţie, cititorului acestor rânduri, bineînţeles, doar dacă vrei.

Decizia este a ta!